LES ACTES

DES DEUX APÔTRES

ÉTUDES BIBLIQUES

(Nouvelle série. N° 13)

LES ACTES DES DEUX APÔTRES

PAR

M.-É. BOISMARD et A. LAMOUILLE

Préface du fr. Jean-Luc Vesco, O.P.
Directeur de l'École Biblique et Archéologique Française
de Jérusalem

II

LE SENS DES RÉCITS

PARIS
LIBRAIRIE LECOFFRE
J. GABALDA et Cie ÉDITEURS
RUE PIERRE ET MARIE CURIE, 18
1990

BS
2625.3
.B640
1990
vol.2

ISBN 2-85021-040-4

Ce tome II donne le sens des récits des Actes des apôtres selon les divers niveaux de rédaction. On y trouvera donc, à la suite: le sens du Prologue des Actes (1,1-3), le sens des récits qui constituent la geste de Pierre (1-12 et 15,3ss), enfin le sens des récits qui constituent la geste de Paul (13-28). C'est une façon "synchronique" de lire les Actes. Mais il est possible aussi de lire ce volume d'une façon "diachronique", c'est-à-dire en suivant l'évolution des divers récits. Pour faciliter cette lecture, à la fin de tel ou tel récit nous avons indiqué la page où le lecteur pourra trouver le sens du même récit au niveau postérieur. Par exemple, à la fin du récit de l'ascension selon le Document P, le lecteur sera informé de la page où commence l'exposé du sens du même récit selon Act I. Lorsqu'il aura fini de lire le sens du récit selon Act I, une référence lui indiquera la page où il trouvera le début du même récit selon Act II. Et ainsi de suite. Il pourra ainsi, sans difficulté, comprendre comment le récit de l'ascension aura été compris aux divers niveaux de rédaction.

Tous les développements de ce tome II supposent admises les analyses littéraires qui contituent l'essentiel du tome III.

LE PROLOGUE

DES ACTES

L'auteur du second livre à Théophile introduit son ouvrage par un prologue (Act 1,1-3), comme il l'avait fait pour le premier (Lc 1,1-4). Mais contrairement à la coutume des écrivains grecs classiques, il n'annonce ni le plan ni l'objet du deuxième ouvrage[1]. Il tourne plutôt nos regards vers le passé: le choix des apôtres par Jésus au début de son ministère, les apparitions du Ressuscité. L'existence et le contenu de ce Prologue posent donc d'emblée plusieurs questions: pourquoi sa forme littéraire ne correspond-elle pas aux habitudes conventionnelles? Ne serait-ce pas parce que la liberté de son auteur est limitée par les sources qu'il utilise? À quel niveau de rédaction faut-il le situer? Quel fut le but de son auteur lorsqu'il l'a rédigé?

I. L'AUTEUR DU PROLOGUE

Rechercher quel est l'auteur du Prologue des Actes ne se justifie que si l'on admet divers niveaux rédactionnels dans ce livre. La solution que nous allons proposer, tout en restant assez classique, va tenir compte de notre position générale concernant la composition des Actes.

1. Évangile et Actes

Le premier problème qui se pose est celui de l'unité primitive des deux ouvrages attribués à Luc. Dans l'Introduction du fascicule de la Bible de Jérusalem consacré aux Actes des apôtres, L. Cerfaux écrivait: «Notre troisième évangile et le Livre des Actes ne devaient former qu'un seul ouvrage, que nous intitulerions aujourd'hui une "Histoire des origines chrétiennes". Ils furent séparés lorsque les chrétiens désirèrent posséder les quatre évangiles dans le même codex. Ce fut très tôt, avant 150.»[2]   J. Dupont a adopté la même position

---

[1] Voir déjà en ce sens J. WELLHAUSEN, *Kritische Analyse*, p. 1.
[2] BJ, p. 7.

puisqu'il note sur Act 1,6, dans ce même fascicule[1]: «Ac **1** 6 reprend le fil du récit interrompu en Lc 24 49.» En fait, les deux auteurs que nous venons de citer n'ont rien innové. L'hypothèse qu'ils nous proposent avait été avancée dès 1891 par Paul Feine[2]; elle sera soutenue encore par F.C. Burkitt[3], Kirsopp Lake[4], H. von Campenhausen[5], H. Sahlin[6] et surtout Ph. Menoud[7] qui lui a consacré un article dont les conclusions ont été reprises par E. Trocmé[8].

a) Ces auteurs avancent comme principal argument les faits suivants. En Lc 24,50-52, nous lisons un récit d'ascension parallèle à celui de Act 1,6-11, mais plus simple. De même, Lc 24,53 contient un sommaire parallèle à celui qui se lit en Act 2,46-47, mais beaucoup plus court. Ainsi, la finale de l'évangile de Lc ne serait qu'un résumé des événements racontés en Act 1,6-11 et Act 2,46-47. Il est donc tentant de proposer l'hypothèse suivante: primitivement, évangile de Lc et Actes des apôtres ne formaient qu'un seul livre; le Rédacteur qui les a séparés aurait composé les récits de Lc 24,50-53, qui seraient comme des organes témoins de l'organisation primitive du livre unique. Il aurait également composé Act 1,1-3 pour servir d'introduction au nouveau livre qu'il offrait au public.

b) On peut ajouter aussi que, dans les Actes, le récit de l'ascension se comprend difficilement sans le récit du dernier repas que Jésus prit avec ses disciples en Lc 24,36-49. En Act 1,6, on nous dit que Jésus était réuni avec ses disciples. Mais où étaient-ils réunis? À Jérusalem? Au cours d'un repas, comme le dit le v. 4? Autant de questions qui restent sans réponse. Par ailleurs, d'après le v. 12, cette réunion aurait eu lieu au mont des Oliviers puisque les disciples en reviennent après l'ascension de Jésus. Mais pourquoi Luc ne l'aurait-il pas dit dès le v. 6? On a donc l'impression que, dans les Actes, le récit de l'ascension est amputé de son début. Il se comprendrait beaucoup mieux s'il faisait suite à Lc 24,36-50a: au cours d'un repas, Jésus apparaît à ses disciples rassemblés à Jérusalem, puis il les emmène jusqu'à Béthanie (v. 50a) et c'est là qu'il les quitte pour monter vers son Père. Béthanie étant situé au mont des Oliviers, on comprend alors la notice de Act 1,12: «Alors, du mont des Oliviers, ils s'en retournèrent à Jérusalem.» L'auteur du Prologue aurait gardé un écho de ce début du récit dans

---

[1] BJ, p. 36, note *h.*

[2] Pp. 158-159.

[3] "On Luke xxii 17-20", JTS 28 (1927) 180.

[4] Vol. V, 3-4.

[5] *Die Idee des Martyriums in der alten Kirche,* Göttingen, 1936, p. 31, note 1.

[6] *Der Messias und das Gottesvolk. Studien zur Protolukanischen Theologie* (Acta Seminarii N.T. Upsaliensis, 12) Uppsala, 1945, pp. 13-15.

[7] "Remarques sur les textes de l'ascension dans Luc-Actes", dans *Neutestamentl. Studien für Rudolf Bultmann,* 1954, pp. 148-156.

[8] Pp. 31ss.

la formule qu'il introduit au v. 4: «Et au cours d'un repas qu'il partageait avec eux» (cf. Lc 24,41-43).

c) Présentée ainsi, cette hypothèse ne va pas sans difficulté. On peut d'abord s'étonner que le Rédacteur ait ainsi dédoublé le récit de l'ascension au risque de troubler ses lecteurs. Y aurait-il eu deux ascensions de Jésus?[1] Nous verrons d'ailleurs que l'ascension décrite en Lc 24,50-52 a son originalité propre et peut être difficilement considérée comme un résumé de celle qui est décrite en Act 1,6ss. D'autre part, pourquoi le Rédacteur aurait-il résumé en Lc 24,53 le sommaire de Act 2,46-47, situé si loin dans les récits des Actes? La solution que nous allons proposer évite ces difficultés.

2. Une composition de Act II

Nous pensons que le récit de l'ascension qui se lit en Lc 24,50-52, ainsi que le court sommaire qui le suit (v. 53), proviennent d'un récit archaïque que nous avons appelé le Document P. Cet ensemble aurait été repris et réinterprété par Act I pour former le début actuel des Actes, à partir du v. 6. Mais, encore au niveau de Act I, évangile et Actes ne formaient qu'un seul ouvrage; nous avons fait remarquer plus haut, en effet, que Act 1,6ss ne se comprend qu'à la suite du récit d'apparition du Christ qui se lit en Lc 24,36ss. On obtient alors les deux séquences parallèles suivantes:

	Act I	Document P	(Act II)
récit de l'ascension	Act 1,6-11	Lc 24,50-51	
retour des disciples à Jérusalem	Act 1,12	Lc 24,52	
lieu où ils se tiennent	Act 1,13a	Lc 24,53a	(Act 2,46a)
prière et louange de Dieu	Act 1,14a	Lc 24,53b	(Act 2,47a)
sommaire sur les richesses		Act 2,44-45	
(ἦσαν ἐπὶ τὸ αὐτό)			
la Pentecôte	Act 2,1-13		
(ἦσαν ἐπὶ τὸ αὐτό)			
guérison d'un infirme		Act 3,1-11	
discours de Pierre	Act 2,14ss	Act 3,12ss	

Avec nombre de commentateurs, nous tenons le récit de l'élection de Matthias (1,15-26) pour un morceau de rédaction tardive qui sépare indûment Act 1,14 de Act 2,1ss. Dans les deux séquences, les formules "ils étaient dans le même (lieu)" (ἦσαν ἐπὶ τὸ αὐτό) viennent donc en parallèle après les sommaires jumeaux sur la prière (Act 1,14a) et sur la louange de Dieu (Lc

---

[1] En Lc 24,51, le TO évite la difficulté en supprimant la phrase "et il était emporté vers le ciel". Nous reviendrons sur ce problème en étudiant ce récit de l'ascension pour lui-même.

24,53b). Nous sommes bien en présence de deux séquences parallèles, d'autant que les deux discours de Pierre, en Act 2,14ss et 3,12ss, présentent une structure analogue beaucoup plus marquée que dans les autres discours des Actes.

C'est Act II qui a, d'une part fusionné les récits du Document P et de Act I, d'autre part effectué la séparation entre évangile et Actes des apôtres. Notons tout de suite que, pour éviter le doublet constitué par les deux récits d'ascension, il avait supprimé du récit de Lc 24,50-52 la phrase "et il était emporté vers le ciel", absente du TO, faisant ainsi de ce récit d'ascension un simple récit d'apparition du Christ ressuscité. La phrase litigieuse fut reprise par Act III, par fidélité pour les textes du Document P. Notons encore que, comme les auteurs mentionnés plus haut, nous mettons un lien rédactionnel entre le sommaire de Lc 24,53 et celui de Act 2,46-47, comme cela apparaît sur le schéma des récits parallèles donné plus haut. Mais nous pensons que c'est Act II qui a composé le sommaire de Act 2,46-47 en amplifiant celui de Lc 24,53. Tout ceci apparaîtra mieux lorsque nous étudierons ces textes pour eux-mêmes.

Des remarques précédentes, on doit donc conclure que, pour nous, Act 1,1-3 fut composé par Act II pour servir d'introduction au nouveau livre qu'il offrait au public.

3. Un ouvrage devenu trop considérable

Mais pour quel motif Act II a-t-il éprouvé le besoin de couper en deux les rédactions primitives de façon à obtenir, d'une part un "évangile", d'autre part les "Actes des apôtres"? La plupart des auteurs mentionnés plus haut répondent: de façon à pouvoir ranger Luc parmi les quatre évangiles, donc au moment de la formation du canon du Nouveau Testament. Pour Cerfaux, nous l'avons vu, "Ce fut très tôt, avant 150". Ce "très tôt" de Cerfaux est très relatif! À notre avis, le motif premier qui a poussé Act II à séparer évangile et Actes est d'un ordre plus pratique. Après avoir fusionné les récits du Document P et de Act I, Act II se trouvait devant un ouvrage trop volumineux[1] et il fut obligé de le couper en deux; n'oublions pas que la dimension des rouleaux de papyrus limitait l'amplitude de l'ouvrage que l'on recopiait sur eux. Cette "opération" lui était d'autant plus facile qu'il existait déjà des évangiles écrits pour raconter la seule activité du Jésus terrestre. Il obtenait ainsi deux volumes, l'un racontant les faits et dires de Jésus, l'autre les faits et dires de ses disciples. Tout ceci s'est certainement passé beaucoup plus tôt qu'au second siècle, contrairement à ce que pensait Cerfaux.

---

[1] Il est probable aussi que, dans l'évangile, il ajouta aux matériaux repris de ses devanciers une partie de la section dite "marcienne".

II. LE SENS DU PROLOGUE

Act II dédicace son second livre, comme déjà le premier (Lc 1,1-2) à un certain Théophile, qui nous est par ailleurs inconnu. Dans le Prologue qu'il compose, au lieu d'annoncer les thèmes qu'il va développer dans son nouvel ouvrage, il fait retour sur le passé en insistant, d'une part sur le choix des apôtres par Jésus au début de son ministère, d'autre part sur l'enseignement qu'il leur a donné au cours des apparitions qui ont suivi sa résurrection. Il a voulu montrer par là l'unité profonde qui existe entre le Jésus dont il a raconté les faits et gestes dans son évangile, et l'activité missionnaire des apôtres qu'il va décrire dans les Actes. Choisis par Jésus, instruits par lui, les apôtres sont d'authentiques témoins de la réalité du royaume de Dieu dont ils se proclament les hérauts. C'est ce que nous allons développer maintenant.

1. Le choix des apôtres par Jésus

a) Les vv. 1b-2 du Prologue des Actes rappellent le choix des apôtres par Jésus. Act II s'inspire ici du récit de Mc 3,14, qui rapporte cet événement. Pour le comprendre, mettons en parallèle les textes de Mc 3,14, de Act 1,2 selon sa version Occidentale (Act II), et aussi de Lc 6,13 qui met en évidence les réactions lucaniennes au texte de Mc:

Mc 3,14	Lc 6,13	Act 1,2
	et lorsqu'il fit jour	au jour où
et il appelle	il convoqua	
ceux qu'il voulait, lui,	ses disciples	
et ils vinrent à lui		
et il (en) fit douze	et en ayant choisi douze	il choisit
	qu'il nomma apôtres	les apôtres
		par l'Esprit Saint
afin qu'ils soient avec lui		
et qu'il les envoie		et il (leur) commanda
prêcher		de prêcher l'évangile

L'emprunt à Mc est indéniable. Dans Mc comme dans Act on retrouve la même séquence: appel des apôtres (les douze) et envoi en prédication. Comme déjà en Lc 6,13, Act II change "faire" en "choisir" et ajoute le terme de "apôtres". L'expression "prêcher l'évangile" ne se lit qu'ici dans les écrits lucaniens et seulement dans la tradition textuelle Occidentale (Luc préfère dire "prêcher le royaume", cf. Ab 85); elle est par contre bien attestée chez Mc (1,14;

13,10; 14,9) et dans les passages parallèles de Mat (4,23; 24,14; 26,13). Le mot "évangile" est plus marcien (7 fois) que matthéen (4 fois). Il ne se lit jamais dans Lc et rarement dans les Actes (2 fois).

b) Cette influence de Mc au v. 2 permet de se demander si, au v. 1, la séquence "(ce que Jésus) commença à faire et à enseigner" (ἤρξατο ποιεῖν τε καὶ διδάσκειν) ne s'expliquerait pas par une influence semblable. Marc seul, en effet, emploie la formule ἤρξατο διδάσκειν en parlant de Jésus (Mc 4,1; 6,2.34; 8,31); Luc écrirait plutôt ἤρξατο λέγειν (4,21; 7,24; 11,29; 12,1 et *passim*). Quoi qu'il en soit, Act II a voulu rapprocher choix des apôtres et commencement de l'activité missionnaire de Jésus. Les apôtres ont été choisis par celui-ci au moment où il a commencé à agir et à enseigner; ils sont donc les témoins de toute sa vie publique. Act II reviendra sur ce point important lorsqu'il racontera l'élection de Matthias (1,21-22), puis lorsqu'il composera le petit discours de Pierre devant le païen Corneille, à Césarée (10,37-41). "Prêcher l'évangile" c'est donc annoncer, non seulement le Christ ressuscité, mais aussi les actions et les paroles de Jésus de Nazareth.

c) Act II a complété le texte de Mc 3,14 en précisant que Jésus a choisi ses apôtres "par l'Esprit saint", c'est-à-dire sous l'influence de l'Esprit. De même, lorsque Barnabé et Paul partiront pour le premier voyage missionnaire (13,1-3), Act II ajoutera le v. 2 pour affirmer que c'est l'Esprit saint qui les a choisis et envoyés prêcher (13,2). Or, pour Act II, Paul est un apôtre au sens fort du terme, le treizième apôtre. Inaugurée du vivant même de Jésus, la mission apostolique prendra son plein essor grâce à lui. L'unité de cette mission est assurée par l'Esprit: c'est lui qui choisira Paul et Barnabé comme il avait inspiré le choix des Douze fait par Jésus.

2. Les apparitions du Ressuscité

a) Entre le temps de la mission de Jésus et celui des apôtres, inauguré par le départ définitif de celui-ci, il y a ce temps intermédiaire des apparitions. Mc ne dit rien de ce temps des apparitions[1]; Mat et Jn restent discrets. Mais pour Lc, que nous avons identifié à l'auteur de Act II, ce temps est un temps important. Il le souligne ici de deux manières. Il précise d'abord que Jésus s'est montré vivant "par beaucoup de preuves". Le terme grec utilisé ici (τεκμήριον) ne se lit pas ailleurs dans le NT; son interprétation est donc délicate. Ce terme veut au moins signifier les divers moyens choisis par le Ressuscité pour se manifester vivant aux siens: celui qui a souffert la passion montre ses plaies (Lc 24,39); celui qui est mort partage le repas de ses disciples (Lc 24,41-43; cf. Act 10,41).

---

[1] Au moins jusqu'à 16,8; mais la finale de l'évangile fut ajoutée par une autre main.

b) L'importance de ce temps des apparitions est encore soulignée par l'expression "durant quarante jours". Elle n'est mise en relation, ni avec l'événement de Pâques, ni avec celui de l'ascension; il faut sans doute lui donner une valeur symbolique. Dans l'AT, ce temps de quarante jours désigne souvent une période de préparation, d'attente. Moïse passe quarante jours sur la montagne du Sinaï (Ex 24,18), au cours desquels il écrit les paroles de l'Alliance sur les tables de pierre (Ex 34,28). C'est le temps dont Élie, le prophète au bord du désespoir, a besoin pour se rendre à l'Horeb où lui sera signifiée sa nouvelle mission (1 Rois 19,8). Dans le NT, ce temps désigne encore la période passée par Jésus au désert entre son baptême où il vient d'être investi de sa mission et son entrée effective dans le ministère (Lc 4,2). Ces divers précédents semblent donc indiquer que le temps des apparitions est le temps de la préparation à une mission future.

c) C'est ce que confirmeraient les dernières expressions du v. 3 "et leur enseignant tout ce qui concerne le royaume de Dieu", dont l'importance est soulignée par le fait qu'elles seront reprises en conclusion du livre: «...proclamant le royaume de Dieu et enseignant tout ce qui concerne le Seigneur Jésus» (28,31). Le Prologue se termine donc, comme il avait commencé, par le thème de l'enseignement de Jésus. Cet enseignement a porté essentiellement sur ce qui concerne le royaume de Dieu. La remarque est importante, car, on le verra plus loin, Act II a voulu corriger de façon radicale la conception qu'avait Act I du "royaume". Le Christ n'a pas eu pour mission de "restaurer la royauté en faveur d'Israël" (1,6), mais d'instaurer le royaume de Dieu qui va se répandre "jusqu'aux extrémités de la terre" (1,8) et donc inclure le monde païen.

d) Ajoutons un dernier détail. Au v. 3, pour signifier l'apparition du Ressuscité, au lieu de l'habituel ὤφθη (Act 13,31; Lc 24,34; cf. Act 9,17; 16,9; 26,16), Act II utilise le participe ὀπτανόμενος. Ce verbe ne se lit qu'ici dans le NT, et deux fois seulement dans le grec de la Septante, dont une fois en Tob 12,19. Act II veut-il établir un rapprochement entre Jésus ressuscité et l'ange Raphaël qui, après avoir accompagné et protégé Tobie durant tout son périlleux voyage, lui déclare: «Tous les jours, je vous apparaissais (ὠπτανόμην), et je ne mangeais ni ne buvais, mais vous voyiez une apparence. Et maintenant, rendez grâces à Dieu, car je monte vers celui qui m'a envoyé, et vous, écrivez dans un livre tout ce qui s'est passé»? Le parallélisme entre Jésus ressuscité et l'ange Raphaël est frappant[1]. Par ailleurs, le sens du texte du livre de Tobie est clair: lorsque l'ange mangeait et buvait avec Tobie, ce n'était qu'une apparence puisque cet ange était un esprit. Act II voudrait-il alors insinuer que, lorsque le

---

[1] Cf. LAKE-CADBURY, vol. iv, p. 4.

Ressuscité mangeait et buvait avec ses disciples (Lc 24,41-43; Act 1,4; 10,41) il ne le faisait aussi qu'en apparence?

3. Une correction faite par Act III

Au v. 2, Act II définissait son premier livre, l'évangile, par le choix des apôtres et l'ordre que Jésus leur avait donné de prêcher la Bonne Nouvelle. Ainsi voulait-il établir un lien entre son évangile et le livre des Actes, puisque ce dernier avait justement pour but de montrer comment s'était réalisé cet ordre du Christ donné aux apôtres. Act III a jugé préférable de définir l'évangile par son terme: l'ascension de Jésus. N'oublions pas que, comme nous l'avons dit plus haut, c'est lui qui a réintroduit en Lc 24,51 la référence à l'ascension, omise par Act II. Cette allusion à l'ascension donne donc la limite exacte du premier livre à Théophile et indique ainsi que le second livre ouvre comme une nouvelle page.

Reconnaissons toutefois que ce remaniement du v. 2 n'est pas très heureux. À quoi fait allusion l'expression "ayant commandé aux apôtres"? Dans le texte de Act II, il s'agissait du commandement de prêcher l'évangile; mais dans celui de Act III on ne voit plus de quel commandement il peut s'agir. De même, grammaticalement, l'expression "par l'Esprit saint" se rapporte à ce commandement mystérieux donné par Jésus, alors que le sens invite à la rapporter au choix des apôtres, comme dans le texte de Act II.

PREMIÈRE PARTIE

LA GESTE DE PIERRE

LES RÉCITS DU DOCUMENT P

Au niveau du Document P, la geste de Pierre comportait les épisodes suivants:

INTRODUCTION

Après avoir groupé ces divers épisodes en unités fondamentales, nous pourrons dégager la dynamique interne de la geste de Pierre et sa signification permettant de comprendre comment s'est effectuée la naissance de l'église primitive.

1. Les unités fondamentales

Des matériaux qui composent la geste de Pierre émergent les petites unités suivantes. Le sommaire sur la vie de la première communauté chrétienne (ii) se relie sans difficulté au récit de l'ascension (i): après le départ de Jésus, ses disciples continuent à vivre comme ils avaient vécu de son vivant: le présent et l'avenir sont étroitement unis au passé.

Les cinq sections suivantes (iii-vii) forment un tout délimité par la mention du portique de Salomon, situé dans le Temple de Jérusalem (3,11; 5,12). Pierre, accompagné de Jean, guérit un infirme gisant à la Belle Porte du Temple (iii) ce qui lui donne l'occasion de prononcer une harangue dans laquelle il affirme la résurrection de Jésus, au nom duquel l'infirme a été guéri (iv). En l'apprenant, prêtres et Sadducéens, qui refusent toute idée de résurrection, accourent et s'en prennent aux deux apôtres à qui ils intiment l'ordre de ne plus prêcher au nom de Jésus (v). Revenus auprès des autres disciples, Pierre et Jean racontent ce qui vient de se passer et tous demandent à Dieu la force de continuer à annoncer sa parole; Dieu les exauce en leur envoyant l'Esprit (vi). Un court sommaire montre les apôtres jouissant de la faveur du peuple (vii).

Les quatre sections suivantes (viii-xi) forment également un tout. Le personnage de Pierre disparaît momentanément de la scène pour laisser la place aux Hellénistes (viii). Parmi eux Étienne se distingue par sa prédication courageuse, mais un complot ourdi par les gens de la synagogue des Affranchis réussit à le faire lapider par le peuple (ix). Jérusalem cesse alors d'être le lieu privilégié de la prédication de la Parole et, grâce à Philippe, lui aussi un Helléniste, c'est la Samarie qui est évangélisée (x). Sur sa lancée, Philippe gagne à la foi en Jésus l'eunuque de la reine Candace, un païen plus ou moins converti au judaïsme (xi).

On retrouve Pierre avec les deux épisodes suivants. Lui aussi quitte Jérusalem pour annoncer la Parole dans la plaine de Saron, où il guérit un infirme (xii). Puis il vient à Césarée maritime pour y recevoir la conversion d'un groupe de païens parmi lesquels la tradition postérieure nommera Corneille, un centurion romain (xiii). Mais la conversion de païens pose de délicats problèmes qui sont résolus lors de l'assemblée à Jérusalem (xiv).

Avec l'épisode suivant, nous assistons à l'évangélisation de la ville d'Antioche de Syrie grâce à des gens originaires de Cyrène et de Chypre, eux aussi probablement des Hellénistes (xv).

La geste de Pierre se terminait par le récit de son emprisonnement et de sa délivrance miraculeuse (xvi). Comme nous le verrons plus loin, cet épisode avait une valeur symbolique et formait inclusion avec le récit de l'ascension (apparition du Christ ressuscité).

2. Unité interne de la geste de Pierre

Bien qu'elle apparaisse formée de matériaux disparates, la geste de Pierre constitue une unité qui nous décrit, avec une très grande intensité dramatique, l'essor de l'église primitive. Le martyre d'Étienne en forme la charnière.

Comme on pouvait s'y attendre, c'est d'abord aux Juifs de Jérusalem qu'est annoncée la Bonne Nouvelle du salut. Bien accueillie par la foule des Juifs (iii-iv), cette annonce se heurte à l'hostilité de la caste sacerdotale qui essaie de la stopper par des menaces (v). Mais Dieu intervient et envoie son Esprit qui donne aux disciples la force de continuer à témoigner de la résurrection de Jésus devant le peuple (vi-vii). Interviennent alors les gens de la synagogue des Affranchis, certainement des Pharisiens. À leur tour, ils veulent s'opposer à la diffusion de l'évangile en discutant avec Étienne. Mais ils ne peuvent rien, parce que c'est l'Esprit lui-même qui parle par sa bouche (6,10). En ayant recours à la calomnie, ils ameutent le peuple contre Étienne qui est lapidé (ix). Ce ne sont plus seulement les autorités juives, prêtres, Sadducéens et Pharisiens, qui s'opposent à l'essor de la Parole, et donc à l'action de l'Esprit, c'est le peuple de Jérusalem qui, de sympathique qu'il était (5,13), est devenu hostile (7,57, TO). Une véritable persécution s'abat sur la jeune église de Jérusalem (8,1b). C'est l'échec apparent du plan de Dieu.

Mais quelle puissance au monde pourrait s'opposer aux desseins de Dieu? Jérusalem refuse d'accueillir la Parole. Les autorités juives persécutent les disciples de Jésus. Tant pis, ou peut-être même: tant mieux! Presque malgré eux, les disciples vont être obligés de porter la Parole, non seulement hors de Jérusalem, mais encore hors du judaïsme. Ce tournant capital dans l'histoire du christianisme naissant est souligné par deux séquences parallèles. D'une part, Philippe, l'un des Hellénistes, chassé de Jérusalem par la persécution (8,1b), s'en va porter la Parole chez les Samaritains, qui l'accueillent avec joie (x). Il fait plus encore: sous la motion de l'Esprit (8,29.39), il convertit l'eunuque de la reine Candace, un païen sympathisant du judaïsme qui était venu adorer Dieu à Jérusalem (xi). D'autre part Pierre quitte lui aussi Jérusalem pour la plaine de Saron et, à Lydda, il renouvelle le miracle qu'il avait accompli à Jérusalem: il guérit un infirme, ce qui provoque la conversion d'un grand nombre de gens (xii). Mais lui aussi, il fait plus encore: sous la motion de l'Esprit (10,19.44), il accueille dans la communauté chrétienne un petit groupe de païens de Césarée (xiii). C'est donc l'Esprit qui a poussé les disciples, les Hellénistes aussi bien que Pierre, à briser le cadre trop limité du judaïsme pour accueillir les païens dans l'église. Sans doute, dans le cas de l'eunuque de la reine Candace et des païens de Césarée, il n'était question que de conversions individuelles. Mais l'élan est donné. La conversion des païens de Césarée donne occasion aux disciples rassemblés à Jérusalem de résoudre le problème épineux des observances juives (xiv): faut-il, oui ou non, les imposer aux païens qui se convertissent? La réponse est non. Implicitement, c'est reconnaître que la circoncision n'a plus valeur contraignante, et donc qu'elle est maintenant périmée. La voie est ouverte pour une évangélisation systématique du monde païen, ce que vont accomplir un groupe d'Hellénistes à Antioche de Syrie, relayés par Barnabé et Saul, le futur Paul (xv). C'est la naissance du christianisme qui, dans la souffrance et dans les larmes, s'est définitivement séparé du judaïsme. Voilà le thème fondamental qu'a voulu développer l'auteur du Document P en composant la geste de Pierre.

3. Le message de la Parole

Mais que disait cette Parole que les disciples de Jésus devaient transmettre aux hommes, que les Juifs de Jérusalem avaient refusée et que les païens accueillaient avec joie? C'était un message de salut, signifié par le nom même de Jésus: "Dieu sauve".

a) Les disciples ont vu le Christ ressuscité. Celui que l'on croyait mort est toujours vivant (Lc 24,36-52). C'est avant tout de cette victoire de Jésus sur la mort que les disciples se portent garants. Tel est l'essentiel du discours que Pierre prononce devant la foule des Juifs accourus au bruit du miracle que constitue la guérison de l'infirme, à la Belle Porte du Temple: «Le Dieu d'Abraham et d'Isaac et de Jacob, le Dieu de nos pères a glorifié son Serviteur que vous, vous avez méprisé et renié... Mais vous, le Saint et le Juste, vous (l')avez accablé et ( ) vous l'avez tué, lui qu'Il a ressuscité des morts, dont nous, nous sommes témoins» (3,13-15). À ce témoignage des disciples s'ajoute celui du miracle que Pierre vient d'accomplir. Il a guéri l'infirme en lui ordonnant: «Au nom de Jésus le Nazôréen, marche!» (3,6). C'est par la foi en ce nom, qui est de par lui-même gage de salut, que l'infirme fut guéri (3,16). Jésus est donc vivant. En guérissant l'infirme, Dieu a confirmé le témoignage des disciples. Pierre l'affirmera encore devant les prêtres et les Sadducéens rassemblés, ces gens qui nient toute possibilité de résurrection: «Qu'il soit connu de tout le peuple d'Israël que (c'est) au nom de Jésus le Nazôréen, que vous, vous avez crucifié, que Dieu a ressuscité des morts, (c'est) par lui que celui-ci se tient devant vous, en bonne santé, par nul autre» (4,10). On notera en passant l'accent polémique de ces professions de foi: celui que vous, vous avez mis à mort, Dieu l'a ressuscité.

b) Mais si Dieu a ressuscité Jésus d'entre les morts, il va ressusciter aussi, un jour, tous les disciples du Christ. L'auteur du Document P l'insinue ici en notant que les prêtres et les Sadducéens étaient furieux de ce que Pierre "annonçait en Jésus la résurrection, celle d'entre les morts" (4,2). Il le fera comprendre encore en racontant la délivrance miraculeuse de l'apôtre (12,1ss). Ce petit récit termine la geste de Pierre au niveau du Document P. Il forme donc inclusion avec le récit de l'ascension, ou, d'une façon plus générale, avec le récit de l'apparition du Christ vivant aux disciples. Or, nous le verrons, il a une valeur symbolique. Cette délivrance de Pierre est racontée de telle sorte qu'elle devait évoquer, et les récits de l'Exode, et la croyance en la résurrection des disciples. Le nom de "Jésus" signifie "Dieu sauve". Ce n'est donc pas seulement Jésus qui doit être sauvé de la mort, mais tous ses disciples.

c) De là vient l'insistance sur le thème de la joie qui revient comme un refrain dans les récits du Document P. Lorsque Jésus leur apparaît, les disciples n'osent pas croire en sa résurrection "à cause de la joie" (Lc 24,41). Même lorsque Jésus les a quittés pour s'en aller vers son Père, les disciples reviennent à Jérusalem "avec grande joie" (Lc 24,52). La joie de la résurrection efface la tristesse de la séparation. Une fois guéri, l'infirme de la Belle Porte "marchait, joyeux et bondissant" (Act 3,8, TO). Le Document P termine le récit de l'évangélisation d'une ville de Samarie par Philippe en notant: «Et il y eut grande joie en cette ville» (8,8). Après sa conversion par Philippe, l'eunuque de la reine Candace "allait (sa) route, joyeux" (8,39). Lorsque Barnabé constate que nombre de païens se sont convertis à Antioche de Syrie, "ayant vu la grâce de Dieu, il se réjouit" (11,23). Enfin, c'est sous l'effet de la joie que Rhodè, la jeune servante, oublie d'ouvrir la porte à Pierre que l'on croyait mort (12,14). La joie de la résurrection court tout au long des récits du Document P. Les hommes peuvent se réjouir puisqu'ils ont maintenant cette assurance: ils croient en Jésus, ils sont devenus ses disciples, Dieu leur a donc donné une vie nouvelle, plus forte que la mort.

d) On notera que, au niveau du Document P, la geste de Pierre ne contient aucune référence au thème eschatologique traditionnel du retour du Christ. Sur ce point, les discours de Pierre se distinguent nettement de ce que Paul annonçait aux fidèles de Thessalonique, la première fois qu'il leur annonçait l'évangile (cf. 1 Thess 1,9-10).

4. Les promesses de l'Ancien Testament

Cette immense espérance qui fait l'essentiel du message chrétien, l'auteur du Document P comprend qu'elle s'enracine dans les promesses de l'Ancien Testament, spécialement dans les oracles du prophète Isaïe.

a) Le Document P ne cite littéralement les textes de l'AT qu'une seule fois, en 3,13, mais c'est pour reprendre un titre que Dieu lui-même s'est donné lorsqu'il est apparu à Moïse en Ex 3,6.15. Partout ailleurs, les références à l'AT sont faites par de simples allusions, par quelques mots typiques qui évoquent tel ou tel texte de la Bible. Lors de l'ascension, le geste de Jésus bénissant ses disciples évoque celui d'Aaron bénissant le peuple de Dieu (Lc 24,50; cf. Lev 9,22). Le discours de Pierre en 3,13ss commence par une citation de Ex 3,6.15 qui évoque l'Exode, et l'Exode sera de nouveau discrètement évoqué dans le récit de la délivrance de Pierre, en 12,1ss. En 4,24.27.29, la prière que font monter vers Dieu les disciples reprend les termes, et de Is 37,16-20, et de Ps 2,1-2. Pour décrire le choix des Sept, en 6,2ss, l'auteur du Document P démarque le texte de

Nomb 27,16ss. Le schéma du récit de la lapidation d'Étienne, en 6,8ss, est calqué sur celui de la lapidation de Nabot en 1 Rois 21,11-13. En 8,36a.39b, Philippe est enlevé d'auprès de l'eunuque comme l'avait été Élie d'après 2 Rois 2,11-12. En 10,34-35, Pierre justifie l'appel des païens au salut en se référant à Deut 10,16-18.

b) Mais, dans les allusions qu'il fait à l'AT, l'auteur du Document P a donné une place spéciale au prophète Isaïe. Lorsqu'il prend la parole pour la première fois, devant la foule des Juifs, Pierre affirme que Dieu "a glorifié son Serviteur..." (3,13). L'allusion à Is 52,13, qui ouvre le quatrième chant concernant le Serviteur de Dieu, est certaine[1]. Plus tard, l'eunuque de la reine Candace parviendra à la foi en lisant le prophète Isaïe (8,30), et Act II ne fera qu'interpréter correctement la pensée du Document P en précisant qu'il s'agissait de Is 53,7-8, donc toujours du quatrième chant concernant le Serviteur de Dieu. Or, c'est ce Serviteur mystérieux qui devait se livrer lui-même à la mort en portant nos péchés (Is 53,10-12). Jésus est à la fois la victime et le grand prêtre qui offre la victime. Le Document P l'insinue en indiquant que, avant de monter vers son Père, Jésus lève les mains pour bénir ses disciples, comme le faisait le grand prêtre jadis (Lc 24,50). Mais les allusions à Isaïe ne s'arrêtent pas là. En 3,13-14, ce n'est pas seulement le titre de "Serviteur" qui est repris d'Isaïe, mais aussi ceux de "Saint" et de "Juste". Le récit de la guérison de l'infirme de la Belle Porte a comme arrière-plan l'oracle de Is 35,1-10, qui annonce que Dieu va venir sauver tous les affligés. De même, comme en écho, la guérison de l'infirme de Lydda contiendra une discrète allusion à Is 35,2. Jésus est donc bien celui en qui doit se réaliser le salut des hommes, annoncé dès les temps anciens par la bouche du prophète Isaïe, parlant au nom de Dieu.

Ainsi, selon le Document P, toute la geste de Pierre est tissée de réminiscences de l'AT. Par là, nous comprenons qu'il existe une continuité profonde entre l'ancienne alliance et la nouvelle. L'Église naissante est maintenant l'héritière des promesses faites jadis par Dieu au peuple qu'il s'était choisi, et ces promesses sont des promesses de vie.

5. L'Église naissante suit les traces de Jésus

En rédigeant la geste de Pierre, l'auteur du Document P a voulu souligner aussi l'unité profonde qui existe entre la vie de l'Église primitive et celle de son fondateur, Jésus de Nazareth. Au lendemain de l'ascension, les disciples continuent à vivre comme ils le faisaient lorsqu'ils étaient groupés autour de Jésus (2,44-45). Dès qu'ils veulent annoncer la Bonne Nouvelle du salut, ils se heurtent aux mêmes difficultés que Jésus. Le Document P l'insinue en rédigeant

---

[1] La citation est faite d'après le texte de la Septante.

le récit de 4,1ss à l'analogie de celui de Lc 20,27ss: les prêtres et les Sadducéens s'en prennent à Pierre et à Jean comme ils s'en étaient pris à Jésus. De même, lorsqu'il rédige le récit du martyre d'Étienne (6,8ss), ce n'est pas seulement le précédent de Nabot qui est évoqué (cf. *supra*), mais aussi celui de Jésus abandonné par la foule lorsqu'il est accusé de blasphème. La mort même d'Étienne est décrite en référence à la mort de Jésus (7,59; cf. Lc 23,46). Le récit de la prédication de Philippe aux non-Juifs (8,6b-7) démarque celui de la prédication de Jésus aux foules païennes (Lc 6,17b-18); même l'ouverture aux non-Juifs se situe ainsi dans la ligne du ministère de Jésus.

Pour l'auteur du Document P, il existe donc une continuité profonde entre la vie de l'Église primitive et celle de Jésus. Les lecteurs à qui il s'adresse peuvent être rassurés: c'est toujours Jésus qui leur parle par l'intermédiaire de ses disciples.

I. L'ASCENSION
(Lc 24,50-53)

50 Or il les fit sortir jusqu'à Béthanie et, ayant levé ses mains, il les bénit 51 et ( ) il fut séparé d'eux et il était emporté vers le ciel. 52 Et eux, s'étant prosternés devant lui, revinrent à Jérusalem avec grande joie. 53 Et ils étaient sans cesse dans le Temple, louant Dieu.

Les vv. 50-52 sont formés en manière de chiasme: au centre, le départ de Jésus vers le ciel (v. 51); ce départ est inséré entre deux gestes, celui de Jésus qui bénit ses disciples (v. 50b) et celui des disciples qui se prosternent devant lui (v. 52a); aux deux extrémités, une note topographique: Béthanie (v. 50a), Jérusalem (v. 52b). Essayons de voir, par delà le réalisme des détails qui nous sont donnés, quelle est la réalité qu'ils veulent signifier.

1. Jésus et Élie

Jésus se sépare de ses disciples pour être emporté au ciel. Cette description rappelle un précédent de l'Ancien Testament: celui du prophète Élie. Celui-ci se promenait au-delà du Jourdain avec son disciple Élisée. «Et il arriva, tandis qu'ils marchaient, (qu')ils marchaient[1] et conversaient», nous dit le texte sacré, «et voici un char de feu et des chevaux de feu et ils (les) séparèrent l'un de l'autre et Élie fut enlevé dans le tourbillon, comme vers le ciel» (2 Rois 2,11). Jésus se sépare de ses disciples comme Élie avait été séparé d'Élisée; il est emporté au ciel comme Élie avait été enlevé vers le ciel. Le scénario est le même, et l'on peut penser que

---

[1] Le verbe est redoublé de façon curieuse dans la Septante.

l'auteur du Document P avait en mémoire le récit de l'ascension du prophète Élie lorsqu'il écrivait le récit de l'ascension de Jésus. Mais les contacts de vocabulaire entre les deux récits sont pauvres. Par ailleurs, contrairement à ce qui se passera au niveau de Act I, Jésus ne sera plus jamais comparé à Élie dans les récits du Document P. Son auteur utilise donc le précédent d'Élie d'un point de vue purement rédactionnel, sans songer à faire de Jésus comme un nouvel Élie. On verra qu'il en sera tout autrement de Act I.

2. Jésus est grand prêtre

Avant de quitter ses disciples, Jésus, "ayant levé ses mains, les bénit"; c'est le geste que jadis Aaron, le prêtre, avait fait sur le peuple en présence de Moïse: «Et Aaron, ayant élevé les mains sur le peuple, les bénit. Et il redescendit, ayant accompli le sacrifice pour le péché, l'holocauste et le sacrifice de communion» (Lev 9,22). Ce texte est rappelé en Sir 45,15, dans l'éloge qui est fait d'Aaron: «C'est Moïse qui le consacra et l'oignit de l'huile sainte... pour qu'il préside au culte, exerce le sacerdoce et bénisse le peuple au nom du Seigneur.» On lit de même dans l'éloge que le Siracide fait de Simon, fils d'Onias, le grand prêtre: une fois les cérémonies liturgiques accomplies, «il levait ses mains vers toute l'assemblée des enfants d'Israël pour donner la bénédiction du Seigneur, à haute voix» (Sir 50,20). En levant les mains pour les bénir, Jésus se manifeste ainsi à ses disciples comme le grand prêtre de la nouvelle alliance. C'est donc lui que visait cette parole du psalmiste: «Le Seigneur l'a juré et il ne s'en dédira point: "Tu es prêtre pour toujours selon l'ordre de Melchisédech"» (Ps 110,4).

Grand prêtre, il l'est avant même de monter au ciel. «Tout grand prêtre en effet,» comme l'écrivait l'auteur de l'épître aux Hébreux, «pris d'entre les hommes, est établi pour intervenir en faveur des hommes dans leurs relations avec Dieu, afin d'offrir dons et sacrifices pour les péchés» (Hebr 5,1). Aaron bénit le peuple après avoir accompli "le sacrifice pour le péché, l'holocauste et le sacrifice de communion" (Lev 9,22). Or Jésus, en donnant sa vie, s'est offert lui-même en sacrifice à Dieu pour la rémission des péchés. Ce thème sera développé dans le Document P à propos de la guérison de l'infirme de la Belle Porte (3,1ss) et surtout dans le discours que Pierre prononcera à cette occasion (3,12ss), affirmant que Jésus était le "Serviteur de Yahvé" annoncé par le prophète Isaïe, "qui offre sa vie en sacrifice expiatoire" (Is 53,10). Ayant offert lui-même sa vie en sacrifice, Jésus est le véritable grand prêtre de l'alliance nouvelle. À ce titre, il peut lever ses mains pour bénir ses disciples avant de les quitter.

3. Jésus est roi

Le geste des disciples qui se prosternent devant Jésus (v. 52) est plus difficile à interpréter. En Sir 50,21, le peuple se prosterne au moment où il reçoit pour la seconde fois la bénédiction du grand prêtre Simon. Les disciples se prosternent-ils pour recevoir la bénédiction de Jésus? Mais le Document P précise qu'ils se prosternèrent "devant lui"; c'est donc un geste qui s'adresse plus spécialement à la personne même du Christ.

a) Un tel geste est extrêmement fréquent dans la Bible: il signifie toujours une situation de dépendance, voire de soumission, à l'égard de celui devant qui on se prosterne. C'est le geste des gens qui ont une grâce à demander, surtout lorsqu'il s'agit d'une question vitale (1 Sam 25,23.41); ainsi, dans l'évangile de Matthieu, ceux qui viennent demander à Jésus une guérison pour eux ou pour leurs proches se prosternent-ils devant lui avant de formuler leur demande (Mat 8,2; 9,18; 15,25; 20,20; cf. 18,26). C'est le geste de ceux qui reconnaissent le pouvoir d'un roi, ou de celui qui tient la place du roi (1 Sam 24,9; 2 Sam 14,33; Esth 3,1-5). C'est le geste enfin de l'homme qui "adore" Dieu, le souverain Maître du monde (Deut 6,13; cité en Mat 4,10). Lorsque Jésus est emporté au ciel, ses disciples se prosternent devant lui. Ils n'ont, à ce moment-là, aucune demande spéciale à formuler. Il est encore trop tôt pour qu'ils l'adorent comme Dieu[1]. Se prosternent-ils alors devant lui pour reconnaître son investiture royale? Si Jésus est emporté au ciel, considéré comme le trône de Dieu (Is 66,1), n'est-ce pas pour que se réalise en sa faveur l'oracle de Ps 110,1: «Le Seigneur a dit à mon Seigneur: Siège à ma droite...»? Ce passage du psaume 110 serait évoqué par le geste des disciples qui se prosternent devant Jésus, comme le geste de Jésus bénissant ses disciples aurait évoqué le v. 4 du même psaume: «Tu es prêtre pour toujours...» L'auteur de l'épître aux Hébreux connaît le lien entre les deux thèmes: «...nous avons un pareil grand prêtre qui s'est assis à la droite du trône de la Majesté dans les cieux» (Hebr 8,1); et à propos de Jésus-prêtre: «...lui au contraire, ayant offert pour les péchés un unique sacrifice, il s'est assis pour toujours à la droite de Dieu, attendant désormais que ses ennemis soient placés comme un escabeau sous ses pieds» (10,11-13). Il est donc possible que l'auteur du Document P, lui aussi, ait lié implicitement, dans la scène qu'il raconte, les vv. 1 et 4 du psaume 110.

Il ne faut pas oublier non plus que, au temps du Christ, le grand prêtre était considéré comme le roi de la nation juive. Après avoir comparé les rites d'investiture du grand prêtre et du roi, comme aussi leurs ornements respectifs, R. de Vaux écrit: «Lorsque la monarchie eut disparu, cet appareil royal passa au grand prêtre. Cela ne signifie pas seulement ni d'abord que le grand prêtre héritait des prérogatives cultuelles qui étaient reconnues au roi; nous avons montré qu'elles étaient limitées. Cela signifie que le grand prêtre devenait le chef de la

---

[1] Les disciples ne prirent conscience de la divinité de Jésus qu'un certain temps après la résurrection. Ce point est admis par la plupart des théologiens.

nation et son représentant devant Dieu, comme avait été le roi.»[1] Ce thème de la royauté du Christ, toutefois, n'apparaîtra plus une seule fois dans la suite des récits du Document P.

b) Avec cette dernière interprétation, on comprendrait tout le sens de la localisation de l'événement à Béthanie (v. 50a). Ce bourg n'est mentionné ailleurs dans l'évangile de Luc qu'en 19,29. C'est de Béthanie que Jésus part pour effectuer son entrée solennelle à Jérusalem, durant laquelle il est acclamé comme roi (19,38). Royauté sans lendemain puisque les foules vont l'abandonner et, finalement, réclamer sa mort à Pilate. Au jour de l'ascension, Jésus revient à Béthanie avec ses disciples et c'est là qu'il est emporté au ciel, pour y recevoir sa véritable intronisation royale: les disciples peuvent se prosterner devant lui en signe de soumission. Et quand ils vont revenir de Béthanie (v. 50) à Jérusalem (v. 52), comment pourraient-ils ne pas évoquer ce même chemin qu'ils ont parcouru avec Jésus, une dizaine de jours plus tôt, dans une marche triomphale qui avait valeur prophétique: «Béni soit le roi, celui qui vient au nom du Seigneur. Paix dans le ciel et gloire au plus haut des cieux» (Lc 19,38)?

4. La joie pascale

Une fois que le Christ est monté au ciel, les disciples reviennent à Jérusalem "avec grande joie". Ce thème étonne un peu: puisque les disciples viennent d'être séparés définitivement de leur Maître, leur cœur ne devrait-il pas au contraire être rempli de tristesse? Mais n'oublions pas que, au niveau du Document P, ce récit de l'ascension vient comme conclusion de la seule et unique apparition du Christ ressuscité à ses disciples. Grâce à cette apparition, ceux-ci viennent d'apprendre que, malgré les apparences, leur Maître est toujours vivant. La joie qui les envahit n'est autre que la joie pascale, la joie de la résurrection (Lc 24,41; Mat 28,8; cf. pp. 24-25).

5. Une vie de prière dans le Temple

Au lendemain de l'ascension, les disciples se retrouvent "sans cesse dans le Temple, louant Dieu". Ils n'ont pas encore de lieu de culte propre et ils continuent à participer à la vie cultuelle du peuple juif, montant au Temple matin et soir à l'heure de la prière (cf. Act 3,1), c'est-à-dire à l'heure où l'on immolait l'agneau du sacrifice (Ex 29,38-42) et où un prêtre allait déposer l'encens sur l'autel des parfums (Lc 1,8-20; cf. Ex 30,1-9).

---

[1] R. de VAUX, *Les institutions de l'Ancien Testament*, vol. II, Paris, 1960. p. 271.

Il serait vain, maintenant, de se demander si, réellement, Jésus s'est élevé vers le ciel aux yeux de ses disciples. L'intention du narrateur est, avant tout, de nous faire comprendre que le Christ ressuscité réalise en sa personne le double oracle du psaume 110: «Siège à ma droite... Tu es prêtre pour toujours.»

(L'ascension selon Act I: ⇒ p. 93)

II. LA VIE COMMUNE
(2,44-45)

44 Et tous ( ) étaient dans le même (lieu) et avaient tout en commun **45** et tous ceux qui avaient biens ou possessions (les) vendaient et les distribuaient à ceux qui étaient dans le besoin.

a) Les premiers disciples "étaient dans le même (lieu)" (cf. Lc 17,35 et surtout Act 2,1, qui reprend ce renseignement au texte du Document P). En d'autres termes, les disciples habitaient ensemble. Il ne faut pas objecter qu'il était impossible à trois mille personnes (2,41) d'être dans la même habitation; ce dernier texte fut rédigé par Act II et était donc ignoré du Document P.

"Ils avaient tout en commun". L'expression pourrait s'entendre dans un sens large: ils donnaient facilement aux autres ce qui leur appartenait. Ce sera le sens que lui donnera Act II lorsqu'il reprendra ce sommaire en 4,32.34-35; mais le contexte indiquera clairement cet élargissement du sens. Ici, le sens strict s'impose puisque les disciples vivent ensemble, dans le même lieu. Ils pratiquaient la communauté absolue des biens; ils ne possédaient rien en propre.

Enfin, ils s'efforçaient de mettre en pratique ce que le Christ leur avait enseigné au sujet des biens possédés: les distribuer aux pauvres. Le v. 45 en effet correspond à la parole du Christ rapportée en Mat 19,21, bien que le vocabulaire soit différent:

Act 2,45	Mat 19,21-22
et tous ceux qui avaient biens	
ou possessions, ils (les) vendaient	vends tes possessions
et les distribuaient	et donne(-les)
à ceux qui étaient dans le besoin	aux pauvres...
	... car il avait beaucoup de biens

Ainsi, après l'ascension, les disciples de Jésus avaient même habitation, ils ne possédaient rien en propre et ils avaient distribué leurs biens aux nécessiteux.

Un tel genre de vie est-il vraisemblable? Existe-t-il d'autres textes qui en seraient l'écho?

b) En 1,13, nous voyons que, au retour du mont des Oliviers où vient d'avoir lieu l'ascension de Jésus, ses disciples "montèrent à la chambre haute où ils demeuraient". De même, en 2,1, le jour de la Pentecôte, "ils étaient tous ensemble dans le même (lieu)". Ces textes sont de Act I, mais ils peuvent fort bien refléter une situation archaïque, comme on le voit en 4,31, un texte du Document P qui nous montre aussi les disciples rassemblés en un même lieu au moment où ils reçoivent l'Esprit. Il existe donc d'autres textes des Actes qui reflètent la situation décrite dans le sommaire: ils vivaient dans le même lieu. Par ailleurs, dans le texte du Document P qui suivait ce sommaire, nous lisons que Pierre et Jean montent au Temple et y sont sollicités par l'infirme couché près de la Belle Porte. Pierre lui déclare: «Argent et or, je n'en ai pas...» (3,6). Les deux disciples auraient-ils oublié d'emporter leur bourse? Non, mais ils ne possédaient rien en propre et n'avaient donc pas d'argent sur eux.

Ce mode de vie était celui des disciples groupés autour de Jésus durant leurs randonnées galiléennes. Ils formaient avec lui un petit groupe vivant ensemble, se déplaçant ensemble, logeant donc ensemble au hasard de leurs déplacements. Ils ont abandonné tous leurs biens pour suivre Jésus, comme le dit Pierre à son Maître: «Voici que nous avons tout abandonné pour te suivre» (Mat 19,27). Mais il faut tout de même vivre et se nourrir. Quelques femmes pourvoyaient aux besoins de tous (Lc 8,1-3). D'une façon plus précise, au témoignage du quatrième évangile, l'un des douze avait la bourse commune et se chargeait des achats de tous, comme aussi de faire l'aumône au nom de tous (Jn 12,6; 13,29).

Ainsi, une fois que Jésus les a quittés pour monter vers le Père, les disciples continuent à Jérusalem la vie qu'ils menaient à la suite du Maître: ils habitent ensemble, ils ont bourse commune, ils font l'aumône dans la mesure du possible. Pendant combien de temps un tel genre de vie a-t-il duré? Quel fut le nombre de ceux qui adoptèrent ce genre de vie? Il est impossible de répondre. Il est probable qu'il y eut une situation plus floue, dans laquelle les premiers disciples continuèrent à vivre comme ils avaient vécu au temps de Jésus tandis que les nouveaux convertis adoptaient un genre de vie plus souple. Le Sommaire de Act II, en 4,32.34-35, nous décrira une situation de la communauté chrétienne beaucoup plus évoluée.

(Le sommaire de Act II: ⇒ p. 159)

III. LA GUÉRISON DE L'INFIRME
(3,1-11)

Les quatre sections qui se présentent à nous maintenant sont étroitement liées les unes aux autres. Pierre, accompagné de Jean, guérit un infirme à la Belle Porte du Temple (3,1-10). Devant la foule émerveillée à la vue du miracle, Pierre déclare que, s'il a effectué cette guérison, c'est en vertu du nom de Jésus, mis à mort par les Juifs mais ressuscité par Dieu (3,12-16). Entendant parler de résurrection, les Sadducéens accourent, furieux; mais, Pierre ayant renouvelé sa profession de foi en Jésus ressuscité, on lui interdit de prêcher au nom de Jésus (4,1ss). Les deux disciples reviennent alors vers leurs frères et tous font une prière à Dieu pour demander son aide afin qu'ils puissent parler en toute assurance; Dieu les exauce en leur envoyant son Esprit (4,23ss).

Dégageons le sens de ces différents épisodes.

3,1 Or, Pierre et Jean montaient au Temple le soir, à l'heure de la prière. **2** Et un homme, infirme dès le sein de sa mère, était porté, que l'on plaçait à la porte du Temple, dite la Belle, pour demander l'aumône à ceux qui entraient dans le Temple. **4** Pierre, l'ayant regardé, avec Jean, dit: «Regarde-nous fixement.» **5** Lui s'attendait à recevoir quelque chose. **6** Pierre lui dit: «Argent et or, je n'en ai pas; mais ce que j'ai, je te le donne: Au nom de Jésus le Nazôréen, marche.» **7b** Et aussitôt il fut debout et s'affermirent ses pieds et ses chevilles **8** et il marchait, joyeux et bondissant, et il entra avec eux dans le Temple en louant Dieu. **11b** Tout le peuple accourut vers eux au portique appelé de Salomon, effrayés.

1. Pierre et Jean au Temple

Pierre et Jean montent au Temple le soir, à l'heure de la prière. Il y avait au Temple la prière du matin et celle du soir (Lev 6,13; Ex 29,39.41; 2 Chron 31,3). À chacune d'elles, on immolait un agneau que l'on offrait à Dieu avec d'autres mets (Ex 29,38-42). Un prêtre allait déposer de l'encens sur l'autel des parfums (Lc 1,8ss), puis on bénissait le peuple. À cette époque, les disciples de Jésus, n'ayant pas encore rompu avec le judaïsme, participent à la vie liturgique du peuple juif, aux prières officielles et aux sacrifices (Lc 24,53). Ils montent donc au Temple pour s'acquitter de leurs devoirs religieux, avec les autres Juifs.

2. Le secours de Dieu

Avant de pénétrer à l'intérieur de l'enceinte, ils rencontrent un infirme que l'on déposait à la Belle Porte, à l'est du Temple, afin qu'il y demandât l'aumône. Pierre, ayant regardé l'infirme, lui dit: «Regarde-nous fixement.» (3,4). Pourquoi préciser que Pierre le regarde et lui demande de le regarder? Puisque, en guérissant l'infirme, Pierre va agir au nom de Dieu (cf. 3,12), ce jeu de scène veut probablement évoquer certains psaumes dans lesquels le psalmiste demande le secours de Dieu. On songe d'abord à Ps 25,14-16, lu dans la Septante: «Le Seigneur est la force ($\kappa\rho\alpha\tau\alpha\iota\omega\mu\alpha$) de ceux qui le craignent, et le nom du Seigneur (la force) de ceux qui le craignent. Mes yeux (sont) sans cesse vers le Seigneur parce que, Lui, il tirera mes pieds du filet. Regarde-moi ($\grave{\epsilon}\pi\iota\beta\lambda\epsilon\psi o\nu$ $\grave{\epsilon}\pi'$ $\grave{\epsilon}\mu\acute{\epsilon}$) et aie pitié de moi.» Celui qui est en danger regarde vers Dieu, et le nom de Dieu va le sauver, lui donner la force. Mais pour que Dieu sauve, il faut qu'il regarde celui qu'il va assister. Ce sont les thèmes que l'on retrouve en Act 3,4-7. Que l'on se reporte aussi à Ps 145,14-15: «Le Seigneur affermit ($\grave{\upsilon}\pi o\sigma\tau\eta\rho\acute{\iota}\zeta\epsilon\iota$) tous ceux qui tombent et redresse tous ceux qui sont abattus. Les yeux de tous (sont) vers toi, ils espèrent, et toi tu leur donnes leur nourriture en son temps.» Ainsi, Pierre demande à l'infirme de le regarder fixement, comme s'il regardait Dieu dont il espère le secours, et, lui qui gît par terre, ses pieds vont se trouver affermis et il va se mettre debout.

3. Le nom de Jésus

Pierre, sollicité, répond qu'il n'a sur lui ni argent ni or. Au lendemain de l'ascension, les disciples de Jésus continuaient à vivre comme ils vivaient lorsqu'ils suivaient leur Maître: ils n'avaient rien en propre, comme le dit le sommaire de 2,44-45 (cf. *supra*). Mais ce que Pierre a, il le donne à l'infirme: au nom de Jésus le Nazôréen, il lui ordonne de marcher, et celui-ci se trouve subitement guéri.

Pierre a donc guéri cet homme "au nom de Jésus le Nazôréen" (3,6). Nous voici au cœur même de ce long récit. L'apôtre reviendra sur ce thème lorsqu'il s'adressera à la foule rassemblée (3,16), puis plus longuement lors de sa discussion avec les Sadducéens (4,7b.10), qui interdisent aux disciples de parler encore au nom de Jésus (4,17b). Mais c'est précisément ce que ceux-ci vont demander à Dieu: le pouvoir d'accomplir guérisons, signes et prodiges par ce nom prestigieux, afin que la prédication de la parole ait pleine efficacité (4,30). Tout le récit, du début jusqu'à la fin, est donc sous-tendu par ce thème du nom de Jésus, qui en assure l'unité.

Jésus. Ce nom hébreu signifie "Dieu sauve". En ajoutant le v. 12 au chapitre 4, Act II fera allusion à ce sens du nom: «Il n'y a pas d'autre nom sous le ciel, donné aux hommes, par lequel il faut être sauvé» (4,12). La guérison de l'infirme est à la fois la preuve et le signe qu'une ère nouvelle commence, dans laquelle Dieu sauve les hommes par Jésus le Nazôréen.

Mais de quoi les hommes sont-ils sauvés? Selon Mat 1,21, un ange déclare à Joseph, à propos de Marie: «Elle enfantera un fils, et tu lui donneras le nom de Jésus; c'est lui en effet qui sauvera son peuple de ses péchés.» Mais cette perspective de péché est absente du récit des Actes. Apparemment, ce récit ne précise pas de quoi nous devons être sauvés. Analysons-le toutefois de plus près.

4. Les allusions à Is 35,1-10

Au v. 1, le Document P nous présente un <u>infirme</u>; au v. 8, il nous dit que cet homme, guéri, "marchait, <u>joyeux et bondissant</u>". La référence implicite à Is 35,6 est certaine: «Alors <u>l'infirme bondira</u> comme un cerf, et la langue du muet <u>criera sa joie</u>.» Ce thème de la joie ouvre et clôt tout le passage d'Isaïe d'où est tirée cette citation implicite: «Réjouis-toi, désert assoiffé, qu'il soit dans l'allégresse le désert et qu'il se couvre de fleurs comme le lys et ils se couvriront de fleurs et ils seront dans l'allégresse les déserts du Jourdain... Et, rassemblés par le Seigneur, ils reviendront et ils arriveront à Sion avec joie et une joie éternelle sera sur leur tête» (35,1-2.10). Mais les allusions au texte d'Isaïe ne s'arrêtent pas là. Quand le Document P nous dit de l'infirme que "<u>s'affermirent</u> ses pieds et ses chevilles" (v. 7b), il pense probablement au v. 3 du texte d'Isaïe: «<u>Affermissez-vous</u>, mains affaiblies et <u>genoux paralysés</u>...» Quant au nom de Jésus (v. 6), "Dieu sauve", il fait écho au v. 4 d'Isaïe: «Voici notre Dieu... il viendra et <u>nous sauvera</u>.» On peut donc dire que ce passage d'Is 35,1-10 est à l'arrière-plan du récit de miracle raconté en Act 3,1-11.

Is 35,1-10 est un oracle qui reprend les grands thèmes de ce que l'on appelle le second Isaïe, lequel annonce et célèbre la fin de la captivité à Babylone. Délivré par Dieu, sauvé par Dieu, tout le peuple reviendra sur sa terre à travers le désert, en un nouvel Exode. Ce thème de l'Exode sera d'ailleurs évoqué au début du discours par lequel Pierre donne la signification du miracle qu'il vient de réaliser (3,13, qui cite Ex 3,6.15). Avec Jésus, c'est comme un troisième Exode qui se produit: «Mais vous, vous êtes une race élue, un sacerdoce royal, une nation sainte, un peuple acquis (cf. Is 43,20s; Ex 19,5s), pour proclamer les louanges de celui qui vous a appelés des ténèbres à son admirable lumière» (1 Pi 2,9). Ou, comme le dira Jésus à Paul, selon Act II: «...te retirant ( ) des gentils vers lesquels, moi, je t'envoie pour ouvrir leurs yeux, pour (les) détourner des ténèbres vers la lumière et du pouvoir de Satan vers Dieu, pour qu'ils reçoivent rémission des péchés et héritage parmi les sanctifiés, grâce à la foi en moi» (26,17-18). Selon une conception courante au temps de Jésus, le monde entier était soumis à Satan, au Mal (1 Jn 5,19). Mais Jésus nous dit de demander à Dieu: «Délivre-nous du Mal» (Mat 6,13; cf. Jn 17,15). Dieu nous sauve en nous faisant passer de l'empire du Mal dans son propre royaume, des ténèbres à la lumière. Il le fait par le nom de Jésus, "Dieu sauve", et la guérison de l'infirme, à la porte de ce Temple qui est la demeure même de Dieu (1 Rois 8,12-13), est le signe qu'une nouvelle ère de salut vient de s'ouvrir.

5. La réhabilitation des infirmes

Mais il faut aller plus loin dans l'approfondissement de ce thème. Un proverbe, cité en 2 Sam 5,8, disait: «Aveugles et infirmes n'entreront pas dans la maison de Dieu.» La raison de cet interdit se trouvait en Lev 21,18, où il est dit que quiconque était affligé d'une infirmité physique devait être considéré comme impur; il ne pouvait donc pas prendre part au culte qui se déroulait à l'intérieur du Temple. C'est la raison pour laquelle, selon Act 3,2, l'infirme était placé <u>à la porte</u> du Temple: il ne pouvait pas y entrer. Mais une fois guéri, l'interdit est levé; il peut entrer dans le Temple avec Pierre et Jean en louant Dieu (v. 8; cf. Lc 24,53). Grâce au nom de Jésus, l'infirme est délivré, et de son infirmité physique, et de son impureté (cf. Jn 5,14; 9,2); il peut alors trouver accès auprès de Dieu. C'est en ce sens que Jésus "sauve": il nous permet d'entrer dans la maison de Dieu. Bien entendu, pour l'auteur du Document P, le thème doit être transposé au plan des réalités célestes. Comme le dit l'auteur de l'épître aux Hébreux à propos de l'ascension de Jésus: «Le Christ est entré dans un sanctuaire qui n'est pas fait de main d'homme, mais dans le ciel lui-même» (9,24). Le Christ johannique affirmait: «Dans la maison de mon Père, il y a beaucoup de demeures» (Jn 14,2). Nul doute que l'auteur du Document P pense aussi à notre entrée "dans la maison du Père", dont le Temple de Jérusalem n'était que la figure terrestre. Jésus nous sauve en nous donnant la possibilité d'aller là où il est monté lui-même au terme de sa vie terrestre: auprès du Père.

(Le récit de Act I: ⇒ p. 109)

IV. LE DISCOURS DE PIERRE
(3,12-16)

Ce discours est construit en forme de chiasme; c'est donc sous cette forme que nous allons le donner ici.

12 Prenant la parole, Pierre leur dit: «Hommes d'Israël,
A) pourquoi vous attacher à nous comme si nous avions fait cela par notre propre puissance?
13 B) Le Dieu d'Abraham et d'Isaac et de Jacob, le Dieu de nos pères a glorifié
C) son Serviteur que vous, vous avez méprisé et renié
D) à la face de Pilate voulant le relâcher.
14 C') Mais vous, le Saint et le Juste, vous (l')avez accablé et ( ) vous (l')avez tué,
15 B') (lui) qu'Il a ressuscité des morts, dont nous, nous sommes témoins.
16 A') Et, par la foi en son Nom, celui-ci, vous savez qu'Il (l')a affermi devant vous tous.»

1. La structure en chiasme

Cette structure en chiasme est fort bien construite et très parlante. Elle commence et se termine par une opposition concernant la guérison de l'infirme: cette guérison n'a pas été effectuée par la puissance des deux apôtres (A), mais par celle de Dieu, par la foi au nom du Ressuscité (A'). Puis vient la description de l'intervention de Dieu en faveur de Jésus: il l'a glorifié (B), il l'a ressuscité des morts (B'). Ce Jésus, les Juifs l'ont méprisé et renié (C), ils l'ont accablé et mis à mort (C'), tandis que Pilate voulait le relâcher (D). Ainsi, Pilate, un païen, a pris le parti de Jésus (D), avec Dieu (B et B'), tandis que les Juifs se sont acharnés contre lui, pour finalement le faire mourir (C et C').

Les deux ailes, A et A', commentent la finale du schéma fondamental, commun aux récits de Act 3,1-10 et Mat 9,1-8. En Mat 9,8b en effet, le récit de la guérison du paralytique se termine par ces mots: «et ils glorifièrent Dieu qui avait donné un tel pouvoir aux hommes.» Si les hommes ont pouvoir de guérir, c'est qu'il leur a été donné par Dieu: toute la gloire de la guérison miraculeuse doit donc revenir à Dieu (cf. 4,21b; Jn 3,2; 9,30-33). C'est ce qu'explique Pierre aux vv. 12 (A) et 16 (A'): ce n'est pas en vertu de notre propre puissance que l'homme a été guéri, mais en vertu de la puissance de Dieu, agissant pour le bien de ceux qui croient au nom de Jésus, "Dieu sauve".

L'opposition entre l'action de Dieu en faveur de Jésus et celle des Juifs contre Jésus pourrait avoir été plus marquée qu'il n'apparaît dans le texte grec des Actes. Traduisons-le d'une façon très littérale: «Dieu... a glorifié son Serviteur que vous, vous avez déshonoré... vous l'avez alourdi...» En hébreu, le même verbe כבד signifie "glorifier, honorer", et aussi "rendre lourd". Dieu aurait donc agi à l'égard de Jésus à l'inverse des Juifs[1]. Cette opposition est encore marquée dans la construction des phrases: «Dieu a glorifié son Serviteur, que vous, vous avez méprisé... Vous l'avez tué, (lui) qu'Il a ressuscité des morts.»

2. Le Dieu des Exodes

Pierre commence son discours par cette phrase pleine de majesté: «Le Dieu d'Abraham et d'Isaac et de Jacob, le Dieu de nos pères a glorifié son Serviteur...» Cette façon de désigner Dieu est reprise de Ex 3,6.15: Dieu lui-même se désigne ainsi lorsqu'il apparaît à Moïse lors de l'épisode du buisson ardent. Il a entendu les gémissements de son peuple captif en Égypte et il envoie Moïse pour le délivrer de la servitude et le conduire en Terre promise. Dans la Bible, l'expression "Dieu de..." a un sens fort: elle signifie "protecteur de..."[2]

---

[1] Cette interprétation du texte se heurte toutefois à une grosse difficulté: le verbe "glorifier" ne se lit pas dans le texte hébreu de Is 52,13, mais seulement dans la Septante grecque.

[2] Cf. F. DREYFUS, "L'argument scripturaire de Jésus en faveur de la résurrection des morts (Mc xii,26-27)", dans RB 66 (1959) 213-224.

C'est donc un gage de salut. Dieu va protéger son peuple en le délivrant de la main de Pharaon. On comprend alors pourquoi Pierre commence son discours en donnant à Dieu ce titre solennel. Dieu vient de manifester sa protection salvatrice en guérissant l'infirme de la Belle Porte du Temple. Il l'avait manifestée déjà en ressuscitant Jésus, son Serviteur. Cette résurrection était, pour le Christ, comme son Exode, son passage de ce monde terrestre vers un monde de lumière, auprès de Dieu. La guérison de l'infirme était le signe d'une guérison plus radicale à laquelle l'auteur du Document P fera allusion lorsqu'il racontera la délivrance miraculeuse de Pierre emprisonné; ce récit, nous le verrons, évoquera à la fois l'Exode et la résurrection des humains. Dieu a sauvé son peuple de la servitude d'Égypte. Il a sauvé le Christ en l'arrachant à la mort. Il sauvera toute l'humanité en la faisant passer de la mort à la vie.

3. Les titres de Jésus

Mais qui est ce Jésus contre lequel se sont ligués les Juifs pour, finalement le mettre à mort? L'auteur du Document P lui donne ici trois titres: il est le "Serviteur" de Dieu, le "Saint" et le "Juste". Ces trois titres sont chargés de sens.

a) Le premier titre est tiré de ce que l'on est convenu d'appeler les "chants du Serviteur" de Dieu, dans le livre du prophète Isaïe, qui sont au nombre de quatre: 42,1-9; 49,1-6; 50,4-11 et 52,13-53,12. Dans le discours de Pierre, c'est au quatrième chant qu'il est plus spécialement fait référence. La phrase-clef se lit en 3,13: «Le Dieu d'Abraham... a glorifié son Serviteur»; c'est très certainement une allusion à Is 52,13, lu dans la traduction de la Septante: «Voici que mon Serviteur comprendra, il sera élevé et glorifié beaucoup.» Mais avant cette glorification, le Serviteur aura connu un sort tragique: «Il recevra en héritage les foules et partagera les dépouilles des forts, parce qu'il s'est livré lui-même à la mort et qu'il fut compté parmi les criminels» (53,12). Le Serviteur fut donc mis à mort avant d'être glorifié par Dieu; c'est exactement le destin de Jésus, glorifié par Dieu (v. 13) après avoir été mis à mort par les Juifs (v. 15). De même enfin que le Serviteur avait été "objet de mépris, abandonné des hommes... méprisé" (53,3), ainsi Jésus lui aussi fut "méprisé" par les Juifs (v. 13)[1]. Par son mystère de mort et de résurrection, Jésus le Nazôréen a donc réalisé, en sa personne, ce qu'Isaïe avait prophétisé du Serviteur de Dieu.

Or, ce "Serviteur", Dieu l'a choisi pour réaliser une mission de délivrance. Elle est décrite dans le premier chant, avec des expressions qui rejoignent en partie celles qui se lisent en Is 35,4ss, le texte qui, nous l'avons vu, est à l'arrière-

---

[1] Au v. 13b, le TA dit que les Juifs "ont livré" le Serviteur (et non pas "méprisé"); c'est sans doute une allusion à Is 53,12. En effectuant ce changement, Act III a probablement voulu adopter une allusion plus traditionnelle à Is 53,12; cf. Rom 4,25; 8,32; Gal 2,20; Eph 5,2.25 (Cf. aussi Is 53,6b).

plan du récit de la guérison de l'infirme: «Voici mon Serviteur que je soutiens, mon élu en qui mon âme se complaît... Moi, le Seigneur Dieu, je t'ai appelé dans la justice... pour ouvrir les yeux des aveugles, pour extraire du cachot le prisonnier, et de la prison ceux qui habitent les ténèbres» (Is 42,1.6-7). Le peuple saint était captif à Babylone, et le Serviteur de Dieu a reçu mission de le délivrer. Mais cette mission va s'étendre à tous les hommes, captifs des ténèbres: «(Dieu) a dit: "C'est trop peu que tu sois pour moi un serviteur pour relever les tribus de Jacob et ramener les survivants d'Israël; je fais de toi la lumière des nations (cf. Is 42,6) pour que mon salut atteigne aux extrémités de la terre"» (Is 49,6)[1]. Il ne s'agit plus de sauver le peuple d'Israël, il s'agit de sauver l'humanité toute entière, captive des ténèbres, captive du péché, captive du Mal.

Et comment le Serviteur va-t-il réaliser cette délivrance? Par sa mort: «Mais lui, il a été transpercé à cause de nos crimes, écrasé à cause de nos fautes. Le châtiment qui nous rend la paix est sur lui, et dans ses blessures nous trouvons la guérison... Le Seigneur a voulu l'écraser par la souffrance; s'il offre sa vie en sacrifice expiatoire, il verra une prospérité, il prolongera ses jours, et par lui la volonté de Dieu s'accomplira... Par sa connaissance, le juste, mon Serviteur, justifiera les multitudes en s'accablant lui-même de leurs fautes. C'est pourquoi, il aura sa part parmi les multitudes, et avec les puissants il partagera le butin, parce qu'il s'est livré lui-même à la mort et qu'il a été compté parmi les criminels, alors qu'il portait le péché des multitudes et qu'il intercédait pour les criminels» (Is 53,5.10-12). Le Serviteur s'est offert lui-même en sacrifice expiatoire pour enlever le péché du monde. Il est à la fois la victime que l'on offre et le grand prêtre qui offre. On rejoint le thème central de la scène de l'ascension selon le Document P: Jésus, avant de quitter ses disciples, les bénit comme le faisait le grand prêtre, parce qu'il vient d'offrir pour eux le sacrifice de sa vie, en rémission des péchés du monde.

b) Jésus est aussi le "Saint", terme qu'il faut comprendre au sens d'une consécration par Dieu pour une mission déterminée. En Is 49,5, le Serviteur déclarait: «Et maintenant, ainsi parle le Seigneur, lui qui m'a formé dès le sein de ma mère pour être son serviteur...» On rejoint les expressions employées par Jérémie pour décrire sa vocation; Dieu lui parle en ces termes: «Avant même de te former dans le sein (maternel), je t'ai connu; avant même que tu sois sorti du sein je t'ai sanctifié, comme prophète des nations je t'ai établi» (Jer 1,5). Dans l'évangile de Jean, Jésus fera allusion à ce texte en disant: «... celui que le Père a sanctifié et envoyé dans le monde, vous lui dites: "Tu blasphèmes", parce que j'ai dit: "Je suis fils de Dieu"» (Jn 10,36). Jésus est "le Saint" par excellence (Jn 6,68-

---

[1] Pour réaliser cette ouverture aux païens, Dieu devra en quelque sorte forcer la main de Pierre, comme le montrera l'auteur du Document P dans son récit du chapitre 10, qui terminera le cycle de Pierre.

69; Mc 1,24; Lc 4,34), parce qu'il est "le Prophète" qui nous sauve en nous transmettant les paroles mêmes de Dieu. Celui qui accomplit la volonté de Dieu ne pèche pas.

c) Jésus est aussi "le Juste" (cf. Is 53,11); c'est le troisième titre qui lui est donné dans ce passage des Actes. Pour en comprendre le sens, il faut se reporter à la parole que prononce le centurion romain au moment de la mort de Jésus. Selon Mc 15,39 et Mat 27,54, il aurait reconnu solennellement: «Vraiment, cet homme était fils de Dieu.» Mais Lc 23,47 donne un texte un peu différent: «Vraiment, cet homme était juste.» Luc explicite le véritable sens de l'expression "fils de Dieu", en référence à Sag 2,18: «Si le juste est fils de Dieu, Il lui viendra en aide, Il le délivrera des mains de ses adversaires.» Dans ce passage, les impies se moquent du juste qui se proclame "fils de Dieu", c'est-à-dire "protégé par Dieu"[1]. Ils vont le mettre à mort, et ce sera la preuve que ses prétentions étaient fausses, puisque Dieu ne l'a pas sauvé (Sag 2,12-20). Mais les impies se trompent lourdement, parce qu'ils ne voient pas plus loin que les apparences (2,21-24). Les âmes des justes sont dans la main de Dieu (3,1). Leur mort n'est qu'une apparence car Dieu leur a donné l'immortalité auprès de lui (3,2-4). De même de Jésus; les Juifs se sont moqués de lui lorsqu'il mourait sur la croix: «Il a compté sur Dieu, que Dieu le délivre maintenant, s'il s'intéresse à lui! Il a bien dit: "Je suis fils de Dieu"» (Mat 27,43). Lorsqu'il meurt, les Juifs peuvent se dire: toutes ses prétentions étaient vaines; nous l'avons mis à mort, et Dieu ne lui est pas venu en aide. Mais ils ont compté sans la puissance mystérieuse de Dieu, le maître de la vie: «Mais vous, le Saint et le Juste vous l'avez accablé et mis à mort, lui que Dieu a ressuscité d'entre les morts» (Act 3,14-15). Finalement, Dieu a réellement sauvé Jésus de la main de ses adversaires, non pas avant qu'il ne meure, mais après. Jésus est bien "le Juste" dont parlait Sag 2,18, comme l'avait reconnu le centurion romain au pied de la croix (Lc 23,47).

Malgré les apparences, le Serviteur de Dieu est toujours vivant, les disciples en sont témoins (3,15) parce qu'ils l'ont vu (Lc 24,36ss). Et Pierre rend témoignage à la résurrection du "Juste" en relevant "en son nom" le paralysé de la Belle Porte. Jésus est donc prêt à remplir la mission pour laquelle il fut choisi et sanctifié par Dieu: délivrer tous les hommes des puissances du Mal qui dominent le monde.

(Le discours dans Act II: ⇒ p. 154)

---

[1] Pour ce sens de l'expression "fils de Dieu", voir les analyses de M.-É. Boismard, dans RB 91 (1984) 594.

V. DISCUSSION AVEC LES SADDUCÉENS
(4,1-22)

Cette discussion de Pierre et de Jean avec les prêtres et les Sadducéens, qui se passe dans le Temple, offre d'étroits contacts avec une discussion qu'aurait eue Jésus et les chefs du peuple juif, également dans le Temple, durant la dernière semaine de sa vie (Lc 20,1ss et par.). Pour le souligner, nous allons donner intégralement le texte du Document P tel que nous l'avons reconstitué, et nous mettrons en parallèle les expressions correspondantes du récit de Lc 20,1ss.

Act **4**		Lc 20	
		1	Et il arriva en l'un de ces jours,
1	Tandis qu'ils parlaient au peuple,		tandis qu'il enseignait le peuple dans le temple et qu'il annonçait l'évangile,
	survinrent les prêtres et les Sadducéens		survinrent les grands prêtres et les scribes avec les Anciens
2	furieux de ce qu'ils enseignaient le peuple et annonçaient en Jésus la résurrection, celle d'entre les morts.		
7b	Et ils s'enquéraient par quelle puissance ou par quel nom ils avaient agi.	2	et ils lui dirent: «Dis-nous par quelle autorité tu fais cela...»
8a	Alors Pierre rempli de l'Esprit saint leur dit:	3	Répondant il leur dit:..

10 «Qu'il soit connu de tout le peuple d'Israël que (c'est) au nom de Jésus le Nazôréen, que vous, vous avez crucifié, que Dieu a resssucité des morts, (c'est) par lui (que) celui-ci se tient devant vous, en bonne santé, par nul autre. **11** Celui-ci est la pierre qui, dédaignée par vous, les bâtisseurs, est devenue une tête d'angle.» **13** Or, en voyant l'assurance de Pierre et de Jean, et ayant compris que c'étaient des gens illettrés et simples, ils s'étonnaient. Et ils reconnaissaient qu'ils avaient été avec Jésus, **14** et voyant avec eux l'homme debout, celui qui avait été guéri, ils n'avaient rien à répliquer.

15b Alors, ils se parlaient entre eux		5	Mais eux discutaient entre eux
16a en disant:			en disant:
«Que ferons-nous à ces gens?			«Si nous disons...»
17b Nous leur interdirons par des			

menaces de parler encore en ce nom, à qui que ce soit.» **21b** Ils les laissèrent aller ( ) à cause du peuple, car tous glorifiaient Dieu ( ).

Ce nouveau développement dans le récit du Document P franchit un pas important. En 3,12ss, Pierre déclarait au peuple, stupéfait du miracle, que l'infirme avait été guéri au nom de Jésus le Nazôréen, mis à mort par les Juifs, mais ressuscité par Dieu. Il prononce un discours analogue devant les prêtres et les Sadducéens (4,10), mais le résultat est inverse: tandis que la foule crie son enthousiasme et glorifie Dieu (4,21b; cf. Mat 9,8b), les Sadducéens sont furieux (4,2) et veulent empêcher les disciples de parler au nom de Jésus (4,17b). Ceux-ci se trouvent donc, pour la première fois, en conflit avec les autorités juives qui s'opposent à la diffusion du message chrétien, à savoir: Jésus est ressuscité et c'est par lui que Dieu nous sauve et nous arrache à la mort, au Mal.

1. Le sens du récit

a) Pierre vient d'affirmer devant la foule que, si l'infirme de la Belle Porte a été guéri, c'est par la puissance du nom de Jésus, que les Juifs ont fait mourir mais que Dieu a ressuscité des morts (3,13-16). En l'apprenant, prêtres et Sadducéens sont furieux et interviennent sur le lieu même de la guérison (4,1). Ils sont furieux, parce que Pierre annonce en Jésus la résurrection d'entre les morts (4,2). On notera la formule à valeur partitive: le texte ne semble pas envisager encore une résurrection de tous les morts, mais seulement des seuls justes (cf. Lc 14,14; opposer Jn 5,28s). Les Sadducéens sont furieux pour deux raisons. D'abord, parce que, à l'inverse des Pharisiens, ils n'admettaient pas la croyance en la résurrection des morts (Act 23,6-8; Lc 20,27-38), qu'ils tenaient pour une doctrine nouvelle (Dan 12,1-2; 2 Macc 7). Mais aussi parce que, proclamer que Dieu avait ressuscité ce Jésus qu'ils avaient condamné à mort comme imposteur, c'était reconnaître que Dieu leur avait donné tort (voir la section précédente).

b) Prêtres et Sadducéens demandent donc à Pierre par quelle puissance et par quel nom ils ont agi (4,7b). La façon dont est formulée la seconde question implique déjà la réponse que Pierre va donner, analogue à l'affirmation qu'il avait faite devant le peuple: «(C'est) au nom de Jésus le Nazôréen, que vous, vous avez crucifié, que Dieu a ressuscité des morts, (c'est) par lui (que) celui-ci se tient devant vous, en bonne santé, par nul autre» (4,10). Mais la note polémique "celui que vous avez crucifié, Dieu l'a ressuscité des morts" est illustrée par une référence un peu large à Ps 118,22: «Celui-ci est la pierre qui, dédaignée par vous, les bâtisseurs, est devenue une tête d'angle.» Pour bâtir cette construction que doit être le nouveau peuple de Dieu, Dieu a choisi Jésus le Nazôréen comme pierre d'angle (cf. Is 28,16; 1 Pi 2,6). Mais les chefs du peuple, qui devaient assurer la construction de l'ensemble, ont dédaigné cette pierre; or voici que, par la résurrection, Dieu a constitué Jésus "pierre d'angle": c'est la pierre grâce à laquelle toute la construction va obtenir sa cohésion, sa solidité.

c) Ce petit discours met les prêtres et les Sadducéens dans l'embarras (4,13-14). Tout d'abord, ils savaient que Pierre et Jean étaient des gens "illettrés et simples". La première expression doit être prise au sens religieux: ils ne connaissent pas les Écritures; ils n'ont pas fréquenté les écoles rabbiniques et devraient donc être incapables de discuter en invoquant les textes de l'Écriture, comme le faisaient les rabbins. Or voilà que Pierre leur jette à la face un passage du psaume 118, pour les confondre! C'est en ce sens que Jean reprendra ce texte en l'appliquant à Jésus: «Les Juifs étaient étonnés et disaient: "Comment celui-ci connaît-il les Lettres (= les Écritures) sans avoir étudié?"» (Jn 7,15).

L'embarras des prêtres et des Sadducéens vient aussi de ce qu'ils ne savent pas comment se tirer d'une situation sans issue. D'une part, ils savaient bien que Pierre et Jean avaient été disciples de Jésus (v. 13b), et qu'ils peuvent donc agir en son nom; et d'autre part, la guérison de l'infirme, qui se tient maintenant debout avec les deux disciples, ne peut pas être mise en doute (v. 14; cf. 3,10a). Il est donc impossible de contredire les affirmations de Pierre. Parce que celui-ci est rempli de l'Esprit saint (v. 8a), nul ne peut le contredire (Lc 21,15; cf. Act 6,10). Après s'être consultés (vv. 15-16a), ils ne trouvent d'autre solution que de menacer Pierre et Jean afin qu'ils cessent de parler au nom de Jésus (v. 17b).

d) Ils sont donc contraints de les laisser partir sans plus les inquiéter. Agir autrement leur aurait d'ailleurs attiré des ennuis de la part du peuple, "car tous glorifiaient Dieu". Le Document P revient, par mode d'inclusion, au thème attesté par Mat 9,8 en conclusion du récit de la guérison du paralytique: «À cette vue (du miracle), les foules furent dans la crainte et glorifiaient Dieu qui avait donné un tel pouvoir aux hommes.» Si Pierre a pu guérir l'infirme, ce n'est pas par ses propres forces, mais en vertu du pouvoir que Dieu lui a donné (3,12-13). Le peuple a donc raison de glorifier Dieu. Leur attitude contraste avec l'aveuglement des prêtres et des Sadducéens.

2. À l'imitation de Jésus

Ces controverses et ces difficultés, Jésus les avait déjà rencontrées; ses disciples ne font donc que suivre ses traces. Pour le souligner, l'auteur du Document P écrit le présent récit en référence aux controverses qui se produisirent entre Jésus et les autorités juives lors de sa dernière semaine à Jérusalem. La trame de son récit est identique à celle de Lc 20,1-8, où nous voyons Jésus aux prises avec les grands prêtres, les scribes et les Anciens, au sujet de l'autorité qu'il s'attribue. Par ailleurs, il s'agit ici d'une controverse avec les Sadducéens au sujet de la résurrection, qu'ils n'admettaient pas (Act 23,6-8), comme en Lc 20,27ss. Enfin, en Lc 20,17-19, Jésus s'en prend aux scribes et aux grands prêtres en leur appliquant l'oracle de Ps 118,22, mais ceux-ci n'osent pas l'arrêter parce qu'ils craignent le peuple; c'est le thème que nous retrouvons ici aux vv. 11 et 21.

Tous ces rapprochements ne sont pas fortuits. Les disciples, en se heurtant pour la première fois à l'hostilité des autorités juives, vont partager le destin de leur Maître. C'est la réalisation de la parole de Jésus rapportée dans l'évangile de Jean: «Le serviteur n'est pas plus grand que son maître; s'ils m'ont persécuté, vous aussi ils vous persécuteront... Mais ils feront tout cela contre vous à cause de mon nom» (Jn 15,20-21). Pierre et Jean annoncent au peuple que Dieu nous sauve par le seul nom de Jésus; ils sont alors persécutés par les prêtres et les Sadducéens qui, nous l'avons rappelé plus haut, n'admettaient pas la croyance en la résurrection qu'ils ne jugeaient pas traditionnelle dans le judaïsme.

(Le récit de Act II: ⇒ 155)

VI. LE DON DE L'ESPRIT
(4,23-31.33)

23a Or, ayant pu s'en aller, ils vinrent vers les leurs ( ). **24** Eux, ayant reconnu la force de Dieu, élevèrent leur voix et dirent: «Maître, toi, le Dieu qui a fait le ciel et la terre et la mer et tout ce qui s'y trouve; **27** ils se sont rassemblés en vérité dans cette ville contre ton saint Serviteur que tu as oint, Hérode et Pilate et le peuple d'Israël. **29** Et maintenant, Seigneur, considère leurs menaces et donne à tes serviteurs de parler ta Parole avec assurance **30** en étendant ta main pour qu'arrivent guérisons, signes et prodiges par le nom de ton saint Serviteur Jésus.» **31** Et, tandis qu'ils priaient, le lieu où ils étaient rassemblés fut secoué et ils furent remplis de l'Esprit et ils parlaient la parole de Dieu avec assurance **33a** et avec grande puissance ( ) (ils) rendaient témoignage à la résurrection de Jésus.

1. Une prière qui s'inspire de Is 37,16-20

Dès qu'ils peuvent s'en aller, Pierre et Jean reviennent auprès des autres disciples, rassemblés en un même lieu. Tous alors font une prière à Dieu pour lui demander sa protection contre les menaces proférées contre eux par les Sadducéens. Comme l'ont noté nombre de commentateurs, cette prière, formulée en termes bibliques, dépend en grande partie de celle qu'avait prononcée le roi Ézéchias lorsque son pays était menacé d'extermination par le roi Sennachérib, et qui nous est rapportée dans le livre d'Isaïe. Mettons les deux textes en regard:

Act 4 (TO)	Is 37 (lxx)
24b Maître, toi, le Dieu	16b Seigneur Sabaoth, Dieu d'Israël...
qui a fait le ciel et la terre et la mer	toi, tu as fait le ciel et la terre...
et tout ce qui s'y trouve...	
	18 en vérité (ἐπ'ἀληθείας)
27 Ils se sont rassemblés en vérité (ἐπ'ἀληθείας)	ils ont ravagés, les rois d'Assyrie,

dans cette ville...	toute la terre et leur région...
29 Et maintenant, Seigneur,	17 prête l'oreille, Seigneur,
	regarde, Seigneur,
considère (ἔφιδε)	et vois (ἰδέ)
leurs menaces...	les paroles qu'a envoyées Senna-chérib...
	20 (Mais maintenant), Seigneur notre Dieu, sauve-nous de leurs mains...[1]

Cette prière, inspirée de celle d'Ézéchias[2], nous ramène donc au livre du prophète Isaïe. Elle prépare le retour du thème du Serviteur de Dieu, exprimé au v. 27: «Ils se sont rassemblés en vérité dans cette ville contre <u>ton saint Serviteur</u> que tu as oint...» Nous avons vu plus haut que la mission particulière du Serviteur était de délivrer les hommes de tout mal, de les libérer de leur captivité. Cette mission est à nouveau évoquée ici par l'expression "que tu as oint", qui renvoie au texte d'Is 61,1: «L'Esprit du Seigneur est sur moi, c'est pourquoi <u>il m'a oint</u>; il m'a envoyé évangéliser les pauvres, guérir ceux qui ont le cœur brisé, annoncer aux prisonniers la délivrance et la vue aux aveugles.» On retrouve tous les thèmes exprimés en Is 35,3-6; 42,6-7; 49,8-10.

2. L'allusion à Ps 2,1-2

a) Mais ce thème de l'onction, et tout le contexte du v. 27, évoque aussi la situation décrite par le Ps 2,1-2: «Pourquoi les nations ont-elles frémi et les peuples ont-ils murmuré en vain? Ils sont là, les rois de la terre, et les chefs <u>se sont rassemblés</u> ensemble, contre le Seigneur et <u>contre son Oint</u>.» Dans leur prière, les disciples rappellent les événements qui viennent de se passer à Jérusalem en faisant allusion à ce psaume: «<u>Ils se sont rassemblés</u>... contre ton saint Serviteur <u>que tu as oint</u>, Hérode et Pilate et le peuple d'Israël.» Hérode, à qui l'on donne parfois le titre de roi (Mc 6,14; 6,22-27) représente les "rois de la terre", et Pilate les "chefs"; Jésus est ce Serviteur qui avait été oint par Dieu pour annoncer aux hommes leur délivrance. Mais il fut mis à mort par suite d'une conspiration rassemblant Hérode, Pilate et le peuple d'Israël. Et maintenant, les disciples de ce Serviteur, chargés de continuer sa mission, sont menacés de subir le même sort. Que Dieu leur vienne en aide!

b) Un problème critique se pose ici. Hérode est nommé, en premier, comme l'un de ceux qui auraient pris part au complot contre Jésus. Or, ni

---

[1] La leçon "mais maintenant" n'est attestée que par le seul Vaticanus; les autres témoins ont "mais toi".

[2] Pour l'invocation initiale, voir aussi Ps 146,6: «...Celui qui a fait le ciel et la terre et la mer et tout ce qui (est) en eux.»

Matthieu, ni Marc, ni Jean ne mentionnent son nom lors des événements qui aboutirent à la mort du Christ. Même en Lc 23,6-12, il ne joue qu'un rôle épisodique, plutôt favorable à Jésus puisqu'il le juge innocent (23,14s). Est-il vraisemblable que l'auteur du Document P ait pu faire le rapprochement entre Hérode et les "rois de la terre" dont parle le psaume 2 s'il ne connaissait aucune tradition lui ayant attribué un rôle essentiel dans la mort du Christ? Il ne semble pas. Or, une telle tradition existe. On lit dans l'évangile de Pierre[1]: «Et alors le roi Hérode ordonne de prendre le Seigneur, leur disant: "Tout ce que je vous ai ordonné de faire, faites-le"... Et il le livra au peuple la veille des Azymes, leur fête.» Une tradition analogue est rapportée dans la Didascalie syriaque[2]: «Et Hérode ordonna qu'il fut crucifié, et notre Seigneur souffrit pour nous lors de la Préparation.» Ainsi, d'après l'évangile de Pierre, Hérode aurait livré Jésus au peuple, avec la connivence de Pilate, pour qu'il fût crucifié. L'auteur du Document P ne dépendrait-il pas de la même tradition lorsqu'il écrit: «Ils se sont rassemblés... contre ton saint Serviteur que tu as oint: Hérode et Pilate et le peuple d'Israël»?[3]

3. L'appel à l'aide de Dieu

Après ce rappel historique, les disciples demandent à Dieu qu'il leur accorde de pouvoir annoncer la Parole en toute assurance, grâce aux guérisons, signes et prodiges qu'il leur fera accomplir par le nom du Serviteur, Jésus, "en étendant sa main" (4,29b-30). Cette dernière expression se lit fréquemment dans la Bible. Le plus souvent, Dieu "étend sa main" pour frapper son peuple rebelle, ou les ennemis de son peuple (Jer 6,12; 15,6; 51,25; Ez 6,14; 14,9.13; 35,3). Mais d'une façon plus précise, Dieu va étendre sa main pour frapper l'Égypte par les prodiges qu'il fera au milieu d'elle (Ex 3,20; cf. 7,5) par l'intermédiaire de Moïse. Le thème de Act 4,30 est proche de celui qui est exprimé dans ce passage de l'Exode. Par ailleurs, miracles, signes et prodiges auront pour but d'accréditer les disciples comme envoyés de Dieu, ce qui avait été le cas pour Jésus (2,22), et jadis pour Moïse (Ex 4,1-9). Nul en effet ne peut agir contre les lois de la nature de par ses propres forces; Dieu seul le peut (Act 3,12-13). Si donc un homme effectue des miracles, c'est que Dieu agit en lui, c'est que Dieu est avec lui (Jn 3,1-2; 9,30-33).

---

[1] Évangile de Pierre, 1-2-5c.
[2] Didascalia, 5,19.
[3] Act III, qui a ajouté aux vv. 25b-26 une citation explicite de Ps 2,1-2, harmonise le v. 27 sur cette citation en ajoutant la mention des "nations" et en mettant le mot "peuple" au pluriel.

4. Le don de l'Esprit

a) Pour répondre à la prière des disciples, Dieu leur envoie son Esprit, et voilà qu'ils annoncent la parole de Dieu avec assurance et qu'ils peuvent témoigner de la résurrection de Jésus avec une grande puissance, c'est-à-dire en effectuant "signes et prodiges" (4,31.33). L'Esprit, en eux, va agir d'une double façon. D'une part, il va leur donner une acuité d'esprit telle que, dans leurs discussions avec leurs adversaires, ceux-ci ne trouveront rien à leur répliquer. Jésus le leur avait promis: «Lorsqu'ils vous traîneront devant les synagogues, les magistrats et les autorités, ne cherchez pas avec inquiétude comment vous défendre ou que dire, car le Saint Esprit vous enseignera à cette heure même ce qu'il faut dire» (Lc 12,11-12; cf. Is 11,2). L'Esprit va agir aussi en leur communiquant la puissance nécessaire pour effectuer guérisons, signes et prodiges, comme cela avait été le cas de Jésus: «...que Dieu a oint d'Esprit et de puissance; celui-ci a circulé en faisant le bien et en guérissant ceux qui étaient opprimés par le diable, parce que Dieu était avec lui» (Act 10,38, de Act II; cf. Is 61,1).

b) Un détail du récit des Actes mérite encore que l'on s'y arrête. Au moment où l'Esprit vient sur les disciples, le lieu où ils étaient rassemblés "trembla". Il ne faut pas imaginer un tremblement de terre qui se serait produit juste à ce moment. Le Document P fait probablement allusion au Ps 18. Dans ce psaume, le juste persécuté et près de mourir supplie Dieu de le délivrer de ses ennemis (vv. 4-7a). Sa prière est exaucée (v. 7b): la terre se met à trembler, comme aussi les bases des montagnes (v. 8), en signe de la colère de Dieu contre les persécuteurs (v. 9); puis Celui-ci descend du ciel pour venir protéger celui qui l'a prié (vv. 10ss). De même, dans le récit des Actes, si le lieu "tremble", c'est le signe que Dieu, répondant à la prière des disciples persécutés, va les protéger en venant à eux, par son Esprit.

c) Comment concilier ce récit avec tout le contexte antérieur? Pierre vient d'effectuer une guérison grâce à la puissance de Dieu (3,1ss). Rempli de l'Esprit saint (4,8), il peut proclamer le mystère de la résurrection de Jésus avec une assurance que reconnaissent même ses adversaires (4,13a): ils sont incapables de le contredire (4,14; cf. Lc 21,15). À quoi bon alors toute la scène qui est racontée en 4,29-31.33? Dans cette scène, les disciples reconnaissent que tous les événements qui viennent de se passer, depuis la guérison de l'infirme jusqu'à la discussion victorieuse de Pierre avec les Sadducéens, sont l'effet de la force de Dieu (4,24a, TO); ce qu'ils demandent et ce qu'ils obtiennent, c'est que tous, ils soient revêtus de la même puissance que celle qui a agi en Pierre. Alors seulement la Parole pourra être proclamée avec plein succès.

En ce sens, ce récit joue le rôle de charnière entre ce qui est dit ici des premiers disciples de Jésus ce qui sera dit plus tard des Hellénistes (6,1s). Ce ne sont pas seulement "ceux qui étaient avec Jésus" (4,13) qui bénéficient du don de l'Esprit pour parler comme Pierre (cf. 4,8a) avec assurance devant les opposants, mais <u>tous</u> les frères. Le ministère des Hellénistes "remplis d'Esprit et de sagesse" (6,3) va en être la manifestation évidente, et plus spécialement celui d'Étienne (6,10). Le récit du don de l'Esprit n'est pas une justification du passé, mais un regard tourné vers l'avenir. Il ne vise pas seulement les Douze, mais l'ensemble des disciples.

(Le don de l'Esprit dans Act I: ⟹ p. 98)

VII. UN SOMMAIRE DE TRANSITION
(5,12b-13)

12b Et ils étaient ensemble dans le portique de Salomon. **13** Et nul n'osait leur nuire mais le peuple les magnifiait.

Ce petit sommaire formait la conclusion du long épisode commencé en 3,1 et se poursuivant jusqu'en 4,29-31.33. La mention du portique de Salomon, où se tiennent les fidèles, fait écho à celle qui est donnée en 3,11. Les disciples de Jésus continuent à fréquenter le Temple et à participer à la vie liturgique du peuple juif dont ils ne se sont pas encore séparés (cf. Lc 24,53). En 4,1ss, les Sadducéens s'en prennent à Pierre et à Jean, et veulent leur interdire de prêcher au nom de Jésus; ils menacent même les deux disciples de Jésus (4,17). Mais on n'ose rien entreprendre contre eux, à cause du peuple enthousiasmé par la vue du miracle qui vient de s'accomplir (4,21). Ici, le v. 13 forme transition entre cet épisode et celui qui va suivre: le martyre d'Étienne. Il est vrai que personne n'ose s'en prendre aux disciples de Jésus à cause du peuple qui les protège. Qu'à cela ne tienne, on va recourir à la calomnie de façon à retourner l'opinion publique contre ces disciples. Étienne sera victime de cette politique machiavélique: il sera lapidé par le peuple lui-même! C'est afin de souligner ce renversement de situation que l'auteur du Document P rappelle ici combien les disciples étaient en faveur auprès du peuple.

VIII. LE CHOIX DES SEPT
(6,1-7)

1b Or il y eut des murmures de la part des Hellénistes contre les Hébreux ( ). **2a** Ayant appelé [les Douze], la foule ( ) dit: **3** «[Cherchons], frères, parmi nous sept hommes estimés remplis d'Esprit et de sagesse ( ), **4b** assidus à la prière et au service de la

Parole.» 5 Et ( ) ils choisirent Étienne, homme plein de foi et d'Esprit saint, et Philippe et Prochore et Nicanor et Timon et Parmenas et Nicolas, un prosélyte d'Antioche, 6 qu'ils placèrent devant les apôtres et, ayant prié, ils leur imposèrent les mains. 7a Et la parole du Seigneur croissait et se multipliait.

Au niveau du Document P, ce récit évoque un tournant dans la vie de l'église primitive. En butte aux persécutions des autorités juives de Jérusalem, qui iront jusqu'à calomnier Étienne pour le faire lapider par la foule (6,8ss), la jeune église de cette ville se voit contrainte d'aller porter la Parole de Dieu auprès des non-Juifs. Cette ouverture sur le monde païen, ou considéré comme tel par beaucoup de Juifs, sera surtout le fait des Hellénistes: Philippe s'en va évangéliser la Samarie (8,5ss), puis des Chypriotes et des Cyrénéens s'en iront jusqu'à Antioche pour y proclamer la Parole (11,20) et leur œuvre missionnaire sera poursuivie par Barnabé et Saul (11,22-26a). Mais Pierre lui-même participera à ce mouvement en allant d'abord à Lydda (9,32-35), puis auprès des païens de Césarée sous la pression de l'Esprit (9,43ss).

1. Les Hellénistes

Quels étaient ces Hellénistes qui s'opposent aux Hébreux (v. 1)?[1] Les deux groupes sont évidemment des chrétiens. Ils se distinguaient avant tout par une question de langue et de culture. Les premiers étaient des gens parlant grec et ayant adopté un certain genre de vie hellénisé; les seconds des gens parlant hébreu ou araméen, plus ou moins imperméables à la culture grecque. Mais les uns et les autres sont issus du judaïsme. À cette époque, il y avait en effet beaucoup de Juifs qui parlaient grec, et non pas hébreu ou araméen. Ce fait provenait, d'une part de ce que la culture grecque avait pénétré jusqu'en Palestine, d'autre part de ce que les Juifs de la diaspora, donc habitués à parler grec et frottés de culture grecque, étaient revenus s'installer dans leur pays d'origine. Cette distinction entre gens de culture différente se retrouvait parmi les chrétiens convertis du judaïsme: les uns étaient de culture grecque, les autres étaient restés attachés à la culture purement hébraïque.

2. L'ouverture aux non-Juifs

a) Quel pouvait être alors le motif de la dissension entre Hellénistes et Hébreux? Pour le chercher, il faut rester dans la perspective des récits des Actes: les Sept, au moins Étienne et Philippe, les seuls dont il soit parlé ailleurs dans les Actes, étaient des prédicateurs de l'évangile au même titre que les Douze. Mais, à

---

[1] Sur le problème des Hellénistes, voir: C.F.D. MOULE, "Once more, Who Were the Hellenists?", dans ET 70 (1958-59) 100-102. - R. PESCH, E. GERHART, F. SCHILLING, "'Hellenisten' und 'Hebräer'. Zu Apg 9,29 und 6,1", dans BZ 23 (1979) 87-92.

propos de cette prédication, nous constatons qu'il va se faire une "séparation" entre les Sept et les Douze: ces derniers restent à Jérusalem (8,1c) tandis que tous les autres s'en vont ailleurs prêcher l'évangile (8,4). En fait, cette "séparation" marque le début de l'évangélisation des non-Juifs, et cette évangélisation est l'œuvre des Hellénistes: le Document P nous montre Philippe annonçant la Parole en Samarie (8,5ss), puis ce sont des gens de Chypre et de Cyrène, certainement des Hellénistes, qui iront à Antioche pour "parler aux Grecs" (11,20). Leur activité sera prolongée par celle de Barnabé et de Saul, eux aussi des Hellénistes (11,22-26a). On constate donc que les Douze, restés à Jérusalem, s'en tiennent à l'évangélisation des Juifs, tandis que les Hellénistes s'en vont au loin annoncer la Parole aux Samaritains et aux païens (Antioche). Une telle division des ministères est attestée par Paul dans sa lettre aux Galates: «Au contraire, voyant que l'évangélisation des incirconcis m'était confiée comme à Pierre celle des circoncis - car Celui qui avait agi en Pierre pour faire de lui l'apôtre des circoncis, avait pareillement agi en moi en faveur des païens - et reconnaissant la grâce qui m'avait été départie, Jacques, Céphas et Jean, ces notables, ces colonnes, nous tendirent la main à moi et à Barnabé en signe de communion: nous irions, nous aux païens, eux à la Circoncision» (Gal 2,7-9).

b) Cette division du travail évangélique entre les Douze et les Sept nous est confirmée par les deux récits de multiplication des pains racontés dans les évangiles de Marc et de Matthieu. Selon le premier récit, les disciples ramassent douze corbeilles des morceaux qui restent après que tout le monde eut mangé (Mc 6,43; Mat 14,20). Selon le deuxième récit, il y a sept pains et les disciples ramassent sept corbeilles de morceaux (Mc 8,5-8; Mat 15,34-37). Depuis longtemps, les commentateurs ont fait le rapprochement entre ces deux récits et la distinction faite par les Actes entre les Douze et les Sept. Par ailleurs, par delà le fait réel, chacun des deux récits a une intention symbolique: tandis que le premier récit viserait l'appel des Juifs au salut, par le biais de l'eucharistie, le second annoncerait l'appel des païens, comme certains détails du récit de Mc l'insinuent. Ainsi, ces deux récits confirmeraient que, dans les Actes, les Douze s'étaient réservé la mission auprès des Juifs, tandis que les Sept se consacraient à l'évangélisation des païens.

3. Le précédent de Nomb 27,16-23

Comme l'ont noté nombre de commentateurs, le récit du Document P, selon lequel les Sept furent choisis pour assurer la prédication de la Parole dans une perspective "helléniste", a comme vêtement littéraire l'épisode de l'institution de Josué comme successeur de Moïse, en Nomb 27,16ss. Mettons le récit primitif, tel que nous l'avons reconstitué, en parallèle avec celui des Nombres:

Nomb 27	Act 6
16 ἐπισκεψάσθω κύριος ὁ θεὸς <u>τῶν πνευμάτων</u> καὶ πάσης σαρκὸς ἄνθρωπον	3 ἐπισκεψώμεθα δέ, ἀδελφοί, ἄνδρας ἐξ ἡμῶν μαρτυρουμένους ἑπτὰ πλήρεις <u>πνεύματος</u> καὶ σοφίας
ἐπὶ τῆς συναγωγῆς ταύτης...	4β τῇ προσευχῇ καὶ τῇ διακονίᾳ τοῦ λόγου προσκαρτεροῦντας.
18 λαβὲ πρὸς σεαυτὸν τὸν Ἰησοῦν... ἄνθρωπον ὃς ἔχει πνεῦμα θεοῦ ἐν ἑαυτῷ...	5β καὶ ἐξελέξαντο Στέφανον ἄνδρα πλήρη πίστεως καὶ πνεύματος ἁγίου...
22 καὶ λαβὼν τὸν Ἰησοῦν ἔστησεν αὐτὸν ἐναντίον Ελεαζαρ τοῦ ἱερέως...	6 οὓς ἔστησαν ἐνώπιον τῶν ἀποστόλων
23 καὶ ἐπέθηκεν τὰς χεῖρας αὐτοῦ ἐπ᾽ αὐτόν...	καὶ προσευξάμενοι ἐπέθηκαν αὐτοῖς τὰς χεῖρας.
16 Que recherche le Seigneur Dieu <u>des esprits</u> et de toute chair un homme	3 Cherchons, frères, parmi nous sept hommes estimés, remplis <u>d'Esprit</u> et de sagesse,
(pour l'établir) sur cette communauté...	4b assidus à la prière et au service de la Parole.
17 Prends près de toi Josué... un homme qui a l'esprit de Dieu en lui.	5b Et ils choisirent Étienne, homme plein de foi et d'Esprit saint...
22 Et prenant Josué, il le plaça devant Éléazar, le prêtre... et il imposa ses mains sur lui...	6 qu'ils placèrent devant les apôtres et, ayant prié, ils leur imposèrent les mains.

On notera que, en Nomb 27,16, l'expression "Dieu des esprits" signifie "Dieu qui donne l'esprit à toute chair"; il faut comprendre que Dieu va donner l'esprit à l'homme qui sera établi sur la communauté. Le Document P peut donc transposer en disant: «Cherchons parmi nous sept hommes estimés, remplis d'Esprit et de sagesse.» Au récit des Nombres, il ajoute, on le voit, le thème de la "sagesse" puisque c'est cette sagesse qui va permettre aux Hellénistes de discuter victorieusement contre les Juifs (6,10).

Il est certain qu'en écrivant le récit de l'institution des Sept, l'auteur du Document P avait devant les yeux le récit de l'institution de Josué par Moïse. Mais Josué n'aura pas une fonction subalterne: il doit prendre la succession de Moïse comme chef du peuple de Dieu. Notre auteur ne voudrait-il pas insinuer que les Sept doivent prendre la succession des Douze en ce qui concerne la direction de l'église?

4. Une rupture avec le judaïsme

Le différend qui opposait Hellénistes et Hébreux était donc tout le problème de l'ouverture du christianisme naissant au monde païen. Les Hébreux ne voyaient pas la nécessité de propager l'évangile parmi les païens. D'autant plus que cette ouverture posait de redoutables problèmes, comme ceux qui seront abordés lors du récit de la conversion des païens de Césarée (10,1ss). Les Hellénistes au contraire, de par leur culture même, devaient fatalement s'intéresser au monde païen et comprenaient que, si le christianisme voulait prendre un véritable essor, il devait se tourner vers les païens et même, dans une large mesure, rompre avec le judaïsme: ce sera à Act II qu'il appartiendra de souligner cette rupture lorsqu'il reprendra et amplifiera le discours que prononcera Étienne devant le Sanhédrin, avant son martyre, discours qui deviendra ainsi comme le manifeste des Hellénistes face au judaïsme.

5. Croissance de la Parole

Le Document P termine le récit du choix des Sept en mentionnant que "la parole du Seigneur croissait et se multipliait" (cf. Gen 1,28). Il donnera la même indication en 12,24, au moment où Pierre disparaît de façon mystérieuse et en conclusion de tout son ouvrage. Par là, il veut indiquer que la diffusion de la parole de Dieu fut l'œuvre des Hellénistes qui comprirent que l'essor de l'église était lié à son ouverture sur le monde païen.

(Le récit de Act II: ⇒ p. 170)

IX. LE MARTYRE D'ÉTIENNE
(6,8-11; 7,58-60)

8 Or Étienne, plein de grâce et de puissance, faisait des signes et des prodiges devant le peuple. **9** Or se levèrent certains de la synagogue des dits Affranchis ( ) pour discuter avec Étienne. **10** Et ils ne pouvaient pas s'opposer à la sagesse et à l'Esprit qui le faisait parler. **11** Alors ils soudoyèrent des hommes pour dire: «Nous l'avons entendu dire des paroles de blasphème contre Moïse et contre Dieu.» **57** Mais le peuple, ayant entendu cela, cria à pleine voix ( ) et ils se précipitèrent tous sur lui **58a** et l'ayant traîné hors de la ville, ils le lapidaient ( ) **59b** priant et disant: «Seigneur Jésus, reçois mon esprit.» **60b** Et, ayant dit cela, il s'endormit.

1. La revanche des Juifs

Le récit du martyre d'Étienne se relie étroitement aux événements racontés aux chapitres 3 et 4 des Actes: la guérison de l'infirme à la Belle Porte du Temple, le discours de Pierre au peuple, la fureur des Sadducéens, leur impuissance devant l'enthousiasme populaire, enfin le don de l'Esprit qui va permettre aux disciples de Jésus de prêcher la Parole avec assurance.

a) Aux vv. 8-10, l'activité d'Étienne se situe dans la perspective ouverte par l'irruption de l'Esprit sur les disciples de Jésus (4,29ss). Pour s'en convaincre, il suffit de mettre en parallèle les textes de 4,29ss et ceux qui décrivent l'activité d'Étienne en 6,8.10:

Act 6	Act 4
8 or Étienne, plein de grâce et de puissance,	33b une grande grâce était sur eux 33a avec grande puissance ils rendaient témoignage...
faisait des signes et des prodiges devant le peuple.	30 pour qu'arrivent guérisons signes et prodiges...
10 Et ils ne pouvaient pas s'opposer à la sagesse et à l'Esprit qui le faisait parler (TO: du fait qu'ils étaient réfutés par lui en toute assurance)	31 ils furent remplis de l'Esprit et ils parlaient la Parole de Dieu avec assurance.

Même si le parallélisme entre les deux passages a été accentué par Act II en 4,33 (thème de la grâce) et à la fin du v. 10 (TO), il reste vrai que la description de l'activité d'Étienne en 6,8.10 est calquée sur l'activité des disciples de Jésus après qu'ils ont reçu l'Esprit, en 4,29ss. Étienne est un de ceux qui se trouvaient présents lors de l'effusion de l'Esprit.

b) Mais pourquoi le sort d'Étienne sera-t-il différent de celui des disciples Pierre et Jean? Pourquoi ceux-ci échappent-ils à la mort malgré la haine de leurs persécuteurs, tandis que celui-là va être lapidé? Parce que leurs persécuteurs vont utiliser un procédé machiavélique pour retourner complètement la situation. Après le miracle de la guérison de l'infirme de la Belle Porte, tout le peuple est dans l'admiration (3,11b); et l'enthousiasme populaire est tel que les Sadducéens et les gens de leur parti n'osent pas s'en prendre aux deux disciples "à cause du peuple, car tous glorifiaient Dieu" (4,21). Le peuple protège les disciples de Jésus. Qu'à cela ne tienne! On va utiliser la calomnie, et le tour sera joué. Étienne a beau accomplir des signes et les prodiges parmi le peuple (6,8), on soudoie des gens pour prétendre qu'il a prononcé des paroles blasphématoires contre Moïse et contre Dieu (6,11); en entendant cette accusation de blasphème, le peuple oublie les signes et les miracles, il se précipite sur Étienne, l'entraîne hors de la ville et le lapide (7,57-58). En apparence, grâce à la calomnie, les adversaires des disciples de Jésus ont été plus forts que l'Esprit.

c) Ce stratagème indigne, les gens de la synagogue des Affranchis ne l'ont pas inventé; il avait été déjà utilisé jadis par Jézabel, la femme du roi Achab. Ce dernier convoite la vigne d'un certain Nabot de Yisréel, lequel refuse de la lui céder. Sa femme Jézabel prend alors les choses en main et l'affaire ne traîne pas. Sur ses instructions, voici comment on procède contre Nabot: «Les hommes de la ville de Nabot, les anciens et les notables qui habitaient sa ville, firent comme Jézabel leur avait mandé, comme il était écrit dans les lettres qu'elle leur avait envoyées. Ils proclamèrent un jeûne et mirent Nabot en tête du peuple. Alors arrivèrent deux hommes, des vauriens, qui s'assirent en face de lui, et ils témoignèrent contre lui devant le peuple en disant: Nabot a maudit Dieu et le roi. Et ils le firent sortir hors de la ville, et ils le lapidèrent et il mourut» (1 Rois 21,11-13). De même d'Étienne: on soudoie des gens pour l'accuser faussement, devant le peuple, d'avoir blasphémé Moïse et Dieu; le peuple l'entraîne alors hors de la ville, le lapide et il meurt. Les deux récits sont trop semblables, dans leur concision même, pour que l'un n'ait pas influencé la rédaction de l'autre. L'auteur du Document P a voulu assimiler les gens de la synagogue des Affranchis à Jézabel, une femme que l'Ancien Testament présente comme la plus honnie en raison de son impiété, de sa cruauté et de sa fourberie.

d) En écrivant ce récit de la mort d'Étienne, l'auteur du Document P a certainement dans l'esprit un autre précédent, dont Jésus fut la victime. Dans les récits qui précèdent, il a beaucoup insisté sur la faveur dont les disciples de Jésus jouissaient auprès du peuple (4,33; 5,13), et c'est à cause de l'enthousiasme populaire que nul n'ose s'en prendre à eux (4,21; 5,13). Or, c'est ce même peuple qui va se retourner contre Étienne et le mettre à mort en le lapidant (7,57-60). La même tragique aventure était arrivée à Jésus. Après l'expulsion des vendeurs du Temple, grands prêtres, scribes et notables cherchent à le supprimer, mais ils n'osent rien entreprendre contre lui à cause du peuple (Lc 19,47s). Un peu plus tard, même tentative de la part des grands prêtres et des scribes, mais la crainte du peuple les arrête de nouveau (20,19). Ils essaient alors de le couler dans l'esprit du peuple, mais sans succès (20,26). Et pourtant, quelques jours plus tard, ce même peuple, ayant rallié la cause des grands prêtres et des chefs, arrachera à Pilate la décision de crucifier Jésus (23,13-24). Entre temps, celui-ci aura été accusé de blasphème (Mat 26,59-66). Étienne suit les traces de Jésus, comme l'avaient fait Pierre et Jean lors de la dispute avec les Sadducéens.

2. Une note d'espérance

a) Ces événements tragiques n'ont pas de quoi surprendre les disciples de Jésus; le destin d'Étienne est une illustration de ce qu'avait annoncé leur Maître. Étienne est pris à partie par les gens d'une synagogue (cf. Lc 21,12; 12,11), mais parce qu'il a reçu l'Esprit, ses adversaires ne peuvent résister à la sagesse et à l'Esprit qui le faisait parler (cf. Lc 21,15; 12,11-12); moins heureux que Pierre et Jean, les premiers persécutés au nom de Jésus (cf. Lc 21,12), Étienne va être mis à mort (cf. Lc 21,16); mais parce qu'il aura tenu ferme jusqu'au bout, il a gagné sa vie (Lc 21,19). La vie est plus forte que la mort.

b) C'est la raison pour laquelle le récit du martyre d'Étienne se termine sur une note d'espérance; en voici les derniers mots: «... ils le lapidaient ( ) priant et disant: "Seigneur Jésus, reçois mon esprit." Et en disant cela, il s'endormit.» La mort du disciple de Jésus n'est pas un anéantissement, c'est un sommeil dont il doit se réveiller un jour. Paul écrivait aux fidèles de Thessalonique: «Nous ne voulons pas, frères, que vous soyez ignorants au sujet des morts; il ne faut pas que vous vous désoliez comme ceux qui n'ont pas d'espérance. Puisque, nous le croyons, Jésus est mort, puis est ressuscité, de même, ceux qui se sont endormis en Jésus, Dieu les amènera avec lui...» (1 Thess 4,13ss). Et de même aux fidèles de Corinthe: «Le Christ est ressuscité d'entre les morts, prémices de ceux qui dorment» (1 Cor 15,20). Étienne s'est "endormi", il reviendra un jour à la vie, comme le Christ. Pierre et Jean se portaient garants de la résurrection de Jésus (3,13-15; 4,10), ce qui provoquait la fureur des Sadducéens (4,1-2). Mais cette résurrection était le gage de la nôtre. La guérison de l'infirme de la Belle Porte était le signe et l'assurance du salut définitif apporté par Jésus aux hommes (4,12). Étienne peut s'endormir dans la paix; Dieu lui redonnera un jour cet esprit qu'il remet en mourant entre les mains du Seigneur Jésus (7,60b), comme Jésus avait remis son esprit entre les mains de son Père (Lc 23,46; cf. Ps 30,6). Deux siècles plus tôt, la mère des sept frères mis à mort par Antiochus Épiphane partageait la même espérance; pour encourager ses fils soumis à d'affreuses tortures, elle leur disait: «Celui qui a créé le monde, celui qui a formé l'homme à sa naissance..., celui-là vous rendra et l'esprit et la vie au jour de la miséricorde» (2 Macc 7,23).

(Le récit de Act I: ⇒ p. 115)

X. ÉVANGÉLISATION DE LA SAMARIE
(8,1-25)

1 Or il y eut, en ces jours-là, une grande persécution contre l'église qui (est) à Jérusalem. Tous furent dispersés dans les campagnes de Judée et de Samarie, sauf les apôtres. **5** Or Philippe, étant descendu dans une ville de Samarie, proclamait Jésus. **6** Les foules s'attachaient à ce qui était dit par Philippe ( ), du fait qu'ils entendaient et voyaient les signes qu'il faisait. **7** car beaucoup de ceux qui avaient des esprits impurs ( ) furent guéris. **8** Et il y eut grande joie en cette ville.

1. L'évangélisation de la Samarie

Philippe était l'un des Sept qui avaient été choisis, dans le groupe des Hellénistes, pour commencer l'évangélisation des non-Juifs (6,1-7). Nous avons vu que ce problème de la diffusion de l'évangile à l'extérieur du monde juif avait divisé les premiers chrétiens; tous étaient issus du judaïsme, mais ceux qui étaient de formation purement hébraïque ne comprenaient pas la nécessité de cette ouverture vers le monde païen que prônaient au contraire les chrétiens qui, avant même leur conversion, avaient été touchés par la culture grecque. Les premiers pouvaient justifier leur attitude négative en invoquant une parole de Jésus rapportée en Mat 10,5-6: «Ces Douze, Jésus les envoya en mission en leur prescrivant: Ne prenez pas le chemin des païens et n'entrez pas dans une ville de Samaritains; allez plutôt vers les brebis perdues de la maison d'Israël.» Ce texte rapporté par la tradition matthéenne pourrait expliquer certaines particularités du récit des Actes. Pourquoi le Document P se contente-t-il de mentionner que Philippe descend vers "une ville de Samarie" (8,5), sans prendre la peine de nous préciser le nom de cette ville? Probablement parce que, dans la parole de Jésus, il n'était question que d'une ville anonyme: «N'entrez pas dans une ville de Samaritains.»[1] Pourquoi, lors de la persécution contre l'église de Jérusalem, les apôtres seuls peuvent-ils rester tandis que les autres sont dispersés à travers la Judée et la Samarie? Inutile de chercher un motif historique à cette discrimination. On comprend l'intention de l'auteur du Document P: la parole de Jésus s'adressait aux Douze; ceux-ci ne vont donc pas prendre part à l'évangélisation de la Samarie, mais seulement les Sept. On comprend enfin pourquoi le Document P fait suivre cet épisode par celui de la conversion de l'eunuque éthiopien: il représente le monde païen que Jésus, selon Mat 10,5-6, aurait exclu de la prédication évangélique. Comme le dit fort bien É. Trocmé: «Ce récit (des Actes)

---

[1] Cette suggestion a été proposée par O. BAUERNFEIND, *Die Apostelgeschichte*, Leipzig, 1939, pp. 122-123.

serait la réplique d'un groupe chrétien au *logion* que la tradition d'un autre (groupe) prêtait au Seigneur.»[1]

Mais il est possible de serrer de plus près les intentions de l'auteur du Document P. Philippe descend donc dans une ville de Samarie (v. 5). «Or, poursuit le récit, les foules s'attachaient à ce qui était dit par Philippe, du fait qu'ils entendaient et voyaient les signes qu'il faisait. Car beaucoup de ceux qui avaient des esprits impurs ( ) furent guéris» (vv. 6-7). Cette rédaction s'inspire certainement de ce qui est dit en Lc 6,17-18, à propos des foules "qui étaient venues l'écouter (Jésus) et se faire guérir de leurs maladies; et ceux qui étaient tourmentés par des esprits impurs étaient guéris."[2] Mais d'où sont venues ces foules? "...de toute la Judée, et de Jérusalem, et du littoral de Tyr et de Sidon" (Lc 6,17a). Tyr et Sidon, ce sont des villes situées en territoire païen. Jésus lui-même a donc annoncé la Bonne Nouvelle à des païens, et Philippe ne fait que continuer l'œuvre commencée par le Christ. Même si l'on tient la parole de Jésus rapportée par Mat 10,5-6 pour authentique, et les gens pour qui écrivait l'auteur du Document P la tenaient sûrement pour telle, elle était adressée aux Douze qui, de fait, vont rester à Jérusalem. Mais en évangélisant le monde non juif, Philippe et les Sept restent dans la droite ligne tracée par Jésus. C'est ce que veut insinuer notre auteur en rédigeant les vv. 6b-7 à l'imitation de Lc 6,17b-18. Ne croirait-on pas assister à une véritable partie d'échecs? Le groupe des Hébreux (cf. 6,1) pousse en avant la redoutable "tour" constituée par la parole de Jésus rapportée en Mat 10,5-6; mais le groupe des Hellénistes contre-attaque en mettant en avant la non moins redoutable "reine" constituée par le texte de Lc 6,17-18.

2. La joie

Au v. 8, en conclusion de la section décrivant l'évangélisation d'une ville de Samarie, on lit dans le Document P: «Et il y eut une grande joie en cette ville.» Cette joie résulte de l'écoute de la parole, et surtout de la vue des miracles (Lc 13,17; 23,8), parce que parole et miracles sont le signe que le royaume de Dieu est arrivé, instauré par Jésus (Lc 19,37), le roi-messie qui est venu sauver son peuple (Lc 2,10-11).

L'auteur du Document P avait déjà noté la joie des disciples le jour de l'ascension, joie d'avoir retrouvé vivant celui qu'ils croyaient mort. Il note ici la joie de la ville de Samarie qui accueille le message évangélique. Il reviendra sur ce thème de la joie en finale du récit de la conversion de l'eunuque de la reine Candace (8,39), puis à propos de l'évangélisation de la ville d'Antioche (11,23) et de l'entrée des païens dans le nouveau peuple de Dieu (15,3). Depuis la

---

[1] *Le "livre des Actes" et l'histoire*, p. 181; les mots entre parenthèses ont été ajoutés par nous. Trocmé reprend ici et développe les suggestions faites par Bauernfeind.

[2] Voir aussi Act 5,15a.16b, de Act I: "...au point que dans les rues on apportait ( ) des malades et des (gens) tourmentés par des esprits impurs et tous ils étaient guéris."

résurrection de Jésus, le message chrétien ne peut être qu'un message de joie (cf. pp. 24-25).

(Le récit de Act II: ⇒ p. 176)

XI. LA CONVERSION DE L'EUNUQUE
(8,26-40)

27b Et voici (qu')un homme éthiopien, eunuque de Candace, reine des Éthiopiens, qui é-tait sur(intendant de) tous ses trésors, était venu adorer à Jérusalem. **28a** Or il s'en retournait et (était) assis sur (son) char. **29** L'Esprit dit à Philippe: «Avance et rejoins le char.» **30** S'avançant, Philippe l'entendit lire Isaïe le prophète et il dit: «Est-ce que tu comprends ce que tu lis?» **31** Lui, il dit: «Comment le pourrais-je, si personne ne guide?» Il pria Philippe de monter s'asseoir avec lui. **35** Or Philippe, ouvrant sa bouche, ( ) annonça Jésus. **36a** Comme ils allaient sur la route, **39b** l'Esprit du Seigneur enleva Philippe et l'eunuque ne le vit plus. En effet, il allait (sa) route, joyeux. **40a** Or Philippe se trouva arriver à Azot.

1. La conversion d'un païen

Cet épisode complète celui de l'évangélisation de la Samarie. Bien que le Document P ne le dise pas explicitement, on peut penser que cet Éthiopien, haut fonctionnaire de la reine Candace, était un païen; il est venu en pèlerinage à Jérusalem, par sympathie pour le judaïsme, comme ces Grecs dont parle Jn 12,20. Nous avons vu que, dans l'épisode précédent, l'auteur du Document P, au nom des Hellénistes, réagissait contre l'utilisation que les Hébreux devaient faire d'une parole attribuée à Jésus en limitant l'évangélisation aux seuls Juifs: «Ne prenez pas le chemin des païens et n'entrez pas dans une ville de Samaritains; allez plutôt vers les brebis perdues de la maison d'Israël» (Mat 10,5-6). Ici, c'est le problème de la mission auprès des païens qui est en cause, et c'est l'Esprit qui indique la voie à suivre en intervenant au début (v. 29) et à la fin de l'épisode (v. 39), comme il le fera pour la conversion des païens de Césarée (10,19 et 44).

2. Abolition d'un interdit

Le récit du Document P pourrait avoir un sens complémentaire. On lit en effet en Deut 23,2: «L'homme aux testicules écrasés, ou à la verge coupée, ne sera pas admis à l'assemblée de Yahvé.» Les eunuques étaient donc exclus de l'assemblée d'Israël. Mais en annonçant les temps eschatologiques, un lointain disciple du prophète Isaïe écrivait: «Que l'eunuque ne dise pas: "Voici, je suis un arbre sec." Car ainsi parle Yahvé aux eunuques qui observent mes sabbats et choisissent de faire ce qui m'est agréable, fermement attachés à mon alliance: Je leur donnerai dans ma maison et dans mes remparts un monument et un nom meilleur que des fils et des filles; je leur donnerai un nom éternel qui jamais ne sera effacé» (Is 56,3-5; cf. Sag 3,14). Avec ce récit de la conversion de l'eunuque, nous retrouverions une des intentions du récit de la guérison de l'infirme de la Belle Porte du Temple: grâce à Jésus, le Serviteur de Dieu, il n'y a plus d'interdit concernant ceux qui ont perdu leur intégrité physique; ils peuvent être admis dans la communauté des disciples de Jésus, le nouvel Israël.

3. La joie de l'eunuque

Le Document P note que l'eunuque, une fois Philippe disparu, "allait (sa) route, joyeux". Pourquoi cette précision? Nous verrons que Act II complétera le présent récit en utilisant l'oracle d'Is 35,1-10. Mais, nous l'avons montré, l'auteur du Document P lui-même a fait référence implicite à cet oracle dès le récit de la guérison de l'infirme, en 3,1ss. Il y fera encore une discrète allusion dans le récit de la guérison d'un autre infirme, en 9,32-35, récit qui, à son niveau, suivait immédiatement celui de la conversion de l'eunuque. Le détail de l'eunuque qui "allait (sa) route, joyeux" (ἐπορεύετο γὰρ τὴν ὁδὸν χαίρων) ne ferait-il pas alors allusion à cet oracle d'Isaïe, si important pour l'auteur du Document P? Isaïe prophétise, en effet: «Il y aura là une route pure (ὁδὸς καθαρά) et elle sera appelée route sacrée (ὁδὸς ἁγία)... Mais les rachetés y marcheront (πορεύ-σονται)... Et ils arriveront à Sion avec joie (μετ᾽ εὐφροσύνης) et une joie éter-nelle sera sur leur tête, car sur leur tête sera la louange et l'allégresse (ἀγαλ-λίαμα), et la joie (εὐφροσύνη) les prendra...» (Is 35,8-10). Cette route était in-terdite à l'impur (35,8), donc à l'eunuque d'après Deut 23,2. Mais, racheté par le Serviteur de Dieu qui a porté sur lui le péché des multitudes (Is 53,10-12), le voilà qui marche sur cette route ouverte, plein de joie.

4. Philippe et Élie

Tandis qu'il annonçait Jésus à l'eunuque, Philippe est enlevé par l'Esprit de Dieu: «Comme ils allaient sur la route ( ), l'Esprit du Seigneur enleva Philippe et l'eunuque ne le vit plus» (vv. 36a.39b). Cet enlèvement ressemble fort à celui d'Élie marchant avec son disciple Élisée: «Et il arriva, tandis qu'ils allaient en conversant... et Élie fut enlevé par le tourbillon (de vent) comme vers le ciel. Et Élisée regardait et criait... et il ne le vit plus du tout» (2 Rois 2,11-12). Le rapprochement entre les deux textes est d'autant plus frappant que le "tourbillon" de vent n'est autre que la manifestation de l'Esprit de Dieu. Philippe pourrait-il être comparé à Élie? Serait-il égal à Jésus qui, lui aussi, fut enlevé vers le ciel? Non, car il n'est pas enlevé au ciel; pour bien marquer la différence, le Document P précise que Philippe se retrouva à Azot, sur la côte, au nord de Gaza. Il n'empêche qu'il bénéficie d'une intervention divine dont pouvaient bénéficier les prophètes, selon la croyance populaire (1 Rois 18,12; 2 Rois 2,16). En le soulignant, notre auteur veut montrer que Dieu reconnaît en Philippe un véritable prophète, ce qui est une façon de légitimer son apostolat auprès des Samaritains et des païens. Les Hellénistes ont eu raison de ne pas tenir compte de la parole de Jésus adressée aux seuls Douze: «Ne prenez pas le chemin des païens et n'entrez pas dans une ville de Samaritains; allez plutôt vers les brebis perdues de la maison d'Israël» (Mat 10,5-6).

(Le récit de Act II: ⇒ p. 179)

XII. GUÉRISON D'UN PARALYTIQUE
(9,31-35)

32 Or il arriva (que) Pierre, tout en circulant, descendit ( ) (à) Lydda. **33** Il y trouva un homme ( ) gisant depuis huit ans sur un grabat, qui était paralysé. **34** Et Pierre dit: «Jésus Christ te guérit. Lève-toi et fais toi-même ton lit.» Et aussitôt il se leva. **35** Et, l'ayant vu, tous ceux qui habitaient Lydda et Sarona se convertirent au Seigneur.

1. Pierre abandonne Jérusalem

Après Philippe, obligé de quitter Jérusalem en raison de la persécution qui s'était abattue sur l'église de cette ville (8,1b), c'est maintenant Pierre qui va annoncer l'évangile hors de cette ville. Il le fait parce qu'il a constaté que les autorités religieuses comme le peuple sont rebelles à l'appel divin. Après le martyre d'Étienne, lapidé par le peuple, Pierre comprend le sens de cette parole de Jésus, rapportée en Lc 13,34-35: «Jérusalem, Jérusalem, toi qui tues les prophètes et lapides ceux qui te sont envoyés, combien de fois j'ai voulu rassembler tes enfants à la manière dont une poule rassemble sa couvée sous ses ailes... et vous n'avez pas voulu! Voici que votre maison va vous être laissée. Oui, je vous le dis, vous ne me verrez plus, jusqu'à ce qu'arrive le jour où vous direz: Béni soit celui qui vient au nom du Seigneur!» De même, dans la geste de Pierre, les habitants de Jérusalem ne verront plus Pierre, c'est-à-dire n'entendront plus son appel à devenir disciples du Christ, parce qu'ils ont rejeté l'annonce du Christ ressuscité.

2. La guérison de l'infirme

Pierre vient donc guérir un infirme à Lydda. Ce miracle rappelle la guérison de l'infirme à la Belle Porte du Temple de Jérusalem (3,1ss). Pour l'auteur du Document P, il s'agit donc d'un nouveau départ. Devant l'hostilité des Juifs de Jérusalem, c'est comme si Pierre repartait à zéro.

3. Une allusion à Is 35,2

Pour composer ce récit, l'auteur du Document P utilise un schéma analogue à celui qu'il avait suivi pour écrire le récit du chapitre 3. Cette analogie de structure se complète par une analogie thématique. Nous avons vu en effet que, au chapitre 3, notre auteur avait introduit un certain nombre de détails qui s'inspiraient de l'oracle qui se lit en Is 35,1-10, avec spécialement la mention de l'infirme qui bondira comme un cerf (35,6). Or, il localise le présent miracle à Lydda, village situé à l'ouest de Jérusalem, au bas des monts de Judée, dans la plaine de Saron. Il précise même, en conclusion du récit: «Et l'ayant vu, tous ceux qui habitaient Lydda et Sarona se convertirent au Seigneur» (v. 35). Reportons-nous alors au texte de Is 35,2: «... qu'elle se couvre de fleurs, qu'elle exulte de joie et pousse des cris, la gloire du Liban lui a été donnée, la splendeur du Carmel _et de Saron_. _C'est eux_ qui verront la gloire de Yahvé, la splendeur de notre Dieu.»[1] Toutes les promesses de salut et de délivrance, contenues dans l'oracle d'Is 35,1-10, avaient été offertes d'abord aux habitants de Jérusalem: la guérison de l'infirme de la Belle Porte en était le signe. Mais les habitants de Jérusalem ont refusé la grâce qui leur était offerte; Pierre se tourne maintenant vers la plaine de Saron, qui accueille en masse la Bonne Nouvelle (Act 9,35; cf. Is 35,2), première étape d'une route qui le mènera jusqu'à Césarée, là où les païens accueilleront à leur tour l'évangile. C'est ce que va nous montrer l'épisode suivant.

(Le récit de Act I: ⟹ p. 125)

XIII. CONVERSION DE PAÏENS À CÉSARÉE
(9,43; 10,9ss)

43 Or il arriva que (Pierre) resta beaucoup de jours chez un certain Simon, un corroyeur. **9b** (Il) monta dans la chambre haute pour prier ( ). **19b** L'Esprit lui dit: «Voici des hommes qui te cherchent. **20** Mais lève-toi, va avec eux sans hésiter, car c'est moi qui les ai envoyés.» **23b** Alors s'étant levé, il partit avec eux et quelques-uns des frères de Joppé vienrent avec lui. **24a** Le lendemain, il entra à Césarée. **25b** Étant venu à sa rencontre, [un homme], tombant à ses pieds, se prosterna. **26** Mais Pierre le releva en disant: «Lève-toi. Et moi aussi je suis un homme.» **27** Et, en conversant avec lui, il entra et il trouve beaucoup (de gens) rassemblés. **28a** Il leur déclara: «Vous savez qu'il est interdit à un

---

[1] Cette traduction, il est vrai, suit le texte hébreu; la Septante ne parle pas de Saron.

homme juif de fréquenter ou d'approcher un étranger. **29b** Je demande donc: pour quelle raison m'avez-vous fait venir?» **30** Et ( ) (il) déclara: «( ) J'étais ( ) dans ma maison et voici (que) un homme se tint devant moi en vêtement resplendissant. **31a** Et il déclara: **32** "( ) Envoie (des gens) à Joppé et convoque Simon qui est surnommé Pierre ( ) qui, en arrivant, te parlera."» **34** Ayant ouvert la bouche, Pierre dit: «En vérité, je comprends que Dieu ne fait pas acception des personnes, **35** mais qu'en toute nation celui qui craint Dieu et pratique la justice lui est agréable.» **44** Tandis que Pierre parlait encore ces paroles, l'Esprit saint tomba sur tous ceux qui écoutaient ( ).

11,2 Pierre ( ), après beaucoup de temps, voulut aller à Jérusalem et, ayant appelé à (lui) les frères et les ayant affermis, il partit, faisant force discours à travers les campagnes pour les enseigner. Et lui, il arriva là et il leur annonça la grâce de Dieu. Mais les frères ( ) disputaient contre lui **3** en disant: «Pourquoi es-tu entré chez des hommes ayant prépuce ( ) ?» **4** Mais Pierre se mit à leur exposer (l'affaire) en disant: **5a** «J'étais dans Joppé, la ville **11** et voici que trois hommes se présentèrent à la maison où j'étais, envoyés de Césarée vers moi. **12** Or l'Esprit me dit de venir avec eux. Vinrent avec moi aussi ces six frères et nous entrâmes dans la maison de l'homme. **13** Il nous annonça comment il vit un ange debout dans sa maison et disant: "Envoie (des gens) à Joppé et fais venir Simon qui est surnommé Pierre, **14a** lui te parlera." **15** Or, tandis que je commençais à parler, l'Esprit tomba sur eux tout comme sur nous au début. **17b** Étais-je quelqu'un, moi, pouvant empêcher Dieu de leur donner l'Esprit saint?» **18a** Ayant entendu ces (mots), ils se calmèrent et ils glorifiaient Dieu ( ).

Cet épisode comporte deux sections parallèles. Dans la première, le Document P raconte les circonstances qui ont accompagné la conversion de quelques païens habitant Césarée. Dans la seconde, Pierre, à qui l'on reproche d'être entré dans la maison d'un païen, se justifie en racontant lui-même comment les choses se sont passées. Notre auteur pose ainsi et résout le problème de l'accès des païens au salut.

1. L'action de l'Esprit

Aux premiers jours du christianisme, les disciples de Jésus ne s'étaient pas encore séparés, loin de là, du judaïsme. Nous avons vu Pierre et Jean monter au Temple pour y participer à la vie cultuelle du peuple juif (3,1). Ils reconnaissaient en Jésus le Messie annoncé par les Écritures, mais précisément, parce que la venue de ce Messie avait été annoncée dans la Bible, le mystère de Jésus mort et ressuscité pouvait s'inscrire dans la trame du déroulement de l'histoire du salut. Au lendemain de l'ascension, Jésus pouvait certes être tenu pour un prophète, pour le plus grand des prophètes; son message, dont l'authenticité avait été sanctionnée par sa résurrection d'entre les morts, devait marquer un tournant dans le déroulement de l'histoire du salut; mais ce tournant n'impliquait pas nécessairement une rupture d'avec le judaïsme, bien au contraire.

Dans ces conditions, la prédication de l'évangile aux païens n'allait pas de soi. Ne fallait-il pas, d'abord, consolider le mouvement chrétien au sein même du judaïsme (cf. Mat 10,5-6)? D'autant qu'un autre problème se posait. Les païens étaient tenus pour des gens impurs, et tout Juif qui frayait avec eux contractait par le fait même une impureté légale qui le coupait de toute participation à la vie liturgique. Dans ces conditions, comment admettre des païens dans l'église puisque le simple fait d'entrer en contact avec eux constituait une impureté. Ne fallait-il pas, auparavant, leur demander de se convertir au judaïsme et d'en accepter tous les rites, ce qui les aurait rendus purs?

Or, voilà que, brusquement, l'Esprit va trancher ces problèmes qui auraient pu donner lieu à des discussions infinies. C'est lui qui, par l'intermédiaire d'un ange (vv. 30-32), incite des païens à venir trouver Pierre (v. 20b). C'est lui qui, Pierre étant en prière, lui ordonne de suivre les païens sans se poser de problèmes (v. 20a); c'est lui enfin qui vient sur les païens (v. 44) comme il était venu sur les disciples de Jésus peu de temps après l'ascension (4,31). Pierre n'est que l'instrument docile de l'Esprit. Celui-ci a résolu les deux problèmes qui se posaient: il faut admettre les païens dans la communauté chrétienne, puisque lui-même les envoie; il ne faut plus les considérer comme des gens impurs, dont le contact souillerait, puisqu'il ordonne à Pierre de faire route avec eux et que lui-même vient habiter en eux.

2. Les réflexions de Pierre

Dans cette scène, le rôle de Pierre n'est pas purement passif. L'Esprit lui a ordonné de faire route avec des païens; il en tire les conclusions qu'il expose aux gens de Césarée aux vv. 34-35.

a) Les paroles que Pierre va prononcer sont introduites de façon solennelle: «Ouvrant la bouche, il dit...» Une telle précision pourrait sembler oiseuse; en fait, elle reflète une façon de parler fréquente dans la Bible: c'est Dieu qui "ouvre la bouche" du prophète pour lui faire transmettre un message (Ex 4,12.15; Nomb 22,28; Ez 29,21; 33,22). Pierre va parler ici en prophète qui exprime la pensée même de Dieu (cf. Mat 5,2).

b) L'Esprit a donc ordonné à Pierre de suivre des païens et de faire route avec eux. Lorsqu'il arrive à Césarée, il est accueilli par un groupe de païens. Il a eu le temps de réfléchir et il a compris: «Dieu ne fait pas acception des personnes; mais en toute nation celui qui craint Dieu et pratique la justice lui est agréable» (vv.34-35). Il n'est plus question de distinction entre Juifs et païens, tous sont égaux aux yeux de Dieu, à condition qu'ils vivent en accord avec sa volonté. Cette doctrine se trouvait déjà dans l'AT. En disant, à propos des païens, que Dieu ne fait pas acception des personnes, Pierre se réfère probablement à un passage du livre du Deutéronome. Après avoir rappelé l'amour de Dieu pour son peuple, l'auteur du livre s'exprime ainsi: «Circoncisez votre cœur sclérosé et ne raidissez plus votre nuque, car le Seigneur votre Dieu, c'est le Dieu des dieux et le Seigneur des seigneurs, le Dieu grand et puissant et redoutable, qui ne fait pas acception des personnes et ne reçoit pas de présents, faisant droit à l'orphelin et à la veuve, et il aime l'étranger, auquel il donne pain et vêtement» (Deut 10,16-18). Par "étranger", il faut comprendre ici celui qui n'appartient pas à la nation juive, et donc le païen. Sans doute, Dieu aime le peuple qu'il s'est choisi, mais il aime aussi l'étranger, le païen. Faisant écho à ce texte, un lointain disciple d'Isaïe pouvait écrire: «Observez le droit, vivez selon la justice, car mon salut est près d'arriver et ma miséricorde de se révéler... Que l'étranger qui s'est attaché au Seigneur ne dise pas: "Sûrement, le Seigneur va m'exclure de son peuple. Que l'eunuque (cf. Act 8,27ss) ne dise pas: "Je suis du bois sec"... Quant aux étrangers, attachés à Yahvé pour le servir, pour aimer le nom de Yahvé, devenir ses serviteurs, tous ceux qui observent mes sabbats sans les profaner, fermement attachés à mon alliance, je les introduirai à ma sainte montagne et je les comblerai de joie dans ma maison de prière. Leurs holocaustes et leurs sacrifices seront agréés sur mon autel, car ma maison sera appelée une maison de prière pour toutes les nations» (Is 56,1-7).

Pour l'auteur du Document P, il n'est pas encore question d'aller porter l'évangile au loin, vers les nations païennes. On verra que ce thème ne sera développé que plus tard, grâce à la venue des Hellénistes à Antioche de Syrie (11,20-26). Mais, illuminé par l'Esprit, Pierre a compris qu'il faut accueillir les païens dans la communauté chrétienne, et les accueillir tels qu'ils sont, sans leur imposer de passer par les coutumes juives qui étaient censées les rendre purs. Dieu ne fait pas acception des personnes, il ne distingue pas entre Juifs et païens, il donne son Esprit aux uns (10,44) comme aux autres (4,31); pour que quelqu'un soit agréé de lui, il faut et il suffit qu'il ait un cœur droit.[1]

Telle est la "grâce de Dieu" (cf. 4,33c; 11,23) que Pierre va annoncer aux frères de Jérusalem (11,1b TO). En prenant Pierre comme interprète, l'Esprit a ouvert aux païens la porte du salut.

3. Pierre doit se justifier

Pierre reste un certain temps à Césarée puis il monte à Jérusalem et il annonce aux frères "la grâce de Dieu", c'est-à-dire l'entrée de quelques païens dans l'église (11,2 TO). Alors les frères, qui étaient encore tous des gens issus du judaïsme, lui reprochent d'être entré dans la maison d'un païen, ce qui était interdit par la Loi puisque c'était contracter une impureté légale (11,3). Pour se justifier, Pierre raconte tout ce qui s'est passé à Césarée (11,4-5a; 11-14), avec finalement la venue de l'Esprit sur les païens (11,15). Et il conclut, avec humour: «Étais-je quelqu'un, moi, pouvant empêcher Dieu de leur donner l'Esprit saint?»

---

[1] C'est la doctrine que Paul exposera, spécialement en Rom 2,25-29.

(11,17b). L'Esprit lui-même a montré qu'il n'y avait plus d'interdit concernant la fréquentation des païens, et donc que Pierre pouvait entrer chez eux sans que l'on ait quoi que ce soit à lui reprocher. Les opposants furent convaincus et se tinrent cois (11,18a).

(Le récit de Act I: ⇒ p. 126)

XIV. L'ASSEMBLÉE DE JÉRUSALEM
(15,5-34)

5 Or se levèrent certains du parti des Pharisiens, qui avaient cru, disant qu'il faut les circoncire et observer la Loi de Moïse. **7a** Or, une grande discussion s'étant produite, **13b** s'étant levé, Jacques dit: «Hommes (mes) frères, écoutez-moi. **14** Siméon a raconté comment d'abord Dieu a pris soin de prendre parmi les gentils un peuple à son nom. **19** C'est pourquoi, moi, je suis d'avis de ne pas tracasser ceux des gentils qui se convertissent à Dieu, **20** mais de leur prescrire de s'abstenir des souillures des idoles et de la fornication et du sang.» **22** Alors il parut bon ( ) à toute l'église d'envoyer des hommes qu'ils avaient choisis: ( ) Jude appelé Barsabbé et Silas, hommes d'autorité parmi les frères. **30** Eux donc, ayant été congédiés, descendirent à [Césarée] **32** ( ) et comme ils étaient eux aussi prophètes, avec force discours ils exhortèrent les frères et les fortifièrent. **33** Ayant passé quelque temps, ils furent congédiés en paix par les frères vers ceux qui les avaient envoyés.

L'épisode précédent avait réglé le problème des rapports avec les païens. Tous les frères, issus du judaïsme, se mirent d'accord pour reconnaître que les interdits anciens n'avaient plus cours. Mais certains, ayant appartenu jadis au parti des Pharisiens, firent une instance. Ils ne considéraient pas les chrétiens comme séparés complètement du judaïsme. Selon eux, un chrétien devait continuer à observer la Loi mosaïque, et plus précisément le rite de la circoncision. Ceci valait aussi pour les païens qui voulaient se convertir au christianisme: ils devaient se faire circoncire et observer intégralement la Loi mosaïque.

L'intervention des anciens Pharisiens provoque de longues discussions parmi les frères (v. 7a), et Jacques, en tant que chef de l'église de Jérusalem, se lève pour prendre la parole. Il rappelle d'abord ce que Pierre vient de dire, en 11,4ss, concernant l'intervention divine en faveur de l'admission des païens au sein de la communauté chrétienne (vv. 13-14), puis il propose une solution de compromis: on leur demandera seulement de s'abstenir de manger des viandes consacrées aux idoles, d'éviter la fornication et de ne pas absorber de sang (vv. 19-20). Manger des viandes consacrées aux idoles, c'était en quelque sorte participer à un culte sacrilège (1 Cor 8-10; cf. Lev 17,3-9). Par fornication, il faut comprendre avant tout les unions irrégulières, surtout celles qui avaient un caractère incestueux, telles qu'elles sont énumérées en Lev 18. Quant au sang, il était censé contenir la vie de tout être vivant et l'homme n'avait pas le droit de s'approprier cette vie (Lev 17,10-14). On voit alors le sens de l'intervention de Jacques, bien notée par J. Dupont dans une note de la BJ sur 15,20: «Les exigences de Jacques sont celles que, d'après Lv 17-18, les Juifs imposaient aux Gentils désireux de fréquenter la synagogue; elles répondent à la question soulevée en Ac 11 3 et Ga 2 12-14: que faut-il demander aux païens convertis pour que les judéo-chrétiens n'aient pas à craindre de souillure légale en les fréquentant? On ne leur propose pas un code de vie morale, mais l'observation de prescriptions rituelles élémentaires.»[1]

Il est piquant de constater que, selon le Document P, c'est Jacques qui fait preuve de modération, tandis que d'après Gal 2,12, l'intransigeance quant aux relations avec les païens semblait venir de lui, ou tout au moins de son entourage.

Les décisions prises à Jérusalem à la suite des problèmes posés par la conversion de quelques païens de Césarée (15,5ss) ont ouvert la voie d'une manière définitive à l'évangélisation du monde païen. C'est à des Chypriotes et à des Cyrénéens, des Hellénistes sans doute, que reviendra l'honneur de cette évangélisation (11,20ss).

(Le récit de Act I: ⇒ p. 129)

XV. L'ÉVANGÉLISATION D'ANTIOCHE
(11,20-26a; 15,3-4)

20 Or il y avait des gens de Chypre et de Cyrène qui, étant venus à Antioche, parlaient aux Grecs ( ). **21** Et la main du Seigneur était avec eux et un grand nombre, ayant cru, se convertit au Seigneur. **22** La nouvelle fut entendue (jusqu')aux oreilles de l'église qui (est) à Jérusalem à leur sujet et ils envoyèrent Barnabé passer jusqu'à Antioche, **23** qui, étant arrivé et ayant vu la grâce de Dieu, se réjouit et il les exhortait tous à rester, d'un cœur ferme, (attachés) au Seigneur. **25** Or, ayant entendu (dire) que Saul était à Tarse, il partit le chercher. **26a** L'ayant rejoint, il le pria de venir à Antioche. Or, étant arrivés, toute une année ils furent rassemblés à l'église et ils enseignaient une foule nombreuse.

3 Eux donc, ayant été escortés par l'église, traversaient la Phénicie et la Samarie en racontant la conversion des gentils et ils donnaient de la joie aux frères. **4** Étant arrivés à Jérusalem, ils furent reçus par l'église ( ), et ils annoncèrent tout ce que Dieu avait fait avec eux.

Ce récit se divise facilement en quatre parties: la première évangélisation d'Antioche (vv. 20-21), l'envoi de Barnabé par l'église de Jérusalem (vv. 22-23),

---

[1] BJ, p. 141, note *b*. - En ce sens, voir aussi C. PERROT, "Les décisions de l'assemblée de Jérusalem", dans RSR 69 (1981) 195-208.

Barnabé et Saul complètent l'évangélisation de la ville (vv. 25-26a), ils montent à Jérusalem rendre compte de leur apostolat (15,3-4).

1. L'évangélisation d'Antioche

a) La première partie du récit est parallèle au récit de la guérison d'un paralytique par Pierre à Lydda (9,32-35). Tous deux se terminent par la même constatation: un grand nombre de gens "se convertirent au Seigneur" (11,21 et 9,35). Cette formule ne se lit pas ailleurs dans les Actes. Ainsi, en raison du refus des Juifs de Jérusalem de recevoir la Parole, celle-ci est portée hors de la ville: d'abord par Pierre qui convertit les Juifs de Lydda et de la plaine de Saron (9,35), puis par des gens de Chypre et de Cyrène, certainement des Hellénistes, qui convertissent un grand nombre de païens à Antioche de Syrie (11,20-21). Avant de terminer la geste de Pierre en racontant comment celui-ci, délivré de prison, "partit pour un autre lieu", l'auteur du Document P a voulu insinuer que l'œuvre d'évangélisation des païens, commencée à Césarée grâce à Pierre (voir le récit du chapitre 10), allait se poursuivre malgré tout. On notera l'expression concise "ils parlaient" (v. 20), pour exprimer la prédication de l'évangile, comme souvent ailleurs dans les Actes (4,1.17; 5,20.40; 14,1; etc.).

b) Au v. 21, la formule "la main de Untel était avec" indique une protection efficace de la part, soit de Dieu (1 Chron 4,10), soit des hommes (1 Sam 22,17; 2 Sam 3,12; 14,19). Le texte de 2 Sam 3,12 est spécialement intéressant: «Et voici que ma main est avec toi, pour tourner vers toi toute la maison d'Israël»; Act 11,21 en est proche: «Et la main du Seigneur était avec eux, et un grand nombre, ayant cru, se tournèrent vers le Seigneur.» On est en présence d'une quasi citation, avec transposition du thème pour l'appliquer à Dieu. Ce thème de "la main du Seigneur" qui est à l'œuvre pour assurer l'efficacité de la prédication apostolique rappelle la scène décrite en 4,29-31. Ce sont les deux seuls textes où ce thème est développé[1]. Le Document P rappelle que l'évangélisation des païens prend le relais de l'évangélisation de Jérusalem: sous l'action de l'Esprit, les disciples accomplissent des signes et des prodiges qui leur donnent pleine assurance lorsqu'ils "parlent" la Parole.

2. L'envoi de Barnabé à Antioche

La nouvelle de la conversion de nombreux païens à Antioche parvient aux oreilles de l'église de Jérusalem et elle délègue sur place Barnabé (v. 22). La mission qu'il reçoit reste assez vague. Il se contente de constater le fait de la conversion des païens, fruit de "la grâce de Dieu". L'expression rappelle celle qui

---

[1] En 13,11, le sens est différent: la "main du Seigneur" intervient pour châtier celui qui s'oppose à la prédication de Paul.

se lisait dans le Document P à propos de la conversion des païens de Césarée par Pierre (11,2 TO). Ce rapprochement littéraire accentue le parallélisme entre l'action de Pierre et celle des Hellénistes venus évangéliser Antioche, parallélisme déjà noté à propos de la formule "ils se tournèrent vers le Seigneur" (cf. *supra*). Il n'existe donc pas de rupture entre l'évangélisation des Juifs par Pierre et celle des païens par les Hellénistes. En fait, l'église de Jérusalem reste celle qui contrôle l'expansion du christianisme: c'est le sens qu'il faut donner au présent épisode.

Cette continuité est marquée également par le thème de la joie (v. 23), qui court tout au long des récits du Document P (cf. pp. 24-25).

3. Barnabé et Saul

Au lieu de revenir tout de suite à Jérusalem, Barnabé va rester tout une année à Antioche, après avoir été chercher Saul à Tarse (vv. 25-26a). L'auteur du Document P ne s'attardera pas sur l'activité missionnaire de Saul, l'apôtre des Gentils. Ici d'ailleurs, celui-ci semble subordonné à Barnabé, comme ce sera encore le cas au niveau de Act I (cf. 11,30; 12,25; 13,1.7). L'auteur du Document P veut évoquer seulement un fait que Paul lui-même rappellera dans sa lettre aux Galates: «Celui dont l'action a fait de Pierre l'apôtre des circoncis a fait aussi de moi l'apôtre des païens» (Gal 2,8).

4. Le retour à Jérusalem

Après avoir évangélisé Antioche durant une année, Barnabé et Saul montent à Jérusalem pour y rendre compte de leur apostolat auprès des païens (15,3-4). En traversant la Phénicie et la Samarie, ils mettent les frères au courant de la conversion des païens et l'auteur du Document P profite de cet épisode pour revenir une dernière fois sur le thème de la joie (v. 3) qui, on l'a déjà dit, revient comme un refrain dans tous ces récits (cf. pp. 24-25). En notant la montée de Barnabé et de Saul à Jérusalem, notre auteur veut indiquer, encore une fois, que l'évangélisation du monde païen reste sous le contrôle de l'église de Jérusalem.

5. Le Document P et les données de la lettre aux Galates

Dans quelle mesure est-il possible de faire coïncider ce que le Document P nous dit ici de Saul et les données que Paul lui-même nous a communiquées dans sa lettre aux Galates? Selon cette lettre, après sa conversion Paul s'en alla en Arabie puis revint à Damas où il resta quelque temps (Gal 1,17). Au bout de trois ans, il monta à Jérusalem pour faire la connaissance de Pierre; il n'y rencontra personne d'autre, sinon Jacques, le frère du Seigneur (1,18-19). Il se rendit ensuite dans les régions de Syrie et de Cilicie (1,21). Au bout de quatorze ans, il monta de nouveau à Jérusalem en compagnie de Barnabé et de Tite afin de discuter avec les "colonnes" de l'église des problèmes posés par la conversion des païens (2,1ss). On voit tout de suite une séquence d'événements dont on aurait l'écho dans le récit du Document P: Saul se serait trouvé d'abord à Tarse (Cilicie) puis à Antioche (Syrie), et de là il serait monté à Jérusalem en compagnie de Barnabé pour y annoncer la conversion des païens. Il existe toutefois une divergence d'importance: selon Paul, son deuxième voyage à Jérusalem en compagnie de Barnabé se serait produit au bout de quatorze ans; selon le Document P, au bout d'un an seulement (Act 11,26a). On peut dès lors se demander si l'auteur de ce Document n'aurait pas plus ou moins confondu les deux voyages mentionnés par Paul: le premier, qu'il fit seul, trois ans après sa conversion; le deuxième, qu'il fit quatorze ans plus tard en compagnie de Barnabé. De toute façon, les renseignements qu'il nous donne sont trop imprécis pour que l'on puisse penser qu'il aurait connu la lettre aux Galates[1].

(Le récit de Act I: ⇒ p. 129)

XVI. LA DÉLIVRANCE DE PIERRE
(12,1-17.24)

1 ( ) Hérode mit la main à maltraiter certains de l'église. **3b** Il ajouta (à cela) d'arrêter aussi Pierre. Or c'étaient les jours des Azymes. **4a** Et l'ayant pris, il le mit en prison. ( ) **5b** ( ) Une prière était faite intensément par l'église pour lui. **6a** Or lorsqu'Hérode allait le faire comparaître, cette nuit-là, Pierre dormait entre deux soldats, lié par deux chaînes. **7** Et voici (que) un ange survint et une lumière brilla. Ayant frappé le côté de Pierre, il l'éveilla en disant: «Lève-toi vite.» Et les chaînes tombèrent de ses mains. **8a** L'ange lui dit: «Ceins-toi et chausse tes sandales.» **9a** Il le saisit et il marcha devant lui et il le fit sortir. **10c** Et aussitôt ( ) (il) le quitta. **12** (Pierre) vint à la maison ( ) où ils étaient rassemblés, nombreux, et priaient. **13** Comme il avait frappé, une servante, du nom de Rhodè, s'approcha **14** et, ayant reconnu la voix, de joie, elle n'ouvrit pas et, ayant couru à l'intérieur, elle annonça que Pierre se tenait au portail. **15** Mais eux lui (dirent): «Tu es folle.» Mais elle, elle soutenait qu'il en était bien ainsi. Mais eux disaient: «C'est son ange.» **16** Mais il continuait à frapper. Ayant ouvert et l'ayant vu, ils furent stupéfaits. **17** Leur ayant fait signe de la main de se taire, il entra et raconta comment Il l'avait fait sortir de la prison. Or il dit: «Annoncez cela à Jacques et aux frères. Et ( ) il partit pour un autre lieu.

12, 24 Or la parole de Dieu croissait et se multipliait.

---

[1] Ce problème sera traité plus à fond dans le quatrième tome, traitant des problèmes historiques posés par les Actes des apôtres.

Ce récit, très simple, veut évoquer deux thèmes connexes à propos de cette délivrance miraculeuse de Pierre: celui de l'Exode et celui de la résurrection des morts. Ainsi sera donnée la réponse aux questions posées par les premiers récits du Document P: de quoi le Christ nous a-t-il délivrés?

1. Le thème de l'Exode

La délivrance miraculeuse de Pierre s'est effectuée durant "les jours des Azymes" (12,3b). Cette fête avait pour but de commémorer le grand événement qui marquait la fin de la captivité d'Égypte, l'Exode; le rituel en est décrit en Ex 12,14-20. Or plusieurs détails du récit des Actes évoquent la manducation de l'agneau pascal, qui avait lieu le premier jour des Azymes et dont la description est donnée en Ex 12,11-12, comme l'a bien vu A. Strobel[1]. En Act 12,6, la précision "en cette nuit-là", avec son démonstratif, est un peu étrange; c'est qu'elle ne fait que reprendre le v. 12 du texte de l'Exode: «Et je passerai dans la terre d'Égypte en cette nuit-là» (cf. encore Ex 12,42). En Act 12,7-8, l'ange dit à Pierre de se lever vite, puis il lui commande: «Ceins-toi et chausse tes sandales.» On rejoint les prescriptions concernant la manducation de l'agneau pascal, en Ex 12,11: «Vous le mangerez ainsi: vos reins ceints et les sandales aux pieds... et vous le mangerez en hâte: c'est la pâque du Seigneur.» Mais d'autres détails évoquent encore l'Exode. Pierre est délivré par un ange, lequel le tient par la main, marche devant lui et le fait sortir de la prison. De même, c'est l'ange de Dieu qui marche devant le camp des fils d'Israël durant l'Exode (Ex 14,19; cf. 23,23), cet Exode au cours duquel Dieu fit sortir son peuple de la terre d'Égypte: «Cette nuit durant laquelle Yahvé a veillé pour les faire sortir d'Égypte doit être pour tous les fils d'Israël une veille pour Yahvé, pour leurs générations» (Ex 12,42; cf. 3,8). Et comment ne pas évoquer aussi la lumière qui se met à briller lors de l'apparition de l'ange (Act 12,7)? Elle doit évoquer la lumière qui s'opposait aux ténèbres d'Égypte et que mettent en évidence des textes tels que Ex 10,23b et Sag 18,1-3.

On ne saurait douter que, pour l'auteur du Document P, la délivrance de Pierre par l'ange, effectuée lors de la fête des Azymes, devait évoquer la délivrance du peuple de Dieu, sortant d'Égypte sous la conduite de l'ange de Dieu.

---

[1] A. STROBEL, "Passa-Symbolik und Passa-Wunder in Act xii,3ff", dans NTS 5 (1957-58) 210-215. - Ses conclusions ont été reprises par R. LE DÉAUT, *La nuit pascale. Essai sur la signification de la Pâque juive à partir du Targum d'Exode xii 42* (Analecta Biblica 22), Rome 1963, p. 286. - Voir aussi J. Dupont, BJ, p. 116, note *d*: "Par plusieurs de ses traits, le récit de la délivrance pascale de Pierre rappelle ce que Ex 12 11-12 dit des circonstances de la sortie d'Égypte dans la nuit de Pâque."

2. La résurrection des morts

a) Pierre était endormi, et l'ange le réveille, ou le fait lever. Ces verbes doivent être pris d'abord dans leur sens normal: Pierre s'était endormi comme il le faisait chaque soir, et l'ange le réveille durant la nuit. Mais, dans le NT, le verbe "être endormi" se dit le plus souvent du sommeil de la mort (Mat 27,52; Jn 11,11; Act 7,60; 13,36; 1 Thess 4,13-15; 1 Cor 7,39; 11,30; 15,6.18.20.51). De même, l'expression "il le réveilla" ou "il le fit relever" est classique pour désigner le fait de se relever des morts, de ressusciter (Act 3,15; 4,10; 5,30; 10,40; 13,30.37: 26,8, pour ne citer que les textes des Actes). Or, dans ce contexte de nuit pascale, où l'on fêtait la résurrection du Christ, il est difficile de penser que ces verbes n'aient pas évoqué, pour les chrétiens, le mystère de la mort et de la résurrection. De même, les chaînes dont Pierre est lié et qui se délient toutes seules devaient évoquer les liens de la mort dont parle le Ps 18,6 (cf. Act 2,24; Jn 11,44), qui se trouvent dénoués grâce à l'intervention de l'ange.

b) Cette allusion à la résurrection des morts est encore soulignée par les rapprochements que l'on peut faire entre la seconde partie du récit (vv. 12-17)[1] et le récit de l'apparition du Christ ressuscité, en Lc 24,36ss. Les disciples sont rassemblés (Lc 24,33; Act 12,12). Ils refusent tout d'abord de croire qu'il s'agit bien de Jésus (Lc 24,37-41) ou de Pierre (Act 12,15). Ils s'imaginent voir un esprit (Lc 24,37), ou l'ange (= le double[2]) de Pierre (Act 12,15). La joie les fait accomplir le contraire de ce qu'ils devraient faire: les disciples ne se décident pas à croire (Lc 24,41); la servante n'ouvre pas le portail de la maison (Act 12,14).

c) Les remarques précédentes prennent toute leur valeur si l'on rapproche certains détails de notre récit de ce que nous lisons dans les traditions johanniques. Une femme, la servante Rhodè, reconnaît Pierre à sa voix et elle est la première à "croire", sans douter; en Jn 20,16, Marie de Magdala, également une femme, reconnaît Jésus lorsqu'il lui dit "Marie!", et elle est aussi la première à croire en la résurrection du Christ. De même, Pierre demande à ceux qui le voient vivant d'aller annoncer la nouvelle à Jacques et aux frères (Act 12,17) comme Jésus avait dit à Marie de Magdala d'aller annoncer aux frères la nouvelle de sa résurrection (Jn 20,17-18). Que l'on se rapporte maintenant au v. 7 du présent récit. Il y est dit que l'ange "ayant frappé le côté" (νύξας τὴν πλευράν) de Pierre, le réveilla. C'est exactement ce qu'avait fait le soldat romain après la mort de Jésus selon Jn 19,34: «Un des soldats, de sa lance, "lui frappa le côté"

---

[1] On notera combien, aux vv. 13-14, le récit primitif, attesté par le TO, est beaucoup plus concis et plus vivant que celui du TA.

[2] Sur le thème de l'ange conçu comme une sorte de "double" vivant de l'homme mort, voir Act 23,8 et le commentaire.

(τὴν πλευρὰν ἔνυξεν).» Comme le sens premier du verbe grec est "percer"[1], le contact littéraire entre les deux textes est quasi certain. Le parallèle entre Pierre, délivré de prison, et Jésus, délivré de la mort, est indéniable.

On comprend mieux alors le sens de la dernière phrase de Act 12,17: «Et il partit pour un autre lieu.» L'imprécision de cette donnée topographique ne veut-elle pas évoquer un lieu mystérieux, qui ne serait autre que la place qui est réservée à chacun d'entre nous auprès du Père (cf. Jn 14,2-3)?

3. La croissance de la parole de Dieu

En conclusion de la geste de Pierre, le Document P note que "la parole de Dieu croissait et se multipliait" (cf. Gen 1,28). Cette courte notice fait écho, en termes identiques, à celle qu'il avait placée en 6,7a, comme conclusion du récit concernant le choix des Sept, des Hellénistes. Le lecteur doit comprendre que, après la disparition mystérieuse de Pierre, la diffusion de la parole de Dieu sera le fait des Hellénistes qui ont prôné de façon systématique l'ouverture de l'église au monde païen.

4. La conclusion de la geste de Pierre

Il est facile, maintenant, de voir toute la portée du récit dans la perspective de la geste de Pierre. Le premier récit était celui de l'apparition du Christ ressuscité et de son exaltation au ciel (Lc 24,50-52). Le dernier récit évoque le thème de la mort et de la résurrection des hommes, dans la personne de Pierre. Le deuxième récit était celui de la guérison de l'infirme de la Belle Porte (Act 3,1-11). Nous avons vu qu'il avait une valeur symbolique, en référence aux textes de Is 35,1-10, annonçant le nouvel Exode qui causera la libération des hommes de tout mal. Le récit de la délivrance de Pierre est une nouvelle annonce de cette libération des hommes, par le nom de Jésus, "Dieu sauve". Mais ici, le thème trouve son achèvement. De quel mal les hommes seront-ils finalement délivrés? De la mort. Le Christ est mort et ressuscité afin de vaincre la mort qui n'a plus pouvoir sur nous. La geste de Pierre se clôt sur une perspective de résurrection.

(Le récit de Act I: ⇒ p. 132)

---

[1] C'est la raison pour laquelle Act III (TA) a remplacé ce verbe par πατάξας.

LES RÉCITS DE ACT I

INTRODUCTION

Dans la geste de Pierre, Act I va montrer que Jésus doit réaliser ce qu'une tradition juive, attestée dans la Bible, attribuait au prophète Élie: revenir sur la terre afin d'y d'effectuer la restauration politique du royaume d'Israël. Les disciples de Jean-Baptiste attribuaient ce rôle à leur maître, comme le montre le *Benedictus* (Lc 1,68-79). Leur espérance eschatologique s'exprimait aussi dans un Document, que nous avons appelé le Document J, plus développé que le *Benedictus* mais de même inspiration. Pour s'opposer aux prétentions des disciples de Jean, Act I va reprendre ce Document J et le couper en trois tronçons qu'il va incorporer dans trois discours-programme prononcés, l'un par Pierre, le deuxième par Étienne, le troisième par Paul (geste de Paul). C'est dans cette perspective de Jésus, nouvel Élie, qu'il va aussi réinterpréter les matériaux repris du Document P. Essayons de développer ces différents points.

A) ÉLIE SELON LA BIBLE

a) Selon 2 Rois 2,11, le prophète Élie avait été enlevé au ciel dans un tourbillon de vent, laissant à son disciple Élisée une double part de son esprit prophétique (2,9-10.14-16). Il devait donc se trouver, vivant, quelque part dans les cieux. C'est dans cette perspective, que le prophète Malachie annonce qu'Élie doit revenir un jour pour préparer les hommes au grand Jour de Yahvé (Mal 3,23-24). Selon la tradition synoptique, cette croyance en un retour d'Élie aurait été assez répandue aux alentours de l'ère chrétienne. Elle était partagée par nombre de scribes, et donc reçue dans les milieux pharisiens (cf. Mc 9,11; Mat 17,10). Lorsque la réputation de Jésus commence à se répandre, certains pensent qu'Élie est apparu à nouveau, ce qui implique son retour (Lc 9,7-8; cf. Mc 6,14-15). Et Jésus lui-même semble partager cette croyance populaire (Mc 9,12; Mat 17,11; 11,14). Élie, vivant au ciel, devait donc revenir un jour. Mais dans quel but?

b) Le texte de Mal 3,23-24 est assez clair; Dieu y déclare en effet: «Voici que je vais vous envoyer Élie le prophète, avant que n'arrive le Jour de Yahvé, grand et redoutable. Il ramènera le cœur des pères vers leurs fils et le cœur des fils vers leurs pères, de peur que je ne vienne frapper le pays d'anathème.» Le Jour de Yahvé est celui du grand Jugement eschatologique. Pour que le pays échappe à la destruction, il faut que se rétablisse la paix dans les familles. Dans la traduction grecque de la Septante, l'intention sociale du texte est mieux marquée. Au lieu de "et le cœur des fils vers leurs pères" elle traduit "et le cœur des hommes vers leur prochain". C'est une allusion au commandement de l'amour du prochain tel qu'il est exprimé en Lev 19,18. En fait, Élie accomplira l'œuvre du messager envoyé devant Dieu selon Mal 3,1ss: «Voici que je vais envoyer mon messager pour qu'il fraye un chemin devant moi. Et soudain, il entrera dans son sanctuaire, le Seigneur que vous cherchez; et l'Ange de l'alliance que vous désirez, le voici qui vient!» Dieu vient pour effectuer le jugement: «Je m'approcherai de vous pour le jugement, et je serai un témoin contre les devins, les adultères et les parjures, contre ceux qui oppriment les salariés, la veuve et l'orphelin, et qui violent le droit de l'étranger, sans me craindre, dit Yahvé Sabaot» (Mal 3,5). En revenant sur terre, Élie aura donc pour mission d'inviter les hommes à se convertir, à abandonner toute conduite contraire à la Loi divine, de façon à échapper à la condamnation au jour du Jugement eschatologique.

c) Dans l'éloge qu'il fait du prophète Élie, Sir 48,10 reprend le thème de Mal 3,23-24: «Toi qui fus désigné dans des menaces futures pour apaiser la colère avant qu'elle n'éclate, pour ramener le cœur des pères vers les fils...» Mais la seconde clause est changée et donne un thème nationaliste: «... et pour rétablir les tribus de Jacob.» Élie aura donc pour mission, non seulement d'inviter les hommes à se convertir avant le grand Jour du jugement, mais encore d'effectuer la restauration politique d'Israël. En fait, les deux thèmes sont connexes: cette restauration politique ne pourra se faire que si le peuple de Dieu s'est purifié de toutes ses impuretés et s'est converti en accomplissant fidèlement toutes les prescriptions de la Loi divine, spécialement celles qui concernent les rapports avec le prochain.

Ainsi, selon certaines traditions juives consignées dans la Bible, Élie, enlevé par un char de feu dans les cieux, doit revenir un jour pour préparer la venue de Dieu. Dieu va venir pour effectuer le jugement contre ceux qui n'observent pas la Loi divine; ils seront exterminés au feu de la colère de Dieu. Ce Jugement eschatologique sera le prélude d'une restauration politique des tribus d'Israël, restauration qui sera effectuée grâce à ce même Élie.

B) JEAN-BAPTISTE ET ÉLIE

De nombreux traits rapprochent la personne de Jean-Baptiste de celle du prophète Élie. Et de fait, Jean fut considéré comme celui qui réalisait les prophéties anciennes concernant l'œuvre que devait accomplir Élie revenu sur la terre. Pour le comprendre, voyons d'abord ce que nous disent les évangiles de Matthieu et de Marc. Nous interrogerons ensuite l'évangile de l'enfance de Luc et nous verrons qu'il y a repris des traditions remontant aux cercles johannites.

1. Les évangiles de Mat et de Mc

Selon 2 Rois 1,7-8, le roi Ochozias reconnut le prophète Élie à la simple description de son vêtement: «C'était un homme avec une toison et un pagne de peau autour des reins.» Lorsque la tradition synoptique décrit Jean de la même façon (Mat 3,4; cf. Mc 1,6), elle veut évidemment insinuer une certaine identité entre Jean et Élie. D'ailleurs, Jésus lui-même aurait reconnu que Jean était venu accomplir l'œuvre que la tradition biblique, telle qu'elle est exprimée en Mal 3,23-24, attribuait à Élie (Mat 11,14; 17,10-13; cf. Mc 9,11-13). De fait, le message qu'il est venu apporter aux hommes est analogue à celui qu'Élie devait transmettre de la part de Dieu, selon Mal 3,1-5 et 3,23-24. S'il baptise, c'est essentiellement pour inviter les hommes à se repentir (Mc 1,4; Lc 3,3; cf. Mat 3,2). Et les hommes doivent se repentir parce que le jour du jugement est proche: les impies devront bientôt affronter la colère de Dieu et être jetés au feu (Mat 3,7-10; Lc 3,7-9).

Nous n'avons aucune raison de douter que tel était bien l'essentiel de la prédication du Baptiste. En revanche, nous devons suspecter la tradition synoptique d'avoir quelque peu tiré la couverture à elle lorsqu'elle fait reconnaître à Jean un rôle de "précurseur" par rapport à Jésus (Mc 1,7-8; Mat 3,11-12; Lc 3,15-18). D'après Mal 3,1-5 et 3,23-24, Élie préparait le peuple à recevoir le Dieu juge. D'après Mat 3,12 et Lc 3,17, c'est Jésus lui-même qui va effectuer le Jugement eschatologique. Il y a là un transfert d'une prérogative divine sur la personne de Jésus qui suppose une christologie déjà évoluée et dont on peut difficilement admettre qu'elle ait été déjà faite par le Baptiste. La quasi unanimité des critiques modernes estiment que, dans le NT, toutes les paroles attribuées à Jean et qui le montrent en état d'infériorité par rapport à Jésus[1] sont dues à une réaction des disciples de Jésus contre les disciples du Baptiste qui, on va le voir dans un instant, tenaient leur maître pour le Messie.

---

[1] Voir surtout Mat 3,14, mais aussi Jn 1,30; 3,30.

2. Les traditions johannites dans l'évangile de l'enfance de Lc[1]

Dans son évangile, Lc ne reprend pas les textes attestés par Mat et par Mc selon lesquels Jean-Baptiste serait identifié à Élie; pour lui en effet, comme nous le verrons plus loin, c'est Jésus qui doit être le nouvel Élie. Il faut faire une exception toutefois pour les récits qui racontent l'enfance de Jean-Baptiste: celui-ci y est explicitement désigné comme un nouvel Élie. Nous avons là un indice que ces récits sont repris par Luc de traditions johannites. Nous en trouverons d'autres indices plus loin. Ce sont donc ces récits de l'enfance du Baptiste qu'il nous faut interroger maintenant.

a) Lorsque l'ange vient annoncer à Zacharie que sa femme Élisabeth va concevoir un fils, il décrit quel sera le rôle que Dieu réserve à cet être exceptionnel. Il déclare en particulier: «Il tournera beaucoup des fils d'Israël vers le Seigneur, leur Dieu. Et lui-même marchera devant Lui avec l'esprit et la puissance d'Élie, pour tourner les cœurs des pères vers leurs enfants...» (Lc 1,16-17). L'emprunt à Mal 3,1 et 3,24 est évident. Mais, contrairement à ce qu'affirmait la tradition synoptique, il n'est pas question pour Jean d'être le "précurseur" de Jésus. Il sera le "précurseur" de Dieu, en accord avec ce qu'annonçait Mal 3,1. C'est la raison pour laquelle, avec la plupart des commentateurs modernes, nous pensons que ce texte reflète fidèlement les traditions johannites sur le Baptiste. Jean est venu prêcher un baptême de repentir afin de préparer les hommes au Jour de Yahvé, grand et redoutable.

b) Mais la tradition johannite allait beaucoup plus loin. Depuis l'an 64 avant notre ère, la Terre sainte avait été conquise par Pompée et rattachée à la province romaine de Syrie; elle avait perdu son indépendance. Or, après la naissance de Jean-Baptiste, son père Zacharie recouvre l'usage de la parole et prononce un cantique à la gloire de son fils (Lc 1,68-79). Cette naissance est le signe que Dieu a accompli la délivrance de son peuple et va l'arracher à la main de ses ennemis (vv. 68.71.74). Ainsi sera restaurée l'alliance conclue par Dieu avec Abraham (vv. 72-73), qui impliquait le don de la Terre promise. En suscitant une postérité à Zacharie, Dieu a élevé la corne du salut dans la maison de David (v. 69). Jean est lui-même ce descendant de David qui doit effectuer la délivrance du peuple de Dieu et restaurer la royauté en Israël. En Lc 1,80, en effet, en conclusion de ce cantique, il est dit que Jean "était dans les déserts jusqu'aux

---

[1] Avec nombre de commentateurs, nous pensons que, pour composer l'évangile de l'enfance, Luc a utilisé un document johannite concernant l'enfance du Baptiste. Ce point a été contesté par P. BENOIT, "L'enfance de Jean-Baptiste selon Luc 1", dans NTS 3 (1956-57) 169-194, qui donne une bibliographie à laquelle nous renvoyons. Dans les développements suivants, nous signalerons à l'occasion quelques-unes des raisons qui nous empêchent d'adopter la position de Benoit.

jours de sa manifestation à Israël". Ceci fait allusion à un thème bien connu de la tradition juive: le Christ, entendez le Roi-messie, devait rester un inconnu jusqu'au jour où il serait manifesté à tous comme le Messie attendu. Jean est donc ce Roi messianique qui doit effectuer la délivrance du peuple de Dieu[1].

Et c'était bien là le rôle que la tradition juive attribuait à Élie selon Sir 48,10, interprétant et complétant l'oracle de Mal 3,23-24: «Toi qui fus désigné dans des menaces futures pour apaiser la colère avant qu'elle n'éclate, pour ramener le cœur des pères vers les fils et restaurer les tribus de Jacob.»

Ainsi, selon les disciples du Baptiste, Jean était le nouvel Élie envoyé par Dieu. Il devait, non seulement inviter les hommes à se repentir, mais encore restaurer la royauté en faveur d'Israël. Et comme Jean était mort sans avoir accompli cette restauration, ses disciples devaient attendre son retour de même que l'on attendait le retour d'Élie (cf. Lc 9,7-8). En bref, ils attribuaient à Jean le rôle que la tradition chrétienne, tout en spiritualisant la notion de "royaume", attribuait à Jésus. C'est contre de telles prétentions que va réagir Act I.

C) ACT I ET LE DOCUMENT JOHANNITE[2]

Notre auteur va d'abord contrer les prétentions des disciples du Baptiste sur leur propre terrain. Il va affirmer, en reprenant certains textes baptistes pour les appliquer à Jésus, que celui-ci seul est le roi messianique qui doit effectuer la restauration des tribus d'Israël, en accord avec Sir 48,10.

CA) LES TROIS DISCOURS

Les récits de Act I contiennent trois grands discours qui forment une unité et donnent l'essentiel de sa christologie: le discours de Pierre le jour de la Pentecôte, et plus précisément sa finale (3,19-21.25)[3], le discours d'Étienne devant le Sanhédrin (7,2ss), le discours de Paul à Antioche de Pisidie (13,17ss). Ces trois discours sont liés par un thème commun: en la personne de Jésus, Dieu va réaliser la promesse qu'il avait faite jadis à Abraham de lui donner en héritage,

---

[1] Il est impossible qu'un chrétien ait écrit ce v. 80 qui implique que Jean est le Messie attendu par la tradition juive. Dans l'article cité plus haut, P. Benoit ne tient pas compte de ce v. 80.

[2] Tous les développements qui vont suivre ne sont qu'un résumé des conclusions auxquelles nous arriverons en menant une analyse approfondie des récits et des discours de Act I.

[3] C'est Act II qui a transféré cette section à sa place actuelle. Au niveau de Act I, elle formait la conclusion du discours de Pierre le jour de la Pentecôte.

à lui et à sa descendance, la terre de Canaan. On pourrait intituler cet ensemble: d'Abraham à Jésus.

1. Le premier discours (3,19ss)

La finale du discours de Pierre le jour de la Pentecôte (3,19ss) annonçait le retour de Jésus, maintenant au ciel, pour effectuer la "restauration" de toutes choses, c'est-à-dire la restauration de la royauté pour Israël (1,6). Pierre précise qu'elle sera faite en raison de l'Alliance conclue avec les Pères, et spécialement avec Abraham: «Vous, vous êtes les fils des prophètes et de l'Alliance qu'Il a conclue avec vos pères, disant à Abraham: "Et en ta descendance seront bénies toutes les tribus de la terre"» (3,25). C'est le thème fondamental qui est annoncé ici et qui sera développé dans les deux autres discours.

Ajoutons une précision sur ce v. 25. La citation de la Genèse fusionne deux textes différents:

Gen 22,18:   καὶ ἐνευλογηθήσονται ἐν τῷ σπέρματί σου πάντα τὰ ἔθνη τῆς γῆς
Gen 12,3:   καὶ ἐνευλογηθήσονται ἐν σοὶ πᾶσαι αἱ φυλαὶ τῆς γῆς

Gen 22,18:   et seront bénies en ta descendance toutes les nations
Gen 12,3:   et seront bénies en toi toutes les tribus de la terre

Ces deux textes sont en fait dans un contexte analogue et forment doublet. Tous les deux ont leur importance. En Gen 22,17-18 est exprimé le thème de "l'héritage" (κληρονομήσει, v. 17) qui va devenir essentiel dès le début du discours du chapitre 7. Mais pourquoi Act I a-t-il changé la deuxième partie de la citation pour adopter le texte de Gen 12,3? Il peut y avoir deux raisons. D'une part, préparer Act 7,4ss, qui fait commencer l'histoire d'Abraham à Gen 12,1-2. D'autre part éviter un universalisme qui est en dehors des perspectives de Act I (opposer Gal 3,8). En effet, l'expression "toutes les tribus de la terre" peut se comprendre au sens de "toutes les tribus d'Israël dans la terre promise"; c'est en ce sens que le comprend Sir 44,21.

2. Le deuxième discours (7,2ss)

a) La partie la plus importante pour nos développements actuels est constituée par les vv. 2-8a. C'est le développement du thème de l'Alliance avec Abraham, annoncé en 3,25. Rappelons que 3,25 contenait une citation de Gen 12,3, et que 7,3 est une citation de Gen 12,1. Mais considérons surtout le v. 5. Dieu n'a pas donné immédiatement le pays à Abraham (v. 5a formé sur Deut 2,5), mais il a promis de le lui donner en possession, ainsi qu'à sa descendance après lui (v. 5b citant Gen 17,8). Ce texte de Gen 17,8 fait partie d'un ensemble dans lequel est décrit la conclusion de l'Alliance entre Dieu et Abraham, dont le sceau sera la circoncision (Gen 17,1-14; Act 7,8). Nous avons maintenant les trois composantes essentielles du thème fondamental: l'Alliance, l'héritage, la promesse de Dieu.

b) Le thème concernant Joseph veut expliquer pourquoi la descendance d'Abraham n'est pas restée dans la terre promise. Mais on retrouve le thème fondamental en 7,17: quand est venu le temps de réaliser <u>la promesse,</u> Dieu a suscité Moïse. C'est lui qui va être l'instrument de Dieu pour réaliser cette promesse: le peuple va quitter l'Égypte pour s'installer dans la terre de Canaan. Le don de la Loi n'est qu'un épisode particulier dans la grande fresque historique. On notera qu'il n'est pas question de l'Alliance au Sinaï, accompagnant le don de la Loi. Une seule Alliance compte, celle qui fut conclue avec Abraham.

3. Le troisième discours (13,17ss)

Il commence là où finit le deuxième: la prise de possession de la Terre promise (13,17b-18). On notera au v. 19 le verbe κατεκληροδότησεν, formé à partir de κλῆρος, comme en 7,5 le substantif κληρονομία reprend le κλῆρος du texte de Deut 2,5[1].

Après ce rappel du thème fondamental de la terre promise en héritage, on a un développement sur le roi qui doit régner sur cette terre et sur son peuple, avec la succession: Samuel, Saül et David, le roi par excellence (13,20-22).

La présentation du Christ, issu de la descendance de David (v. 23), revient au thème principal: Dieu l'a suscité en vertu de la promesse faite jadis à Abraham, dont les Juifs auxquels Paul s'adresse sont les "fils" (vv. 23 et 26, qui se suivaient). Il s'agit donc toujours de la terre promise. Le thème de la "promesse" revient encore au v. 32.

Il faut maintenir dans le discours primitif le v. 33, attesté par D SyrH[mg] Mae; nous l'avions attribué jadis à TO[2] pensant qu'il provenait d'une harmonisation sur le texte du psaume. Mais cette citation de Ps 2,7 reprend les expressions de 7,5: κληρονομία, κατάσκεσις. Le Ps 2,7 lui-même annonçait donc la réalisation de la promesse faite à Abraham. Et cette prophétie du psaume a trouvé sa réalisation en Jésus. Bien entendu, il faut donner au participe ἀναστήσας le sens de "ayant suscité", comme en 3,26.

On voit alors l'unité fondamentale de ces trois discours. On part de la promesse faite par Dieu à Abraham de lui donner en héritage la terre de Canaan en vertu d'une Alliance conclue avec lui (3,25; 7,5.8). Puis la grande fresque se

---

[1] Le TA a le verbe κατεκληρονόμησεν, comme en Sir 44,21; il est peut-être ici plus primitif que le TO.

poursuit: l'arrivée en Égypte avec Joseph, la délivrance et la réalisation de la promesse grâce à Moïse, la prise de possession de la Terre, puis l'institution d'un chef pour régir le pays, spécialement du roi David; on arrive enfin à Jésus qui est de la descendance de David et qui réalise l'oracle de Ps 2,7 concernant l'intronisation d'un roi pour réaliser les promesses d'héritage et de possession.

CB) CONTACTS AVEC LES TRADITIONS JOHANNITES

Tout cet ensemble offre des contacts indéniables avec les traditions touchant Jean-Baptiste.

1. Contacts avec le *Benedictus*

a) Les vv. 21.25, qui se suivaient, ont leur parallèle en Lc 1,70-73.

Act 3,21.25	Lc 1,70-73
... ὧν ἐλάλησεν	καθὼς ἐλάλησεν
διὰ στόματος τῶν ἁγίων	διὰ στόματος τῶν ἁγίων
αὐτοῦ τῶν προφητῶν...	ἀπ᾽ αἰῶνος προφητῶν αὐτοῦ
	σωτηρίαν ἐξ ἐχθρῶν ἡμῶν...
	ποιῆσαι ἔλεος
	μετὰ τῶν πατέρων ἡμῶν
ὑμεῖς ἐστε υἱοὶ τῶν προφητῶν	
καὶ τῆς διαθήκης	καὶ μνησθῆναι διαθήκης
	ἁγίας αὐτοῦ
ἧς διέθετο	ὅρκον ὃν ὤμοσεν
πρὸς τοὺς πατέρας	
λέγων πρὸς Ἀβραάμ...	πρὸς Ἀβραὰμ τὸν πατέρα ἡμῶν...
... dont il a parlé	comme il a parlé
par la bouche de ses saints	par la bouche de ses saints
prophètes...	prophètes, dès les temps anciens,
	de (nous) sauver de nos ennemis...
	de faire miséricorde à nos pères
Vous, vous êtes les fils des prophètes	
et de l'Alliance	et de se souvenir de son Alliance
	sainte,
qu'Il a conclue	du serment qu'il a juré
avec nos pères,	
disant à Abraham...	à Abraham notre père...

Le parallélisme entre les deux textes est évident. Notons que le thème de l'Alliance avec Abraham est rare dans le NT. En dehors de ces deux textes, et de Act 7,8, on ne le lit qu'en Gal 3,15ss. Nous reviendrons plus loin sur ce point.

b) Act 13,23 a son parallèle en Lc 1,69:

Act 13,23	Lc 1,69
τούτου (= David)	
ὁ θεὸς ἀπὸ τοῦ σπέρματος	
κατ'ἐπαγγελίαν	
ἤγειρεν σωτηρίαν	καὶ ἤγειρεν κέρας σωτηρίας ἡμῖν
	ἐν οἴκῳ Δαυὶδ παιδὸς αὐτοῦ
da sa descendance (= de David)	
Dieu, selon la promesse,	
a suscité le salut	et il a suscité la corne de notre salut
	dans la maison de David
	son serviteur...

En Act 13,23, le démonstratif τούτου renvoie à David, nommé au verset précédent. Le contact littéraire est certain. Lc 1,69 reprend Ps 132,17: «Là, je ferai lever (LXX: ἐξανατελῶ) une corne pour David». Mais ce texte est complété en fonction de Ps 18,3, où Dieu est appelé "corne de salut". Act 13,23 a supprimé le thème de la "corne", symbole de puissance et de victoire sur les ennemis.

c) Le contact suivant est plus lointain. En Lc 1,74-75, il est question de "rendre un culte (λατρεύειν) à Dieu" une fois libérés des ennemis. On rejoint le thème exprimé en Act 7,6-7: la descendance d'Abraham sera asservie et maltraitée en Égypte; mais Dieu déclare: «et après cela ils sortiront et me rendront un culte (λατρεύσουσίν μοι) en ce lieu-là.»

d) Notons enfin le thème de la rémission des péchés, en Lc 1,77 comme en Act 13,38. Mais il se lit souvent ailleurs dans le NT, exprimé au moyen d'une formule identique. Ce n'est donc pas un contact très caractéristique.

2. Contacts avec la prédication du Baptiste

a) La prédication de Jean, et le baptême qu'il donne, sont dominés par un double thème: la repentance (μετάνοια) en vue de la rémission des péchés (εἰς ἄφεσιν ἁμαρτίων; Lc 3,3; Mc 1,4-5). Le discours de Act 3,19-21.25 commence par un appel au repentir en vue d'enlever les péchés (3,19). Le discours de Act 13,17ss se termine par le thème de la rémission des péchés (13,38).

b) La prédication de Jean est aussi dominée par le thème des promesses faites à Abraham. Les Juifs pourraient négliger la repentance en se fiant au fait qu'ils ont Abraham pour père; mais Dieu peut susciter des enfants à Abraham même à partir des pierres (Lc 3,7-9 et Mat 3,7-10). C'est le thème de l'Alliance avec Abraham qui est à l'arrière-plan. On comparera les vv. 8 de Lc et 9 de Mat avec Act 13,26: "fils de la race d'Abraham".

c) Plus tard, Act II semblera conscient, lui aussi, de l'origine baptiste du thème. En 26,18, il fera dire à Paul que, grâce à lui, les païens vont obtenir "la rémission des péchés" et "l'héritage avec les sanctifiés". C'est le thème fondamental de nos discours, composés par Act I. Puis, en 26,20, Paul dira qu'il a invité ses auditeurs "à se repentir et à se convertir au Dieu vivant, en faisant des œuvres dignes du repentir". Le double thème de "se repentir" et de "se convertir" se lisait déjà en 3,19, au début du discours de Act I sur le retour du nouvel Élie. Quant au thème de "faire des œuvres dignes du repentir", il est repris manifestement de Lc 3,8, où il introduit celui de l'Alliance avec Abraham. Act II traite donc les thèmes exprimés par les discours de Act I dans une perspective baptiste. Mais ce qui, pour Act I, ne concernait que les tribus d'Israël est appliqué par Act II aux païens.

Mais un problème se pose: Act I a-t-il composé lui-même l'ensemble de ces discours, en démarquant et en amplifiant les idées exprimées dans le *Benedictus*, ou n'aurait-il pas repris un texte johannite archaïque, amplifiant les thèmes du *Benedictus*, qu'il aurait adaptés à Jésus? C'est ce qu'il nous faut examiner maintenant.

CC) UN DOCUMENT JOHANNITE REPRIS PAR ACT I

Les analyses suivantes vont montrer que Act I a repris un Document Johannite, qu'il a coupé en trois parties afin de composer, en l'amplifiant, ses discours des chapitres 3, 7 et 13.

1. La première partie du discours

Le discours qui se lit en 3,19-21.25 n'a rien de spécifiquement chrétien. Au v. 20, le nom de Jésus, absent du TO, fut ajouté par Act III ou par un scribe. Au même verset, l'expression "temps du soulagement" suppose une période d'oppression du peuple de Dieu. C'est exactement l'atmosphère du *Benedictus* (Lc 1,68.71.74.77). On peut penser à l'occupation romaine réalisée sous Pompée.

2. La deuxième partie du discours (7,2ss)

a) La section qui concerne Moïse est très homogène du v. 17 au v. 34. Le texte suit pas à pas les récits de Ex 1,7 à 3,10, avec une simple inversion aux vv. 32-33. Mais à partir du v. 35, tout change. Ce v. 35 revient loin en arrière en citant Ex 2,14, qui avait déjà été utilisé au v. 27. Aux versets 36 et suivants, les citations du livre de l'Exode disparaissent et sont remplacées par une série d'allusions assez vagues à divers textes du Pentateuque, dont Deut 18,15.18. On ne retrouvera les récits de l'Exode qu'aux vv. 40-41, avec l'allusion à l'épisode du veau d'or.

b) À partir du v. 35, donc au moment précis où s'arrêtent les emprunts au livre de l'Exode, le style change: nous avons une série de phrases commençant par un démonstratif qui met Moïse en valeur: "Ce Moïse" (v. 35); "Celui-ci" (v. 36); "Celui-ci est Moïse qui..." (v. 37); "Celui-ci est celui qui..." (v. 38). Ce style si particulier ne s'est pas rencontré aux vv. 17-34.

c) L'histoire d'Israël allant de l'Alliance avec Abraham au Christ annoncé par Ps 2,7 (cf. les premiers développements, *supra*) s'arrête à partir du v. 35. On ne voit pas ce que signifie, dans cette perspective, cette importance donnée à Moïse, ni le thème de la révolte des Hébreux contre Dieu (vv. 39-42), encore moins la construction de la Tente de réunion, prélude à la construction du Temple de Jérusalem (vv. 43-48). En revanche, tout ceci s'explique fort bien en relation avec les accusations portées contre Étienne en 6,11-14: il a parlé contre Moïse, contre la Loi, contre le saint Lieu.

d) On constate en fait que l'histoire du développement de l'Alliance avec Abraham se poursuit en 13,17ss, avec l'institution de Samuel, de Saül et finalement de David. Voici comment on peut expliquer l'opération chirurgicale effectuée par Act I. Au chapitre 13, le v. 17a ne fait que "reprendre" le thème de 7,17 (qui cite Ex 1,7): le peuple de Dieu devint puissant en Égypte; ce demi-verset serait donc rédactionnel, ajouté par Act I pour obtenir un début à son troisième discours. De même, 13,17b-18 est parallèle à 7,36. Mais ici, c'est 7,36 qui serait secondaire, composé par Act I, tandis que 13,17b-18 formerait la suite normale de 7,34: Dieu charge Moïse de libérer son peuple (= Ex 3,10) et il accomplit cette libération en faisant sortir les Hébreux "à bras renforcé". Act 13,17b contient une allusion à Ex 6,6, avec l'expression "à bras renforcé", puis on passe à Deut 1,31 au v. 18, avec l'expression ἐτροφοφόρησεν, et à Deut 7,1 qui est cité au v. 19. Les emprunts à l'Exode sont remplacés par des emprunts au Deutéronome, ce qui est normal puisque le livre de l'Exode ne raconte pas la conquête de la terre de Canaan. Par ailleurs, cette citation de Deut 7,1 avait l'avantage de réintroduire le thème de "l'héritage", avec le verbe κατεκληροδότησεν. On retrouve donc le même procédé littéraire qu'en 7,17-34, mais dans la perspective de la conquête de la terre de Canaan, "l'héritage" promis à Abraham et à sa descendance.

On voit comment le discours primitif a été coupé en deux par Act I, qui en a profité pour l'adapter, au chapitre 7, à la réponse qu'Étienne doit faire aux accusations portées contre lui.

3. La troisième partie du discours (13,17b ss)

À partir du v. 20, on quitte le thème de la prise de possession de la terre "promise" par Dieu pour aborder celui du roi mis à la tête de ce pays. Les citations de l'AT disparaissent, et il n'y a plus que la mention de Samuel, de Saül, et enfin de David.

Que retenir du Document Johannite après le v. 22a, qui mentionne la royauté de David?

Le v. 22b se termine par une citation de Is 44,28, texte où est annoncée la reconstruction de Jérusalem. C'est plutôt le thème cher à Act I, écrivant (cf. *infra*) pour prédire la ruine de Jérusalem. Ce sera le rôle du nouvel Élie de restaurer les tribus d'Israël, et donc de reconstruire Jérusalem.

Le v. 23 se rattache aussi bien au v. 22a qu'au v. 22b. Son parallèle avec Lc 1,69 invite à le rattacher au Document Johannite. On y retrouve d'ailleurs aussi le thème de la "promesse" faite à Abraham. Il faut en dire autant du v. 26. En revanche, les vv. 24-25 ne peuvent pas avoir appartenu au discours primitif; c'est évident puisqu'ils attribuent un rôle secondaire à Jean-Baptiste.

Les vv. 27-31 ne peuvent être que chrétiens. Le v. 32 ne fait que reprendre le thème des vv. 23.26 et doit être rédactionnel (Act I).

Le v. 33, lu dans le TO (= TO^2) doit être du discours primitif puisqu'il forme l'aboutissement normal du thème inauguré dès 3,25. Deux précisions toutefois. D'une part, il devait y avoir le nom de "Jean" à la place de celui de Jésus. D'autre part, il faut lire ἡμῶν avec le TA et non pas αὐτῶν, qui est lié au v. 32.

Les vv. 38-39 contiennent un double thème. Le premier est celui de la rémission des péchés. Nous avons vu qu'il devait appartenir au Document Johannite puisqu'il a son parallèle en Lc 1,77. Le second est celui de la foi qui effectue notre justification, ce que n'avait pas pu faire la Loi. Ce thème est strictement paulinien et rejoint l'importance donnée à Moïse en 7,35ss. C'est un ajout de Act II. On reprendra l'analyse de ce texte en étudiant l'utilisation par Act II des thèmes pauliniens de l'épître aux Galates.

CD) PAUL ET LE DOCUMENT JOHANNITE

Voyons maintenant s'il est possible de montrer que Paul a connu lui aussi le Document Johannite utilisé par Act I.

1. Act 7,5.8 et Gal 3,15-18

Act 7,5.8 offre un parallélisme certain avec Gal 3,15-18. On trouve dans les deux passages: le thème de l'Alliance avec Abraham (Act 7,8; Gal 3,15.17), les thèmes, liés, de l'héritage et de la promesse (Act 7,5a; Gal 3,17-18), enfin une citation de Gen 17,8 contenant la mention de la descendance d'Abraham (Act 7,5b; Gal 3,16). Or c'est le texte de Paul qui dépend de celui qui est attesté en Act 7,5.8. Voici les arguments que l'on peut invoquer en ce sens.

a) Le thème de l'Alliance avec Abraham ne se lit dans le NT qu'en Lc 1,72-73; Act 3,25; 7,8 et Gal 3,15-17. Dans les Actes, il fait partie d'une série de rapprochements avec le *Benedictus*, comme nous l'avons montré plus haut; sa présence en Act 3,25 et 7,8 doit donc s'expliquer en fonction de ce parallélisme qui existe entre le *Benedictus* et le discours coupé en trois sections dans les Actes. En revanche, chez Paul, le thème est complètement isolé. On notera même qu'en Hebr 9,15, on retrouve les trois thèmes exposés ici: l'Alliance, l'héritage et la promesse, mais il s'agit de la nouvelle Alliance dans le Christ, en référence à une première Alliance qui est celle qui avait été conclue au Sinaï par l'intermédiaire de Moïse (9,18-20) et non de l'Alliance avec Abraham.

b) Les deux thèmes connexes de l'héritage et de la promesse faite par Dieu s'expliquent fort bien dans Act 7,5 en référence aux textes de l'AT qui forment l'arrière-plan du développement. La première partie du v. 5 reprend Deut 2,5 et le terme de κληρονομία (Act) dérive du mot κλῆρος (Deut). On retrouve un thème analogue en Act 13,19, où le verbe κατεκληροδότησεν reprend sous une forme différente le κληρονομῆσαι du texte de Deut 7,1. De même, le thème de la "promesse" s'insère normalement dans le développement: lorsqu'Abraham est venu la première fois en terre de Canaan, Dieu ne la lui a pas donnée en héritage, mais il a promis de la lui donner plus tard, en vertu du texte de Gen 17,8 cité dans la deuxième partie du verset. Le thème de la "promesse" fait donc le lien, et un lien indispensable, entre les deux citations de Deut 2,5 et de Gen 17,8. Le double thème de l'"héritage" et de la "promesse" s'explique donc parfaitement en Act 7,5 sans que l'on ait besoin de faire appel au texte de Gal 3,17.

c) Act 7,5 a gardé intacte la citation de Gen 17,8, tandis que Paul en a supprimé l'expression "après lui". Dans le texte de la Genèse, cette expression se réfère à tous les descendants d'Abraham, à commencer par Isaac. On comprend alors que Paul l'ait supprimée puisque pour lui la "descendance" d'Abraham est très précisément le Christ, comme il l'affirme lui-même. Le texte des Actes ne dépend donc pas de celui de Paul.

d) En Act 7,5, l'héritage que Dieu a promis de donner à Abraham et à sa descendance, c'est la terre de Canaan. On a vu plus haut que cette perspective restait celle du document ancien jusqu'à la fin, et que c'était la perspective reprise par Act I. Chez Paul au contraire, il s'agit du "royaume de Dieu" (Gal 5,21; 1 Cor 6,9-10; 15,50; Eph 5,5), qui n'appartient plus à la terre mais se situe auprès de Dieu (Col 3,1-4; 3,24). C'est évidemment Paul qui a transposé le thème, plus primitif dans Act 7,5 et encore lié aux promesses de l'AT.

e) En Gal 3,16, Paul semble dépendre du texte attesté en Act 7,5 lorsqu'il écrit "et à sa descendance". Puis il précise l'expression en reprenant celle de Gen 17,8 "et à ta descendance". Cette dualité exprimant la même formule est l'indice que Paul dépend ici de deux sources: le texte attesté par Act 7,5 et le texte de Gen 17,8.

2. Act 13,23.26 et Gal 3,29

Il faut compléter les analyses précédentes. Après Gal 3,15-18, qui dépend du Document Johannite reproduit en Act 7,5.8, Paul donne un nouveau développement sur le thème de la Loi mosaïque, qui fut comme une parenthèse dans l'histoire du salut qui, commencée à Abraham, se termine par la venue du Christ, vraie descendance d'Abraham. Il conclut en 3,29 en reprenant le thème de la promesse de l'héritage, qui renvoie à 3,17-18. Or, 3,29 offre un contact littéraire indéniable avec Act 13,23.26. On notera que l'expression κατ᾽ ἐπαγ–γελίαν ne se lit que dans ces deux textes. Paul utilise donc encore le Document Johannite en Gal 3,29.

3. Act 3,25 et Gal 3,8-9

Les analyses précédentes nous invitent à rapprocher Act 3,25 de Gal 3,8-9. Dans les deux passages, nous avons une citation de Gen 12,3 et de Gen 22,18 (les deux textes sont fusionnés, mais de façon différente). L'application pratique qui reprend le verbe "bénir" (Act 3,26 et Gal 3,9) fut ajoutée par Act II.

Ainsi, dans l'épître aux Galates, Paul reprend, dans l'ordre, trois sections du Document Johannite concernant l'Alliance conclue par Dieu avec Abraham; cette alliance implique, de la part de Dieu, la promesse de donner à la descendance d'Abraham la terre de Canaan en héritage. Gal 3,6-9 reprend le thème attesté par Act 3,25; Gal 3,14-18 le thème attesté par Act 7,5.8; et Gal 3,29 le thème attesté par Act 13,23.26. Entre ces passages, Paul a inséré des développements sur le problème de la justification par la foi, et non par les œuvres de la Loi.

Nous voici donc confirmés dans l'hypothèse que nous avons faite. En effet, l'utilisation par Paul d'un texte composé par Act I est impossible pour une raison de chronologie. Il doit donc y avoir utilisation d'une source commune à Paul et à Act I: le Document Johannite dont nous avons précisé la teneur.

CE) JÉSUS OU JEAN-BAPTISTE?

Act I applique donc à Jésus une série de thèmes qui concernaient primitivement Jean-Baptiste. Ces thèmes sont exprimés surtout dans le *Benedictus*. Avec la naissance du Baptiste, les temps nouveaux sont arrivés. Dieu va effectuer la rédemption de son peuple, asservi aux Romains depuis plusieurs décades (Lc 1,68). Ce salut va s'effectuer grâce à la maison de David (1,69), à laquelle Jean devait appartenir. Ainsi sera réalisée la promesse faite jadis à Abraham en vertu de l'Alliance qu'il avait contractée avec lui (1,72-73). Et l'enfant croissait et se fortifiait dans l'Esprit, en attendant d'être manifesté à Israël (1,80). Ce dernier thème était bien connu de la tradition juive: le Messie, c'est-à-dire le Roi messianique, devait rester inconnu de tous jusqu'au jour où il serait manifesté à tous comme étant le Messie. Donc, d'après ces traditions johannites, Jean-Baptiste est le Roi-messie qui doit un jour effectuer la libération d'Israël et restaurer le royaume d'Israël sur la terre.

Si Act I reprend ces thèmes pour les appliquer à Jésus, l'intention est évidente. Pour lui, ce n'est pas le Baptiste, mais Jésus qui est le Roi messianique qui doit restaurer la royauté en Israël (cf. Lc 19,38; 23,2).

D) ACT I ET LE DOCUMENT PÉTRINIEN

Il nous faut expliquer maintenant comment Act I utilise le Document P pour développer sa thèse: Jésus est le nouvel Élie qui doit revenir un jour pour effectuer la restauration politique du royaume d'Israël.

1. Act I transforme les récits du Document P

Act I va d'abord transformer, voire déplacer, certains récits qu'il lisait dans le Document P afin de leur faire exprimer la thèse qu'il veut développer. Pour le comprendre, mettons en parallèle les récits et discours que nous attribuerons soit au Document P soit à Act I.

	Doc. P	Act I
ascension	Lc 24,50-51	Act 1,6-11
retour à Jérusalem	24,52	1,12
vie de prière	24,53	1,13a.14a
don de l'Esprit		2,1ss
discours de Pierre au peuple		2,14ss
communauté des biens	Act 2,44-45	
guérison de l'infirme	3,1ss	3,1ss
discours de Pierre au peuple	3,12ss	
intervention des Sadducéens	4,1ss	
discours de Pierre	4,10ss	
don de l'Esprit	4,24ss	
sommaire de transition	5,12b-13	
sommaire sur les miracles		5,12a.15a.16b
intervention des Sadducéens		5,17ss

a) Dans son récit de l'ascension (Lc 24,50-52), Le Document P avait simplement évoqué en les appliquant à Jésus les vv. 1 et 4 du psaume 110: Jésus, déjà établi grand prêtre, va siéger à la droite de Dieu et y reçoit l'investiture royale. Mais Act I, après avoir décrit l'ascension selon un scénario qui évoque surtout la vision de Dan 7,13-14, note l'intervention de deux anges qui déclarent aux disciples: «Ce Jésus qui vous a été enlevé vers le ciel, il reviendra de la même façon que vous l'avez vu partir vers le ciel.» C'est le thème d'Élie, "enlevé vers le ciel" selon 2 Rois 2,11 et qui doit revenir un jour selon Mal 3,23-24.

b) Dans les récits du Document P, le don de l'Esprit aux disciples (4,31) n'était pas lié à l'ascension. Act I le déplace afin d'accentuer le parallèle entre Jésus et Élie. Peu de temps après avoir été "enlevé vers le ciel", Jésus envoie son Esprit à ses disciples, de même que Élie, à peine "enlevé vers le ciel" avait laissé de son esprit à son disciple Élisée (2 Rois 2,9-10.14-15). Par ailleurs, il ne s'agit plus de "parler la parole" avec assurance (4,31), mais de "parler en langues", ce qui était un phénomène réservé aux milieux prophétiques. Jésus est bien, comme Élie, un prophète qui laisse à ses disciples son esprit prophétique.

c) Après avoir raconté le don de l'Esprit au jour de la Pentecôte, Act I fait tenir à Pierre un discours (2,14ss) qui reprend celui que le Document P avait mis sur les lèvres de Pierre après la guérison de l'infirme de la Belle Porte (3,12ss). Mais il le complète en ajoutant la section qui se lit maintenant en 3,19-21.25[1]. Jésus est maintenant dans le ciel en attendant le jour où il va revenir pour effectuer la "restauration" (ἀποκατάστασις) de toutes choses dont ont parlé les prophètes (3,21). Nous sommes ramenés au thème qui ouvre le récit de l'ascension selon Act I; les disciples demandent à Jésus: «Seigneur, est-ce en ce temps-ci que tu vas restaurer (ἀποκαθιστάνεις) la royauté pour Israël?» (1,6). Jésus, qui fut enlevé (ὁ ἀναλημφθείς) au ciel, doit donc revenir pour effectuer la restauration de la royauté en Israël. C'est ce que doit faire Élie d'après Sir 48,9-10: «Toi qui fus enlevé (ὁ ἀναλημφθείς) dans un tourbillon de feu... Toi qui fus désigné dans des menaces futures pour ramener le cœur des pères vers les fils et restaurer (καταστῆσαι) les tribus de Jacob[2].»

Ainsi, ce n'est pas Jean-Baptiste, mais c'est Jésus qui est le nouvel Élie. Ce fait est attesté par deux événements qui appartiennent déjà au passé: Jésus fut enlevé vers le ciel, d'où il a envoyé son Esprit prophétique sur ses disciples, comme le prophète Élie avait été enlevé vers le ciel et avait laissé de son esprit à son disciple Élisée. Ces événements passés sont les garants des événements futurs: de même qu'Élie devait revenir pour effectuer la restauration des tribus de Jacob, ainsi Jésus doit revenir pour effectuer la restauration de la royauté en Israël. Ce rôle essentiel appartient à Jésus, et non à Jean-Baptiste. C'est ce que va affirmer Act I dans les discours que vont tenir successivement Pierre (3,25), Étienne (7,2ss) et Paul (13,16ss).

2. Des récits supprimés

Le Document P racontait certains événements touchant les Hellénistes chrétiens, partisans d'une ouverture du christianisme vers le monde non juif: le choix des Sept (6,1-7), le martyre d'Étienne (6,8-7,60) et l'activité de Philippe en Samarie (8,5ss) puis sa rencontre avec l'eunuque de la reine Candace qu'il baptise (8,26ss). Mais Act I ne s'intéressait pas à la diffusion du christianisme en milieu non juif puisque ce fait s'intégrait difficilement dans sa vision

---

[1] C'est Act II qui a transféré cette section à sa place actuelle.
[2] Ne pas oublier que Jacob = Israël.

d'une restauration du royaume d'Israël; il ne devait pas priser beaucoup les thèses des Hellénistes. Il ne se fit donc aucun scrupule d'éliminer ces différents récits. Il ne garda que celui concernant le martyre d'Étienne; nous en verrons la raison plus loin. Le récit de la conversion du centurion Corneille ne le gênait pas puisqu'il s'agissait du cas particulier d'un païen voulant participer au Royaume. Bien des païens s'étaient intégrés ainsi au judaïsme; pourquoi refuser qu'ils puissent s'intégrer au christianisme, même comme le concevait Act I? Notre auteur a donc gardé l'épisode.

3. Des récits nouveaux

a) Pour que, au fil des chapitres de la geste de Pierre, le lecteur n'oublie pas le thème essentiel qu'il a voulu développer, Act I a ajouté l'épisode de la résurrection de Tabitha (9,36ss). En le rédigeant, il a utilisé de nombreux traits qui rappellent les récits de résurrection de l'AT, spécialement celui de la résurrection du fils de la Shunamite par Élisée (2 Rois 4,18ss). Ce parallèle entre Pierre, le disciple de Jésus, et Élisée, le disciple d'Élie, évoquait le thème de Jésus nouvel Élie, dans la ligne du récit de la Pentecôte.

b) Act I a enfin ajouté le récit de la conversion de Paul (8,3a; 9,3ss) qu'il avait placé aussitôt après celui du martyre d'Étienne[1]. Il veut indiquer par là que, pour lui, ces deux événements sont liés, comme si la conversion de Paul était une conséquence du martyre d'Étienne. Pour Act I aussi, ce martyre d'Étienne forme comme le prologue de toute la geste de Paul. Nous le verrons en son temps, au niveau de Act I la geste de Paul développait la thèse suivante: partout, les Juifs, surtout les notables, ont rejeté le message de délivrance que Paul leur apportait au nom de Dieu. Mais ce refus s'est exercé dès la prédication chrétienne à Jérusalem, comme le prouve la comparution d'Étienne devant le Sanhédrin suivie de sa lapidation. Pour le souligner, lorsqu'il racontera l'émeute fomentée contre Paul dans le Temple de Jérusalem, Act I fera porter contre lui, par les Juifs d'Asie, les mêmes accusations que celles qui furent portées contre Étienne par les Anciens et les scribes (6,12.13b et 21,28a). Ainsi, le cercle se referme, à Jérusalem.

Les autorités juives sont donc responsables de l'échec relatif de la prédication chrétienne laquelle, selon Act I, s'adressait essentiellement aux Juifs. On comprend alors pourquoi, dans le discours qu'il fait prononcer à Étienne devant le Sanhédrin, Act I complète la section reprise du Document J en ajoutant de terribles reproches à l'adresse de ces autorités juives (7,35-36.38-41.51; et cf. le commentaire sur 2,22).

---

[1] N'oublions pas qu'il avait omis les événements racontés au chapitre 8.

I. LES CONSIGNES DU RESSUSCITÉ
(Lc 24,45-46.48.50a; Act 1,4a.5c)

45 Alors, il leur ouvrit l'esprit pour comprendre les Écritures **46** et il leur dit: «Ainsi est-il écrit que le Christ souffrirait et qu'il ressusciterait des morts le troisième jour. **48** Vous en êtes témoins.» **50a** Or il les fit sortir jusqu'à Béthanie **1,4a** et ( ) il leur ordonna de ne pas s'éloigner de Jérusalem mais d'attendre **5c** jusqu'à la Pentecôte.

Les consignes que, selon Act I, Jésus donne à ses disciples avant de les quitter contiennent l'essentiel de ce que sera la prédication des apôtres en milieu juif au début du christianisme, telle qu'elle est rapportée dans les Actes des apôtres: affirmer que Jésus est bien le Christ.

a) Mais que représentait ce titre de "Christ" pour Act I? On sait que, par l'intermédiaire du grec, le mot "Christ" est la traduction du participe hébreu משיח qui signifie "oint", de même que le mot "Messie" en est la simple transcription, toujours par l'intermédiaire du grec. Dans la Bible, nous voyons que divers personnages reçoivent une onction d'huile, presque toujours de la part de Dieu qui les destine à remplir une fonction déterminée. Il s'agit parfois de la fonction prophétique (1 Rois 19,16; cf. Ps 105,15). Ailleurs, c'est Cyrus qui est "oint" par Dieu pour libérer son peuple (Is 45,1). Mais le plus souvent, l'onction est le rite par lequel est consacré le roi que Dieu destine à Israël (Jug 9,8; 1 Sam 9,16; 2 Sam 2,4; 7,12-16 et *passim*). Finalement, l'adjectif verbal "oint" est devenu un substantif pour désigner le roi lui-même: il est "l'Oint", le "Christ" par excellence (2 Sam 19,22). Ce sens est bien marqué en Ps 2,2: «Des rois de la terre s'insurgent, des princes conspirent contre Yahvé et contre son Oint.» Or, d'après le v. 6, cet "Oint" n'est autre que le roi consacré par Dieu sur Sion. Cette équivalence entre les titres de "Oint" et de "Roi" est connue des auteurs du NT; citons seulement Jn 7,41-42: «D'autres disaient: "Celui-ci est le Christ." Mais certains disaient: "Est-ce que le Christ peut venir de la Galilée? L'Écriture ne dit-elle pas que c'est de la race de David, et de Bethléem le village où était David, que vient le Christ?"» Le Christ doit être "de la race de David", c'est-à-dire de race royale.

Le Christ est donc le roi que Dieu a choisi pour régner sur son peuple. Mais Act I, pour qui les promesses faites jadis à Abraham sont encore valables (cf. Act 3,25; 7,5ss; 13,19-23), reste attaché à un certain nationalisme juif dont Jésus doit combler un jour toutes les aspirations. Jésus est celui par qui Dieu va restaurer la royauté en faveur d'Israël (1,6; 3,19-21). Mais comment cela est-il possible, puisqu'il fut mis à mort par les chefs du peuple juif? Il faut donc d'abord démontrer, grâce aux Écritures, que Jésus est bien ce Christ-roi tant attendu.

b) Jésus est bien le Christ puisque son destin de mort et de résurrection avait été annoncé dans les Écritures, et donc par Dieu (vv. 45-46). Il fut mis à mort à Jérusalem, comme ce personnage mystérieux dont avait parlé le prophète Zacharie: «Mais je répandrai sur la maison de David et sur l'habitant de Jérusalem un esprit de grâce et de supplication, et ils regarderont vers moi. Celui qu'ils ont transpercé, ils se lamenteront sur lui comme on se lamente sur un fils unique, ils le pleureront comme on pleure un premier-né. En ce jour-là grandira la lamentation dans Jérusalem...» (Zach 12,10s; cf. Jn 19,37; Apoc 1,7).

Il est ressuscité "le troisième jour", en accord avec ce qu'avait annoncé le prophète Osée: «Après deux jours il nous fera revivre, le troisième jour il nous ressuscitera» (Os 6,2; cf. 1 Cor 15,4).

Isaïe avait prophétisé, au nom de Dieu: «Voici que mon serviteur prospérera, il grandira, il sera élevé, placé très haut» (Is 52,13), ce serviteur "qui s'est livré lui-même à la mort et qui a été compté parmi les criminels alors qu'il portait le péché des multitudes et qu'il intercédait pour les criminels" (53,12). De même Jésus doit être élevé (Act 2,33) après avoir été crucifié comme un criminel (5,30-31; cf. 3,13). Il est maintenant "à la droite de Dieu", selon ce qu'avait annoncé le psalmiste (Ps 110,1). Il a échappé à la corruption du tombeau, comme le "saint" par excellence dont parle Ps 16,10-11. Ce sont tous ces textes que la geste de Pierre et les épîtres de Paul, invoqueront pour prouver aux Juifs que Jésus était bien le Christ, envoyé par Dieu pour fonder le royaume nouveau.

c) Les autorités juives ont mis Jésus à mort, espérant ainsi fermer à jamais cette bouche prophétique qui les gênait. Mais Dieu l'a ressuscité d'entre les morts, déjouant ainsi leurs machinations: «Que sache donc avec certitude tout Israël que Dieu l'a fait et Seigneur et Christ ce Jésus que vous avez crucifié» (Act 2,36). Dieu l'a ressuscité d'entre les morts? Mais qui le sait, qui peut le prouver? Les apôtres, à qui Jésus est apparu, vivant (Act 1,6ss). Ils auront donc pour mission d'être les "témoins" de sa résurrection (Lc 24,48), de sa victoire sur la mort, et donc sur les autorités juives, preuve définitive qu'il avait bien été envoyé par Dieu, qu'il est "le Christ" de Dieu. Ce thème reviendra comme un refrain dans les discours de Pierre (2,32; 3,15; 5,31-32; 10,39-41).

Oui, forts du témoignage des Écritures et de leur propre expérience, les apôtres peuvent proclamer à la face du peuple juif que Jésus est bien le Christ, le Roi envoyé par Dieu pour effectuer la "restauration" de son peuple (Act 1,6; 3,19-21). C'est ce que Luc veut montrer en écrivant la deuxième partie de son ouvrage, dont tout le thème est déjà contenu dans le message qu'il met sur les lèvres du Christ ressuscité, en Lc 24,45ss.

(Le récit de Act II: ⇒ p. 136)

II. L'ASCENSION
(1,6-14)

6 Eux donc ( ) l'interrogeaient en disant: «Seigneur, est-ce en ce temps-ci (que) tu
rétabliras le royaume pour Israël?» **7** Il leur dit: «Il ne vous appartient pas de connaître
les temps et les moments que le Père a fixés de son propre pouvoir.» **9** Tandis qu'il disait
ces mots, une nuée le prit par-dessous et il fut enlevé (loin) d'eux. **10** Et comme ils
regardaient fixement vers le ciel, tandis qu'il s'en allait, et voici que deux hommes se
présentèrent à eux en vêtement blanc, **11** et eux de dire: «Hommes de Galilée, pourquoi
vous tenez-vous (là), regardant vers le ciel? Ce Jésus qui a été enlevé (loin) de vous vers
le ciel, ainsi il (re)viendra de la même manière que vous l'avez vu aller vers le ciel.» **12**
Alors ils revinrent à Jérusalem, du mont appelé des Oliviers qui est près de Jérusalem à
une distance sabbatique. **13a** Et quand ils furent entrés, ils montèrent à la chambre haute
où ils demeuraient **14a** et ils étaient assidus à la prière.

A) LA CHRISTOLOGIE DU RÉCIT

Dans le récit du Document P, la christologie était à peine ébauchée: le
geste du Christ bénissant ses disciples avant de les quitter (Lc 24,50), et celui des
disciples se prosternant à terre (24,52), évoquaient le sacerdoce et la royauté du
Christ ressuscité, en référence implicite à Ps 110,1.4. En reprenant ce récit, Act I
lui donne une dimension nouvelle, beaucoup plus affirmée: Jésus est identifié au
nouvel Élie qui monte au ciel, comme aussi au Fils d'homme dont avait parlé Dan
7,13-14.

1. Le nouvel Élie

La principale figure de l'Ancien Testament évoquée dans ce récit de
l'ascension est celle du prophète Élie. On lit en 2 Rois 2,11 qu'Élie et son disciple
Élisée cheminaient ensemble de l'autre côté du Jourdain: «Et il arriva, tandis
qu'ils allaient en devisant, et voici un char de feu et des chevaux de feu, et ils les
séparèrent l'un de l'autre, et Élie _fut enlevé_ dans un tourbillon comme _vers le
ciel._» De même, Jésus se sépare de ses disciples en montant vers le ciel. À vrai
dire, la description de l'ascension elle-même, en 1,9, offre peu de rapports avec
celle d'Élie telle qu'elle est décrite en 2 Rois 2,11; on verra plus loin que c'est
plutôt la figure du Fils d'homme de Dan 7,13-14 qui est évoquée en ce v. 9. Mais
l'emprunt à 2 Rois 2,11 est plus net dans la parole des deux anges rapportée au v.
11: «Ce Jésus qui _a été enlevé_ (loin) de vous _vers le ciel_...» C'est le même verbe
qui est utilisé, habituel chez Luc lorsqu'il parle de l'ascension de Jésus (Act
1,2.22; cf. Lc 9,51).

Tandis qu'il cheminait avec son disciple Élisée, Élie lui dit: «Demande ce
que je puis faire pour toi avant que je ne sois enlevé (loin) de toi.» Et Élisée de lui
répondre: «Qu'une double part de ton esprit vienne sur moi» (2 Rois 2,9). Après

l'enlèvement d'Élie au ciel, Élisée revient vers Jéricho et arrive au bord du Jourdain. Ayant ramassé le manteau d'Élie, il en frappe les eaux de la rivière, ce qui lui permet de la franchir. Témoins de ce prodige, ses compagnons les prophètes, venus à sa rencontre, s'écrient: «L'esprit d'Élie s'est reposé sur Élisée» (2 Rois 2,15). De même de Jésus: à peine monté au ciel, il va envoyer son Esprit sur ses disciples, le jour de la Pentecôte (Act 2,1-4).

Enfin, d'après l'oracle de Mal 3,23-24, repris sous des formes diverses dans la tradition juive (cf. Mc 9,11-12), Élie doit revenir un jour pour préparer l'avènement des temps nouveaux. Son action aura pour effet une "restauration" des liens familiaux, complétée par une "restauration" politique des tribus de Jacob, d'après Sir 48,9-10. De même Jésus, maintenant dans les cieux, reviendra un jour pour effectuer une "restauration" universelle: c'est ce que Pierre annoncera au peuple après l'effusion de l'Esprit le jour de la Pentecôte (3,19-21.25)[1]. Mais ce thème est déjà amorcé dès le début du récit de l'ascension, dans la question que les disciples posent à Jésus: «Seigneur, est-ce en ce temps-ci (que) tu rétabliras le royaume pour Israël?» (Act 1,6)[2]. Nous reviendrons sur ce thème lorsque nous analyserons le discours de Pierre, en 3,19ss.

Pour Act I, Jésus est donc comme un nouvel Élie qui, enlevé vers le ciel, enverra son Esprit à ses disciples en attendant de revenir un jour pour effectuer la restauration universelle. On comprend alors pourquoi Luc, dans l'évangile, évite tous les passages de la tradition synoptique dans lesquels ce n'est pas Jésus, mais Jean-Baptiste, qui est présenté comme un nouvel Élie: la description du vêtement de Jean (Mc 1,6; Mat 3,4; cf. 2 Rois 1,8) et une parole de Jésus qui le concerne (Mc 9,11-13; Mat 17,10-13).

2. Le Fils de l'homme

En Act 1,9, l'ascension de Jésus est décrite en ces termes: «Tandis qu'il disait ces mots, une nuée le prit par-dessous (ὑπέλαβεν) et il fut enlevé (loin) d'eux.» Le sens propre du verbe grec employé ici est "soulever en se mettant dessous". Il est bien illustré dans cette phrase d'Hérodote, à propos du barde Arion, jeté à la mer par les marins du bateau dans lequel il voyageait, mais sauvé par un dauphin: «Un dauphin, dit-on, le prenant sur son dos (ὑπολαβόντα), le porta à Ténare.»[3] De même, la nuée prend Jésus sur elle pour l'emmener loin des

---

[1] En analysant le discours de Pierre le jour de la Pentecôte (2,14ss), nous verrons que la finale en était constituée par 3,19ss; c'est Act II qui a fait de cette section la finale du discours prononcé par Pierre lors de la guérison de l'infirme de la Belle Porte.

[2] Pour la rédaction de cette phrase, Act I s'inspire de Dan 4,33 (36): ἐν ἐκείνῳ τῷ καιρῷ ἀπο-κατεστάθη ἡ βασιλεία μου ἐμοί.

[3] Hérodote, Histoire, I,24 (trad. Ph. E. Legrand, coll. Guillaume Budé). Ce texte est cité dans le dictionnaire grec de Liddell and Scott, § 1 a , qui donne aussi Act 1,9 pour illustrer ce sens du verbe.

disciples, vers le ciel (v. 10)[1]. On se trouve devant un thème apocalyptique classique: la nuée était conçue comme un véhicule permettant de circuler entre terre et ciel. L'exemple le plus connu est celui de Dan 7,13-14: «Et voici que, sur les nuées du ciel, allait comme un Fils d'homme, et il arriva jusqu'à l'Ancien des Jours.» Dans la tradition synoptique, ce texte de Daniel est interprété en deux sens différents. Dans la parole que Jésus prononce devant le Sanhédrin (Mc 14,62), il s'agit d'une montée du Fils de l'homme jusqu'à la droite de Dieu, ce qui correspond au sens premier du texte de Daniel. Mais dans le discours eschatologique (Mc 13,26), le mouvement est inverse: le Fils de l'homme revient sur la terre à la fin des temps. Dans les deux cas, c'est une nuée qui lui sert de véhicule. Act I dépend certainement de cette tradition à double sens. Aux vv. 9-10, la nuée emporte Jésus vers le ciel. Mais au v. 11, d'après le message que les deux anges transmettent aux disciples, Jésus "(re)viendra de la même manière que vous l'avez vu aller vers le ciel", c'est-à-dire sur une nuée.

Dans ce récit de l'ascension, Jésus est donc identifié, non seulement au nouvel Élie, mais encore au Fils d'homme de Dan 7,13. Dans la tradition juive, ces deux figures de l'AT devaient d'abord monter vers Dieu, puis redescendre sur la terre. De même de Jésus: il monte vers le ciel (vv. 9-10), mais c'est pour revenir un jour sur la terre (v. 11; cf. 3,19ss). La référence au texte de Dan 7,13-14 enrichit d'ailleurs ce thème commun aux deux traditions. Si le Fils d'homme dont parle Daniel parvient jusqu'à l'Ancien des Jours (= Dieu), c'est pour y recevoir l'investiture royale: «Et il lui fut donné le principat, et l'honneur, et la royauté, et tous les peuples, tribus, langues, le serviront; son pouvoir est un pouvoir éternel, qui ne passera pas, et sa royauté ne sera jamais détruite.»

3. Une allusion à Zach 14,4

La référence au retour eschatologique de Jésus permet de donner tout son sens à un détail du récit de Act I. Au v. 12, il note que les disciples revinrent à Jérusalem "du mont appelé des Oliviers". Pourquoi mentionner le mont des Oliviers au lieu de Béthanie (Lc 24,50)? C'est sans doute afin d'évoquer l'oracle de Zach 14,4, qu'il faut replacer dans son contexte: «J'assemblerai toutes les nations vers Jérusalem pour le combat; la ville sera prise, les maisons pillées, les femmes violées; la moitié de la ville partira en exil, mais le reste du peuple ne sera pas retranché de la ville. Alors Yahvé sortira pour le combat, comme lorsqu'il combat au jour de la guerre. En ce jour-là, ses pieds se poseront sur le mont des Oliviers qui fait face à Jérusalem vers l'orient.» Le mont des Oliviers est donc le lieu où Dieu va descendre pour le combat eschatologique et la délivrance de son peuple opprimé. De même dans le texte des Actes: Jésus doit revenir un jour pour effectuer la restauration d'Israël (Act 1,6; 3,19ss); et

---

[1] Dans le TA, la nuée a seulement pour effet de cacher Jésus aux yeux des disciples.

puisqu'il reviendra de la même manière qu'il est parti (1,11), il monte au ciel du mont des Oliviers (1,12) sur lequel s'effectuera son retour.

4. L'éloignement de l'époux

D'après Act 1,9, la nuée prit Jésus et "il fut enlevé (loin) d'eux", loin des disciples. Cette façon de parler rappelle celle de Lc 5,35 et par.: «Des jours viendront, et lorsque l'époux sera enlevé (loin) d'eux, alors ils jeûneront en ces jours-là.» Le verbe grec utilisé ici ne se lit nulle part ailleurs dans les évangiles et les Actes, et le contact littéraire est probable. Le jeûne étant signe de tristesse, Act I voudrait donc évoquer la tristesse que provoque, chez les disciples, le départ de Jésus. Un indice nous le confirme: Act I ne reprend pas le thème de la joie des disciples, qu'il lisait dans le récit du Document P (Lc 24,52).

B) LA VIE DE PRIÈRE

Dès qu'ils sont revenus à Jérusalem, les disciples montent dans la chambre haute où ils demeuraient, afin d'y prier. Ce détail suggère les deux réflexions suivantes.

1. Le lieu de la prière

Dans le récit du Document P, aussitôt après l'ascension, les disciples reviennent à Jérusalem et nous les voyons fréquenter assidûment le Temple, pour louer Dieu (Lc 24,53). Dans le récit de Act I, les disciples reviennent aussi à Jérusalem (Act 1,12), mais il n'est plus question pour eux de fréquenter le Temple; s'ils se consacrent encore assidûment à la prière (1,14a), c'est dans la chambre haute où ils demeurent (1,13a). Lorsqu'il rédige son récit, Act I tient compte de la situation de l'église à l'époque où il écrit: les premiers chrétiens ont maintenant leur culte propre, dans les maisons particulières. Ils ne participent plus "assidûment" à la vie cultuelle juive dans le Temple.

2. Une allusion au prophète Élie

Mais en donnant le détail de la chambre haute, Act I a probablement une intention spéciale. Nous avons vu que, dans les récits de l'ascension et de la Pentecôte, il voulait établir un double parallélisme: entre Jésus et le prophète Élie d'une part, entre les disciples de Jésus et Élisée, le disciple d'Élie, d'autre part. Plus loin, lorsqu'il racontera la résurrection de Tabitha par Pierre (9,36ss), il donnera à son récit un vêtement littéraire repris de 2 Rois 4,18s, où nous voyons Élisée ressusciter le fils de la Shunamite; l'intention est toujours de souligner le parallélisme entre les disciples de Jésus et Élisée, le disciple d'Élie. Mais en 2

Rois 4,10-11, nous apprenons que la Shunamite a aménagé une chambre haute pour Élisée afin qu'il puisse y habiter lorsqu'il vient chez elle, et c'est là qu'il va ressusciter son fils, de même que Pierre ressuscitera Tabitha dans une chambre haute (Act 9,39). Act I n'aurait-il pas songé à ce texte lorsqu'il nous montre les disciples de Jésus habitant dans une chambre haute à Jérusalem? Le rapprochement est d'autant plus tentant à faire que la forme littéraire de Act 1,13a est très proche de celle de 2 Rois 4,11:

2 Rois 4,11	Act 1,13a
καὶ ἐγένετο ἡμέρα	
καὶ εἰσῆλθεν ἐκεῖ	καὶ ὅτε εἰσῆλθον
καὶ ἐξέκλινεν εἰς τὸ ὑπερῷον	ἀνέβησαν εἰς τὸ ὑπερῷον
καὶ ἐκοιμήθη ἐκεῖ	οὗ ἦσαν καταμένοντες
et il fit jour	
et il entra là	et lorsqu'ils entrèrent,
et il se retira dans la chambre haute	ils montèrent dans la chambre haute
et il y coucha	où ils demeuraient

En manière de synthèse, soulignons toute la distance qui sépare le récit de Act I de celui du Document P. Dans le récit du Document P, Jésus ressuscité était fort discrètement désigné comme roi et comme prêtre, en référence à Ps 110,1.4. Jésus quittait ses disciples, mais aucune allusion n'était faite à un retour éventuel du Christ, à la fin des temps. Dans le récit de Act I, Jésus est identifié à la fois, au nouvel Élie montant au ciel mais qui doit revenir un jour, et au Fils d'homme de Dan 7,13-14, que la tradition évangélique montre soit montant vers Dieu, soit redescendant sur la terre à la fin des temps. La référence à ces deux figures implique donc une croyance très ancrée dans un retour du Christ à la fin des temps. Ce sera tout le sens de la seconde partie du discours que Pierre tiendra devant les Juifs de Jérusalem en 3,19-21.25.

La référence de Jésus au prophète Élie va conditionner aussi le thème du don de l'Esprit. Dans les récits du Document P, Dieu envoie son Esprit sur les disciples parce qu'ils le demandent, afin de leur donner la force d'annoncer la Parole (4,29-31.33). Act I déplace la scène et en fait une conséquence immédiate de l'ascension (2,1-4): à peine monté auprès du Père, Jésus envoie l'Esprit sur ses disciples, comme l'avait fait Élie.

(Le récit de Act II: ⇒ p. 142)

III. LA PENTECÔTE
(2,1-13)

1 Et, tandis que s'accomplissait le jour de la Pentecôte, ils étaient tous ensemble dans le même (lieu). **2a** Et il arriva ( ) du ciel un bruit comme d'un violent coup de vent. **3** Et leur apparut comme du feu qui se posa sur chacun d'entre eux **4** et ils se mirent à parler en langues selon que l'Esprit leur donnait de s'exprimer. **6a** Ce bruit étant arrivé, la foule se rassembla et ( ) **11b** ils les entendaient parler en langues les grandeurs de Dieu. **12** Or ils étaient stupéfaits ( ), disant: «Qu'est-ce que cela peut être?» **13** Mais d'autres se moquaient en disant: «Tous ces (gens) sont alourdis par le vin doux.»

Act I reprend ici l'essentiel du récit du don de l'Esprit qu'il lisait dans le Document P (4,31): les disciples de Jésus, en fait les Onze, rassemblés dans un même lieu, reçoivent l'Esprit qui leur donne de "parler". Dans le récit du Document P, il s'agissait de "parler" la parole de Dieu avec assurance; dans le récit de Act I, les disciples se mettent à "parler en langues". Ce changement va donner une signification différente au nouveau récit.

1. Jésus et Élie

Dans le récit de Act 1,6-12, que nous avons attribué à Act I, Jésus était présenté comme le nouvel Élie: il effectue son "ascension" à l'instar du grand prophète de l'Ancien Testament (2 Rois 2,11). Le récit de l'effusion de l'Esprit au jour de la Pentecôte se situe dans la même perspective: il complète le parallèle entre Jésus et Élie. Avant qu'Élie ne soit enlevé au ciel, et tandis qu'il chemine avec son disciple Élisée, il lui dit: «Demande ce que je puis faire pour toi avant que je ne sois enlevé (loin) de toi?» Et Élisée de lui répondre: «Qu'une double part de ton esprit vienne sur moi.» Élie reprend: «Tu me demandes une chose difficile: si tu me vois pendant que je serai enlevé (loin) de toi, cela t'arrivera; sinon, cela ne t'arrivera pas.» Effectivement, Élisée "voit" Élie tandis qu'il est enlevé d'auprès de lui, il ramasse le manteau que son maître a laissé tomber et en frappe les eaux du Jourdain qui se divisent en deux, ce qui permet à Élisée de franchir le fleuve. À cette vue, ses frères prophètes disent: «L'esprit d'Élie s'est reposé sur Élisée» (2 Rois 2,9-15). De même, après son ascension vers le ciel, Jésus envoie son Esprit sur ses disciples, et les gens de Jérusalem peuvent le constater en entendant les apôtres "parler en langues", comme Pierre l'expliquera dans son discours.

Élie était un prophète, parlant sous l'influence de l'Esprit. Jésus aussi était un prophète (Lc 7,16; 24,19; Act 3,22; cf. Mat 21,11.46), et c'est son esprit de prophétie que, une fois monté au ciel, il envoie à ses disciples. Act I l'insinue de façon très discrète lorsqu'il écrit: «... et ils se mirent à parler en langues selon que l'Esprit leur donnait de s'exprimer (ἀποφθέγγεσθαι)» (2,4). Ce dernier verbe est probablement repris de la Septante, où il désigne toujours une manifestation prophétique (Ez 13,9.19; Mich 5,11; Zach 10,2; Ps 59,7; 1 Chron 25,1). L'Esprit donne donc aux apôtres la faculté de s'exprimer selon que le faisaient jadis les prophètes.

2. Prophétie et glossolalie

En 1 Cor 14 comme en Act 19,6, prophétie et glossolalie (ou "parler en langues") sont étroitement liées. C'est que la glossolalie était bien connue de la tradition juive, biblique ou extra-biblique, comme manifestation prophétique, même si on ne lui donne pas ce nom. Reportons-nous au curieux récit de 1 Sam 10,5ss. Dieu dit à Saül: «Tu arriveras à Gibea de Dieu et, à l'entrée du village, tu trouveras une troupe de prophètes descendant du haut-lieu, précédés de la harpe, du tambourin, de la flûte et de la cithare et ils seront en délire. Alors, l'Esprit de Yahvé fondra sur toi: tu entreras en délire avec eux et tu seras changé en un autre homme.» Cette prédiction trouve peu après son accomplissement (vv. 10-13). Le même épisode se lit en 1 Sam 19,18-24, d'après une tradition un peu différente. Il s'agit donc de confréries de prophètes. Le mot hébreu traduit par "entrer en délire" (BJ), ou par "entrer en transe" (TOB) est la forme *hithpaël* du verbe qui signifie "prophétiser". De quoi s'agit-il exactement? P. Volz a spécialement étudié cette manifestation prophétique[1]. Il y distingue deux éléments: des manifestations physiques, corporelles, telles que gesticulations ou danses, et l'émission de paroles incompréhensibles, qu'il appelle justement "glossolalie". Ces deux manifestations de l'esprit prophétique donnent l'impression que celui qui en est le sujet se trouve sous l'emprise d'une puissance surnaturelle. On comprend que des gens mal intentionnés, en les voyant, puissent les prendre pour des fous.

Lisons maintenant le texte de Is 28,7-13. Le prophète, Isaïe en l'occurence, prononce de la part de Dieu une phrase incompréhensible:

כי צו לצו צו לצו קו לקו קו לקו זעיר שם זעיר שם

(vv. 10 et 13). C'est de l'hébreu, la propre langue du prophète; chaque mot a un sens, mais l'ensemble n'en a aucun. C'est une phrase incompréhensible. Peu importe la signification exacte du passage chez Isaïe. Notons simplement que Paul, en 1 Cor 14,21-22, se réfère à ce texte, dont il cite explicitement le v. 11, et il donne cette façon de parler comme un cas de glossolalie.

Philon d'Alexandrie connaît bien ce phénomène. Il distingue quatre sortes d'extases; la quatrième est ainsi décrite: «la possession et le délire d'origine divine, comme l'éprouve la race prophétique.»[2]

---

[1] P. VOLZ, *Der Geist Gottes und die verwandten Erscheinungen im Alten Testament und im anschliessenden Judentum*, Tübingen, 1910, pp. 7-8.13.

[2] *Quis rerum div. haer. sit*, 249, trad. Marguerite HARL (Les œuvres de Philon d'Alexandrie), Paris, Cerf, 1966.

La glossolalie est donc un phénomène bien connu de la tradition juive, et qui se rattache à la prophétie. Par ailleurs, comme le dit Paul, elle est un "signe" (1 Cor 14,22), et c'est bien ainsi qu'elle avait été proposée par Dieu à Saül (1 Sam 10,5ss) et que Act I l'interprétera (10,44-46). Les apôtres ne sont pas ivres de vin (cf. Act 2,15, de Act II), leur ivresse n'est pas ce qu'un auditoire mal intentionné pourrait croire (2,13b), mais c'est l'ivresse de l'Esprit (Eph 5,18-19). On comprend dès lors la signification de l'événement qui se produit à la Pentecôte. Puisque les disciples de Jésus se mettent à parler en langues, c'est le signe que l'Esprit vient de s'emparer d'eux et les fait louer Dieu "en des gémissements inexprimables" (Rom 8,26), c'est la preuve que l'Esprit prophétique de Jésus repose maintenant sur ses disciples, comme l'esprit d'Élie enlevé au ciel reposait sur son disciple Élisée.

3. Jésus et Jean-Baptiste

Ce parallèle entre Jésus et Élie nous donne la clef permettant de comprendre le sens des détails qui accompagnent la venue de l'Esprit sur les disciples: un vent violent et du feu (Act 2,2-3).

Interrogeons les évangiles synoptiques. Pour Matthieu et pour Marc, Jean-Baptiste est le nouvel Élie venu préparer l'avènement du royaume nouveau. Son genre de vie, et surtout son vêtement, sont décrits à l'imitation de ceux d'Élie (Mc 1,6; Mat 3,4; cf. 2 Rois 1,8). Bien mieux, Jésus voit dans le Précurseur une sorte d'Élie redivivus: «Les disciples l'interrogeaient en disant: "Pourquoi les scribes disent-ils qu'Élie doit revenir d'abord?" Mais lui leur répondit: "Élie vient et restaurera toutes choses; je vous dis qu'Élie est déjà venu, et ils ne l'ont pas reconnu, et ils ont fait sur lui tout ce qu'ils ont voulu"... Alors les disciples comprirent qu'il disait cela de Jean-Baptiste» (Mat 17,10-13; cf. Mc 9,11-13).

Pour Luc au contraire, le nouvel Élie n'est pas Jean-Baptiste, mais Jésus. Il évite donc de reprendre les textes synoptiques identifiant plus ou moins explicitement Jean-Baptiste à Élie (cf. *supra*), et, nous l'avons montré, il décrit l'ensemble ascension-pentecôte de telle façon que Jésus apparaisse comme le nouvel Élie. Mais d'une façon plus radicale, il va montrer que Jésus est bien supérieur à Jean dans la mission qu'il a reçue de Dieu. Le Baptiste avait annoncé, en parlant de Jésus: «Moi, je vous baptise avec de l'eau; vient le plus fort que moi... lui vous baptisera dans l'esprit[1] et le feu» (Lc 3,16). Le texte grec est équivoque, car le mot *pneuma* peut signifier, soit l'esprit, soit le vent. D'après la suite du récit, le sens premier est "vent", car la parole du Baptiste est illustrée par l'exemple du vannage: après avoir foulé le blé, afin de séparer le grain de la balle

---

[1] C'est la leçon courte attestée par deux manuscrits grecs, 63 et 64, et un certain nombre de Pères anciens: Clément d'Alexandrie, Épiphane, Tertullien, Augustin. Les autres témoins ont ajouté "saint", en tenant compte du texte parallèle de Matthieu.

qui l'entoure, on jette le tout en l'air avec la pelle à vanner; le vent emmène la balle à l'écart tandis que le grain retombe sur place. Et le grain sera engrangé tandis que la balle sera brûlée au feu. C'est la description du jugement eschatologique, dans lequel le vent et le feu jouent un rôle essentiel: ils vont effectuer la séparation des justes et des impies.

Selon les paroles de Jean, Jésus est celui qui doit "baptiser dans le vent et dans le feu" (Lc 3,16). Ce n'est donc certainement pas un hasard si les deux phénomènes qui marquent la venue de l'Esprit, en Act 2,2-3, sont précisément un vent violent et du feu. N'oublions pas que le même mot grec (et hébreu) signifie "vent" et "esprit". Mais Luc transpose la signification de l'événement. Il ne s'agit plus du jugement eschatologique, au sens où le comprenait le Baptiste, avec le feu destructeur. La venue de l'Esprit, symbolisée par le vent violent, marque l'avènement des temps nouveaux. Le baptême dans l'Esprit, qui remplace le baptême d'eau administré par Jean, est le grand événement qui marque le début d'une ère nouvelle dans l'histoire du salut. Quant au feu, il symbolise la division que le message du Christ va apporter parmi les hommes: les uns seront pour lui, et les autres contre lui (Lc 12,49-53).

(Le récit de Act II: ⇒ p. 145)

IV. LE DISCOURS DE PIERRE
(2,14-41; 3,19-26)

Le discours de Pierre comprend deux parties qui ont été séparées par l'activité rédactionnelle de Act II. La première partie démarque le discours de Pierre qui se lisait dans le Document P en 3,13ss, mais moyennant une addition qui exprime l'attente du roi messianique. La seconde partie fait écho au Document Johannite dont nous avons parlé dans l'introduction aux récits de Act I (pp.77-87).

A) LA PREMIÈRE PARTIE DU DISCOURS

14 Alors Pierre, debout avec les dix apôtres, leva sa voix et dit: **22** «Hommes d'Israël, écoutez mes paroles: Jésus le Nazôréen, homme accrédité par les signes et les prodiges qu'Il a faits grâce à lui au milieu de vous, comme vous le savez, **23** cet (homme),( ) vous l'avez supprimé en le clouant (au bois) par la main des impies, **24a** (lui) que Dieu a ressuscité. **29** Hommes (mes) frères, il est permis de vous dire avec assurance, au sujet du patriarche David, que: il est mort et il fut enseveli et son tombeau est parmi nous jusqu'à ce jour-ci. **30** Étant donc prophète et sachant que Dieu lui avait juré par serment que du fruit de son sein il susciterait le Christ et qu'il le ferait asseoir sur son trône, **31** ayant vu à l'avance, il parla de la résurrection du Christ, qu'il ne serait pas abandonné dans l'Hadès et que sa chair ne verrait pas la corruption. **32** Ce Jésus donc, Dieu l'a ressuscité, nous en (sommes) témoins. **36** Que sache donc avec certitude tout Israël que Dieu l'a fait et Seigneur et Christ ce Jésus que vous avez crucifié.» **37** Ayant entendu, ils eurent le cœur transpercé et ils dirent à Pierre et aux apôtres: «Que ferons-nous donc, hommes (nos) frères? Montrez-le nous.»

1. Un noyau repris du Document P

Ce discours de Pierre composé par Act I reprend, moyennant une inversion, le noyau central du discours de Pierre qui se lit dans le Document P en 3,13-15. Il suffit de mettre les textes en parallèle pour le constater:

Act 2		Act 3	
23	cet (homme)...	14	mais vous, le Saint...
	vous l'avez supprimé...	15	vous (l')avez tué
24a	(lui) que Dieu a ressuscité...		(lui) que Dieu a ressuscité
			des morts,
32	Ce Jésus donc, Dieu l'a ressuscité		
	nous en (sommes) témoins.		dont nous, nous sommes témoins.
36	Que sache donc avec certitude		
	tout Israël que		
	Dieu l'a fait et Seigneur et Christ	13	Le Dieu d'Abraham... a glorifié
	ce Jésus		son Serviteur
	que vous avez crucifié.		que vous, vous avez méprisé.

Ce fait littéraire une fois constaté, il devient plus facile de cerner les intentions de Act I.

2. La royauté du Christ

L'activité littéraire de Act I apparaît d'abord dans l'addition des vv. 29-31, marquée par la reprise rédactionnelle du thème de la résurrection (vv. 24a et 32a)[1].

a) Le v. 29 n'est qu'une introduction destinée à préparer l'addition du v. 30, le plus important. Ce verset se réfère, de façon assez large, à l'oracle de Ps 132,11: «Le Seigneur a juré la vérité à David et il ne la rejettera pas: "Du fruit de ton ventre je placerai sur ton trône"» (LXX). Cet oracle du psaume reprenait lui-même la prophétie de Nathan à David: «Et il arrivera, lorsque tes jours seront accomplis et que tu seras couché avec tes pères, je susciterai ta descendance après toi, qui sera de ton ventre, et j'assurerai son royaume» (2 Sam 7,12). Il semble que Act I ait aussi ce texte en vue, d'où l'allusion à la mort de David au v. 29, et

---

[1] En reprenant l'analyse littéraire de ce passage, nous dirons pourquoi nous attribuons à Act I, non pas l'ensemble des vv. 24-31, mais les seuls vv. 29-31.

surtout la formule du v. 30 "susciter le Christ"[1], qui fait écho aux mots prononcés par Nathan "je susciterai ta descendance après toi". On voit tout de suite que Act I va jouer sur le double sens du verbe ἀνιστάναι: Dieu a "suscité" le Christ, mais il l'a aussi "ressuscité" (vv. 31 et 32). Nous sommes en plein dans la perspective eschatologique de Act I: Dieu a promis à David de lui susciter un descendant, issu de son ventre, qui doit hériter de sa royauté, laquelle durera toujours (2 Sam 7,13). En crucifiant Jésus de Nazareth, les autorités juives semblent avoir fait obstacle au plan de Dieu; mais Dieu l'a réalisé malgré tout en "ressuscitant" Jésus.

b) La résurrection du Christ avait, elle aussi, été annoncée dans la Bible. Pour le prouver, Act I (v. 31) renvoie à Ps 16,10, cité de façon peu littérale: «Car tu n'abandonneras pas mon âme dans l'Hadès, tu ne laisseras pas ton Saint voir la corruption.» Notre auteur fait allusion à la seconde partie du verset du psaume sous cette forme: «... et sa chair n'a pas vu la corruption.» Il veut ainsi affirmer que, par sa résurrection, le Christ a retrouvé sa "chair", c'est-à-dire son corps. Il n'est pas un "esprit" désincarné (cf. Lc 24,37-39). Pour Act I, il était important de le préciser; selon lui, en effet, le Christ doit revenir sur la terre pour y restaurer la royauté en faveur d'Israël. Un pur "esprit" ne saurait jouer ce rôle.

3. Jésus, Seigneur et Christ

La première partie du discours de Pierre se termine de façon solennelle, avec la reprise du thème de 3,13. Mais la pensée marque un approfondissement remarquable. En 3,13, l'auteur du Document P avait fait dire à Pierre: «Le Dieu d'Abraham... a glorifié son Serviteur que vous, vous avez méprisé...» Malgré la référence implicite à Is 52,13, le thème de la glorification de Jésus reste dans une perspective personnelle, comme si celui-ci recevait simplement une compensation à ses souffrances passées. Il en va tout autrement dans le texte composé par Act I: «Que sache donc avec certitude tout Israël que Dieu a fait et Seigneur et Christ ce Jésus que vous avez crucifié» (2,36). Les titres de "Seigneur" et de "Christ" n'ont de signification que dans une perspective communautaire. Ils établissent Jésus dans une relation nouvelle avec l'humanité toute entière.

a) En écrivant "Dieu a fait Seigneur ce Jésus que vous avez crucifié" Act I reprend, semble-t-il, le thème qui forme la conclusion de l'hymne citée par Paul dans sa lettre aux fidèles de Philippes: «... il s'humilia plus encore, obéissant jusqu'à la mort, et à la mort sur une croix. Aussi Dieu l'a-t-il surexalté (cf. Act 2,33) et lui a-t-il donné le Nom qui est au-dessus de tout nom, pour que tout, au nom de Jésus, s'agenouille, au plus haut des cieux, sur la terre et dans les enfers,

---

[1] Ces mots ne se lisent que dans le TO; dans le TA, ils sont tombés par haplographie.

et que toute langue proclame de Jésus Christ qu'il est Seigneur, à la gloire de Dieu le Père» (Phil 2,8-11). Le Nom que Jésus a reçu en suite de son exaltation à la droite de Dieu (Ps 110,1-3) est celui de "Seigneur". Dieu a donc délégué à Jésus ressuscité une partie de son pouvoir royal sur le monde entier (cf. Dan 7,13-14). C'est ce qu'exprime cette confession de foi paulinienne: «Il n'y a qu'un seul Dieu, le Père, de qui tout vient et pour qui nous sommes faits, et un seul Seigneur, Jésus Christ, par qui tout existe et par qui nous sommes» (1 Cor 8,6). Jésus partage maintenant le trône de Dieu, il règne avec lui sur tout l'univers. Mais son règne ne se manifestera sur la terre que lorsqu'il reviendra pour restaurer la royauté en faveur d'Israël (Act 1,6).

b) Dieu l'a fait aussi "Christ". Le thème est le même, mais exprimé dans la perspective ouverte par le psalmiste: «Pourquoi les nations ont-elles frémi et les peuples ont-ils de vains projets? Les rois de la terre se sont présentés et les chefs se sont rassemblés en un même lieu contre le Seigneur et contre son Christ... Celui qui siège dans les cieux s'en amuse, le Seigneur les tourne en dérision. Puis dans sa colère il leur parle, dans sa fureur il les frappe d'épouvante: C'est moi qui ai sacré mon roi sur Sion, ma sainte montagne» (Ps 2,1-6). Les rois et les chefs s'étaient ligués contre Jésus pour le mettre à mort (Act 4,27), mais Dieu a déjoué leurs desseins en le ressuscitant des morts, et maintenant, il faut que tous reviennent à l'obéissance et le reconnaissent comme "Christ", celui qui a reçu l'onction royale pour dominer le monde (Ps 2,8-9).

c) C'est dans cette perspective qu'il faut relire l'événement de la Pentecôte tel qu'il fut rédigé par Act I. Un seul fait visible: les disciples de Jésus se mettent à parler en langues. Mais comme il est chargé de signification! Si les disciples parlent en langues, c'est qu'ils ont reçu l'Esprit de prophétie, c'est donc la preuve que ce Jésus, crucifié par les autorités juives, se trouve maintenant exalté à la droite de Dieu puisque c'est d'auprès du Père seulement qu'il a pu recevoir et communiquer cet Esprit, comme l'avait fait Élie. Si les disciples de Jésus parlent en langues, c'est que vient de se réaliser en faveur de leur Maître cet oracle du psaume: «Le Seigneur a dit à mon Seigneur: Siège à ma droite...» (Ps 110,1). Que tout Israël le sache avec certitude!

4. Une note contre les Juifs de Jérusalem

Au début du discours de Pierre, Act I reprend le thème essentiel du discours tel qu'il se lisait au chapitre 3 dans le Document P, avec sa note polémique: Jésus le Nazôréen, vous l'avez supprimé, mais Dieu l'a ressuscité, nous en sommes témoins. Mais il le fait précéder du rappel des miracles accomplis par Jésus durant sa vie terrestre: «Jésus le Nazôréen, homme accrédité par les signes et les prodiges qu'Il a faits grâce à lui au milieu de vous, comme vous le savez» (2,22). Si Act I rappelle les miracles que Dieu accomplissait par Jésus, c'est parce que ces miracles avaient pour but de l'accréditer comme l'envoyé de Dieu. Ainsi Moïse avait reçu de Dieu pouvoir d'accomplir des "signes" afin que les Hébreux puissent le reconnaître comme chargé par Dieu d'une mission de libération (Ex 4,1-9). Cette référence implicite à Moïse est probable, étant donné l'expression "signes et prodiges", qui revient souvent dans l'AT mais se rencontre pour la première fois à propos des prodiges accomplis par Moïse devant Pharaon (Deut 29,2; 34,11). Ces signes et ces prodiges, Jésus les a accomplis "au milieu de vous, comme vous le savez" (2,22). C'est donc en toute connaissance de cause que les autorités juives ont mis à mort celui que Dieu leur avait envoyé comme sauveur: ils sont inexcusables. En reprenant le texte de 3,13-16, Act I accentue donc son caractère polémique contre les Juifs. Nous verrons que la réaction de Act II sera inverse: au texte de 3,13-16, il ajoutera les vv. 17-18: les Juifs et leurs chefs ont agi par ignorance, et parce qu'il fallait accomplir les Écritures exprimant la volonté de Dieu.

La première partie du discours de Pierre est terminée; vient maintenant un verset de transition, destiné à faire rebondir le discours pour une autre envolée: «Ayant entendu, ils eurent le cœur transpersé et ils dirent à Pierre et aux apôtres: "Que ferons-nous, hommes (nos) frères? Montrez-le nous» (2,37). Puisque le monde est entré dans une ère nouvelle, avec l'intronisation royale de Jésus, le comportement des hommes ne peut plus être le même; que devra-t-il être? (cf. Lc 3,10.12.14; 18,18; Act 16,30; 22,10).

(Le discours selon Act II: ⇒ p. 145)

B) LA DEUXIÈME PARTIE DU DISCOURS

La deuxième partie du discours de Pierre se lit maintenant en 3,19-21.25[1]. Ce texte en effet complète les récits de l'ascension et de la Pentecôte selon Act I, comme nous le verrons[2]. Il fut déplacé par Act II.

---

[1] Pour l'interprétation de ce texte difficile, voir surtout: A.BARBI, *Il Cristo celeste presente nella Chiesa. Tradizione e redazione in Atti 3,19-21* (Analecta Biblica, 64), 1979. - Voir aussi: E. SCHWEIZER, "Zu den Reden der Apostelgeschichte", dans ThZ 13 (1957) 3-6. - U.WILCKENS, *Die Missionsreden der Apostelgeschichte*, 1974[3], pp. 150ss. - O. BAUERNFEIND, "Tradition und Komposition in dem Apokatastasisspruch Apostelgeschichte 3,20f", Festsch. O. Michel, 1963, pp. 13-23. - R.F. ZEHNLE, *Peter's Pentecost Discourse. Tradition and Lukan Reinterpretation in Peter's Speeches of Acts 2 and 3* (SBL, MS, 15), Nashville - New York, 1971, pp. 66-68.

[2] Pour plus de détails sur ce problème, voir nos analyses littéraires tome III, pp. 55-56

19 Or Pierre leur dit: (= 2,38a) «Repentez-vous donc et convertissez-vous, pour que soient effacés vos péchés **20** afin que surviennent sur vous, de la face de Dieu, les *temps du réconfort* et qu'il envoie celui qui vous a été destiné, le Christ, **21** que les cieux doivent recevoir jusqu'aux temps de la *restauration* de tout, dont Il a parlé par la bouche de ses saints prophètes. **25** Vous, vous êtes fils des prophètes et de l'alliance qu'Il a conclue avec les pères, disant à Abraham: "Et en ta descendance seront bénies *toutes les tribus de la terre*".» **2,41a** Eux donc, ayant accueilli avec joie la Parole, embrassèrent la foi.

Cette seconde partie du discours commence par un appel au repentir et à la conversion afin d'obtenir l'effacement des péchés (v. 19), mais cet appel va bien vite se développer en une fresque sur le retour de Jésus, le nouvel Élie, qui va rejoindre et développer l'idée principale exprimée dans la scène de l'ascension de Jésus (1,6-12); puis Act I passera ensuite au thème de l'alliance avec Abraham, repris du Document Johannite.

1. La "restauration" du peuple de Dieu

Les vv. 19-21 sont hérissés de difficultés; nous allons les analyser en partant du thème central qu'ils développent, celui de la "restauration" de toutes choses exprimé au v. 21.

Le substantif "restauration" (ἀποκατάστασις) ne se lit pas dans la Septante grecque. C'est tout de même dans l'AT que doit être cherchée la signification du thème qu'il exprime, puisqu'il s'agit d'une "restauration" (v. 21a) attestée par les prophètes (v. 21b). Nous allons donc mener notre enquête à partir du verbe correspondant, "restaurer", qui, lui, se rencontre souvent dans la Bible. Comme le verbe hébreu qu'il traduit, le verbe grec ἀποκαθίστημι, employé aussi avec la forme ἀποκαθιστάνω, a un sens tantôt transitif, tantôt intransitif. Au sens intransitif, il signifie "se tourner", "se retourner", d'où "revenir". Au sens transitif, il signifie "faire se tourner", "faire revenir", d'où "restaurer" (faire revenir à son état premier). Dans les développements qui vont suivre, il ne faudra pas oublier ces diverses nuances.

a) Dans la littérature prophétique, puisque c'est d'elle qu'il s'agit ici, le thème de la "restauration" est partie intégrante d'un thème plus vaste: en raison de ses infidélités à la Loi divine, Israël sera dispersé parmi les nations païennes; s'il se convertit, s'il revient à Dieu en observant la Loi, Dieu le fera revenir dans sa terre, il le "restaurera". La "restauration" est donc l'opposé de la "dispersion". Écoutons par exemple ce qu'annonce Jérémie: «Et bien, des jours viennent, oracle du Seigneur, où il ne sera plus dit: "Vivant est le Seigneur qui a fait monter les Israélites du pays d'Égypte", mais plutôt: "Vivant est le Seigneur qui a fait monter les Israélites du pays du nord et de tous les pays où il les avait dispersés". Oui, je les ferai revenir (= je les "restaurerai") sur la terre que j'ai donnée à leurs pères» (Jer 16,14-15; cf. 23,8; 24,5-6; 50,19-20; Os 11,11 selon la Septante).

b) Puisque les Israélites ont été dispersés en raison de leurs infidélités à la Loi divine, ils ne pourront revenir dans leur pays, être "restaurés", que s'ils "se tournent" à nouveau vers Dieu. C'est le principe de la réciprocité: il faut que les Israélites "reviennent" vers Dieu pour que Dieu les "fasse revenir" dans leur pays. Le même verbe est employé, au sens intransitif d'abord, puis au sens transitif. Écoutons encore Jérémie: «Je veux fixer les yeux sur eux pour leur bien, <u>les faire revenir</u> (= les restaurer) en ce pays... Je leur donnerai un cœur pour connaître que je suis Yahvé; ils seront mon peuple et moi je serai leur Dieu, car <u>ils reviendront à moi</u> de tout leur cœur» (Jer 24,6-7; cf. 3,14). On comprend alors l'exhortation initiale de Pierre: «Convertissez-vous», c'est-à-dire: Tournez-vous à nouveau vers Dieu, revenez à Dieu.

c) Cette "conversion", ce retour à Dieu, aura pour conséquence le pardon des péchés. Jérémie l'avait annoncé: «Je ferai revenir Israël vers ses pâturages, et il paîtra le Carmel et le Bashân... Pendant ce temps, à ce moment-là, oracle de Yahvé, on cherchera la perversion d'Israël et elle aura disparu, et les fautes de Juda mais on ne les trouvera plus. En effet, je pardonne à ceux que je laisse survivre» (Jer 50,19-20). D'où l'exhortation de Pierre au v. 19: «Repentez-vous donc et convertissez-vous pour que soient effacés vos péchés.» Le verbe que Act I emploie ici (εἰς τὸ ἐξαλειφθῆναι) est repris de Is 43,25: «C'est moi, c'est moi qui efface (ὁ ἐξαλείφων) tes péchés et je ne m'en souviendrai plus.» Le passage dans lequel est inséré cette phrase se situe entre deux textes qui décrivent les joies du grand retour des exilés dans leur patrie (43,16-21 et 44,1-5).

d) Au thème de la "restauration" se rattache aussi la proposition qui commence le v. 20 "afin que surviennent sur vous, de la face de Dieu, les temps du réconfort". Quel est le sens de ce dernier mot (ἀνάψυξις)? Il ne se lit nulle part ailleurs dans le NT. Dans la Septante, il n'apparaît qu'en Ex 8,11; il s'agit du peuple d'Égypte qui est soulagé après qu'a cessé la plaie des grenouilles qui ont dévasté le pays. Quant au verbe correspondant (ἀναψύχειν), il marque le passage d'un état de souffrance, de persécution, de besoin (faim et soif), à un état de délivrance, de satisfaction[1]. C'est le repos après l'épreuve. Ce thème s'accorde donc bien avec celui de la "restauration" des dispersés d'Israël: une fois qu'ils seront revenus dans leur pays, à nouveau rassemblés, ils seront délivrés de leurs souffrances, ils jouiront du "repos" dans la paix retrouvée.

2. Jésus, celui qui doit "restaurer" Israël

Mais qui accomplira cette "restauration" du peuple de Dieu? La réponse avait déjà été donnée implicitement par Act I au début du récit de l'ascension,

---

[1] Voir A. Barbi, *op. cit.* p. 68.

lorsqu'il fait demander à Jésus par les apôtres: «Seigneur, est-ce en ce temps-ci que tu rétabliras (ἀποκαθιστάνεις) le royaume pour Israël?» (1,6). C'est bien le temps de la "restauration" qui est en jeu. Les apôtres sont persuadés que c'est Jésus qui doit effectuer cette restauration; ils ne lui demandent pas qui va l'effectuer, mais en quel temps lui, Jésus, va l'effectuer. Et puisque, nous l'avons vu, toute la scène de l'ascension, complétée par celle de la Pentecôte, est dominée par le thème de Jésus nouvel Élie qui communique son Esprit à ses disciples après avoir été enlevé au ciel, on peut déjà s'en douter: c'est comme un nouvel Élie que Jésus va effectuer la "restauration" eschatologique.

a) D'après 2 Rois 2,11, Élie fut "enlevé" au ciel, vivant, tandis qu'il cheminait avec son disciple Élisée. La tradition juive va développer ce thème en imaginant qu'il reviendra un jour sur la terre pour préparer l'avènement des temps nouveaux. Ainsi s'exprime le prophète Malachie: «Et voici que je vous enverrai Élie le Thesbite avant que ne vienne le Jour du Seigneur, grand et redoutable, et <u>il fera revenir</u> (ἀποκαταστήσει) le cœur des pères vers leurs fils et le cœur des fils vers leurs pères, de peur que je ne frappe le pays d'anathème» (Mal 3,23-24). Dans ce texte, il ne s'agit pas d'un "retour", d'une "restauration" au sens propre; il n'est pas question du retour des dispersés d'Israël, mais seulement d'une restauration des liens de parenté. Mais voyons comment Sir 48,9-10 réinterprète ce texte de Malachie: «Lui (Élie) qui fut enlevé (ὁ ἀναλημφθείς) dans un tourbillon de feu, dans un char aux chevaux de feu; lui dont il est écrit... qu'il fera revenir le cœur du père vers le fils, et qu'il fera revenir (καταστῆσαι) les tribus de Jacob.» C'est donc bien Élie qui doit effectuer le "retour", la "restauration", au sens strict du terme. Ce thème est d'ailleurs bien connu des écrits juifs non bibliques, targumim ou écrits rabbiniques. Citons seulement le targum du Pseudo-Jonathan sur Ex 30,4: «Même si les dispersés étaient au bout des cieux, le Memra de Dieu les rassemblerait par Élie, le grand prêtre.» Ces traditions juives sont attestées dès l'époque du NT dans ce texte de Mc 9,11-12: «Et (les disciples) l'interrogeaient en disant: Pourquoi les scribes disent-ils qu'Élie doit revenir d'abord? Et lui leur dit: Élie, en venant d'abord, <u>restaurera</u> (ἀποκαθιστάνει) toutes choses.»

b) Ainsi se continue le parallèle entre Jésus et Élie, commencé avec le récit de l'ascension. Le thème de la "restauration" est introduit par la question des apôtres à Jésus: «Seigneur, est-ce en ce temps-ci (que) tu rétabliras le royaume pour Israël?» (1,6). Puis, comme Élie, Jésus est enlevé au ciel, sur une nuée (1,9). Mais des messagers célestes annoncent qu'il reviendra un jour, de la même manière qu'il est parti (1,10-11). Après son départ, toujours comme Élie, il envoie son Esprit de prophétie à ses disciples (2,1ss), afin de continuer sa mission tant que durera son absence. Lors de son retour, il effectuera la "restauration" de tout, que Mal 3,23-24 et surtout Sir 48,10 attribuaient à Élie revenu sur terre. C'est dans cette perspective que se comprennent les vv. 19-21 du chapitre 3 des Actes: «Repentez-vous donc et convertissez-vous pour que vos péchés soient effacés et qu'ainsi le Seigneur fasse venir le temps du réconfort. Il enverra alors le Christ (cf. 2,36) qui vous a été destiné, celui que le ciel doit recevoir jusqu'aux temps de la restauration de tout, annoncé par les prophètes.»

3. L'alliance avec Abraham (v. 25)

Ce thème de l'alliance avec Abraham annonce déjà les développements qui seront faits dans le discours d'Étienne de 7,2ss. Il s'agit avant tout de la promesse faite au patriarche et à sa descendance de recevoir en héritage la terre de Canaan. Nous le développerons en commentant ce passage.

(Le discours selon Act II: ⇒ p. 154)

V. GUÉRISON D'UN INFIRME
(3,1-10)

1 Or, Pierre et Jean montaient au Temple, le soir, à l'heure de la prière. **2** Et ( ) un homme, infirme dès le sein de sa mère, était porté, que l'on plaçait à la porte du Temple, dite la Belle, pour demander l'aumône à ceux qui entraient dans le Temple. **3** Celui-ci, ayant regardé fixement de ses yeux, voyant Pierre et Jean entrer, leur demandait l'aumône. **6** Pierre lui dit: «Argent et or, je n'en ai pas; mais ce que j'ai, je te le donne: au nom de Jésus le Nazôréen, marche!» **7b** Et aussitôt il fut debout et s'affermirent ses pieds et ses chevilles. **9** Et tout le peuple le vit marchant et louant Dieu **10b** et tous furent remplis de frayeur et ils étaient stupéfaits de ce qu'une guérison lui était advenue.

Bien qu'il ne présente pas un intérêt spécial pour lui, Act I a voulu reprendre ce récit de guérison du Document P parce qu'il montrait Pierre agissant comme l'avait fait Jésus jadis (cf. Mc 2,1ss). Dans l'AT, on voyait de même Élisée accomplissant un miracle analogue à celui qu'avait fait Élie, son maître (1 Rois 17,17ss et 2 Rois 4,18ss). Pour Act I, c'est le parallèle entre Élie et Jésus qui se poursuit, de façon indirecte. Mais notre auteur a fait subir quelques modifications au texte de sa source.

1. Suppression d'un jeu de scène

Act I a remplacé le jeu de scène des vv. 4-5 par son v. 3. S'il ne mettait plus ce jeu de scène en relation avec les psaumes que nous avons cités en donnant le sens du récit du Document P, il a pu trouver curieux cet ordre de Pierre disant à l'infirme de le regarder fixement. Dans sa nouvelle rédaction, c'est donc avant que Pierre ne lui parle que l'infirme le regarde fixement, comme pour l'implorer avec plus de force.

2. Suppression d'un double jeu de scène

Act I a remplacé le v. 8 du récit du Document P par ses vv. 9 et 10b. L'infirme ne gambade plus, et il n'entre plus dans le Temple avec Pierre et Jean. Act I aurait-il trouvé inconvenant cette gymnastique de l'infirme guéri, dans le Lieu sacré par excellence? C'est fort possible. La mentalité orientale a souvent de ces scrupules qui nous déconcertent un peu. Mais en amputant ainsi le récit de Act I, notre auteur lui fait perdre sa saveur et supprime la référence implicite à Is 35,6. Au fond, ce miracle ne l'intéresse pas. S'il le garde, c'est parce qu'il le trouve dans sa source, mais il lui enlève une grande partie de son intérêt puisqu'il l'a privé du discours de Pierre (3,13ss) et de toute la discussion qui a suivi (4,1ss).

3. Suppression du portique de Salomon

Enfin Act I a remplacé le v. 11b du récit du Document P par ses vv. 9 et 10b. Selon le Document, c'était tout le peuple qui accourait au portique de Salomon, pour former un auditoire digne d'entendre le discours que Pierre va prononcer. Pour Act I, il suffit que tout le peuple qui se trouve sur place soit le témoin du miracle.

(Le récit de Act II: ⇒ p. 153)

VI. UN SOMMAIRE DE TRANSITION
(5,12a.15a.16b)

12a Or, par les mains des apôtres il arrivait des signes et des prodiges dans le peuple **15a** au point que dans les rues on apportait ( ) **16b** des malades et (des gens) tourmentés par des esprits impurs et tous ils étaient guéris.

Ce sommaire de Act I reprend le thème de l'activité thaumaturgique des apôtres que le Document P, en 4,29-31.33, donnait comme une conséquence de la venue de l'Esprit. Mais on notera la finale du texte: "...(des gens) tourmentés par des esprits impurs, et tous ils étaient guéris", qui reprend les expressions de Lc 6,18 "Et (les gens) tourmentés par des esprits impurs étaient guéris." Act I veut indiquer que l'activité thaumaturgique des apôtres ne fait que prolonger celle de Jésus, spécialement en ce qui concerne l'expulsion des démons. Les puissances du mal sont vaincues, même si Jésus n'est plus là (Lc 10,18-19). Comme un nouvel Élie, il a transmis à ses disciples son Esprit prophétique.

(Le sommaire selon Act II: ⇒ p. 165)

VII. COMPARUTION DEVANT LE SANHÉDRIN
(5,17-41)

17 Anne le grand prêtre et tous ceux qui (étaient) avec lui ( ) furent remplis de jalousie **18** et ils jetèrent les mains sur les apôtres et les mirent dans la prison publique. **21b** ( ) S'étant levés à l'aube et ayant convoqué le Sanhédrin ( ), (ils) envoyèrent (des gens) à la prison pour les amener. **22a** Mais les serviteurs ( ), **27** les ayant amenés, les présentèrent dans le Sanhédrin. Et le grand prêtre les interrogea en disant: **28b** ( ) «Voici que vous avez empli Jérusalem de votre enseignement et vous voulez amener sur nous le sang de cet homme.» **29a** Répondant, Pierre lui dit: **30** «Le Dieu de nos pères a ressuscité Jésus que vous, vous aviez fait mourir en le suspendant au bois. **31** Celui-ci, Dieu l'a exalté à sa droite comme chef et sauveur, pour donner le repentir à Israël et la rémission des péchés, par lui. **32a** Et nous, nous (sommes) témoins de ces choses.» **33** Mais en entendant cela ils étaient furieux et ils projetaient de les supprimer. **34** S'étant levé, quelqu'un du Sanhédrin, un Pharisien du nom de Gamaliel, un docteur de la Loi estimé du peuple, ordonna de faire sortir les apôtres. **35** Il dit à tout le Sanhédrin: «Hommes d'Israël, prenez garde à ce que vous allez faire de ces hommes. **37** ( ) Se leva Judas le Galiléen à l'époque du recensement et il entraîna beaucoup de monde derrière lui. Celui-là ( ) périt, et ceux qui lui avaient obéi furent dispersés. **38** Et maintenant, frères, je vous dis: ne vous occupez pas de ces gens-là et laissez-les sans souiller vos mains.» **39c** Ils furent persuadés par lui **40a** et, ayant rappelé les apôtres, les ayant fait battre, ils les relâchèrent. **41** Eux donc ( ) s'en allèrent, joyeux, de devant le Sanhédrin parce que, à cause du Nom, ils avaient été jugés dignes d'être outragés.

Ce récit de Act I, reprend, en l'amplifiant, celui du Document P tel qu'il se lisait en 4,1ss. Le schéma du récit du Document P se retrouve presque intégralement dans celui de Act I. Selon le contexte qui précède immédiatement, Pierre vient de s'adresser à la foule (3,12ss dans le Document P; 2,14ss dans Act I), ce qui provoque la fureur de la caste sacerdotale, prêtres et Sadducéens (4,1-2 et 5,17). Il s'ensuit une confrontation (4,7 et 5,27.28b) au cours de laquelle Pierre prononce un nouveau discours devant les opposants, ayant pour noyau central l'affirmation que Dieu a ressuscité ce Jésus que les autorités juives avaient mis à mort (4,10-11 et 5,30-32a). Ceux-ci se concertent alors pour savoir ce qu'ils vont faire aux disciples (4,15-17 et 5,33-35.37-38), et finalement on les laisse aller (4,21 et 5,40).

Ce schéma commun contient des divergences inévitables. Au niveau du Document P, Pierre et Jean étaient seuls en cause, tandis que dans les récits de Act I il s'agit de Pierre et de tous les apôtres (2,14; 5,18.40). Le récit du Document P était rédigé dans la perspective du miracle de la Belle Porte (3,1ss), effectué au nom de Jésus mort et ressuscité; cette perspective est absente du récit de Act I, sauf la mention du Nom qui vient en finale (5,41). Mais voyons de plus près les particularités du présent récit.

1. Une comparution devant le Sanhédrin

L'innovation la plus importante est la comparution des apôtres devant le Sanhédrin: on les arrête pour les jeter en prison (5,18); le lendemain matin, le Sanhédrin se réunit (5,21b), on envoie chercher les apôtres (5,22a.27) et le grand prêtre, qui préside l'assemblée, commence à les interroger (5,27); finalement, ils seront battus de verges (5,40). Tout ce scénario était absent du récit du Document P; il ne fut introduit en 4,3ss qu'au niveau de Act II.

a) L'intention de Act I ne saurait faire de doute: il a voulu établir un parallèle entre le sort des apôtres et celui qu'avait connu Jésus. Avant ses apôtres, Jésus avait été arrêté (Lc 22,54a) et enfermé dans la maison du grand prêtre (22,54b). Au matin, l'assemblée des Anciens se réunit et l'on amène Jésus devant le Sanhédrin (22,66) où il est interrogé par le grand prêtre (Mc 14,61; Mat 26,63); lui aussi sera battu de verges (Lc 22,63). Ainsi se réalise la parole de Jésus rapportée dans l'évangile de Jean: «Le serviteur n'est pas plus grand que son maître; s'ils m'ont persécuté, vous aussi ils vous persécuteront»(Jn 15,20).

b) Act I veut montrer également que les apôtres endurent ce que Jésus avait prophétisé dans le discours apocalyptique selon Lc 21,12: «Avant toutes choses, ils mettront sur vous leurs mains (cf. Act 5,18a), et ils vous persécuteront, vous livrant aux synagogues et aux prisons (cf. Act 5,18b), vous traînant devant les rois et les gouverneurs à cause de mon nom» (cf. Act 5,41b).

c) Act I atteint encore un autre but: il souligne implicitement une transformation radicale dans le comportement de Pierre. Tandis que son Maître comparaissait devant le Sanhédrin, Pierre l'avait renié par trois fois, par peur de le suivre jusque dans la mort (Lc 22,55-62); maintenant au contraire, Pierre a le courage de comparaître à son tour devant la même instance et de tenir tête au grand prêtre. Entre temps, il a reçu l'Esprit (2,1-4).

2. Le discours de Pierre

Le discours que Pierre tient devant le Sanhédrin (5,30-32a) a comme ossature le thème fondamental de la prédication primitive: Dieu a ressuscité ce Jésus que les Juifs avaient fait mourir; les apôtres en sont témoins. La formulation littéraire se rapproche beaucoup de celle du premier discours de Pierre selon le Document P (3,13-14a.15b):

Act 3		Act 5	
13	... le Dieu de nos pères a glorifié son Serviteur que vous, vous avez méprisé...	30	le Dieu de nos pères a ressuscité (ἤγειρεν) Jésus que vous, vous avez fait mourir en le suspendant au bois;
		31	Celui-ci, Dieu (l')a exalté à sa droite, comme chef et sauveur...
14	... mais vous, le Saint et le Juste		
15	vous l'avez accablé ( ) et tué, (lui) qu'Il a ressuscité (ἤγειρεν) des morts, dont nous, nous sommes témoins.	32	et nous, nous (sommes) témoins de ces choses.

a) Au début de 5,31, Act I remplace le thème de la glorification du Serviteur (3,13) par celui de l'exaltation du Christ à la droite de Dieu, repris de Ps 110,1. Ce thème a l'avantage, à ses yeux, d'évoquer l'intronisation royale de Jésus. N'oublions pas que, pour Act I, Jésus est le Roi qui doit restaurer le royaume en faveur d'Israël (1,6). D'autre part, en précisant que les Juifs ont fait mourir le Christ "en le suspendant au bois", il veut faire allusion au texte de Deut 21,23: «...parce que (est) maudit par Dieu quiconque (est) suspendu au bois» (cf. Gal 3,13).

b) En l'exaltant à sa droite, Dieu a institué Jésus "chef et sauveur". Le premier de ces titres, en grec (ἀρχηγός), peut avoir deux sens: "cause, auteur de" (cf. 3,15, de Act III), ou "chef, roi". Quant au second (σωτήρ), il ne se lit qu'un fois ailleurs dans les Actes, en 13,23 (TA), de Act I. Puisque 13,23 et 5,31 sont du même niveau rédactionnel, nous pouvons les interpréter l'un par l'autre. En 13,23, Dieu a suscité comme sauveur Jésus, le descendant et l'héritier du roi David, afin de réaliser par lui la promesse faite jadis à Abraham (cf. 13,26.32) de lui donner en héritage la terre de Canaan. La perspective doit être la même ici. Dieu a exalté Jésus à sa droite, lui donnant ainsi l'investiture royale (cf. Ps 110,1), et c'est ce Jésus qui doit revenir un jour prochain pour donner le salut au nouveau peuple de Dieu en restaurant le royaume pour Israël.

c) Mais la restauration de ce royaume ne pourra s'accomplir que si le peuple de Dieu s'est repenti de ses fautes et a obtenu le pardon de ses péchés (v. 31b). Cette condition avait été exprimée déjà en 3,19, dans le texte du Document Johannite repris par Act I. Elle le sera à nouveau en 13,38a.

3. La fureur des auditeurs

«Mais en entendant cela, nous dit Act I, ils étaient furieux et ils projetaient de les supprimer» (5,33). Pourquoi cette fureur contre les apôtres à la suite du discours de Pierre? C'est le parti sacerdotal, lié aux Sadducéens, qui a donné l'ordre d'arrêter les apôtres et de les faire comparaître devant le Sanhédrin (5,17). Or les Sadducéens ne croyaient pas en la résurrection (Act 23,8; Lc 20,27-38); on peut donc penser que ce sont les paroles de Pierre concernant la résurrection de Jésus (v. 30) qui les ont mis en fureur (Act 4,1-2). Un indice nous le confirme: les apôtres vont être sauvés grâce à l'intervention d'un Pharisien, Gamaliel (vv. 34ss). Si Act I précise que Gamaliel était un Pharisien, c'est justement parce que Sadducéens et Pharisiens s'opposaient sur cette croyance en la résurrection (cf. 23,6-10). Notons encore que Gamaliel, dont Paul avait été un disciple (22,3), héritier de la pensée de Hillel, était alors le principal représentant d'un courant, au sein même du parti des Pharisiens, qui prônait une interprétation large et humaine de la Loi.

4. L'intervention de Gamaliel

Dans le récit du Document P, les adversaires de Pierre et de Jean décidaient de laisser aller les deux disciples par crainte d'une émeute populaire s'ils s'en prenaient à eux (4,21). Selon Act I, c'est l'intervention de Gamaliel qui va être décisive. Il rappelle d'abord un fait qui s'est passé quelques décades auparavant, et dont l'historien Flavius Josèphe s'était fait aussi l'écho: un aventurier, Judas le Galiléen, avait provoqué un grand mouvement populaire, mais il périt et tous ceux qui l'avaient suivi furent dispersés (5,37). Il en sera de même de Jésus et de sa secte. Alors, pourquoi se souiller les mains en les mettant à mort (v. 38a; cf. Nomb 19,13-16)? Laissons faire le temps.

L'argumentation de Gamaliel prévalut, et les apôtres purent rentrer chez eux après avoir été battus de verges (5,40). Mais il n'est plus question, dans le nouveau récit, de demander à Dieu la force de continuer à prêcher la Parole avec assurance (4,29ss); les apôtres ont déjà cette force puisqu'ils ont reçu l'Esprit (2,1-4). Act I termine son récit sur le thème de la joie: «Eux donc ( ) s'en allèrent, joyeux, de devant le Sanhédrin parce que, à cause du Nom, ils avaient été jugés dignes d'être outragés» (5,41). Il pense sans doute à cette parole du Christ: «Heureux êtes-vous quand les hommes vous haïront, quand ils vous frapperont d'exclusion et qu'ils insulteront et proscriront votre nom comme infâme à cause du Fils de l'homme; réjouissez-vous ce jour-là et tressaillez d'allégresse, car voici que votre récompense sera grande dans le ciel. C'est de cette manière que leurs pères traitaient les prophètes» (Lc 6,22-23).

(Le récit de Act II: ⇒ p. 166)

VIII. LE MARTYRE D'ÉTIENNE
(6,8-7,60)

8 Or Étienne, plein de grâce et de puissance, faisait des signes et des prodiges devant le peuple. **9** Or se levèrent certains de la synagogue des dits Affranchis ( ) pour discuter avec Étienne. **11a** Donc, ne pouvant pas regarder en face la vérité, **12** ( ) ils ameutèrent le peuple et les Anciens et les scribes et, survenant, ils s'emparèrent de lui et l'amenèrent au Sanhédrin **13b** [en] disant: «Cet homme ne cesse de parler contre ce saint Lieu et contre la Loi.» **15** Et tous ceux qui (étaient) dans le Sanhédrin, l'ayant regardé fixement, virent son visage comme le visage de l'ange de Dieu debout au milieu d'eux. **1** Le grand prêtre dit: «Est-ce qu'il en est ainsi?» **2** Or lui répondit: «Hommes (mes) frères et pères, écoutez. Le Dieu de gloire est apparu à notre père Abraham **3** et il lui dit: "Sors de ton pays et de ta famille et va dans le pays que je te montrerai."
4-7a
8-22
30-32.34
35 Ce Moïse qu'ils ont renié en disant: "Qui t'a établi chef ou juge?", celui-ci Dieu l'a envoyé comme libérateur par la main de l'ange qui lui était apparu dans le buisson. **36** Celui-ci, il les a fait sortir en faisant des signes et des prodiges au pays d'Égypte et dans la mer Rouge et dans le désert, durant quarante ans. **38** C'est lui qui fut dans l'assemblée au désert avec l'ange qui lui parlait au mont Sinaï (avec) nos pères, qui a reçu les paroles vivantes pour nous les donner, **39** à qui nos pères ne voulurent pas obéir, mais ils (le) repoussèrent et se tournèrent de cœur en Égypte, **40** disant à Aaron: "Fais-nous des dieux qui marchent devant nous. Car ce Moïse qui nous a fait sortir du pays d'Égypte, nous ne savons pas ce qui lui est arrivé." **41** Et ils fabriquèrent un veau, en ces jours-là, et ils firent monter des sacrifices à l'idole et ils se réjouirent des œuvres de leurs mains. **51** Nuques raides, incirconcis de cœur et d'oreilles, vous, toujours vous résistez à l'Esprit, comme vos pères, **53** (vous) qui avez reçu la Loi en préceptes d'anges et ne l'avez pas observée.» **54** En entendant cela, ils étaient furieux dans leurs cœurs et ils grinçaient des dents contre lui. **55** Mais lui, se trouvant dans l'Esprit, ayant regardé fixement vers le ciel, il vit la gloire de Dieu et Jésus à la droite. **56** Et il dit: «Voici que je vois les cieux ouverts et le Fils de l'homme debout à la droite de Dieu.» **57** Ayant crié à pleine voix, ils se bouchaient les oreilles et ils se précipitèrent sur lui. **58a** Et, l'ayant traîné hors de la ville, ils le lapidaient, **59b** priant et disant: «Seigneur Jésus, reçois mon esprit.» **60b** Et, ayant dit cela, il s'endormit.

Act I reprend ici le texte du Document P que l'on retrouve, sans modification, au début (6,8-9) et à la fin (7,57c, 58a, 59b et 60b) de son récit. Il y apporte toutefois d'importantes transformations. Au niveau du Document P, il s'agissait d'une émeute populaire au cours de laquelle Étienne était lapidé. Selon Act I, Étienne est traîné devant le Sanhédrin (6,12) où on l'accuse d'avoir parlé contre le saint Lieu et contre la Loi (v. 13b). À ce moment, son visage est comme un visage d'ange (v. 15). Le grand prêtre lui demande alors s'il en est ainsi (7,1), ce qui donne l'occasion à Étienne de prononcer un long discours (7,2ss) qui se termine par des invectives contre les sanhédrites (7,51.53). Ceux-ci sont furieux (7,54), mais Étienne leur déclare alors qu'il vient de voir Jésus debout à la droite de Dieu (7,55-56). Les sanhédrites considèrent cela comme un blasphème et entraînent Étienne hors de la ville pour le lapider.

Le parallèle avec le procès de Jésus devant le Sanhédrin est évident. Mais il ne semble pas que l'intention première de Act I ait été d'établir ce parallèle entre Étienne et Jésus. Il vaudrait mieux dire qu'il utilise ce parallèle pour développer les idées maîtresses qu'il a voulu exposer en composant la geste de Pierre et la geste de Paul. C'est ce qu'il nous faut montrer maintenant.

A) JÉSUS ET LA RESTAURATION DU ROYAUME

Nous avons dit déjà que, pour Act I, la geste de Pierre était dominée par l'idée que Jésus, tel un nouvel Élie, devait revenir un jour afin de libérer le peuple de Dieu de la domination romaine et de restaurer le royaume d'Israël. C'est ce thème que Act I va développer ici, et de deux façons complémentaires.

a) Le fait qu'Étienne comparaîsse maintenant devant le Sanhédrin permet à Act I de mettre dans la bouche de celui qui va être martyrisé un long discours qu'il lui aurait été impossible de tenir devant une foule en fureur. Or, dans la première moitié de ce discours (7,2-22.30-34), Act I reprend le Document Johannite dont nous avons déjà parlé (pp. 77ss). Ce Document rappelait la promesse faite par Dieu à Abraham de lui donner en héritage la terre de Canaan (7,5-8), racontait ensuite comment le peuple de Dieu s'était trouvé captif en Égypte (7,9-16), puis avait été délivré grâce à Dieu agissant par l'intermédiaire de Moïse (7,17-22.30-34). Tout ceci n'a rien à voir avec les accusations portées contre Étienne selon 6,13b. Pour Act I, Étienne ne parle donc pas ici pour se justifier, mais seulement pour rappeler que la terre de Canaan a été donnée par Dieu à Abraham et à sa descendance en vertu d'une promesse solennelle, scellée par une alliance.

b) Mais les descendants d'Abraham se trouvent maintenant asservis aux Romains. Il leur faut donc un libérateur qui, d'après les traditions juives (Mal 3,23-24, réinterprété en Sir 48,9-10), doit être comme un nouvel Élie. Selon le Document J repris par Act I, ce libérateur n'était autre que Jean-Baptiste. Pour Act I, ce libérateur est Jésus qui, enlevé au ciel tel Élie (1,9-10), doit revenir un jour pour effectuer la restauration d'Israël (1,6; 1,11; 3,19-21). Notre auteur le rappelle en ajoutant au récit du Document P les vv. 55-56 du chapitre 7. Pour comprendre la portée de cet ajout, il faut se reporter au récit de l'ascension écrit par Act I en 1,9-11. Jésus y est emporté par une nuée (v. 9), et l'on a vu que cette description avait pour but d'identifier Jésus au Fils d'homme dont il est parlé en Dan 7,13. Mais, ajoute le texte, "comme ils regardaient fixement vers le ciel", deux anges apparaissent aux disciples pour leur annoncer que Jésus reviendra de la même manière qu'il est parti (vv. 10-11). De même Étienne, "ayant regardé fixement vers le ciel", voit Jésus à la droite de Dieu et s'écrie: «Voici que je vois les cieux ouverts et le Fils de l'homme debout à la droite de Dieu» (7,56). Le rapprochement avec la parole que prononce Jésus devant le Sanhédrin est évident (Mat 26,64 par.). Mais J. Dupont note très justement dans la BJ[1]: «Les paroles de Jésus montraient, à la suite de Ps **110** 1, le Fils de l'homme "*assis* à la droite de Dieu"; Étienne le dit "*debout*": cette attitude correspond mieux à la vision de Daniel, où le Fils de l'homme "*vient* sur les nuées" (cf. Mt **16** 27-28; **25** 31).» Ainsi, la vision d'Étienne complète l'expérience des apôtres au jour de l'ascension: comme le Fils de l'homme de Dan 7,13, Jésus est maintenant à la droite de Dieu, mais debout, et donc prêt à revenir sur la terre pour y restaurer le royaume d'Israël (Act 1,6.11; 3,19-21) en faveur des descendants d'Abraham.

B) LA RUINE DE JÉRUSALEM

Nous verrons que, dans la geste de Paul, Act I veut développer une thèse: si Jérusalem fut prise et ruinée par les Romains, c'est en raison du refus des Juifs de reconnaître en Jésus celui qui doit effectuer la restauration d'Israël, comme le leur annonçait Paul. C'est ce thème que Act I prépare ici, spécialement en ajoutant au Document Johannite les vv. 35-41 et 51.53 du chapitre 7.

1. Étienne annonce la destruction du Temple

Selon Act I, Étienne est accusé devant le Sanhédrin d'avoir parlé "contre le saint Lieu et contre la Loi" (6,13b). S'il parle contre le Temple de Jérusalem, ce n'est pas pour en démontrer l'inutilité, comme le comprendra Act II en 7,44-50. Il parle contre le Temple en ce sens seulement qu'il en annonce la destruction, comme l'avait fait Jésus. Act I anticipe donc ce qui fera la thèse qu'il développera dans la geste de Paul: la ruine du Temple, comme la destruction de Jérusalem, sera le châtiment infligé par Dieu aux Juifs qui n'ont pas voulu accepter le message qu'il leur envoyait par l'intermédiaire de Paul. Ce thème va être développé, de façon très discrète, dans les vv. 35 à 41, 51 et 53.

2. Étienne ressemble à un ange (6,15)

Act I a introduit ensuite un détail assez curieux: le visage d'Étienne était comme le visage de l'ange de Dieu (6,15). Quelle en est la signification? Une telle comparaison entre un homme et "l'ange de Dieu" revient à plusieurs reprises dans l'AT. En Jug 13,6ss, la femme de Manoah raconte comment elle a vu un homme de Dieu qui avait l'apparence de l'ange de Dieu (ce qu'il était en réalité)

---

[1] P. 84, note f.

qui lui a prophétisé la naissance d'un fils, malgré sa stérilité; ce sera Samson. En 2 Sam 14,17-20, la femme venue de Téqoa compare le roi David à l'ange de Dieu parce qu'il connaît le bien et le mal et que, rempli de sagesse, il sait tout ce qui se passe sur la terre. Même thème en 2 Sam 19,28. C'est à la lumière de ces textes qu'il faut comprendre le sens de Act 6,15. Si Étienne apparaît comme l'ange de Dieu, c'est qu'il va prononcer un discours prophétique, plein de sagesse, comme si c'était Dieu lui-même qui allait parler.[1]

3. La révolte des Hébreux contre Moïse

En complétant le Document J, Act I lui donne une intention polémique qu'il ne contenait pas: les Hébreux ont rejeté Moïse, et, en rejetant Moïse, ils se sont révoltés contre Dieu.

a) Cette critique de l'attitude des Hébreux commence au v. 35, qui contient une citation de Ex 2,14: «Qui t'a établi chef et juge?» Mais dans le récit de l'Exode, un seul Hébreu s'était révolté contre Moïse. Act I généralise et suppose que cette attitude hostile à Moïse aurait été le fait de tous les Hébreux. Ils rejettent celui que Dieu leur a donné comme "rédempteur". Soumis à une dure servitude de la part des Égyptiens, ils ne comprennent pas que Moïse est celui qui doit les délivrer. En écrivant ces lignes, Act I pense certainement à ce qu'il développera dans la geste de Paul: les Juifs sont soumis à la domination romaine et Paul leur annonce que Jésus est celui qui doit les délivrer en restaurant le royaume d'Israël (Act 1,6); mais ils refusent de recevoir ce message de salut. Ils vont rejeter le Christ comme leurs pères avaient rejeté Moïse (cf. 7,35.39).

b) Notons en passant que les vv. 38-39 contiennent une allusion au texte de Ez 20,8-16, qui rappelle les révoltes des Hébreux contre Dieu lors de l'Exode. La fin du v. 39 reprend évidemment le texte de Nomb 14,3-4: «Maintenant donc, il serait mieux pour nous de retourner en Égypte... Donnons-nous un chef et retournons en Égypte.» Mais le thème général de ce v. 39 rappelle Ez 20,8: «Et ils s'éloignèrent de moi et ils ne voulurent pas m'obéir... Ils n'abandonnèrent pas les ordures de l'Égypte.» - Ez 20,13 poursuit: «Et ils ont rejeté (ἀπώσαντο) mes ordonnances que l'homme doit suivre pour vivre par elles.» On notera alors que Act 7,38 fait allusion au don de la Loi par l'intermédiaire de Moïse, plus exactement au don des "paroles vivantes", c'est-à-dire qui donnent la vie. N'oublions pas aussi que, au v. 39, le texte des Actes dit que les Hébreux ont "rejeté" Moïse. - Au v. 16, le texte d'Ézéchiel reproche aux Hébreux d'avoir suivi

---

[1] Plusieurs commentateurs préfèrent interpréter 6,15 en fonction de 7,55: le visage d'Étienne serait transfiguré par la gloire de Dieu qu'il contemple. Ils en concluent que tout le discours d'Étienne serait une insertion plus tardive entre 6,15 et 7,55. Mais où trouverait-on ailleurs ce thème d'une vision qui fait ressembler à un ange?

les désirs <u>de leurs cœurs</u>, ce qui pourrait expliquer l'addition que Act I fait au texte des Nombres "ils retournèrent <u>de cœur</u> en Égypte" (7,39). - Enfin, Ez 20,18 avertit les Juifs: «Ne vous conduisez pas comme vos pères.» Act I dira, en 7,51: «Vous, toujours vous résistez à l'Esprit, comme vos pères...» Tous ces rapprochements ne sont pas fortuits et l'on peut penser que Act I s'inspire de Ez 20,8ss pour composer le discours d'Étienne. Or, ces oracles d'Ézéchiel furent composés lors de l'exil à Babylone, après la ruine de Jérusalem, et pour expliquer pourquoi Dieu a agi si durement envers son peuple. Ces allusions au texte d'Ézéchiel faites par Act I préparent encore une fois ce qui sera pour lui le thème dominant de toute la geste de Paul: le refus des Juifs de recevoir le message de l'apôtre aura pour conséquence la ruine de Jérusalem.

c) Les vv. 39-41 accentuent la note péjorative en rappelant l'épisode peu glorieux de la construction du veau d'or que les Hébreux se sont mis à adorer (cf. Ex 32,1ss). La révolte contre Moïse s'est aggravée d'une révolte contre Dieu: ils ont adoré des idoles et leur ont offert des sacrifices. On comprend alors les invectives du début du v. 51: «Nuques raides, incirconcis de cœur et d'oreilles!» La première injure, très rare en grec, se lit pour la première fois dans la Bible en Ex 33,3.5, dans la foulée d'une section qui rappelle l'épisode du veau d'or (32,30-35; cf. 32,1-5), et en référence à cet épisode. La même expression se lit ensuite en Deut 9,13 où le lien avec l'épisode du veau d'or est encore plus marqué: «Ils se sont fait une idole de métal fondu... c'est un peuple à la nuque raide.» Quant à la seconde injure, "incirconcis de cœur et d'oreilles", elle évoque souvent dans la Bible l'attitude des Hébreux qui refusent d'écouter les paroles de Dieu: «Voici que leurs oreilles sont incirconcises et ils ne peuvent entendre» (Jer 6,10, LXX; cf. 9,5; Lev 26,41). Les deux injures qu'Étienne décoche aux membres du Sanhédrin sont implicitement liées en Bar 2,30-31: «Car je sais qu'ils ne m'écouteront pas; c'est un peuple à la nuque raide. Mais dans le pays de leur exil... je leur donnerai un cœur et des oreilles qui entendent.»

4. Les Juifs agissent comme leurs pères

En fait, les injures d'Étienne s'adressent aux membres du Sanhédrin, donc aux autorités religieuses juives, auxquelles Étienne reproche d'agir comme leurs pères. Ils n'ont pas tenu compte des exhortations du roi Ézéchias qui adjurait ses contemporains: «Ne soyez pas comme vos pères et vos frères qui ont prévariqué envers Yahvé, le Dieu de leurs pères, et ont été livrés par lui à la ruine comme vous le voyez. Ne raidissez plus vos nuques comme l'ont fait vos pères» (2 Chron 30,7-8). On songe aussi au texte de Jer 16,11b-12: Dieu, par la bouche du prophète, annonce tous les malheurs qui vont fondre sur son peuple. Celui-ci demande alors la raison de ces calamités, et Dieu lui répond: «Parce que vos pères... m'ont abandonné et qu'ils n'ont pas observé ma Loi, et vous, vous avez fait le mal plus que vos pères...» Le thème est le même, et il est vraisemblable que Act I s'est inspiré aussi de ce texte prophétique.

Ainsi se termine le discours d'Étienne devant les membres du Sanhédrin. Et de même que Jésus avait été mis à mort pour avoir annoncé la ruine du Temple (Mc 14,58), ainsi Étienne sera lapidé pour avoir à son tour prédit cette ruine (Act 6,13b, voir le commentaire).

5. La ruine de Jérusalem

Les citations de Ez 28,8-16 et de Jer 16,11b-12, signalées plus haut, confirment ce que nous avons déjà dit de l'intention profonde de Act I. Ces deux textes en effet se poursuivent par des allusions à la ruine de Jérusalem et à la déportation des habitants de la Terre Sainte. Act I veut alors établir un parallèle implicite entre Moïse et Jésus. Moïse fut envoyé par Dieu pour délivrer les Hébreux de la servitude d'Égypte (v. 34); Jésus fut suscité par Dieu pour libérer Israël de la servitude des Romains. Mais de même que Moïse fut rejeté par les Hébreux (vv. 39-41) ainsi Jésus fut rejeté par les Juifs qui refusèrent de voir en lui le libérateur d'Israël; et ce refus va se poursuivre durant les voyages missionnaires de Paul: c'est tout le sens de la geste de Paul selon Act I. En conséquence, de même que les infidélités du peuple de Dieu ont amené la ruine de Jérusalem en 587, dont témoignent Ézéchiel et Jérémie, de même le refus des Juifs provoquera la ruine de Jérusalem en 70. Mais tout espoir n'est pas perdu. Jérémie aussi bien qu'Ézéchiel font suivre leurs menaces d'une promesse de restauration du peuple de Dieu, comprenant le retour de tous les dispersés. De même, après 70, la catastrophe qui a amené la ruine de Jérusalem n'est pas définitive (Lc 21,23-28). Le Christ doit revenir un jour, tel un nouvel Élie, pour effectuer la restauration d'Israël.

Les développements de ce dernier paragraphe nous font comprendre pourquoi Act I a voulu placer le récit de la conversion de Paul aussitôt après celui du martyre d'Étienne. Ce récit a comme arrière-plan la ruine de Jérusalem, comme nous allons le voir maintenant.

(Le récit de Act II: ⟹ p. 174)

IX. LA CONVERSION DE PAUL
(8,3; 9,3-30)

8,3a Or Saul ravageait l'église. **9,3** Mais tandis qu'il allait [à] Damas, soudain une lumière (venue) du ciel brilla autour de lui **4a** et, étant tombé à terre, il entendit une voix

voix lui disant: **6b** «( ) Lève-toi et entre dans la ville et il te sera dit ce que tu dois faire.» **8** Saul se leva de terre mais ( ) il ne voyait rien. L'ayant conduit par la main, ils le firent entrer à Damas. **9a** Et il était trois jours sans voir. **12** Et il vit un homme, en vision, lui imposant les mains ( ). **20** Et aussitôt, dans les synagogues, il proclamait Jésus, que **22c** c'est lui le Christ. **23** Quand se furent passés beaucoup de jours, les Juifs se concertèrent pour le supprimer. **30ac** L'ayant appris, les frères ( ) l'envoyèrent à Tarse.

1. Un fragment de la vie de Paul

a) Du point de vue historique, ce petit fragment, qui annonce la geste de Paul, correspond en gros à ce que l'apôtre lui-même nous dit de lui dans sa lettre aux Galates. Il fut d'abord un farouche persécuteur de l'église, par attachement au judaïsme de ses pères, puis il devint disciple de Jésus à la suite d'une révélation mystérieuse qu'il reçut de Dieu (Gal 1,13-16). L'activité de Paul à Damas est attestée en Gal 1,17b, mais Act I néglige de mentionner la retraite de Paul en Arabie, aussitôt après sa conversion (Gal 1,17a). Il ne parle pas non plus du court séjour de Paul à Jérusalem, où il ne vit que Pierre et Jacques, le frère du Seigneur (Gal 1,18-19), mais il rejoint les données pauliniennes en faisant partir Paul à Tarse, en Cilicie, tandis qu'il était encore inconnu des églises qui sont en Judée (Gal 1,21-22). Act I ne veut pas nous donner une biographie de Paul; il ne retient que les événements principaux, ceux qui l'intéressent.

b) Il est plus difficile de situer le complot des Juifs de Damas contre Paul dans ce contexte historique. Furieux de ce que Paul proclame que Jésus est le Christ, ils décident de le faire mourir et celui-ci n'échappe au complot que grâce aux frères de Damas qui le font partir à Tarse (9,23.30). En 2 Cor 11,32-33, Paul fait allusion à un complot fomenté contre lui à Damas et auquel il put échapper grâce aux chrétiens de la ville (cf. Act 9,23-25, de Act II). Mais ce complot avait été ourdi par Arétas IV (mort en l'an 40), un roi des Nabatéens dont le pouvoir s'étendait alors jusqu'à Damas. Rien ne permet de penser qu'Arétas se soit servi des Juifs pour réaliser son dessein contre Paul. En fait, Act I réutilise le fait historique mentionné par Paul, dont il a entendu parler par ouï-dire, mais il l'adapte à son but qui est de faire de l'événement qu'il raconte une introduction à toute la geste de l'apôtre. Nous préciserons ce point plus loin.

2. Paul ravage l'église de Jérusalem

Pour exprimer la persécution de Paul contre l'église (8,3a), Act I dit qu'il la "ravageait" (ἐλυμαίνετο). Ce verbe ne se lit qu'ici dans tout le NT. Assez rare aussi dans la Septante, on le trouve en Ps 80,14: «... le sanglier des forêts la ravage et la bête des champs la dévore.» Il s'agit de la Terre Sainte comparée à une vigne (v. 9). Tout le psaume est un appel à Dieu pour qu'il restaure les royaumes d'Israël et de Juda, dévastés par les invasions des Assyriens d'abord, puis des Chaldéens. Nous avons vu que Act I vivait dans l'espérance d'une restauration politique du royaume d'Israël. N'aurait-il pas vu dans la destinée de Paul comme une préfiguration du destin d'Israël? Comme jadis les Assyriens ou les Chaldéens, Paul "ravage" l'église, qui est le nouveau peuple de Dieu. Mais Dieu va venir en aide à son peuple en convertissant le persécuteur à la foi chrétienne. La paix est retrouvée, prélude de la restauration du nouvel Israël.

3. Paul en route vers Damas

Après avoir mentionné l'activité de Paul contre l'église (8,3a), Act I nous le montre en route vers Damas (9,3). En reprenant ce récit, Act III ajoutera que c'était en vue d'y rechercher les chrétiens afin de les ramener, enchaînés, à Jérusalem (9,1-2). Mais une telle précision est impossible au niveau de Act I puisque la diffusion de l'évangile n'a pas dépassé les limites de la Judée. Paul devait se rendre à Damas au cours d'un voyage dont le but n'est pas précisé. Les occasions ne devaient pas manquer, d'autant que Damas se trouvait sur la route de Jérusalem à Tarse, la patrie de Paul. En Gal 1,15-16, Paul, lui non plus, ne met aucun lien direct entre sa conversion et son activité de persécuteur.

4. La vision de Paul

En Gal 1,15-16, nous l'avons vu, Paul attribue sa conversion à une révélation divine, mais il ne donne aucun détail sur les modalités de cette révélation. Act I, en revanche, se montre ici prolixe (9,3-6.8-9). Il ne faudrait pas en conclure que notre auteur aurait bénéficié de renseignements particuliers par une autre voie que celle de Paul. En fait, il décrit la vision de Paul en référence à celle qu'aurait eue le prophète Ézéchiel lorsqu'il fut investi par Dieu d'une mission particulière envers le peuple d'Israël. Un être mystérieux, ayant une apparence humaine, tout entouré de lumière, lui apparaît (Ez 1,26-27) et lui confie une mission. Mettons les textes en parallèle:

Ez 1-3		Act 9	
1,27c	je vis quelque chose comme du feu et une lueur tout autour	3b	soudain, (venue) du ciel, une lumière brilla autour de lui
1,28c	je regardai et je tombai sur ma face et j'entendis la voix de quelqu'un qui parlait	4	et, étant tombé à terre il entendit une voix
2,1	et il me dit...[1]		lui disant:

[1] Le texte d'Ézéchiel poursuit: "Tiens-toi sur tes pieds." Dans le parallèle de 26,16, Act II ajoutera à l'ordre "Lève-toi" la précision "et tiens-toi sur tes pieds". Il complètera ainsi le parallèle avec la vision d'Ézéchiel.

3,22	Et il me dit;		
	«Lève-toi	6	«Lève-toi
	et sors dans la campagne		et entre dans la ville
	et là il te sera parlé»		et il te sera parlé (= dit)
	(λαληθήσεται πρός σε)		(λαληθήσεταί σοι)
			ce que tu dois faire.»
3,23	Et je me levai	8	Saul se leva de terre
			mais ( ) il ne voyait rien.
			L'ayant conduit par la main
	et je sortis dans la campagne		ils le firent entrer à Damas.
3,26	... et tu seras muet...	9	Et il était trois jours sans voir.

La parenté entre les deux textes est évidente, et l'on verra plus loin la raison d'être de cette référence implicite à la vision d'Ézéchiel. Mais il faut tout de suite préciser un point important. Si l'on accepte l'hypothèse selon laquelle c'est Act II qui aurait ajouté le dialogue entre Jésus et Paul, aux vv. 4b-5, on doit reconnaître que rien, dans le récit, ne permet de penser que la voix qui se fait entendre soit celle de Jésus. C'est plutôt Dieu qui donne ses ordres à Paul, se réservant de lui révéler son plan de salut sur le monde, dans et par le Christ, lors des premiers jours que l'apôtre va passer à Damas (vv. 6.12). C'est ce qu'indique la forme passive employée au v. 6: «et il te sera dit», selon une façon de parler sémitique fréquente. Une telle présentation des faits semble plus conforme à ce que Paul dit en Gal 1,15-16: c'est Dieu lui-même qui a révélé à Paul le mystère du Christ. On verra plus tard que Act II s'est appuyé sur d'autres textes pauliniens pour ajouter les vv. 4b-5 selon lesquels Paul aurait "vu" le Christ sur la route de Damas.

5. La mission de Paul

Paul reste ébloui durant trois jours par la lumière qui l'a frappé (v. 9a), puis il a une vision: il voit un homme lui imposer les mains (v. 12). On reste dans la perspective de la vision des chapitres 2 et 3 d'Ézéchiel puisqu'il est dit en 3,22: «La main du Seigneur fut sur moi.» L'homme que Paul voit en vision était certainement un ange (cf. Act 10,30; 1,10). S'il lui impose les mains, c'est pour lui confier une mission particulière, comme en 13,3 (cf. 6,6, du Document P). Paul reçoit donc mission d'aller prêcher le Christ dans les synagogues de Damas, ce qu'il va s'empresser de faire (v. 20).

6. La réaction hostile des Juifs

Paul entre dans les synagogues des Juifs et y proclame que Jésus est le Christ (vv. 20ab.22c), c'est-à-dire le Roi-messie. Selon Act I, c'est donc Jésus qui doit accomplir la restauration d'Israël (1,6). Au bout d'un bon nombre de jours, les Juifs réagissent et veulent faire disparaître Paul (v. 23). Mais les frères l'apprennent et le renvoient à Tarse, sa patrie (v. 30). Cette seconde partie du récit contient en germe ce qui va constituer la trame des deux premiers voyages missionnaires de Paul, rédigés par Act I. Au cours du premier voyage, que ce soit à Antioche de Pisidie ou à Iconium, à peine arrivé, Paul entre dans les synagogues des Juifs (13,14; 14,1) et y proclame le message chrétien. Mais les Juifs suscitent des troubles qui l'obligent à fuir (13,50; 14,5-6). Lors du deuxième voyage missionnaire, Paul arrive à Thessalonique et prêche dans la synagogue (17,1-2). Mais les Juifs qui refusent de croire suscitent des troubles (17,5) et les frères envoient Paul et son compagnon Silas à Bérée (17,10a). Arrivés dans cette ville, ils entrent dans la synagogue et y proclament le message chrétien (17,10b-11); mais les Juifs de Thessalonique l'apprennent; ils viennent à Bérée, suscitent des troubles, et les frères font partir Paul par mer (17,13-14). À Thessalonique et à Bérée, ce sont donc les frères qui font partir Paul, comme à Damas dans le récit de la conversion de Paul (9,30).

7. Le sens du récit

Nous comprenons maintenant pourquoi Act I a décrit la vision de Paul sur la route de Damas à l'analogie de la vision qu'avait eue le prophète Ézéchiel. De tous les prophètes, celui-ci est le plus virulent contre son propre peuple. Il l'accuse d'être un peuple rebelle, qui refuse d'écouter la voix de Dieu, et cette accusation revient comme un refrain dans toute son œuvre (Ez 2,3.5.6.7.8; 3,9.26.27; 12,2.3.9.25; et *passim*). Ce peuple sera donc châtié par Dieu. Or, le premier malheur qu'annonce le prophète, c'est un siège en règle de la Ville sainte: «Quant à toi, fils d'homme, prends une brique et mets-la devant toi: tu y graveras une ville, Jérusalem. Puis tu entreprendras contre elle un siège: tu construiras contre elle des retranchements, tu élèveras contre elle un remblai, tu établiras contre elle des camps et tu installeras contre elle des béliers, tout autour. Alors, prends une poêle de fer que tu installeras comme une muraille entre toi et la ville. Puis tu fixeras sur elle ton regard et elle sera assiégée; tu vas en faire le siège. C'est un signe pour la maison d'Israël» (Ez 4,1-3).

La "maison d'Israël" n'a pas changé au cours des siècles. C'est encore un peuple rebelle qui refuse d'écouter la Parole apportée par Jésus et que Paul lui transmet. À Damas déjà, comme plus tard à Antioche de Pisidie, à Iconium, à Thessalonique, à Bérée, des Juifs fomentent complots sur complots contre Paul, pour étouffer sa voix. Dès lors, si Act I décrit la vision de Paul sur la route de Damas à l'analogie de la vision au cours de laquelle Ézéchiel reçut mission d'annoncer le siège de Jérusalem, n'est-ce pas parce qu'il veut signifier que la ruine de Jérusalem sera le châtiment que Dieu réserve au peuple juif qui, dans son ensemble, refuse de reconnaître que Jésus est le Christ?

(Le récit selon Act II: ⇒ p. 182)

X. LA GUÉRISON D'ÉNÉE
(9,32-35)

32 Or il arriva (que) Pierre, tout en circulant, descendit aussi chez les saints qui habitaient Lydda. **33** Il y trouva un homme, du nom d'Énée, gisant depuis huit ans sur un grabat, qui était paralysé. **34** Et Pierre dit: «Jésus Christ te guérit. Lève-toi et fais toi-même ton lit.» Et aussitôt il se leva. **35** Et, l'ayant vu, tous ceux qui habitaient Lydda et Sarona se convertirent au Seigneur.

Act I a repris ce récit du Document P sans le modifier, à un détail près. Au niveau du Document, l'infirme était resté anonyme mais Act I a jugé bon de préciser qu'il s'appelait Énée. En 10,22, il précisera de même que le centurion qui a fait venir Pierre à Césarée avait nom Corneille.

Puisque Act I n'avait pas repris du Document P les récits concernant l'activité de Philippe en Samarie, cette venue de Pierre à Lydda marque pour lui le début de l'essor de l'église hors de Jérusalem, mais encore en milieu juif.

(Le récit de Act II: ⇒ p. 189)

XI. LA RÉSURRECTION DE TABITHA
(9,36-42)

36a Or à Joppé il y avait [une femme] du nom de Tabitha ( ). **37** Or il arriva, en ces jours-là, qu'ayant été malade elle mourut. L'ayant lavée, on la plaça dans la chambre haute. **38** Or, comme Lydda était près de Joppé, ( ) ayant entendu dire que Pierre y était, ils envoyèrent (des gens) vers lui le prier de ne pas tarder à passer jusqu'à eux. **39a** S'étant levé, Pierre vint avec eux. Une fois arrivé, on le fit monter à la chambre haute et, **40b** s'étant agenouillé, il pria et, s'étant tourné vers le corps, il dit: «Tabitha, lève-toi.» Elle ouvrit ses yeux et, ayant vu Pierre, elle s'assit. **41b** Ayant appelé les saints ( ), il la leur présenta ( ). **42** Cela fut connu de tout Joppé et beaucoup crurent dans le Seigneur.

Au récit de la guérison d'Énée, hérité du Document P, Act I a ajouté celui de la résurrection de Tabitha. Dans l'AT, le prophète Élie et son disciple Élisée sont les seuls personnages à qui sont attribuées des résurrections de morts (1 Rois 17,17ss; 2 Rois 4,18ss; 13,20-21). Act I n'aurait-il pas voulu continuer le parallélisme entre Jésus et Élie d'une part, Pierre et Élisée d'autre part, qui a dominé jusqu'ici son récit? La façon dont il raconte la résurrection de Tabitha nous le confirme. Le vêtement littéraire, en effet, est calqué sur les précédents de l'AT que nous venons de signaler. Quand le fils de la Shunamite meurt, Élisée est absent; la mère de l'enfant vient le chercher avec un serviteur; Élisée alors se lève et la suit (2 Rois 4,24.30). De même lorsque Tabitha meurt, Pierre est absent; on l'envoie chercher et, s'étant levé, il part avec les émissaires (Act 9,38-39a). Le cadavre qui va revenir à la vie est placé <u>dans la chambre haute</u> (1 Rois 17,19; Act 9,37). Le thaumaturge <u>prie</u> Dieu afin de pouvoir obtenir le miracle (2 Rois 4,33 et Act 9,40; cf. 1 Rois 17,20) et <u>il se tourne</u> vers le corps (2 Rois 4,35; Act 9,40). Dès qu'il revient à la vie, le ressuscité <u>ouvre les yeux</u> (2 Rois 4,35; Act 9,40). Une fois la résurrection effectuée, Pierre <u>appelle</u> les saints pour leur présenter Tabitha (9,41), comme Élisée avait appelé la mère de l'enfant pour le lui remettre (2 Rois 4,36-37; cf. 1 Rois 17,23). L'influence des récits de l'AT, spécialement de celui concernant Élisée, le disciple d'Élie, est d'autant plus certaine qu'elle pouvait déjà se constater à propos de la résurrection du fils de la veuve de Naïn, en Lc 7,15: la phrase "et il le remit à sa mère" est une citation de 1 Rois 17,23. On notera qu'en Lc 17,15a il est précisé que l'enfant de la veuve s'assied, comme Tabitha en Act 9,40c[1].

Le récit de Act 9,36-42 veut donc continuer le parallèle entre Pierre, le disciple de Jésus, et Élisée, le disciple d'Élie. Il se situe parfaitement dans la ligne des récits de l'ascension et de la Pentecôte, rédigés par Act I, qui présentent Jésus comme un nouvel Élie. Une fois monté au ciel, Jésus a envoyé son Esprit prophétique sur ses apôtres, et c'est cet Esprit qui agit maintenant par l'intermédiaire de Pierre.

(Le récit de Act II: ⇒ p. 190)

XII. CONVERSION DE CORNEILLE
(9,43-11,18)

9,43 Or il arriva qu'il resta beaucoup de jours chez un certain Simon, un corroyeur. **10,9b** [Il] monta dans la chambre haute pour prier, vers la sixième heure. **10** Il devint affamé et voulut manger. Tandis qu'on lui préparait (le repas), tomba sur lui une extase. **11-16**
19 Or, tandis que Pierre était embarrassé au sujet de la vision, l'Esprit lui dit: «Voici des hommes qui te cherchent. **20** Mais lève-toi, va avec eux sans hésiter, car c'est moi qui les ai envoyés.» **21** Alors, Pierre étant descendu vers les hommes, dit: «C'est moi que vous cherchez. Que voulez-vous?» **22** Eux lui dirent: « Corneille le centurion ( ) a été averti par un saint ange de te faire venir dans sa maison et d'entendre des paroles de toi.» **23** Alors, les ayant fait entrer, Pierre les logea. Or, le lendemain, s'étant levé, il partit avec eux et quelques-uns des frères de Joppé vinrent avec lui. **24a** Le lendemain, il entra à

---

[1] Tous ces contacts entre le récit des Actes et ceux de Mc 5,22ss d'une part, du livre des Rois d'autre part, ont été soigneusement relevés par G. ROCHAIS, *Les récits de résurrection de morts dans le Nouveau Testament* (SNTS Monograph Series 40), Cambridge, 1981, pp. 156-158. Il note, p. 158: «Ce tableau synoptique montre comment l'auteur, vraisemblablement Luc, a combiné le récit de la résurrection du fils de la Shunamite et de la fille de Jaïre pour former son récit.» Pour nous, les influences se sont faites à deux niveaux différents.

Césarée. **25b** Étant venu à sa rencontre, Corneille, tombant à ses pieds, se prosterna. **26** Mais Pierre le releva en disant: «Lève-toi. Et moi aussi je suis un homme.» **27** Et en conversant avec lui, il entra et il trouve beaucoup (de gens) rassemblés. **28** Il leur déclara: «Vous savez qu'il est interdit à un homme juif de fréquenter ou d'approcher un étranger. Mais à moi, Il a montré (qu'il ne faut) dire personne souillé ou impur. **29** C'est pourquoi, quand on m'a fait venir, je suis venu sans discuter. Je demande donc: pour quelle raison m'avez-vous fait venir?» **30** Et Corneille déclara: «( ) J'étais ( ) dans ma maison et voici (que) un homme se tint devant moi en vêtement resplendissant. **31** Et il déclara: **32** "Envoie (des gens) à Joppé et convoque Simon, qui est surnommé Pierre ( ) qui, en arrivant, te parlera".» **34** Ayant ouvert la bouche, Pierre dit: «En vérité, je comprends que Dieu ne fait pas acception des personnes, **35** mais qu'en toute nation celui qui craint Dieu et pratique la justice lui est agréable.» **44** Tandis que Pierre parlait encore ces paroles, l'Esprit saint tomba sur tous ceux qui écoutaient ( ). **45a** Et furent stupéfaits ( ) ceux qui étaient venus avec Pierre **46a** car ils les entendaient parler en langues et magnifier Dieu. **11,2** Or, lorsque Pierre monta à Jérusalem, ils disputaient contre lui **3** en disant qu'il est entré chez des hommes ayant prépuce. **4** Mais Pierre se mit à leur exposer (l'affaire) en disant: **5** «J'étais dans Joppé, la ville, **11** et voici que trois hommes se présentèrent à la maison où j'étais, envoyés de Césarée vers moi. **12** Or l'Esprit me dit de venir avec eux. Vinrent avec moi aussi ces six frères. Et nous entrâmes dans la maison de l'homme. **13** Il nous annonça comment il vit un ange debout dans sa maison et disant: "Envoie (des gens) à Joppé et fais venir Simon qui est surnommé Pierre, **14a** lui te parlera" ( ). **15** Or tandis que je commençais à parler, l'Esprit tomba sur eux tout comme sur nous au début. **17b** ( ) Étais-je quelqu'un, moi, pouvant empêcher Dieu de leur donner l'Esprit saint?» **18** Ayant entendu ces (mots), ils se calmèrent et ils glorifiaient Dieu.

Voyons le sens des additions effectuées par Act I.

1. La vision des animaux purs et impurs

Au niveau de Act I, comme à celui du Document P, le récit passait directement de 9,43 à 10,9b: Pierre, qui logeait à Joppé chez un certain Simon, corroyeur de son état (9,43), monte dans la chambre haute pour prier (10,9b). Mais après 10,9b, Act I ajoute la vision des animaux purs et impurs (vv. 9c-16) afin de rendre plus compréhensible l'obéissance de Pierre à l'ordre que lui donnera l'Esprit, de suivre des païens sans se poser de question (v. 20, du Document P). Un récipient descend du ciel, rempli de toutes sortes d'animaux: quadrupèdes, reptiles et oiseaux (cf. Gen 1,24; Lev 11,46-47; Rom 1,23) et une voix donne l'ordre à Pierre de les immoler et de manger (vv. 10-13). Mais tout un chapitre du livre du Lévitique distinguait soigneusement entre animaux purs et impurs, entre ceux que l'on pouvait manger et ceux dont la manducation entraînait une impureté légale (Lev 11,1-31). Pierre se récrie, comme jadis le prophète Ézéchiel (Ez 4,14), qu'il n'a jamais rien mangé d'impur (v. 14). Mais la voix céleste lui déclare: «Ce que Dieu a purifié, toi ne le souille pas» (v. 15). Autrement dit, c'est Dieu, et non les hommes, qui juge de la pureté des êtres. Si donc l'Esprit dit à Pierre de suivre des païens, qui étaient considérés comme impurs par les Juifs, il n'aura pas à se poser de question sur leur soi-disant impureté: Dieu seul est juge. Ce qui compte aux yeux de Dieu, ce n'est pas d'appartenir à telle ou telle catégorie sociale ou religieuse, c'est d'avoir telle ou telle disposition du cœur. En 15,9, Act II explicitera ce thème en faisant dire à Pierre: «Dieu n'a fait aucune différence entre eux et nous (les païens et les Juifs), ayant purifié leurs cœurs par la foi.» C'était déjà l'enseignement de Jésus (Mat 15,10-20); ce sera également celui de Paul (Rom 14,14ss).

Plus loin, Act I fera allusion à cette vision des animaux purs et impurs en ajoutant le v. 28b: «Mais à moi, Il a montré (qu'il ne faut) dire personne souillé ou impur.»

2. Une anticipation et une personnalisation

Déjà dans le récit du Document P, le païen de Césarée avait envoyé des gens chercher Pierre sur l'ordre d'un homme, un ange, qui lui était apparu en songe. Mais Pierre ne l'apprenait que de la bouche de ce païen, donc après avoir suivi les gens envoyés vers lui (vv. 30-32; cf. 11,13). Act I a voulu anticiper cette donnée: c'est de la bouche des gens qui viennent le chercher que Pierre apprend l'épisode de l'ordre donné par un ange (v. 22a.c). Il pense ainsi rendre plus plausible la facilité avec laquelle Pierre se met à suivre des païens, malgré les interdits de la loi juive.

Act I profite de l'addition du v. 22 pour personnaliser le païen de Césarée: c'était un centurion du nom de Corneille. Il ajoutera ce nom de même aux vv. 25b et 30a. Il rejoint ainsi la tradition synoptique qui, à deux reprises, présente de tels officiers romains sous un jour favorable (Mat 8,5ss; Lc 7,2ss d'une part; Mat 27,54; Lc 23,47; Mc 15,39 d'autre part).

3. La glossolalie

La finale du récit de Act I était assez brusque: à peine Pierre a-t-il commencé à parler que l'Esprit tombe sur les païens de Césarée (10,44). Ici encore, Act I a voulu rendre le texte plus explicite. Il indique à quoi on a pu reconnaître que l'Esprit était venu sur les païens: ils se mettent à parler en langues et à magnifier Dieu (v. 46a). Ce "signe" de la venue de l'Esprit est celui qui, selon Act I, avait été donné lors de l'événement de la Pentecôte (2,4). Cette discrète allusion à la Pentecôte a pour but de rappeler que Jésus est le nouvel Élie qui, en montant au ciel, a envoyé son Esprit sur ses disciples. Comme Pierre, les païens de Césarée sont devenus disciples de Jésus et peuvent donc être comparés au prophète Élisée.

4. Act I et le salut des païens

En 11,2-18, Act I reprend le récit du Document P sans le modifier substantiellement. On notera seulement que, au v. 2, il remplace le long texte attesté dans le TO (= Document P) par un texte beaucoup plus court, celui du TA. Il supprime donc d'abord la mention du temps assez long durant lequel Pierre serait resté à Césarée (v. 2a TO), affirmant les nouveaux convertis et probablement faisant d'autres recrues parmi les païens. Il supprime aussi l'indication que Pierre, à son retour à Jérusalem, aurait annoncé aux frères "la grâce de Dieu", c'est-à-dire la conversion des païens. Ce thème n'intéresse pas Act I. Il préfère donc faire monter Pierre rapidement à Jérusalem, sans autre précision (v. 2 TA).

(Le récit de Act II: ⇒ p. 191)

XIII. L'ASSEMBLÉE DE JÉRUSALEM
(15,5ss)

Act I n'a pas apporté de modification perceptible au récit du Document P. Voir le commentaire de ce récit pp. 65ss.

(Le récit de Act II: ⇒ p. 279)

XIV. BARNABÉ ET SAUL À ANTIOCHE
(11,20-26a)

11,20 Or il y avait des gens de Chypre et de Cyrène qui, étant venus à Antioche, parlaient aux Hellénistes ( ). **21** Et la main du Seigneur était avec eux, et un grand nombre, ayant cru, se convertit au Seigneur. **22** La nouvelle fut entendue (jusqu')aux oreilles de l'église qui (est) à Jérusalem à leur sujet et ils envoyèrent Barnabé passer jusqu'à Antioche, **23** qui, étant arrivé et ayant vu la grâce de Dieu, se réjouit et il les exhortait tous à rester, d'un cœur ferme, (attachés) au Seigneur. **25** Or, ayant entendu (dire) que Saul était à Tarse, il partit le chercher. **26a** L'ayant rejoint, il le pria de venir à Antioche. Or, étant arrivés, toute une année ils furent rassemblés à l'église et ils enseignaient une foule nombreuse[1].

---

[1] La traduction suit le TO, sauf au v. 20 où le terme "Hellénistes", que Act I a introduit au lieu de "Grecs (Hellènes)", a été gardé dans le TA par Act III. - Le début du verset, de saveur très sémitique, fut probablement introduit par Act II et conservé par Act III. Il est impossible de savoir quel était le texte du Document P repris par Act I.

Act I reprend le récit du Document P sans presque le retoucher. On notera cependant une modification importante. Au v. 20, il a remplacé "Grecs" (Hellènes) par "Hellénistes", terme conservé par Act III (TA). Ce n'est plus aux Grecs (TO), c'est-à-dire aux païens, que parlent les gens originaires de Chypre et de Cyrène, comme le disait le récit du Document P, mais aux Hellénistes (TA), c'est-à-dire aux Juifs de culture grecque. Pour l'auteur du Document P, la "grâce de Dieu" se manifestait dans la conversion des païens (11,1 TO); pour Act I (v. 23), elle se manifeste dans la conversion des Juifs et des prosélytes (cf. 13,43, de Act I). Cet auteur, on le verra dans la suite de ses récits, ne s'intéresse pas à la conversion massive du monde païen, mais à celle du monde juif.

(Le récit de Act II: ⇒ p. 195)

XV. COLLECTE POUR LES FRÈRES DE JUDÉE
(11,27-30)

27 ( ) Des prophètes descendirent de Jérusalem à Antioche. **28** S'étant levé, l'un d'eux, du nom d'Agabus, signifia ( ) qu'il allait y avoir une grande famine sur tout le (monde) habité, laquelle arriva sous Claude. **29** Des disciples, selon les moyens de chacun, on décida d'envoyer (de l'argent) pour aider les frères qui habitaient en Judée. **30** Eux le firent, en envoyant (l'argent) aux Anciens par la main de Barnabé et de Saul.

1. Le sens du récit

Ce récit, en lui-même, n'offre pas de difficulté. On notera seulement quelques détails. D'après le v. 27, nous voyons que l'église d'Antioche se situe encore sous la mouvance de celle de Jérusalem. Mais, contrairement au cas de Barnabé (11,22), il n'est pas dit que ces prophètes furent envoyés officiellement par l'église de Jérusalem. Ils semblent être venus à titre privé. Tandis que Barnabé et Saul font office de "didascales" (11,26a), la communauté d'Antioche s'augmente de "prophètes". Act I prépare ainsi ce qu'il dira en 13,1: «Il y avait à Antioche, dans l'église qui s'y trouvait, des prophètes et des didascales...»

L'un de ces prophètes s'appelait Agabus. Nous le retrouverons en 21,10-11, où il prophétisera le destin tragique de Paul. Ici, il annonce la venue d'une grande famine qui doit s'abattre sur le monde entier. Le verbe employé: "il signifia", semble indiquer une révélation faite au moyen d'une action symbolique, comme en 21,10-11 (cf. Ez 4,1ss).

Les frères d'Antioche décident alors de se cotiser pour envoyer à ceux de Judée une somme d'argent que Barnabé et Saul furent chargés de porter aux chefs de la communauté de Jérusalem. Leur retour à Antioche sera mentionné en 12,25 et de là ils seront prêts à partir ensemble pour le premier voyage missionnaire (13,1ss).

2. Les données historiques

Il est difficile de situer historiquement cet épisode. Voici les faits tels que nous les connaissons par ailleurs.

a) Au témoignage de Suétone et de Tacite[1], il y eut effectivement de nombreuses famines sous le règne de Claude; mais on ne trouve nulle trace d'une famine ayant atteint le monde entier alors connu. Flavius Josèphe parle d'une famine ayant atteint la Judée au temps du gouverneur Tibère Alexandre, donc vers les années 46-48[2]. On peut penser que Act I parle de cette famine.

b) Paul parle à plusieurs reprises d'une collecte faite au profit des chrétiens pauvres de Jérusalem, qu'il aurait portée lui-même à destination[3]. Il l'appelle toujours une διακονία, un "service", comme Act I en 11,29. Mais Paul ne met jamais cette collecte en relation avec une famine quelconque, et elle fut faite à son initiative parmi les chrétiens de Macédoine et d'Achaïe, non à Antioche.

Par ailleurs, Act I connaît ce Journal de voyage d'un des compagnons de Paul, voyage qui fut effectué pour porter à Jérusalem le fruit de cette collecte dont Paul parle dans ses lettres.

c) Paul nous dit qu'il est monté à Jérusalem 14 ans après sa conversion (ou après son premier voyage?), en compagnie de Barnabé (Gal 2,1). Mais ce voyage n'a rien à voir avec celui de la collecte et lui est antérieur. On notera toutefois que c'est lors de ce voyage à Jérusalem que les apôtres Jacques, Pierre et Jean lui demandent de ne pas oublier les pauvres de Jérusalem (Gal 2,10).

d) Essayons alors de comprendre comment Act I a procédé. Les commentateurs sont quasi unanimes à reconnaître que, le Rédacteur des Actes, pour nous ici Act I, identifie le voyage de Barnabé et de Paul à Jérusalem, qu'il mentionne en 11,30, avec celui dont parle Paul en Gal 2,1 (malgré la mention de Tite). Il sait aussi que Paul est monté à Jérusalem pour y porter une collecte faite au profit des pauvres de cette ville. Il prend occasion alors de Gal 2,10 (idée d'une collecte suggérée à Paul par les apôtres) pour imaginer que Paul vient à Jérusalem en compagnie de Barnabé pour y porter le fruit d'une collecte faite à

---

[1] Suétone, *Claudius*, 19; - Tacite, *Ann.* xii,43.
[2] *Ant.* III,320; XX,51; XX,101.
[3] 1 Cor 16,15; 2 Cor 8,4; 9,1-13; Rom 15,31.

Antioche. Mais il fallait un motif pour justifier cette collecte. Act I pense alors à la famine qui s'abattit sur la Judée vers les années 46-48 et il fait venir à Antioche le prophète Agabus[1] qui annonce cette famine. On notera en passant que cette collecte faite à l'avance en vue d'une famine qui doit affecter le monde entier n'est guère vraisemblable.

En résumé, Act I a composé le récit de 11,27-30 en utilisant diverses données historiques qui n'ont pas de lien entre elles, mais qu'il arrange de façon assez arbitraire.

(Le récit de Act II: ⇒ p. 196)

XVI. LA DÉLIVRANCE DE PIERRE
(12,1-17.24-25a)

Act I a repris ici le récit du Document P sans lui apporter de modification substantielle. Voir le commentaire que nous en avons donné pp. 69ss. En finale, il a simplement ajouté le v. 25a qui mentionne le retour de Barnabé et de Saul à Antioche. Il préparait ainsi la suite de son ouvrage: la geste de Paul.

(Le récit de Act II: ⇒ p. 197)

---

[1] Si Act I fait venir d'autres prophètes en compagnie d'Agabus (opposer 21,10-11), c'est probablement pour préparer 13,1, où on nous dit qu'il y avait à Antioche un certain nombre de prophètes.

LES RÉCITS DE ACT II

INTRODUCTION

Pour composer ses récits, Act II a repris ceux du Document P et de Act I. Mais il leur a fait subir un certain nombre de transformations qui font écho à ses propres préoccupations. Ce sont ces intentions de Act II qu'il nous faut brièvement exposer ici.

1. L'eschatologie réalisée

Les récits du Document P ne parlaient pas d'eschatologie; il n'y était nulle part question d'un retour du Christ dans un avenir indéterminé. Act I au contraire avait fait de ce thème son centre d'intérêt principal, mais dans la perspective d'un nationalisme juif exacerbé: le Christ, maintenant au ciel, doit revenir pour effectuer la restauration du royaume pour Israël; il sera lui-même le roi de ce royaume restauré sur la terre au profit du nouveau peuple de Dieu. Act II veut réagir contre cette eschatologie nationaliste qu'il n'admet pas. Il adopte l'idée, qui s'était imposée progressivement dans la pensée chrétienne, d'une eschatologie déjà réalisée. Le royaume de Dieu est déjà là, mais c'est un royaume purement spirituel, et non pas politique. Act II pourrait souscrire pleinement à cette parole attribuée au Christ en Lc 17,20-21: «La venue du royaume de Dieu ne frappe pas le regard. On ne saurait dire: "Le voici! Le voilà!" Car, je vous le dis, le royaume de Dieu est au-dedans de vous.»

On attendait le retour du Christ? Oui, le Christ est bien revenu, mais par son Esprit. C'est l'Esprit, répandu sur les disciples le jour de la Pentecôte, qui est le fondement du royaume nouveau. L'église est née le jour de la Pentecôte, et l'Esprit est son âme tandis que nous en formons le corps.

Toutes ces idées, formulées en réaction contre celles de Act I, sont développées dès les premiers récits de Act II: les consignes données aux disciples par le Christ ressuscité, l'ascension et la Pentecôte.

2. L'ouverture au monde païen

a) Enfermé dans son nationalisme étroit, Act I ne s'intéressait pas à la conversion des païens. Act II au contraire en fait une des conditions essentielles de l'expansion de l'église. C'est la notion même de "royaume" qui éclate. Notre auteur se situe d'emblée dans la perspective ouverte par un lointain disciple du prophète Isaïe: «C'est trop peu pour toi que tu sois appelé mon serviteur pour restaurer les tribus de Jacob et faire revenir la dispersion d'Israël. Voici que je t'ai établi comme alliance de race, comme lumière des nations (païennes), pour que tu sois comme salut jusqu'aux extrémités de la terre» (Is 49,6). C'est le texte-clef qui justifie la réaction de Act II contre les positions de Act I. Il y fera allusion en 1,6.8; il le citera explicitement à propos de Paul en Act 13,47. La restauration politique d'Israël n'a plus cours; une seule chose importe maintenant: apporter la lumière du salut au monde païen, jusqu'aux extrémités de la terre.

b) Pour réaliser cette ouverture au monde païen, il devenait nécessaire de faire craquer les cadres trop étroits du judaïsme. C'était la doctrine prônée par le groupe des Hellénistes et dont Paul, plus tard, se fera l'apôtre passionné. Act II prend occasion du discours d'Étienne devant le Sanhédrin pour le dire clairement. Étienne est accusé de répandre des paroles de Jésus concernant la destruction du Temple de Jérusalem et l'abandon des coutumes héritées de Moïse (6,14). Bien loin de s'en défendre, il explique pourquoi le Temple de Jérusalem n'a plus de raison d'être (7,47-50), et pourquoi la Loi de Moïse et les coutumes qui étaient censées remonter jusqu'à lui avaient été dépassées par le nouveau Moïse annoncé en Deut 18,15.18 (Act 7,37). Sur ces points essentiels, le christianisme est maintenant en rupture avec le judaïsme.

c) Mais Act II n'oublie pas que, s'il y a rupture, le christianisme est tout de même sorti du judaïsme, comme un enfant sort du sein de sa mère, dans le sang (celui d'Étienne) et dans les larmes. Au lieu d'accabler les Juifs, il ne manque pas une occasion de les excuser. Sans doute, ils ont mis à mort le Christ, mais ils ont agi par ignorance et n'ont fait d'ailleurs que réaliser ce que Dieu avait prévu de tout temps (3,17-18; 4,28). Jésus le premier n'avait-il pas pardonné à ceux qui le mettaient à mort (Lc 23,34)? À son tour, Étienne demande au Seigneur de ne pas imputer aux Juifs la faute de son assassinat (7,60).

d) En prônant l'ouverture aux païens, Act II revient aux positions du Document P, abandonnées par Act I, mais au prix d'un certain anachronisme. Selon le Document P, l'idée d'une ouverture au monde païen n'avait pu s'imposer que progressivement, et sous la pression de l'Esprit, comme nous l'avons vu en analysant les récits de la conversion de l'eunuque de la reine Candace (8,29ss) et celle des païens de Césarée (10,19ss). Selon Act II, le Christ lui-même aurait donné l'ordre aux disciples d'aller évangéliser les païens (Lc 24,47; Act 1,8). Le principe même de cette évangélisation ne devait donc pas faire problème.

3. La vie des communautés chrétiennes

Puisque le royaume de Dieu est déjà là, Act II va fortement insister sur ce que doit être la vie des communautés chrétiennes qui le constitue. Au prix ici encore d'un certain anachronisme, il nous décrit cette vie telle qu'elle se présentait lorsqu'il écrivait le livre des Actes, vers les années 80.

a) Son intention apparaît clairement lorsqu'il rédige le sommaire sur les richesses, en 4,32.34-35, en reprenant et en modifiant celui qu'il tenait du Document P (2,44-45). D'une part, les rapports entre frères sont décrits en prenant pour modèle l'idéal de la cité grecque antique, telle que Platon l'avait rêvé. D'autre part, chaque communauté chrétienne apparaît très bien organisée, avec à sa tête un "épiscope" qui gère les biens que cette communauté met à la disposition des indigents. C'est dans cette perspective que Act II remanie complètement le récit du choix des Sept (6,1-7), qui pour lui ne sont plus les prédicateurs de l'évangile, mais des "diacres" veillant au bon fonctionnement du "temporel" des églises. À travers ces textes, on pressent que les veuves forment un groupe bien déterminé (cf. encore 9,39), pris en charge par la communauté. Tout ceci évoque des églises locales parfaitement organisées et bien hiérarchisées, analogues à celles dont témoignent les épîtres pastorales attribuées à Paul.

b) Mais Act II ne s'occupe pas seulement de l'organisation matérielle et sociale des églises, il en décrit aussi la vie profonde, liturgique et sacramentelle. Le sommaire de 2,42 (cf. 2,46b-47) fait écho à la célébration de l'eucharistie telle qu'elle se déroulait vers les années 80. Mais surtout, Act II introduit chaque fois qu'il en a l'occasion le thème du baptême chrétien (2,38.41; 8,12; 8,36-38; 9,18; 10,47-48). On notera spécialement qu'il nous donne, en 10,37-43, un résumé de ce que devait être l'enseignement que l'on donnait aux catéchumènes avant qu'ils ne reçoivent le baptême, et en 8,37 (TO) le contenu de la profession de foi que devait prononcer le candidat au baptême. Act II n'oublie pas non plus de mentionner le don de l'Esprit charismatique (8,17) qui doit suivre la réception du baptême.

Ainsi, Act II, en rompant avec les positions nationalistes de Act I, rejoint les perspectives du Document P. Mais il le fait en décrivant la vie de l'église primitive telle qu'elle existait au moment où il écrivait, tandis que l'auteur du Document avait su garder à la présentation des faits tout leur caractère archaïque. C'est ce que nous allons voir maintenant plus en détail.

I. LES CONSIGNES DU RESSUSCITÉ
(Lc 24,47.49; Act 1,4b.5.8)

C'est Act I qui avait introduit dans son récit des consignes données par le Christ ressuscité à ses disciples; elles se lisent en Lc 24,45-46.48 et Act 1,4a.5c. Act II les reprend mais en modifie profondément la forme et le contexte de façon à leur faire exprimer quelques-uns des thèmes majeurs de son ouvrage. Pour le comprendre, nous devrons analyser aussi Act 1,6-7, un texte qui, au niveau de Act I faisait partie du récit de l'ascension, mais que Act II relie étroitement aux consignes données par Jésus.

1. La naissance de l'église

Au niveau de Act I, pour préparer la venue de l'Esprit le jour de la Pentecôte, Jésus disait seulement à ses disciples "de ne pas s'éloigner de Jérusalem mais d'attendre ( ) jusqu'à la Pentecôte" (Act 1,4a.5c). En reprenant ces textes (Lc 24,49b et Act 1,8a), Act II leur donne une formulation nouvelle qui s'inspire de Lc 1,35, texte dans lequel l'ange annonce à Marie de quelle façon elle concevra son fils[1]:

Lc 1,35	Act 1,8a	Lc 24,49b
		mais vous, restez dans la ville jusqu'à ce que
	mais vous recevrez une puissance,	vous soyez revêtus
l'Esprit saint surviendra sur toi,	tandis que l'Esprit saint surviendra sur vous[2].	
et la puissance du Très-Haut		de la puissance d'en haut.
te couvrira de son ombre.		

L'intention de Act II est claire: il existe un parallélisme entre la conception de Jésus et celle de l'église; de même que Jésus fut conçu par l'Esprit saint venant sur Marie, de même l'église sera conçue par la venue de l'Esprit saint sur les disciples de Jésus. C'est le même Esprit qui va agir dans l'église comme il a agi en Jésus. Act II pose ici le fondement d'un thème qu'il développera souvent

---

[1] Sur ces rapprochements, voir J.-P. CHARLIER, *L'Évangile de l'enfance de l'Église. Commentaire de Actes 1-2* (Études Religieuses, 772), Bruxelles-Paris, 1966, pp. 32ss.

[2] Le texte grec pourrait se traduire aussi: «Mais vous recevrez une puissance (ou "une force") celle de l'Esprit saint qui viendra sur vous.» (cf. BJ et TOB). Le parallèle avec Lc 1,35 favorise la traduction que nous avons adoptée; cf. aussi Loisy: «Mais vous recevrez une vertu, l'Esprit saint venant sur vous...» (*Les Actes*, p. 159).

par la suite: le destin de l'église est à l'analogie du destin du Christ. Les événements qui vont survenir dans la vie de l'église primitive ne seront qu'une répétition des événements qui ont marqué la vie de Jésus.

2. Le baptême, nouvelle naissance

Dans l'évangile de Luc, il existe un parallélisme évident entre le récit de la conception de Jésus et celui de son baptême dans le Jourdain. Lors de la conception, l'Esprit vient sur Marie de telle sorte que celui qui naîtra d'elle sera appelé fils de Dieu (Lc 1,35). Lors du baptême de Jésus, l'Esprit descend sur lui tandis qu'une voix se fait entendre du ciel: «Tu es mon Fils, aujourd'hui je t'ai engendré» (Lc 3,22; cf. Ps 2,7). On a l'impression que le récit de la conception de Jésus démarque celui de son baptême[1]. De toute façon, les deux récits offrent des ressemblances indéniables. On ne s'étonnera pas alors de voir que Act II lie aussi les deux événements à propos de l'église naissante. En 1,8a, nous venons de le voir, la naissance de l'église est décrite à l'analogie de la conception de Jésus, en liaison avec la venue de l'Esprit; mais en 1,4-5, cette venue de l'Esprit est mise en relation avec le baptême: «Et il leur ordonna de ne pas s'éloigner de Jérusalem, mais d'attendre la promesse du Père "que vous avez entendue, dit-il, de ma bouche"; car Jean a baptisé dans l'eau, mais vous, vous serez baptisés dans l'Esprit saint, lui que vous allez recevoir dans peu de jours.» La venue de l'Esprit sur les disciples, le jour de la Pentecôte, sera leur véritable baptême. Dans la pensée de Act II, cette venue de l'Esprit sur les disciples doit correspondre, et à la conception de Jésus, et à son baptême. Les deux perspectives seront étroitement liées dans les développements qui vont suivre.

3. La puissance de l'Esprit

Pour Jésus comme pour les disciples, la présence de l'Esprit implique une manifestation de "puissance". «La puissance du Très-Haut te couvrira de son ombre», dit l'ange à Marie (Lc 1,35); «Mais vous recevrez une puissance, l'Esprit saint étant venu sur vous» (Act 1,8a), dit Jésus à ses disciples. L'Esprit est la puis-

---

[1] En Lc 3,22, nous avons adopté la leçon du texte Occidental, qui est une citation de Ps 2,7. Le texte Alexandrin a harmonisé sur les deux autres Synoptiques. On sait que l'évangile de Luc, comme les Actes des apôtres, a un texte Occidental qui diffère souvent du texte Alexandrin. On pourrait faire alors ici l'hypothèse suivante. Dans une première rédaction de l'évangile de Luc, la voix qui se fait entendre lors du baptême démarquait le Ps 2,7. Mais ne pouvait-on pas en conclure que Jésus aurait été fait "fils de Dieu" seulement lors de son baptême, en recevant l'Esprit? Pour éviter toute équivoque, celui qui rédige à nouveau le troisième évangile en ajoutant les évangiles de l'enfance transpose en 1,35, dans le récit de la conception de Jésus, les données de 3,22, et il supprime en 3,22 la citation de Ps 2,7 pour la remplacer par une allusion à Is 42,1, comme dans Mc et Mat.

sance de Dieu. La puissance est inséparable de l'Esprit (Lc 1,17; 4,14; Act 10,38). Mais pourquoi cette puissance, cette force, donnée d'abord à Jésus, ensuite à l'église?

a) Cette puissance est avant tout celle d'effectuer des guérisons et des prodiges, comme le dit Luc dans son évangile: «Et la puissance du Seigneur lui faisait opérer des guérisons» (Lc 5,17). Si les malades cherchent à le toucher, c'est parce que "une puissance sortait de lui et les guérissait tous" (Lc 6,19; cf. 8,46). Act I reprend ce thème dans le discours qu'il fait prononcer à Pierre devant Corneille et ses compagnons: «Jésus de Nazareth, que Dieu a oint d'Esprit et de puissance, celui-ci a circulé en faisant le bien et en guérissant ceux qui avaient été opprimés par le Diable» (Act 10,38). Comme Jésus, les disciples vont être "revêtus de puissance" lorsque l'Esprit saint viendra sur eux (Lc 24,49; Act 1,8a), et c'est grâce à cette puissance qu'ils pourront à leur tour accomplir signes et prodiges et guérir les malades. Ce thème avait déjà été développé dans le Document P (4,29-31.33; cf. 3,12; 4,7; 6,8); en incorporant ces récits dans sa nouvelle rédaction, Act II fait sienne l'idée qu'ils expriment.

b) Mais les guérisons étaient le signe d'une réalité plus profonde. Selon une conception courante à l'époque néotestamentaire, tout le mal présent dans le monde, y compris les maladies et les infirmités de toute sorte, était attribué à l'action maléfique du Diable, de Satan. Comme le dit Jean dans sa première épître: «Le monde entier gît au pouvoir du Mauvais» (1 Jn 5,19). À lire les évangiles, on constate qu'il n'y a pas grande différence entre une guérison et l'expulsion d'un démon. D'une femme qui ne pouvait se tenir droite, Jésus dit qu'elle avait été liée par Satan (Lc 13,11.16). Relisons alors ce passage du discours de Pierre que nous citions tout à l'heure, et qui est de Act II: «Jésus de Nazareth, que Dieu a oint d'Esprit et de puissance, celui-ci a circulé en faisant le bien et en guérissant ceux qui avaient été opprimés par le diable» (Act 10,38). C'est grâce à la puissance de l'Esprit que Jésus a pu délivrer les hommes de la servitude du diable, de Satan. La vie terrestre de Jésus apparaît ainsi comme un combat titanesque contre les puissances du Mal. Ce combat commence au lendemain même du baptême, après que l'Esprit est descendu sur Jésus: «Or Jésus, empli de l'Esprit saint, revint du Jourdain et il fut conduit par l'Esprit au désert pour y être tenté par le diable durant quarante jours» (Lc 4,1-2). Il sort vainqueur de la lutte, mais le diable, en apparence, prendra sa revanche en le faisant mourir quelques années plus tard (Lc 4,13; 22,3-6).

c) Or Jésus a conféré le même pouvoir à ses disciples. Tout joyeux, ils reviennent de mission en s'écriant: «Seigneur, même les démons nous sont soumis en ton nom.» Et Jésus de leur dire: «Je voyais Satan tomber du ciel comme l'éclair! Voici que je vous ai donné pouvoir de fouler aux pieds serpents et scorpions, et toute la puissance de l'Ennemi, et rien ne pourra vous nuir» (Lc 10,17-19). Même si le texte ne le dit pas explicitement, il est certain que cette victoire sur le Mal est un effet de la puissance de l'Esprit qui agit maintenant dans le monde. C'est grâce à la puissance de l'Esprit que les hommes se sont maintenant "détournés des ténèbres vers la lumière et du pouvoir de Satan vers Dieu" (Act 26,18).

4. La royauté du Christ

Jésus disait qu'il voyait "Satan tomber du ciel comme l'éclair" (Lc 10,18); c'était une façon imagée de signifier la fin de son pouvoir sur les hommes, la fin de son règne sur le monde. Mais en contrepartie, c'est le royaume de Dieu et de son Christ qui commence. Ce thème est exprimé très clairement dans l'Apocalypse de Jean: «On le jeta donc, l'énorme dragon, l'antique serpent, le Diable ou le Satan, comme on l'appelle, le séducteur du monde entier, on le jeta sur la terre et ses anges furent jetés avec lui. Et j'entendis une voix clamer dans le ciel: Désormais, la victoire, la puissance et la royauté sont acquises à notre Dieu, et la domination à son Christ...» (Apoc 12,9-10; cf. Jn 12,31-32). Satan est vaincu par la puissance de l'Esprit, c'est maintenant le règne de Dieu et de son Christ qui commence.

Dans le récit de l'annonciation, l'ange déclare à Marie: «Voici que tu concevras dans ton sein et enfanteras un fils, et tu l'appelleras du nom de Jésus. Il sera grand, et sera appelé Fils du Très-Haut. Le Seigneur Dieu lui donnera le trône de David, son père; il régnera sur la maison de Jacob pour les siècles et son règne n'aura pas de fin» (Lc 1,31-33). Celui donc qui va être conçu de l'Esprit saint, par la puissance du Très-Haut (1,35), c'est lui qui doit hériter du trône de David et régner sur la maison de Jacob. Et s'il pourra régner, c'est précisément parce qu'il sera conçu par la puissance de l'Esprit. Revenons alors au récit des Actes. Jésus déclare à ses disciples: «Mais vous recevrez une puissance, l'Esprit saint étant venu sur vous» (1,8a). Nous avons dit plus haut que cette phrase démarquait celle de l'ange à Marie, en Lc 1,35. Mais ce n'est certainement pas un hasard si cette parole de Jésus est donnée comme une réponse à la question des disciples: «Seigneur, est-ce en ce temps-ci (que) tu seras rétabli? Et à quand le royaume d'Israël?» (1,6 TO). Le thème de la royauté est lié à celui du don de la puissance de l'Esprit, comme dans le récit de l'annonciation. Et c'est pour souligner ce parallélisme entre Lc 1,31-35 d'une part, Act 1,6.8 d'autre part, que Act II modifia le v. 6, qu'il reprenait de Act I. Au lieu de "Seigneur, est-ce en ce temps-ci (que) tu rétabliras le royaume pour Israël?", il fait demander aux disciples: «Seigneur, est-ce en ce temps-ci que tu seras rétabli? Et à quand le royaume d'Israël?» Act II met en relief, beaucoup plus explicitement que Act I, l'investiture royale de Jésus: il doit être "rétabli" comme roi sur Israël, en conformité avec la parole de l'ange à Marie: «Le Seigneur Dieu lui donnera le trône de David, son père» (Lc 1,32).

5. Le royaume est déjà là

De toutes les analyses précédentes, il faut conclure que, pour Act II, le royaume de Dieu et de son Christ est déjà là. Cette royauté est fondée sur la puissance de l'Esprit. Or cette puissance de l'Esprit agissait déjà en Jésus; elle va agir dans les disciples après la Pentecôte. Le royaume est déjà constitué puisque la puissance de l'Esprit est déjà à l'œuvre. Act II veut l'insinuer lorsqu'il modifie, au v. 6, le texte de Act I contenant la demande que font les disciples à Jésus; la nouvelle formule introduite par Act II "À quand le royaume d'Israël?" fait écho, dans sa pensée, à la scène racontée en Lc 17,20-21. Comme les disciples le jour de l'ascension, les Pharisiens avaient demandé à Jésus: «Quand doit venir le royaume de Dieu?» Et Jésus de répondre: «Le royaume de Dieu ne vient pas en se laissant observer, et l'on ne dira pas: "Voici, il est ici!" ou bien: "il est là!" Car voici que le royaume de Dieu est au milieu de vous.» L'intention antieschatologique est claire. Ou plus exactement, nous sommes en plein dans ce que l'on est convenu maintenant d'appeler "l'eschatologie déjà réalisée". Act I souligne la perspective eschatologique traditionnelle en modifiant le v. 7; au lieu de "Il ne vous appartient pas de connaître..." (Act I), il écrit: «Personne ne peut connaître les temps et les moments que le Père a fixés de son propre pouvoir», qui fait allusion à Mc 13,32: «Quant à ce jour-là ou à cette heure, personne ne le connaît... sinon le Père.» Mais en même temps, il oriente la pensée vers une autre forme d'eschatologie: «Vous recevrez une puissance, l'Esprit saint étant venu sur vous...» Il n'est plus question d'attendre l'avènement du royaume jusqu'au retour du Christ (Mc 13,24-27). La "promesse" faite par Dieu à Abraham ne concerne plus la restauration par le Christ, revenu sur la terre tel un nouvel Élie, du royaume d'Israël (cf. Act 7,5.17; 13,23.32), comme le pensait encore Act I; la "promesse" concerne l'envoi de l'Esprit, âme d'un royaume tout "spirituel" (1,4; 2,33.39). Le royaume de Dieu et de son Christ est déjà là, puisque l'Esprit dès maintenant est à l'œuvre dans l'église, de toute sa puissance, et que l'empire de Satan a pris fin. En transposant quelque peu une parole devenue célèbre, on pourrait dire que pour Act II "on attendait le Christ (cf. Act I), et c'est l'Esprit qui est venu".

6. Un royaume universel

Aux disciples qui demandent: «Seigneur, est-ce en ce temps-ci (que) tu seras rétabli? Et à quand le royaume d'Israël?» (1,6 TO) Jésus répond en annonçant la venue de l'Esprit, et il ajoute: «...et vous serez pour moi des témoins et à Jérusalem et (dans) toute la Judée et la Samarie, jusqu'aux extrémités de la terre»

(1,8). On dit souvent que l'auteur des Actes a déjà donné ici le plan de son œuvre. Mais son intention est beaucoup plus profonde. La clef qui permet de comprendre l'intention de Act II est constituée par la finale, qui est une citation de Is 49,6, comme on le reconnaît d'ordinaire. Mais relisons soigneusement cet oracle d'Isaïe, dans lequel Dieu s'adresse à son Serviteur: «C'est trop peu que tu sois appelé mon Serviteur pour restaurer les tribus de Jacob et ramener la dispersion d'Israël. Voici que je t'ai établi comme alliance d'une race, comme lumière des nations pour que tu sois en vue du salut jusqu'aux extrémités de la terre.» Pour Act II, ce texte est une réponse à la question des disciples formulée au v. 6. Plus exactement, c'est une mise au point de l'eschatologie telle que la concevait Act I. Celui-ci avait fait dire aux apôtres: «Seigneur, est-ce en ce temps-ci (que) tu rétabliras le royaume pour Israël?» (TA). On a vu qu'il reprenait ici un thème traditionnel dans le monde juif: le prophète Élie, enlevé au ciel, doit revenir un jour pour faire la restauration politique du royaume d'Israël. En renvoyant à Is 49,6 au v. 8b, Act II met les choses au point: il ne s'agit pas de restaurer l'Israël politique, comme le concevaient les apôtres, et probablement encore Act I, mais de porter le salut à tous les hommes, même aux nations païennes, jusqu'aux extrémités de la terre.

C'est ce que Act II avait déjà fait dire au Christ en Lc 24,47: «...et que serait proclamé (κηρυχθῆναι) en son nom le repentir et la rémission des péchés à toutes les nations (εἰς πάντα τὰ ἔθνη).» Ce texte démarque celui de Act I qui se lit en 5,31: «... pour donner le repentir à Israël et la rémission des péchés.» Mais l'universalisme de Act II se reconnaît en ce qu'il change l'expression "à Israël" en "à toutes les nations". Ce changement fait écho aux paroles que Mc avait mises sur les lèvres du Christ dans le discours eschatologique: «Et à toutes les nations (εἰς πάντα τὰ ἔθνη), d'abord, il faut que soit prêché (κηρυχθῆναι) l'é-vangile» (Mc 13,10). Les cadres anciens du judaïsme éclatent. Dieu n'agit plus seulement en faveur d'un petit peuple considéré comme son bien particulier; il offre son salut au monde entier, juifs ou païens. En affirmant cet universalisme, Act II rejoint la pensée du Document P (cf. 11,20-26a) par delà les restrictions introduites par Act I; pour ce dernier, l'ouverture aux païens impliquait seulement que ceux-ci, en nombre restreint, pourraient s'agréger au peuple de Dieu. Selon Act II, tout ce programme avait déjà été annoncé par Jésus à ses apôtres au moment de l'ascension (Lc 24,47; Act 1,8). Et l'on verra que Pierre, selon Act II, reprendra toutes ces idées en terminant son discours au peuple le jour de la Pentecôte (2,38-40, composés par Act II), ce qui constitue un anachronisme par rapport aux conceptions du Document P et de Act I.

II. L'ASCENSION
(Lc 24,50-52; Act 1,9-14)

1. L'ascension proprement dite

En fusionnant les textes du Document P et de Act I, Act II se trouvait en présence de deux récits de l'ascension. Il était difficile de les fusionner en un seul récit car ils sont assez différents l'un de l'autre. Act II a préféré les conserver tous les deux: celui du Document P à la fin de l'évangile, et celui de Act I au début des Actes. Celui de Act I est repris sans modification appréciable. Mais pour éviter une certaine contradiction entre l'évangile et les Actes, Act II a transformé le récit d'ascension du Document P en un simple récit d'apparition du Christ ressuscité (Lc 24,50-52 selon le TO). L'opération fut très simple; il supprima: au v. 51, les mots "et il était emporté au ciel"; au v. 52, l'expression "s'étant prosternés devant lui". Act III (TA) préféra revenir au texte du Document P.[1]

2. La liste des apôtres

Une liste des douze apôtres était donnée au début du ministère de Jésus (Lc 6,12ss). Après avoir séparé les Actes de l'évangile, Act II a voulu la reproduire au début de son second volume (Act 1,13b), ce qui lui permettait de préparer le récit de l'élection de Matthias (1,15ss). Cette liste présente deux divergences par rapport à celle de l'évangile.

a) En Lc 6,14, comme en Mat 10,2, les premiers apôtres sont nommés dans cet ordre: Simon (Pierre) et André, Jacques et Jean, ce qui correspond à l'ordre qui est donné dans le récit de leur vocation selon Mat 4,18-22 et Mc 1,16-20. En Act 1,13b, Jean permute avec André et passe en deuxième position, aussitôt après Pierre (qui perd son nom de Simon). De même, en Lc 8,51 et 9,28, Jean est nommé aussitôt après Pierre. Ce rapprochement entre les deux apôtres est certainement intentionnel. Lorsque Jésus envoie deux disciples pour préparer la Pâque (Mc 14,13), Luc est le seul à préciser qu'il s'agit de Pierre et de Jean (Lc 22,8). Dans les Actes, on retrouve Pierre et Jean montant ensemble au Temple à l'heure de la prière (3,1ss), puis comparaissant ensemble devant le Sanhédrin (4,13.19), enfin envoyés donner l'Esprit aux nouveaux convertis de la Samarie (8,14)[2]. Pierre et Jean sont inséparables et devaient être liés d'amitié. On ne peut

---

[1] Nous donnons ainsi une solution élégante à un problème de critique textuelle débattu depuis longtemps.

[2] En Act 3,4, le nom de Jean semble ajouté artificiellement dans le récit; de même en 4,13. Beaucoup de commentateurs pensent que les récits primitifs des Actes ne parlaient que de Pierre, et que la personne de Jean aurait été ajoutée plus tard. C'est possible, mais difficile à

alors manquer de faire le rapprochement avec le quatrième évangile, où nous voyons souvent ensemble Pierre et "le disciple que Jésus aimait" (Jn 13,23s; 21,7ss; 20,2ss). Act II semble favoriser l'identification de ce "disciple que Jésus aimait" avec l'apôtre Jean.

b) Une deuxième différence d'avec la liste de Lc 6,12ss est que Thomas monte en cinquième position. En dehors de ces listes, Thomas n'est nommé que dans le quatrième évangile (Jn 11,16; 14,5; 20,24ss). Faut-il voir là encore une influence des traditions johanniques? On notera que les deux noms qui viennent juste avant celui de Thomas sont André et Philippe, deux apôtres qui jouent un grand rôle dans le quatrième évangile, où ils apparaissent presque toujours ensemble (Jn 1,41.44; 6,5ss; 12,21ss; cf. 14,8s).

3. Les compagnons des Onze

Dans le petit sommaire sur la vie de prière des Onze, composé par Act I (1,14a), Act II a ajouté ces mots: «avec des femmes et Marie la mère de Jésus et ses frères" (1,14b). Les "femmes" sont probablement celles qui accompagnaient le groupe formé par Jésus et ses disciples durant les randonnées galiléennes (Lc 8,1-3) et qui étaient montées à Jérusalem avec eux (Lc 23,49). Elles étaient présentes au pied de la croix (23,55-56); elles ont bénéficié les premières de l'annonce de la résurrection (24,9-10.22); elles seront là aussi lorsque l'Esprit sera donné aux apôtres (Act 2,1ss). Elles sont les témoins silencieux du mystère central de la foi.

Dans ces textes de l'évangile, Marie, la mère de Jésus, n'était pas nommée, tandis qu'elle l'est explicitement en Act 1,14b. Act II veut-il rappeler ici l'évangile de l'enfance, dont il est sans doute l'auteur, et qui donne une place prépondérante à Marie? C'est d'autant plus probable que, nous l'avons vu, il décrit la naissance de l'église à l'analogie de la naissance du Christ, grâce à la puissance de l'Esprit (voir pp. 136ss). Sur ces traditions concernant la présence de Marie aux débuts de l'église, voir encore Jn 19,25-27.

(Le récit dans Act III: ⇒ p. 201)

prouver. D'après ce que nous venons de dire, dans ce cas, le nom de Jean aurait été ajouté par Act II.

III. LE CHOIX DE MATTHIAS
(1,15-26)

Cet épisode fut composé par Act II. Il ne comportait primitivement que les vv. 15a.16 (selon la forme donnée par le TO) et 20b-26. Act III l'a complété en ajoutant tous les détails concernant la mort de Judas.

1. Les caractéristiques de l'apôtre

Après la trahison et la mort de Judas (v. 25), le groupe des douze apôtres se trouve réduit d'une unité. Or il faut maintenir ce chiffre de douze qui, d'après la tradition lucanienne, remonte à Jésus lui-même (Lc 6,13). Il symbolise l'Israël nouveau, formé de douze tribus comme l'ancien Israël (Lc 22,30; Mat 19,28). Mais Judas ne peut pas être remplacé par n'importe qui: il doit répondre à certaines conditions, que précise Act II.

a) Il faut d'abord que, avec les autres apôtres, le remplaçant de Judas puisse témoigner de la résurrection de Jésus, ce qui suppose qu'il ait lui-même été témoin des apparitions du Ressuscité. Ce thème avait été déjà amplement développé dans le Document P (3,15; 4,33) et par Act I (2,32; 5,32). Il est repris ici par Act II, mais élargi: le nouvel apôtre doit aussi pouvoir témoigner de toute la vie de Jésus, "à commencer au baptême de Jean jusqu'au jour où il fut enlevé (loin) de nous" (v. 22). Une telle extension du témoignage des apôtres se retrouve dans d'autres passages ajoutés par Act II aux récits de Act I (Lc 24,47; Act 10,39; cf. Lc 1,2); elle ne fait d'ailleurs qu'entériner un état de fait: tous les apôtres n'avaient-ils pas été témoins de ce que Jésus avait fait et enseigné durant sa vie terrestre?

b) Il faut aussi que ce soit Dieu lui-même qui fasse le choix. On présente donc deux candidats ayant les conditions requises, et l'on tire au sort pour savoir lequel des deux répond au choix divin (vv. 23-25). Le sort désigne Matthias, qui est alors compté au nombre des Douze, à part entière. Ce Matthias n'est pas autrement connu de nous; son nom n'apparaîtra plus dans le livre des Actes.

2. Les modalités du tirage au sort

a) Comment s'effectuait ce tirage au sort? Il est difficile de répondre. On utilisait probablement des dés munis de signes caractéristiques, comme c'était le cas pour désigner, entre deux boucs, celui qui serait chargé des péchés d'Israël et chassé au désert (Lev 16,8). Mais le parallèle le plus proche est fourni par le livre de Jonas: «Puis ils se dirent les uns aux autres: "Tirons donc au sort pour savoir de qui nous vient ce mal." Ils jetèrent les sorts et le sort tomba sur Jonas» (1,7)[1].

b) Avec A. Jaubert, il est intéressant de noter l'importance donnée au tirage au sort dans la communauté de Qumrân[2]. On le pratiquait notamment lorsqu'il s'agissait de l'admission d'un nouveau membre, après délibération des chefs de la communauté: «Lorsqu'il aura terminé la seconde année, on l'examinera: d'après la décision des Rabbim, et si le sort décide, qu'il s'approche de la communauté, on l'inscrira régulièrement à son rang parmi ses frères» (1 QS vi,21-22)[3]. Car chacun, dans les assemblées, occupait un rang déterminé, selon sa fidélité aux observances légales, sanctionnée par le "sort". D'où la prescription: «Nul ne doit s'élever au-dessus du lieu de son sort» (1 QS ii,23), c'est-à-dire au-dessus de la place que le sort lui a assignée, après délibération des Rabbim. Il est facile de voir toutes les analogies du récit des Actes avec ces pratiques communautaires de Qumrân. Il y eut d'abord délibération de la communauté, ou de ses chefs, puisque deux hommes seulement sont proposés; puis tirage au sort. Par ailleurs, ce tirage au sort destine l'élu à occuper un certain "lieu". Ce thème tient une place importante dans le récit des Actes, puisque, dans une perspective eschatologique, on oppose le "lieu" qu'obtient Matthias à celui que Judas s'est réservé en trahissant son Maître (v. 25). Selon toute vraisemblance, Act II reprend ici une tradition plus ancienne s'originant dans les milieux chrétiens proches du mouvement qumranien, tradition qu'il traite d'ailleurs selon son propre style.

(Le récit de Act III: ⇒ p. 202)

IV. LE DISCOURS DE PIERRE
(2,14-41a)

Act II n'a pas modifié de façon substantielle le récit de la Pentecôte (2,1ss), mais il a considérablement amplifié le discours que, selon Act I, Pierre aurait prononcé à cette occasion. Essayons de préciser ses intentions.

---

[1] Noter que le TO, mieux que le TA, a la formule qui correspond à celle de Jon 1,7.

[2] A. JAUBERT, "L'élection de Matthias et le tirage au sort", dans *Studia Evangelica VI* (TU 112, 1973) 274-280. - Voir aussi W.A. BEARDSLEE, "The Casting of Lots at Qumran and in the Book of Acts", dans NT 4 (1960) 245-252.

[3] D'après Beardslee, dans les textes de Qumrân, le thème du "tirage au sort" serait à prendre dans un sens purement métaphorique; mais ce texte de la Règle distingue bien les deux moments: décision des Rabbim et tirage au sort.

A) PARACLÈSE ET PROPHÉTIE

Act II a d'abord voulu expliciter ce qui n'était qu'implicite dans le récit de la Pentecôte composé par Act I: le fait de "parler en langues" signifie que les disciples ont reçu l'Esprit de prophétie.

1. Le recours au prophète Joël

Act II a d'abord ajouté une nouvelle introduction, au v. 14b: «Hommes de Judée, et vous tous qui habitez Jérusalem ( ), prêtez l'oreille à mes paroles.» Ce texte démarque celui de Joël 1,2: «Prêtez l'oreille, tous ceux qui habitent la terre.» Puis, après avoir rejeté la fausse accusation d'ivresse (v. 15; cf. v. 13), Act II donne le vrai sens du phénomène de glossolalie dont la foule vient d'être témoin. Il le fait en se référant encore au prophète Joël, dont il cite intégralement 3,1-5a: «Mais c'est ce qui a été dit par le prophète: Il y aura, en ces derniers jours, dit le Seigneur, (que) je répandrai mon Esprit sur toute chair et ils prophétiseront, leurs fils et leurs filles...» En analysant le récit de la Pentecôte au niveau de Act I (pp. 99ss), nous avons vu que le phénomène de glossolalie, qui se produit le jour de la Pentecôte, était une des manifestations de l'esprit prophétique. Act II ne fait donc qu'expliciter ce qui était implicite dans le récit de Act I: le phénomène de glossolalie est le signe que les apôtres ont reçu l'Esprit prophétique. Selon Act II, donc, Pierre aurait expliqué un fait actuel, le "parler en langues", en référence à un texte de l'AT. Il aurait ainsi exercé son nouveau rôle de prophète chrétien en faisant de la "paraclèse". Voyons ceci de plus près.

2. La paraclèse

a) Un des rôles du prophète chrétien est d'affirmer les fidèles grâce à la paraclèse. Paul l'explique en ces termes: «Car celui qui parle en langues (glossolalie) ne parle pas aux hommes, mais à Dieu... Celui qui prophétise, au contraire, parle aux hommes: il édifie, fait de la paraclèse, réconforte» (1 Cor 14,2-3). Il ajoute, un peu plus loin: «Car vous pouvez tous prophétiser à tour de rôle, afin que tous soient instruits et que tous reçoivent la paraclèse» (14,31). Ce rôle du prophète chrétien est connu aussi du livre des Actes; il y est dit de Jude et de Silas: «...comme ils étaient eux aussi prophètes, avec force discours ils exhortèrent (= firent une paraclèse) les frères et les fortifièrent» (Act 15,32).

Mais qu'est-ce que la paraclèse? C'est, entre autres, avoir recours aux Écritures de l'AT pour interpréter tel ou tel fait touchant la situation actuelle de l'Église. Ce lien entre paraclèse et Écritures est bien indiqué par Paul: «... afin que, par la patience et par la paraclèse (venant) des Écritures, nous ayons l'espérance» (Rom 15,4). La paraclèse s'appuie donc essentiellement sur l'Écriture. En Act 13,15, Paul se trouve dans la synagogue d'Antioche de Pisidie en compagnie de Barnabé. On y fait la lecture de la Loi et des prophètes, puis le chef de la synagogue demande à Paul et à Barnabé: «Hommes (nos) frères, si vous avez quelque parole d'exhortation (= de paraclèse) pour le peuple, dites-(la)» (13,15). Paul entreprend alors un long discours au terme duquel il va interpréter le mystère de la mort et de la résurrection de Jésus en référence aux Écritures (13,32-37). Voilà à proprement parler la paraclèse qui avait été demandée à Paul au v. 15. Comme l'explique fort bien E. Cothenet[1]: «La paraclèse prophétique prend appui sur l'Écriture pour donner un message adapté à la situation présente. Elle montre comment les promesses de Dieu se réalisent.»

Ainsi, en amplifiant le discours que Pierre aurait prononcé le jour de la Pentecôte selon Act I, Act II veut montrer que, sous l'action de l'Esprit qu'il vient de recevoir, l'apôtre se met à prophétiser en faisant de la paraclèse. Pierre donne le vrai sens du phénomène de glossolalie (2,14b-15) en se référant à Joël 3,1-5a (2,16-21); puis il commente le mystère de la résurrection de Jésus (2,24) en citant longuement Ps 16,8-11 (2,25-28); enfin il affirme l'ascension du Christ (2,33-34a) en renvoyant à Ps 110,1 (2,34b-35). Tout ceci est à proprement parler de la paraclèse.

b) Bien que d'une façon moins stricte, on peut rattacher aussi à la paraclèse l'incise qu'ajoute Act II en 2,23, à propos du meurtre de Jésus: «livré selon le dessein et la prescience de Dieu.» Il ne faut pas se scandaliser si Jésus fut mis à mort par les Juifs, bien qu'il fût l'envoyé de Dieu. Tout ceci avait été annoncé dans les Écritures, et correspond donc au déroulement de l'Histoire tel qu'il avait été prévu par Dieu. On notera cependant qu'ici, Act II fait référence aux Écritures d'une façon très générale, sans citer un seul texte particulier.

c) Un dernier cas de paraclèse, ajouté par Act II, se lit dans la deuxième partie du discours de Pierre, en 3,22-24. Notre glossateur se montre d'ailleurs ici un peu maladroit. Dans le texte de Act I, Pierre affirmait que Jésus, tel un nouvel Élie, allait revenir dans un avenir non précisé afin d'effectuer la "restauration" universelle. Il justifiait son affirmation en invoquant, d'une façon très générale, le témoignage "des saints prophètes" (3,21). Act II insère alors ici une citation de Deut 18,15.18 selon laquelle Moïse aurait annoncé l'envoi par Dieu d'un prophète semblable à lui, Moïse (vv. 22-23). Act II brouille les perspectives! Il ne s'agit plus d'un événement futur, mais d'un événement déjà réalisé: c'est durant sa vie terrestre que Jésus aurait agi tel un nouveau Moïse. Act II le dit sans ambages au v. 26: «Pour vous d'abord, ayant suscité son Serviteur, Dieu (l')a envoyé....» En confondant ainsi les perspectives, Act II a donné bien des soucis aux exégètes modernes.

---

[1] SDB, tome viii, col. 1299.

B) L'ESCHATOLOGIE DÉJÀ RÉALISÉE

Au niveau de Act I, le discours de Pierre se continuait par la section qui se lit maintenant en 3,19-21.25, dans laquelle celui-ci annonçait le retour de Jésus comme nouvel Élie, pour restaurer le royaume d'Israël. Act II a repoussé cette section là où elle se lit maintenant et l'a remplacée par le texte de 2,38-40. Ce remaniement a pour but de réagir contre les conceptions eschatologiques de Act I, dans la ligne des retouches apportées au récit de l'ascension tel que l'avait écrit Act II.

a) Pour Act I, le don de l'Esprit le jour de la Pentecôte était un événement qui avait une signification surtout christocentrique. Le phénomène de glossolalie, dont bénéficient les apôtres et dont sont témoins les habitants de Jérusalem, était la preuve que Jésus, tel un nouvel Élie, avait envoyé son Esprit sur ses disciples après avoir été enlevé au ciel. C'était la preuve également que, tel un nouvel Élie, il allait revenir pour effectuer la restauration politique d'Israël. C'était le sens de la fin du discours de Pierre, maintenant en 3,19ss. Mais pour Act II, nous l'avons vu en commentant les remaniements qu'il a apportés au texte de Act I en 1,6-8a, ce retour du Christ est repoussé à une date indéterminée, probablement lointaine, et il est remplacé par l'envoi de l'Esprit qui marque la naissance de l'Église. C'est pour souligner cette transformation radicale de l'eschatologie traditionnelle que Act II a déplacé la finale du discours de Pierre: le thème du retour du Christ n'est plus lié à l'effusion de l'Esprit le jour de la Pentecôte; il est "repoussé" plus loin, comme pour symboliser le retard de la Parousie.

b) En 3,19-21, Pierre exhortait ses auditeurs à se repentir et à se convertir afin d'obtenir le pardon de leurs péchés et de hâter ainsi le retour du nouvel Élie. En 2,38, dans la nouvelle rédaction de Act II, le repentir (lié au baptême, cf. *infra*) nous obtient aussi la rémission des péchés, mais c'est pour pouvoir recevoir la "promesse" de Dieu, c'est-à-dire le don de l'Esprit (Lc 24,49; Act 1,4). Ceci nous confirme que, pour Act II, la venue de l'Esprit a remplacé la perspective du retour du Christ.

C) L'UNIVERSALISME

En Act 1,6, selon Act I, les disciples demandaient à Jésus: «Seigneur, est-ce en ce temps-ci que tu rétabliras le royaume pour Israël?» Act II modifie légèrement la forme de cette demande, mais surtout il la fait suivre de la parole de Jésus: «... vous serez pour moi des témoins et à Jérusalem et dans toute la Judée et la Samarie, jusqu'aux extrémités de la terre» (v. 8b). Jésus répondait aux disciples en renvoyant au texte de Is 49,6: «C'est trop peu que tu sois mon

Serviteur pour restaurer les tribus de Jacob et faire revenir la dispersion d'Israël, voici que je t'ai établi... comme lumière des nations (païennes) en vue du salut jusqu'aux extrémités de la terre.» Il n'est plus question d'une restauration politique d'Israël, mais de l'appel au salut de tous les peuples, jusqu'aux extrémités de la terre.

1. La référence à Is 57,19

Act II réinterprète ici le texte de Act I d'une manière encore plus drastique. Il renvoie à plus loin le thème de la "restauration" d'Israël (3,19ss), et il le remplace par le v. 39 qui affirme l'universalisme du salut en référence à Is 57,19 et à Joël 3,5.

Replaçons l'oracle d'Isaïe dans son contexte, en suivant la Septante. Dieu a châtié son peuple à cause de ses péchés, mais ce châtiment va prendre fin (57,16a), car, dit Dieu: «l'Esprit sortira d'auprès de moi» (16b). Dieu a frappé son peuple "à cause du péché" (17a), mais il va le guérir, c'est-à-dire lui enlever son péché (18). Il va lui donner une "consolation" véritable (18b), en ce sens qu'il y aura "paix sur paix pour ceux qui sont loin et pour ceux qui sont proches" (19). Par "ceux qui sont loin", il faut comprendre les nations païennes, opposées aux Juifs qui eux, sont proches (cf. Eph 2,17; Act 22,21). Le salut des païens est donc associé à celui des Juifs. Or il est clair que Act 2,39 démarque ce texte d'Isaïe. Après avoir mentionné la rémission des péchés (v. 38; cf. Is 57,17a), Act II fait dire à Pierre: «Pour vous, en effet, est la promesse, et pour vos enfants et pour tous ceux qui (sont) au loin...» La promesse est évidemment le don de l'Esprit (Lc 24,49; Act 1,4) qu'annonçait Is 57,16b; or cette promesse a été faite, non seulement aux Juifs et à leurs enfants, mais encore "à tous ceux qui sont au loin", c'est-à-dire aux nations païennes.

2. La référence à Joël 3,5b

Le v. 39 se termine par ces mots: «...tous ceux qu'appellera le Seigneur notre Dieu.» Et aussitôt après, Pierre exhorte ses auditeurs: «Sauvez-vous de cette génération dévoyée» (v. 40). C'est une allusion à Joël 3,5b (LXX): «Car sur le mont Sion et à Jérusalem il y aura des sauvés, dit le Seigneur, et des gens évangélisés, que le Seigneur appelle.» Ce texte de Joël prolonge la longue citation de ce même prophète ajoutée par Act II au début du discours de Pierre (2,16-21). Nous sommes donc en présence d'une inclusion. En 2,21, la citation de Joël se terminait sur ces mots: «Et il arrivera que quiconque aura invoqué le nom du Seigneur sera sauvé.» Qui seront-ils ceux-là? Tous ceux "que le Seigneur appelle" (2,39; cf. Joël 3,5c). Le salut n'est donc plus lié au fait d'appartenir au peuple d'Israël; il résulte d'une action personnelle: reconnaître en Jésus le sauveur, et ceci en vertu d'un appel de Dieu.

Cette perspective universaliste n'implique pas, toutefois, que tous les hommes soient sauvés. Ne seront sauvés que ceux qui se seront "convertis" à Dieu. Act II le dit clairement en référence plus ou moins explicite à Deut 32,5: «... il les exhortait (= faisait une paraclèse) en disant: "Sauvez-vous de cette génération dévoyée"» (2,40). Le thème du salut implique une séparation radicale par rapport à ceux qui auront refusé Dieu et ses exigences morales.

D) LE BAPTÊME

Act II a introduit dans le discours de Pierre le thème du baptême (2,38), lié au repentir. Au v. 41, il complètera le texte de Act I en notant que les auditeurs de Pierre, non seulement embrassèrent la foi (Act I), mais encore se firent baptiser. C'est la première fois que Act II introduit ainsi le thème du baptême dans les récits repris de Act I, mais ce n'est pas la dernière.

(Le récit et le discours de Act III: ⇒ pp. 203 et 207)

V. LES SOMMAIRES
(2,41b-47)

En 2,41b-47, Act II a groupé un certain nombre de sommaires concernant la vie de l'église primitive. Celui qui décrit la communauté des biens (vv. 44-45) remonte au Document P et fut laissé à sa place primitive. Tous les autres sont des compositions de Act II mais qui démarquent des sommaires plus anciens, remontant au Document P et à Act I.

1. Accroissement de l'église (vv. 41b et 47b)

Le thème de l'accroissement de l'église se lit, sous forme d'inclusion, aux vv. 41b et 47b. Le v. 41b forme à la fois la conclusion de l'épisode précédent et l'introduction aux sommaires qui vont suivre; il a cette teneur: «...et, ce jour-là, s'adjoignirent trois mille personnes.» En 4,4, Act II précisera que le nombre des fidèles se monte à cinq mille. Ces chiffres préparent la scène qui sera racontée en 6,1ss et qui, sous sa forme actuelle, fut rédigée par Act II: en raison du nombre considérable des disciples, les Hellénistes se plaignent de ce que leurs veuves sont négligées dans le service quotidien.

Mais voyons de plus près la formulation de 6,1: «Or, en ces jours-là, comme se multipliait la multitude des disciples...» En commentant ce texte, nous verrons qu'il dépend de Deut 1,10, texte dans lequel Moïse déclare au peuple

hébreu: «Le Seigneur votre Dieu vous a multipliés et voilà que vous êtes aujour-
d'hui comme les astres du ciel quant à la multitude...» Et Moïse de poursuivre:
«...Le Seigneur, le Dieu de vos pères, vous adjoindra mille fois plus que vous
n'êtes en ce moment et il vous bénira comme il vous l'a dit.» Par ailleurs, en Deut
23,1-9, l'expression la communauté du Seigneur revient cinq fois pour désigner le
peuple hébreu rassemblé au désert, et on retrouve la même expression en 31,30.
Lisons alors le petit sommaire de Act 2,47b: «Or le Seigneur, chaque jour,
adjoignait les sauvés dans la communauté» (TO). L'influence des textes du Deutéronome est plus que probable. Act II veut donc établir un parallèle entre l'accroissement de la communauté chrétienne au lendemain de la Pentecôte et celui
du peuple hébreu durant l'Exode[1].

Notons enfin, en 2,47b, l'expression "les sauvés" pour désigner ceux qui
s'adjoignent à la communauté (cf. 1 Cor 1,18). Elle souligne le thème du salut,
systématisé par Act II, dans une perspective d'eschatologie déjà réalisée.

2. La vie liturgique (2,42)

En 1,14, Act I avait cette simple notice concernant le petit groupe des
disciples au lendemain de l'ascension: «Et ils étaient assidus à la prière.» Act II la
reprend et l'amplifie, en 2,42: «Et ils étaient assidus à l'enseignement des apôtres
et à la communion (fraternelle), à la fraction du pain et à la prière.»

a) D'après 5,42, les apôtres enseignaient, soit dans le Temple, et s'adressaient alors aux non-chrétiens, soit en privé, pour l'instruction des nouveaux
convertis. Le parallèle de 1,14, comme ici la suite du texte, montre qu'il s'agit
d'un enseignement fait en privé. Dans ces conditions, comme l'explique fort bien
J. Dupont dans la BJ: «Il s'agit vraisemblablement des instructions aux nouveaux
convertis, par opposition aux discours de propagande qui s'adressaient aux non-
chrétiens. Non plus donc la "bonne nouvelle" évangélique, mais une catéchèse,
d'allure didactique, où l'on expliquait les Écritures à la lumière des faits chrétiens
et où l'on rappelait l'enseignement de Jésus.»[2]

b) Les premiers chrétiens étaient assidus à la "communion (fraternelle)".
Que faut-il entendre par là? Il s'agit certainement de la mise en commun des
biens dont il sera parlé en 4,32.34-35. Le sens du mot grec κοινωνία, employé
ici, s'éclaire grâce à deux passages de l'épître aux Romains. En Rom 12,12-13,
Paul recommande à ses lecteurs d'être "assidus à la prière, pourvoyant (littéralement "communiant", κοινωνοῦντες) aux besoins des saints", c'est-à-dire des
chrétiens pauvres. La séquence des thèmes est la même qu'en Act 2,42 et le vo-

---

[1] Voir aussi Ex 1,7: "Les fils d'Israël s'accrurent et se multiplièrent..."
[2] P. 50, note *g*.

cabulaire à peu près identique. Par ailleurs, en 15,26, Paul explique que "la Macédoine et l'Achaïe ont décidé de faire une collecte (littéralement "communion", κοινωνία) au profit des saints qui sont pauvres". Chez Paul, le terme de "communion" désigne donc la collecte que l'on faisait pour les membres les plus pauvres de la communauté. C'est sûrement le sens qu'il faut donner à l'expression en Act 2,42 puisque, nous dira Act II en 4,32.34-35, les chrétiens avaient tout en commun (κοινά), en ce sens qu'ils mettaient les biens qu'ils possédaient à la disposition des plus pauvres.

c) L'expression "fraction du pain" ne se lit qu'une fois ailleurs dans le NT, en Lc 24,35 où elle désigne sûrement l'eucharistie (cf. 1 Cor 10,16; 11,24). Il n'y a aucune raison de penser qu'elle pourrait avoir un sens différent en Act 2,42.

d) Quant à la "prière", elle devait consister essentiellement dans le chant des psaumes, coutume liturgique héritée du judaïsme.

Ce sommaire clair, précis, bien ordonné, nous donne probablement une description de l'action liturgique chrétienne, selon une suggestion de J. Jeremias[1]: catéchèse préparatoire, rassemblement des aumônes pour les pauvres de la communauté, eucharistie proprement dite, chant des psaumes pour clôturer la cérémonie. Il n'est plus question de prier dans le Temple; la communauté chrétienne a sa propre liturgie, célébrée dans des maisons particulières. Nous sommes loin, dans le temps, du sommaire du Document P (2,44-45) qui reflétait la vie des disciples de Jésus au lendemain de l'ascension. Avec cette description d'une église déjà bien organisée et hiérarchisée, où la mention des apôtres évoque probablement la personne des épiscopes (cf. Tit 1,7-9), nous nous rapprochons plutôt de la vie de l'église telle qu'elle sera décrite dans le sommaire sur les richesses, de Act II (4,32.34-35).

3. La communauté des biens (2,44-45)

Ce texte appartenait au récit du Document P et nous en avons déjà analysé le contenu (pp. 31s). Act II l'a laissé en place sans y apporter de modification, mais il le réinterprétera en 4,32.35-36 afin de l'adapter à la situation nouvelle des églises de son temps.

---

[1] J. JEREMIAS, *Jesus als Weltvollender* (Beiträge zur Förderung christlicher Theologie, 33 Band, 4. Heft), Gütersloh, 1930, p. 78.

4. Les repas en commun (2,46)

Aux vv. 46-47, Act II reprend le mini-sommaire du Document P concernant la prière dans le Temple (Lc 24,53; cf. 2,46a.47a), mais il lui ajoute un développement sur ce qui se passait dans les maisons: «...et ils étaient dans le même (lieu) (ἦσαν ἐπὶ τὸ αὐτό), rompant le pain par maison, ils prenaient leur nourriture dans l'allégresse et la simplicité de cœur» (v. 46b). Act II parle-t-il ici de simples repas pris en commun, ou de repas incluant la célébration eucharistique? Il est difficile de répondre. Il est possible que notre auteur se réfère à 1 Cor 11,20ss, texte dans lequel Paul parle des repas au cours desquels on célébrait l'eucharistie. Il nous décrit d'abord le repas, qui donnait lieu à certains abus: «Lors donc que vous vous réunissez dans le même (lieu) (ἐπὶ τὸ αὐτό), il ne s'agit plus de prendre le repas du Seigneur. Dès qu'on se met à table, en effet, chacun, sans attendre, prend son propre repas, si bien que l'un a faim tandis que l'autre est ivre.» Puis Paul décrit le rite eucharistique: «Le Seigneur Jésus, la nuit où il fut livré, prit du pain et, après avoir rendu grâces, le rompit...» (11,23s). De même en Act 2,46: les chrétiens sont ensemble, ils rompent le pain eucharistique, puis ils prennent leur repas en commun.

VI. GUÉRISON ET POLÉMIQUES
(3,1-4,31.33)

Act II reprend du Document P toute la séquence qui va de la guérison de l'infirme à la Belle Porte du Temple (3,1ss) jusqu'à l'effusion de l'Esprit destinée à affirmer les disciples lorsqu'ils vont proclamer la résurrection du Christ (4,29ss). De cette séquence, nous l'avons vu, Act I n'avait gardé sous cette forme que le récit de guérison. Act II l'a fusionné avec le récit parallèle du Document P. Il a aussi apporté quelques modifications et compléments aux récits de ses sources.

A) LA GUÉRISON DE L'INFIRME
(3,1-11)

a) Au niveau du Document P, et encore de Act I, Pierre guérissait l'infirme en lui donnant seulement cet ordre: «Au nom de Jésus le Nazôréen, marche!» (3,6). Act II complète le texte en ajoutant le geste de Pierre qui prend la main de l'infirme pour le faire lever (v. 7a). Ce détail est repris de Mc 9,27, où nous voyons Jésus guérir un enfant épileptique:

Act 3,7a	Mc 9,27
et ayant pris sa main il le releva	et ayant saisi sa main il le releva
et aussitôt il se tint debout	et il fut debout

Act II veut ainsi accentuer le parallélisme entre le miracle que Pierre accomplit et ceux qu'avait faits Jésus.

Mais son intention ne s'arrête probablement pas là. Dans le récit de Marc, quand Jésus saisit la main de l'enfant pour le relever, celui-ci est comme mort, au point que les gens disaient: «Il est mort» (v. 26). Par ailleurs, le verbe grec signifiant "relever" est couramment employé pour parler de résurrection: ressusciter un mort, c'est le faire se relever. Pour Act II, la guérison de l'infirme de la Belle Porte est certes une réalité, mais aussi le symbole d'une réalité plus mystérieuse: la résurrection que nous obtiendrons un jour, à la suite du Christ: «Le Christ est ressuscité des morts, prémices de ceux qui se sont endormis (dans la mort)» (1 Cor 15,20).

b) Aux vv. 9-11, Act II fusionne la conclusion du récit de Act I (vv. 9-10), qu'il place en premier, avec celle du Document P (v. 11b, TA). Il profite de ce remaniement pour corriger une conception topographique du Temple qui lui semble erronée. Selon le récit du Document P (vv. 8 et 11b), le portique de Salomon se trouvait à l'intérieur du Temple. En fusionnant les deux conclusions du récit, Act II peut ajouter son v. 11a selon lequel il fait sortir du Temple Pierre, Jean et l'infirme qui vient d'être guéri. Par le fait même, le portique de Salomon (v. 11b) se trouverait placé à l'extérieur du Temple.

B) LE DISCOURS DE PIERRE
(3,12-18)

a) Act II a repris sans le modifier de façon décelable le discours de Pierre à la foule attirée par le miracle. Il lui a simplement ajouté les vv. 17-18. Son but est d'excuser les Juifs et leurs chefs, qui auraient agi par ignorance (v. 17), comme le fera Paul plus tard en persécutant les chrétiens (1 Tim 1,13). Ici encore, Pierre ne fait que suivre les traces de son Maître qui avait fait cette prière avant de mourir sur la croix: «Père, pardonne-leur car ils ne savent pas ce qu'ils font» (Lc 23,34).

D'ailleurs, les Juifs et leurs chefs n'auraient été que les exécuteurs de la volonté de Dieu, qui a accompli par eux ce qu'il avait annoncé à l'avance par la bouche des prophètes (cf. Lc 24,46).

b) Nous exposerons dans le Tome III (pp. 54-56) que Act II a transposé ici (vv. 19-26) la finale du discours que, au niveau de Act II, Pierre prononçait le jour de la Pentecôte. Il a effectué cette transposition pour estomper les conceptions nationalistes de l'eschatologie de sa source.

C) L'INTERVENTION DES PRÊTRES
(4,1-22)

Au niveau du Document P, le récit était beaucoup plus court que sous sa forme actuelle et donnait des événements une relation assez différente. Des prêtres et des Sadducéens surviennent, furieux d'apprendre que Pierre et Jean, à propos de Jésus, annoncent la résurrection des morts (4,1-2). Ils demandent alors aux deux disciples par quel nom ils ont effectué la guérison (4,7b). Pierre leur répond que c'est par le nom de Jésus, mort et ressuscité par Dieu (4,8a.10-11). Ils sont alors dans l'embarras (4,13-14), se concertent (4,15-16a) et décident de leur interdire, par menaces, de continuer à parler au nom de Jésus (4,17b). Finalement, ils laissent aller les deux disciples, n'osant s'en prendre à eux à cause du peuple témoin de la guérison (4,21ac). Voici quelles sont les modifications et additions introduites par Act II.

1. Arrestation et comparution devant le Sanhédrin

a) Act II a tout d'abord transformé ce qui n'était qu'une simple discussion à caractère privé en une comparution officielle des deux disciples Pierre et Jean devant le Sanhédrin. Pour obtenir ce résultat, il ajouta les vv. 3 à 7a: on arrête les deux disciples et on les jette en prison (4,3); puis, le lendemain, les membres du Sanhédrin se réunissent et on fait comparaître les délinquants (4,5-7a). Il y a donc changement de temps et de lieu: la scène se passe le lendemain et dans les locaux où se réunissait le tribunal religieux. Cela introduit quelques petites anomalies dans le récit: l'homme qui vient d'être guéri est toujours là, debout aux côtés de Pierre et de Jean (4,10.14), de même que la foule criant son enthousiasme (4,21c).

b) Pourquoi cette modification? Dans ces chapitres 2 à 5, Act II fusionne les récits du Document P et de Act I. Il reprend au Document P les épisodes qui courent tout au long des chapitres 3 et 4, mais il va ensuite revenir à Act I pour le récit de 5,17ss. Or, dans ce dernier récit, il est question d'une comparution de tous les apôtres devant le Sanhédrin. En modifiant le récit du Document P, Act II obtient donc deux comparutions successives devant le Sanhédrin: celle du chapitre 4, qu'il introduit dans le récit du Document P, et celle du chapitre 5, qu'il hérite de Act I. D'une façon plus précise même, il modifie les textes de façon à mettre un lien explicite entre les deux épisodes. Au chapitre 4, le Document P mentionnait seulement la décision des sanhédrites d'interdire à Pierre et à Jean de parler au nom de Jésus (4,17b). Act II ajoute le v. 18 dans lequel une défense formelle est faite aux deux disciples dans ce sens: «Étant tous tombés d'accord, ils leur interdirent absolument de prononcer un mot ou d'enseigner au nom de Jésus.» Et en 5,28, Act II ajoutera le rappel de cette interdiction formelle: «Ne vous avions-nous pas expressément ordonné de ne plus enseigner en ce nom?» Les deux comparutions devant le Sanhédrin sont donc juridiquement liées dans la pensée de Act II.

On peut dès lors se demander s'il n'aurait pas introduit, au chapitre 4, le thème d'une première comparution devant le Sanhédrin dans l'intention de justifier le comportement des autorités juives en montrant qu'elles avaient agi en respectant toutes les formes du droit en usage à l'époque. J. Dupont l'explique fort bien dans une note de la BJ sur 4,18[1]: «Défense qui paraît être une monition légale. Dans une affaire comme celle-ci, la procédure juive ne permettait des poursuites immédiates que si les contrevenants étaient des rabbins. S'il s'agissait de gens du peuple, comme on le fait valoir ici (v. 13), on devait d'abord leur donner un avertissement en bonne et due forme; une action juridique n'était possible qu'en cas de récidive. La monition mentionnée ici permettra donc les poursuites racontées au ch. suivant. Voir le rappel de cet avertissement à 5 29» (lire probablement 5,28). Mais Act II ne réussit pas à rendre ce souci de légalité très plausible: si les sanhédrites décident finalement de laisser aller Pierre et Jean sans plus les inquiéter, c'est tout simplement par crainte du peuple (4,21), comme le disait le Document P.

2. Les disciples croissent en nombre

Dans l'addition qu'il fait des vv. 3 et 5-7a, pour introduire le thème de la comparution devant le Sanhédrin, Act II insère incidemment une notice sur le nombre des fidèles qui, à la suite du discours de Pierre au peuple, atteint cinq mille (4,4). Venant après la note analogue faite par lui en 2,41b, ce détail prépare l'épisode du choix des Sept tel que le réinterprète Act II, qui suppose une communauté chrétienne déjà très importante (6,1).

3. Le thème du "salut"

Les vv. 9 et 12, ajoutés par Act II, forment une inclusion au début et à la fin du discours de Pierre aux membres du Sanhédrin, dominée par l'idée de "salut". Act II veut expliciter ce qui n'était pas dit clairement dans le récit du Document P: en hébreu, le nom de "Jésus" signifie "Dieu sauve". On comprend

---

[1] Cet aspect juridique de la succession de deux comparutions devant le Sanhédrin, mentionné d'abord par K. Bornhäuser en 1922, fut développé par J. Jeremias qui en prend argument contre les théories de Harnack. Cf. J. JEREMIAS, "Untersuchungen zum Quellenproblem der Apostelgeschichte", dans ZNW 36 (1937) 208-213.

alors le jeu de mots du v. 12: «Il n'y a pas d'autre nom donné aux hommes sous le ciel, par lequel il faut être sauvé.» On a la même équivalence en Mat 1,21: «Elle enfantera un fils et tu lui donneras le nom de Jésus, car c'est lui qui sauvera son peuple de ses péchés.»

4. L'interdiction de prêcher au nom de Jésus

a) En ajoutant les vv. 16b-17a, Act II va encore expliciter ce qui n'était qu'implicite au niveau du Document P. Il est impossible de nier la guérison de l'infirme de la Belle Porte; elle a eu trop de témoins, et la nouvelle a dû déjà se répandre dans tout Jérusalem (v. 16b). N'oublions pas que, pour Act II, nous sommes maintenant au lendemain de l'événement. Alors, pour limiter les dégâts, on décide d'interdire aux disciples de Jésus d'enseigner en son nom (v. 17a), c'est-à-dire d'expliquer que la guérison fut obtenue au nom de Jésus.

b) Nous avons dit plus haut que le v. 18 avait été ajouté par Act II afin d'obtenir une défense formelle, faite aux deux disciples, de prêcher au nom de Jésus. Mais, selon notre auteur, qui reprendra un récit de Act I, les apôtres ne tiendront pas compte de cette défense puisqu'ils parleront de nouveau en public (5,17ss). Il ajoute donc les vv. 19-20 selon lesquels Pierre aurait donné la raison pour laquelle ils ne pouvaient pas obéir à l'ordre reçu: il vaut mieux obéir à Dieu plutôt qu'au Sanhédrin, institution humaine. Impossible pour Pierre et Jean de ne pas raconter ce dont ils ont été les témoins.

c) L'addition du v. 22 par Act II peut sembler oiseuse; en fait, elle doit avoir une signification symbolique. L'homme qui vient d'être guéri avait plus de quarante ans. Pour tout lecteur de la Bible, ce chiffre évoque le temps durant lequel les Hébreux ont erré dans le désert avant de pouvoir entrer en terre promise (Nomb 14,33-34; 32,13; Deut 2,7; 8,2-4; 29,4). L'allusion à l'Exode est renforcée par le terme de "signe" utilisé pour désigner la guérison; cette façon de parler, inconnue de la tradition synoptique (qui préfère le terme de "puissance"), rappelle les "signes et les prodiges" qui ont accompagné la sortie d'Égypte et la marche dans le désert.

D'une façon plus précise, ce v. 22 doit être rapproché du v. 20, ajouté on vient de le voir par Act II. Au v. 20, Pierre déclare: « Nous, nous ne pouvons pas taire ce que nous avons vu et entendu.» Au v. 22, Act II note que l'homme sur qui s'était produit le signe de la guérison avait plus de quarante ans. Comment ne pas se reporter alors à ce que Moïse dit aux Hébreux en Deut 29,1-4a: «Vous avez vu tout ce que le Seigneur a fait en terre d'Égypte... les grandes épreuves que tes yeux ont vues, ces grands signes et prodiges. Et le Seigneur ne vous a pas donné un cœur pour comprendre, et des yeux pour voir et des oreilles pour entendre, jusqu'à ce jour-là. Et il vous a conduits durant quarante ans dans le désert...»

Ainsi, l'infirme était le symbole du peuple de Dieu errant durant quarante années dans le désert (4,22). Sa guérison est aussi sa délivrance du péché. Les apôtres Pierre et Jean ont vu et ont entendu toutes les merveilles, tous les signes, accomplis par Dieu et ils ne peuvent pas ne pas les proclamer (v. 20). En revanche, les chefs du peuple juif sont restés aveugles. Dieu ne leur a pas encore donné de cœur pour comprendre la signification profonde de ce qui vient de se passer.

D) LE DON DE L'ESPRIT
(4,23-31.33)

Act II reprend ici le texte du Document P mais il y ajoute deux remarques qui sont dans la ligne de ses préoccupations habituelles.

1. La culpabilité des Juifs est atténuée

Dans la prière que tous les disciples font à Dieu pour obtenir la force de résister aux menaces et d'annoncer la résurrection de Jésus, le Document P avait mentionné l'action concertée d'Hérode, de Pilate et du peuple d'Israël contre le Serviteur de Dieu (v. 27). Act II atténue la culpabilité de ces gens-là en rappelant qu'ils n'ont fait qu'exécuter ce qui avait été décidé à l'avance par Dieu (v. 28). Act II avait déjà utilisé ce thème en 2,23 et en 3,17-18.

2. La croissance de l'église

En exposant le sens des consignes du Ressuscité (pp. 136ss), nous avons vu que Act II avait voulu établir un parallèle entre la conception de l'église et celle de Jésus, toutes deux étant produites par le don de l'Esprit. Pour cela, il avait rédigé Lc 24,49b et Act 1,8a en démarquant le texte de Lc 1,35. Il complète ici ce parallélisme en ajoutant le v. 33b: «Et une grande grâce était sur eux (καὶ χάρις μεγάλη ἦν ἐπ᾿ αὐτούς).» Cette phrase en effet démarque celle qui se lit à propos de Jésus en Lc 2,40: «Cependant l'enfant grandissait et se fortifiait, rempli de sagesse, et une grâce de Dieu était sur lui (καὶ χάρις θεοῦ ἦν ἐπ᾿ αὐτό).» Cette "grâce" n'est autre que la faveur de Dieu[1], faveur qu'il accorde à ses saints d'après Sag 3,9: «Ceux qui mettent en lui leur confiance comprendront la vérité et ceux qui sont fidèles demeureront auprès de lui dans l'amour, car la grâce

---

[1] Nombre de commentateurs interprètent le texte dans le sens de la "grâce", c'est-à-dire de la "faveur" dont les apôtres jouissaient auprès du peuple, en renvoyant à 2,47a. Mais ici, le parallèle avec Lc 2,40 est certain car ce genre de formule ne se lit nulle part ailleurs dans le NT.

(χάρις) et la miséricorde sont pour ses saints et sa visite pour ses élus» (cf. Sag 4,15).

On comprend mieux maintenant pourquoi Act II insiste tant sur la croissance progressive de l'église, parallèle à la croissance de Jésus (2,41b.47b; 4,4; 5,14).

(Le récit de Act III: ⇒ p. 208)

VII. LE SOMMAIRE SUR LES RICHESSES
(4,32.34-35)

Act 4,32-35 contient un sommaire concernant l'attitude des premiers chrétiens vis-à-vis des biens de ce monde[1]. Il fut rédigé par Act II, mais il y a incorporé le v. 33 qui, on l'a déjà dit, formait la conclusion de l'épisode précédent.

1. Une réinterprétation du sommaire du Document P

Pour rédiger ce sommaire, Act II a repris, amplifié et réinterprété celui qu'il lisait dans le Document P et qui se trouve maintenant en 2,44-45. Mettons les deux sommaires en regard afin de pouvoir les comparer:

Act 2		Act 4	
44	καὶ πάντες ( )	32	τὸ δὲ πλῆθος τῶν πιστευσάντων
	ἦσαν ἐπὶ τὸ αὐτὸ		ἦν ψυχὴ καὶ καρδία μία
			καὶ οὐκ ἦν χωρισμὸς ἐν αὐτοῖς τις
	καὶ		καὶ οὐδέ τι τῶν ὑπαρχόντων ἔλεγον ἴδιον
	εἶχον ἅπαντα κοινά.		ἀλλ᾽ ἦν πάντα κοινά.
		34	οὐδὲ γὰρ ἐνδεής τις ὑπῆρχεν ἐν αὐτοῖς.
45	καὶ ὅσοι κτήματα εἶχον		ὅσοι κτήτορες χωρίων
	ἢ ὑπάρξεις		ἢ οἰκιῶν ὑπῆρχον
	ἐπίπρασκον		πωλοῦντες
			ἔφερον τὰς τίμας

[1] Pour l'interprétation de ce sommaire, voir: L. CERFAUX, "La première communauté chrétienne à Jérusalem (Act., II,41 - V,42)", dans ETL 16 (1939) 5-31. - J. DUPONT, "L'union entre les premiers chrétiens dans les Actes des Apôtres", dans NRT 91 (1969) 897-915. - H.J. KLAUCK, "Gütergemeinschaft in der klassischen Antike, in Qumran und im Neuen Testament", dans Rev. Qumrân 11 (1982) 47-79.

	35 καὶ ἐτίθουν παρὰ τοὺς πόδας τῶν ἀποστόλων
καὶ διεμέριζον αὐτὰ τοῖς χρείαν ἔχουσιν.	διεδίδετο ἑνὶ ἑκάστῳ καθότι ἄν τις χρείαν εἶχεν[1].
44 Et tous ( )	32 Pour la foule
étaient dans le même (lieu)	de ceux qui avaient cru, était une âme et un cœur et il n'y avait nulle division parmi eux
et	et nul ne disait qu'une de ses possessions (lui était) propre,
avaient tout en commun.	mais tout (leur) était commun.
	34 En effet, il n'y avait aucun indigent parmi eux.
45 et tous ceux qui avaient biens ou possessions, ils (les) vendaient	Tous ceux qui étaient possesseurs de terres ou de maisons, (les) vendant, (en) apportaient le prix
	35 et le déposaient aux pieds des apôtres;
et les distribuaient à ceux qui étaient dans le besoin.	on donnait à chacun selon qu'il était dans le besoin.

Les affinités littéraires entre les deux sommaires sont évidentes, surtout si l'on se réfère aux textes grecs. Le sommaire de Act II est donc une réinterprétation de celui du Document P. Le style est ici parfaitement lucanien, tandis qu'il ne l'était pas en 2,44-45. Voyons comment Act II a réinterprété le sommaire primitif.

2. L'unité de cœur

Selon le sommaire du Document P, les disciples de Jésus "étaient dans le même (lieu)"; cela veut dire, nous l'avons vu, qu'ils habitaient tous ensemble (cf. 1,13a et 2,1). Ce thème disparaît du sommaire de Act II et est remplacé par la phrase: «Pour la foule de ceux qui avaient cru était une âme et un cœur.» Il n'est plus question d'une unité d'habitation, mais d'une unité d'âme et de cœur. Cette dualité d'expression est intéressante, car elle manifeste deux courants de pensée différents. Nous verrons plus loin que le thème de l'unité d'âme correspond à l'idéal de la cité grecque, selon les néo-platoniciens. Quant au thème de l'unité de cœur, il fait écho aux textes de l'AT qui annonçaient la formation du nouveau peuple de Dieu: «Je leur donnerai un seul cœur et une seule manière de vivre» (Jer 32,39); «Je leur donnerai un seul cœur et je mettrai en eux un esprit nouveau»

---

[1] Au v. 34, nous avons restitué dans le TO les mots χωρίων ἢ, tombés par haplographie.

(Ez 11,19)[1]. Il n'est plus question, pour les disciples de Jésus, d'habiter tous ensemble; ils sont maintenant trop nombreux, plus de cinq mille (4,4). On voit déjà que le sommaire de Act II décrit une situation de l'église primitive qui n'est plus celle qu'envisageait celui du Document P.

3. Une communauté de biens relative

Le sommaire du Document P parlait d'une mise en commun absolue des biens matériels: «ils avaient tout en commun» (2,44b). Dans le sommaire de Act II, cette communauté des biens n'est plus que relative. Il est dit en effet: «et nul ne disait qu'une de ses possessions (lui était) propre» (4,32b). Comme l'explique fort bien J. Dupont: «Il est clair ici que les chrétiens restent légalement propriétaires de ce qui leur appartient, mais au lieu de le traiter en possession privée, ils le mettent à la disposition de tous. Les biens personnels deviennent "communs", non par suite d'une aliénation, mais en raison de la libéralité dont usent leurs propriétaires.»[2] En conséquence, la formule "mais tout était en commun" n'a plus le sens strict qu'elle avait dans le sommaire du Document P; il faut la comprendre en un sens large, comme dans ces proverbes grecs bien connus: «Les biens des amis sont communs», ou: «Pour des amis, tout est commun.» On rejoint l'idéal grec de l'amitié.

4. Il n'y aura plus d'indigent

Au début du v. 34, Act II ajoute la phrase "En effet, il n'y avait aucun indigent parmi eux". C'est une citation quasi littérale de Deut 15,4 "Parce qu'il n'y aura pas d'indigent parmi toi". Ce texte fait partie d'une section concernant l'année sabbatique en usage chez les Hébreux; on y insiste sur la nécessité de prêter ou de donner aux pauvres du peuple de Dieu, par opposition à l'attitude que l'on pouvait avoir à l'égard des païens. En reprenant ce texte, Act II veut souligner que la perspective qu'il va ouvrir aux vv. 34-35 est essentiellement communautaire: elle concerne la vie du nouveau peuple de Dieu.

5. L'aide aux nécessiteux de la Communauté

Act II va expliquer maintenant comment il se pouvait qu'il n'y ait plus d'indigent dans la communauté chrétienne: ceux qui possédaient des terres ou des maisons les vendaient, apportaient le prix de la vente et le déposaient aux pieds des apôtres; on distribuait alors à chacun selon ses besoins. Il ne s'agit pas des nécessiteux en général, mais des pauvres de la communauté chrétienne. Pour

---

[1] Pour ces deux textes, la Septante est moins précise; Dieu donnera un "autre" cœur.
[2] Art. cité (note 1, p. 159), p. 900.

subvenir à leurs besoins, on a constitué une sorte de "caisse de secours", gérée par les apôtres, ou du moins placée sous leur contrôle. Tout est bien réglementé: on distribue à chacun selon ses besoins.

La différence avec le sommaire du Document P est grande! Selon celui-ci, il s'agissait seulement de réaliser l'idéal proposé par Jésus: distribuez tous vos biens aux pauvres, quels qu'ils soient. Maintenant, la tonalité ecclésiale est très marquée. Tout se passe en vase clos, à l'intérieur du cercle des chrétiens. Les apôtres sont responsables des biens mis à la disposition de la communauté. On peut penser que, par delà leur personne, Act II pense aux "épiscopes" de l'église primitive, dont un des rôles était de gérer les biens de la communauté et de pourvoir aux besoins des veuves et des orphelins. Nous ne sommes plus au lendemain de l'ascension, alors que les disciples de Jésus continuaient la vie qu'ils avaient menée à la suite de leur Maître (Document P), nous sommes en présence d'une église déjà bien hiérarchisée et organisée. Act II a réinterprété le sommaire qu'il lisait dans le Document P pour décrire ce qui se passait dans l'église à l'époque où il écrivait.

6. La cité grecque idéale

On s'est parfois demandé si ce genre de vie des premiers chrétiens n'avait pas été influencé par la façon de vivre des Esséniens de Qumrân, qui renonçaient à toute propriété privée. Mais, nous venons de le voir, ce n'était pas le cas des communautés visées par le sommaire de Act 4,32ss. En revanche, L. Cerfaux a bien montré les influences grecques sur la rédaction lucanienne[1]. Dans sa *République*, Platon décrit ainsi le genre de vie de ceux qui sont chargés de défendre la cité: «D'abord, aucun d'eux n'aura rien qui lui appartienne en propre, sauf les objets de première nécessité; ensuite, aucun n'aura d'habitation ou de cellier où tout le monde ne puisse entrer.»[2] Mais d'une façon plus générale, la cité idéale devra comporter une certaine communauté de biens entre tous les citoyens: «Lorsque la plupart des citoyens disent de la même chose sous le même rapport: Ceci est à moi, ceci n'est pas à moi, n'est-ce pas la marque du meilleur gouvernement?»[3] Et Platon poursuit en développant le thème de l'unité de sentiments qui doit exister entre tous (cf. Act 4,32).

En commentant ce texte de Platon, au quatrième siècle de notre ère, Jamblique écrivait: «Le commencement de la justice c'est d'éprouver les mêmes sentiments en ayant au mieux un seul corps et <u>une seule âme</u> et d'affirmer au sujet de la même chose: Ceci est à moi, ceci est à un autre, comme en témoigne Platon qui le reçut des Pythagoriciens... <u>car tout était commun à tous</u>, même les

---

[1] Art. cité (note 1, p. 159), pp. 26-28.
[2] Platon, *République*, III, 416d; trad. E. CHAMBRY (Coll. Guillaume Budé).
[3] *Id.* V, 462c; trad. E. CHAMBRY.

choses, <u>et personne ne possédait rien en propre.</u>»[1] La parenté avec le texte de Act II est évidente: «Pour la foule de ceux qui avaient cru, il n'y avait avait qu'une âme et qu'un cœur... et nul ne disait qu'une de ses possessions (lui était) propre, mais tout (leur) était commun» (4,32). Et puisqu'il est impossible d'envisager une influence du texte des Actes sur Jamblique, on peut se demander si Act II et Jamblique ne dépendraient pas d'une source commune.

On voit maintenant en quel sens Act II a réinterprété le sommaire qu'il lisait dans le Document P. Ce sommaire primitif décrivait la vie des disciples de Jésus immédiatement après l'ascension de leur Maître: ils continuaient à vivre à Jérusalem comme ils avaient vécu avec Jésus. Le sommaire de Act II suppose une église déjà très évoluée et socialement bien organisée, voire bien hiérarchisée. Sans doute, elle reste le nouveau peuple de Dieu, dans la ligne tracée par l'Ancien Testament; mais notre auteur la pare de traits qui rappellent l'idéal grec de la cité parfaite, impliquant unité d'âme et mise au service de tous des biens matériels possédés par chacun.

VIII. BARNABÉ - ANANIE ET SAPHIRE
(4,36-5,11)

Après le sommaire sur les richesses, Act II a placé deux exemples opposés montrant comment était pratiqué l'idéal proposé à chacun: l'exemple de Barnabé et celui d'Ananie et Saphire.

A) BARNABÉ

Barnabé (4,36-37) est donné comme modèle de ceux qui vivent l'idéal proposé dans le sommaire des vv. 34-35. Pour le souligner, Act II rédige le v. 37 presque dans les mêmes termes que les vv. 34b-35a. Barnabé avait un champ, il le vendit et en remit le prix aux apôtres. Le lecteur comprend que ceux-ci le distribueront aux pauvres de la communauté chrétienne (cf. v. 35b).

Barnabé, qui s'appelait en réalité Joseph, aurait reçu des apôtres le nom sous lequel il sera désormais connu. C'est un cas unique dans les Actes, mais nous connaissons le précédent de Simon qui reçut de Jésus le nom de Céphas, c'est-à-dire Pierre, en raison de la place qu'il devait tenir dans l'église (cf. Mat 16,17-18; Jn 1,42). L'interprétation du nom de Barnabé, "fils de paraclèse"[2], signifie qu'il

---

[1] JAMBLIQUE, Vie de Platon, 167-169.

[2] Cette interprétation est peut-être de Act III; cet auteur insiste spécialement sur ce mot qu'il introduit à deux reprises, en 13,15 et en 15,31 (aux deux passages dans le seul TA).

devait jouer dans l'église un rôle de prophète et qu'il excellait à expliquer les situations particulières en fonction des Écritures[1]. De fait, il sera envoyé plus tard à Antioche par l'église de Jérusalem afin d'y contrôler l'évangélisation des païens de cette ville où nous le voyons exercer la paraclèse (παρεκάλει) auprès des frères nouvellement convertis (11,22-23). C'est lui qui ira chercher Saul à Tarse pour le ramener à Antioche (11,25-26) et tous deux resteront dans cette ville où ils compteront parmi les prophètes et les docteurs (13,1). Ils seront désignés tous deux par l'Esprit pour aller porter l'évangile au loin (13,2-3).

Act II nous dit que Barnabé était originaire de Chypre. Il devait donc faire partie du groupe des Hellénistes et l'on comprend ses missions auprès des païens. Après avoir effectué le premier voyage missionnaire en compagnie de Saul (=Paul), il se séparera de celui-ci et, avec son cousin Marc, il s'en ira évangéliser Chypre, son île natale (15,39). Nous perdons sa trace à partir de ce moment.

B) ANANIE ET SAPHIRE

Act II oppose l'exemple d'Ananie et Saphire à celui de Barnabé. Les détails du récit sont relativement clairs, mais l'intention de notre auteur en le racontant est plus obscure.

1. Le sens du récit

Pour avoir détourné, en accord avec sa femme, une partie du prix d'une propriété qu'ils avaient décidé de remettre à la communauté, et pour avoir ainsi voulu tromper l'Esprit saint, Ananie est frappé de mort à la suite de la révélation publique que Pierre fait de sa crapulerie. Il s'agit donc d'un châtiment divin; Pierre ne prononce pas lui-même la condamnation, il ne fait que dévoiler le mensonge du couple. Devant cette mort subite, les assistants ont la même réaction que ceux qui sont témoins des miracles: ils sont saisis de frayeur (Act 2,43; 19,17; Lc 5,26; 7,16; cf. Lc 1,65). C'est la crainte révérentielle devant une manifestion de la puissance de Dieu.

2. L'intention de Act II

Il est plus difficile de comprendre quelle fut l'intention de Act II en rédigeant ce récit qui n'est pas dans sa manière. Lui qui cherche toujours à excuser les autres, comment a-t-il pu composer un récit aussi dur?

a) Certains ont voulu rapprocher ce cas de châtiment divin du précédent d'Akân (= Achar) en Jos 7,1 (LXX): «Mais les Israélites fautèrent d'une grande

---

[1] Sur la nature de la paraclèse, voir ce que nous avons dit pp. 146s.

faute: ils détournèrent (ἐνοσφίσαντο ἀπό) (une part) de l'anathème et Achar...
prit (une part) de l'anathème et la colère du Seigneur s'enflamma contre les fils
d'Israël.» De même, Ananie "détourna" (ἐνοσφίσατο ἀπό) (une part) du prix
retiré de la vente de ce qu'il possédait. Il existe effectivement un certain
parallélisme de situation et l'utilisation d'un même verbe, d'un emploi assez rare.
L'emprunt littéraire est possible, mais même si on l'admet, cela ne nous explique
pas pourquoi Act II aurait rapporté cet événement si brutal.

b) Philippe Menoud[1] a proposé une explication qui supprimerait la
difficulté que nous venons de rappeler. Le récit devrait s'interpréter à la lumière
de 1 Thess 4,13ss ou 1 Cor 11,29-30. Les premiers chrétiens attendaient un retour
du Christ dans un avenir très proche et ils comptaient bien être encore vivants lors
de ce retour triomphal. D'où un certain scandale lorsque l'un des frères venait à
mourir. Or précisément un couple de l'église de Jérusalem mourut subitement et
l'on interpréta cette fin tragique comme un châtiment de Dieu contre des gens
supposés ne pas avoir un comportement conforme à l'idéal chrétien décrit dans le
sommaire qui précède. Act II se ferait donc ici l'écho d'un événement arrivé
longtemps avant l'époque où il écrivait, et l'interprétation que l'on en donnait
s'efforçait de justifier un fait en apparence incompréhensible.

IX. DEUX SOMMAIRES FUSIONNÉS
(5,12-16)

Après l'addition de l'épisode d'Ananie et de Saphire, Act II se trouvait
devant deux sommaires parallèles, l'un du Document P (5,12b-13) et l'autre de
Act I (5,12a.15a.16b). Il les a fusionnés de façon assez maladroite, insérant le
sommaire du Document P dans la trame du sommaire de Act I, et y a ajouté les
vv. 14 et 15b-16a.

1. L'accroissement de l'église

En ajoutant le v. 14, Act II souligne encore une fois l'accroissement du
nombre des fidèles (cf. 2,41b.47b; 4,4). Nous avons vu que cette insistance de Act
II sur ce thème répondait à son souci d'établir un parallèle entre la croissance de
l'église et celle de Jésus enfant (cf. 4,33b et le commentaire, p. 158). Ici, cette
notice a en outre l'avantage de mieux justifier la "jalousie" des grands prêtres

---

[1] Ph.-H. MENOUD, "La mort d'Ananias et de Saphira (Actes 5,1-11)", dans *Aux Sources de la
tradition chrétienne. Mélanges Goguel* (Bibliothèque Théologique). Neuchâtel-Paris, 1950, pp.
146-154.

dont il sera parlé en 5,17 (de Act I). Ils sont d'autant plus jaloux de l'activité des apôtres que celle-ci obtient un plein succès.

2. Un parallèle avec l'activité de Jésus

En complétant le sommaire sur les miracles, repris de Act I, par l'addition des vv. 15b-16a, Act II veut établir un parallèle entre le ministère des apôtres et celui de Jésus tel que Mc le rapporte en 6,55-56: «(Les gens) parcouraient toute cette contrée et ils commencèrent à apporter les mal-portants sur des grabats là où ils entendaient dire que (Jésus) était. Et... sur les places on plaçait les malades afin que, au moins, ils puissent toucher la frange de son vêtement.»

X. COMPARUTION DEVANT LE SANHÉDRIN
(5,17-42)

Au niveau de Act I, le récit se présentait ainsi. Les apôtres sont arrêtés et mis en prison par la caste sacerdotale de Jérusalem (5,17-18). Le lendemain, ils comparaissent devant le Sanhédrin où on leur reproche leur enseignement, qui pourrait mettre en danger l'existence même du peuple (5,21b.22a.27.28b). Pierre répond en rappelant le mystère de la mort et de la résurrection du Christ, dont les apôtres se portent garants (5,29a.30-31a.32a). Ceci met en fureur les membres du Sanhédrin, qui veulent les faire mourir (5,33). Mais sur l'intervention de Gamaliel, un Pharisien de tendance assez tolérante (5,34-35.37-38.39c), on relâche les apôtres après les avoir fait battre de verges (5,40a), et ils s'en vont joyeux d'avoir souffert pour le Nom (5,41).

En reprenant ce récit, Act II va y pratiquer un certain nombre d'insertions qui vont lui donner une orientation assez différente.

1. L'intervention de l'ange

Selon Act I, donc, les apôtres ont été arrêtés et jetés en prison (vv. 17-18). Mais pendant la nuit, ajoute Act II, un ange ouvre la porte de leur prison (v. 19) et leur dit de partir (v. 20a; le reste du verset est de Act III). Au matin, ils entrent dans le Temple et se mettent à enseigner (v. 21a). On rejoint alors le récit de Act I: au matin, le grand prêtre rassemble le Sanhédrin et envoie chercher les apôtres (v. 21b). Mais, ajoute encore Act II, les émissaires trouvent la prison vide (v. 22a). Ils reviennent le dire, ce qui provoque l'embarras des autorités (vv. 22b.24). Finalement, on prévient celles-ci que les apôtres sont dans le Temple, en train d'enseigner (v. 25). Le commandant du Temple part alors lui-même pour procéder à une nouvelle arrestation (v. 26), et les apôtres peuvent finalement comparaître devant le Sanhédrin (v. 27, où l'on retrouve le texte du récit primitif). Quelle fut l'intention de Act II en ajoutant tout ce jeu de scène un peu complexe?

a) Contrairement aux autres récits de délivrance miraculeuse racontés en 12,1ss à propos de Pierre, et en 16,22ss à propos de Paul et de Silas, l'intervention de l'ange semble ici sans objet puisque les apôtres vont à nouveau se retrouver arrêtés et, finalement, comparaissent devant le Sanhédrin. Si l'ange intervient, ce n'est donc pas tellement pour délivrer les apôtres que pour leur permettre d'enseigner dans le Temple. Ceci nous est dit au v. 21: «Étant sortis à l'aube, ils entrèrent dans le Temple et ils enseignaient.» Puis, on vient prévenir les autorités religieuses: «Voici: les hommes que vous avez mis en prison se tiennent dans le Temple et enseignent le peuple» (v. 25). L'intention de Act II devient claire, mais pour la comprendre, il faut reprendre le problème de plus haut.

En reprenant les récits plus ou moins parallèles du Document P et de Act I, Act II se trouve devant le problème suivant: en 4,1ss, il suit un récit du Document P dans lequel il s'agissait seulement d'une altercation entre les prêtres, les Sadducéens et les deux disciples Pierre et Jean, altercation motivée par le fait que ces derniers annonçaient la résurrection de Jésus. En 5,17ss, il suit un récit de Act I selon lequel tous les apôtres auraient été arrêtés, mis en prison, pour enfin comparaître devant le Sanhédrin où ils sont menacés de mort (5,33). Mais selon la législation juive, on ne pouvait poursuivre des gens du peuple en justice que s'il y avait eu récidive, après une première monition légale. Il fallait donc deux comparutions successives devant le Sanhédrin. Act II veut montrer que les autorités juives ont agi selon le droit en usage, ce qui l'oblige à effectuer les modifications suivantes. Au chapitre 4, il transforme la simple altercation avec les Sadducéens en une comparution devant le Sanhédrin, de façon à obtenir deux comparutions successives devant ce tribunal juridico-religieux[1]. Il en profite pour ajouter une monition officielle: «Étant tous tombés d'accord ils leur défendirent absolument de prononcer un mot ou d'enseigner au nom de Jésus» (4,18). Mais pour qu'il y ait récidive, il fallait que les apôtres aient l'occasion de prêcher au nom de Jésus entre leur libération mentionnée en 4,21 et leur seconde comparution devant le Sanhédrin racontée en 5,17ss. Ce dernier récit, de Act I, faisait bien allusion à une telle prédication (5,28b), mais ce rappel renvoyait au discours que Pierre, en compagnie des apôtres, avait prononcé le jour de la Pentecôte, en 2,14ss[2]. Act II imagine donc de faire libérer les apôtres par un ange,

---

[1] Pour tout ceci, voir les explications que nous avons déjà données à propos des remaniements de Act II faits sur le récit de 4,1ss, pp. 155s.

[2] Rappelons que, au niveau de Act I, nous avions la séquence suivante: Pentecôte (2,1ss), discours de Pierre (2,14ss suivi de 3,19ss), guérison de l'infirme (3,1-10), petit sommaire sur les miracles qui authentifient la prédication (5,12a.15a.16b), puis comparution devant le Sanhédrin (5,17ss).

durant la nuit, ce qui leur permet d'aller prêcher dans le Temple (5,21.25); il y aura bien récidive (5,28)!

b) En ajoutant l'intermède des apôtres enseignant au petit matin dans le Temple, Act II fait d'une pierre deux coups: il crée un nouveau parallélisme entre l'activité des apôtres et celle de Jésus. Lc 21,37-38 contient un sommaire décrivant la prédication de Jésus dans le Temple lors de la dernière semaine qu'il passa à Jérusalem, peu de temps avant son arrestation. Un sommaire analogue se lit en Jn 7,53-8,2, en des termes encore plus lucaniens que ceux de Lc 21,37-38, si bien que le texte johannique apparaît plus authentiquement lucanien que celui de Lc 21,37s[1]. Comparons alors Act 5,18b.21 (TO) avec ce texte johannique:

Act 5 (TO)	Jn 7-8
18b καὶ ἐπορεύθη εἰς ἔκαστος εἰς τὰ ἴδια	53 καὶ ἐπορεύθησαν ἔκαστος εἰς τὸν οἶκον αὐτοῦ
21 ἐξελθόντες δὲ ὑπὸ τὸν ὄρθρον εἰσῆλθον εἰς τὸ ἱερὸν	2 ὄρθρου δὲ πάλιν παρεγένετο εἰς τὸ ἱερὸν καὶ πᾶς ὁ λαὸς ἤρχετο πρὸς αὐτὸν
καὶ ἐδίδασκον	καὶ καθίσας ἐδίδασκεν αὐτούς
18b Et chacun s'en alla chez soi.	53 Et chacun partit dans sa maison.
21 Étant sortis à l'aube, ils entrèrent dans le Temple	2 Or à l'aube, de nouveau, il arrivait au Temple et tout le peuple venait à lui
et ils enseignaient.	et, assis, il les enseignait.

Les disciples enseignent donc au petit matin, dans le Temple, comme le faisait Jésus.

2. L'obéissance à Dieu

En accord avec la perspective nouvelle qu'il a introduite dans le récit, Act II va encore ajouter les vv. 28a, 29 (sauf les premiers mots) et 32b, qui se complètent pour exprimer un thème unique, celui de l'obéissance à Dieu. Selon 4,18, ajouté par Act II, lors de la première comparution devant le Sanhédrin on avait interdit à Pierre et à Jean d'enseigner au nom de Jésus. Mais ils ont récidivé (5,21a.25). Lors de la seconde comparution, le commandant du Temple, qui selon Act II prend l'initiative de l'interrogatoire, peut leur rappeler: «Ne vous avions-nous pas expressément ordonné de ne plus enseigner en ce nom?» (v. 28a). Pourquoi les apôtres ont-ils désobéi à l'ordre qui leur avait été donné? Act II

---

[1] Voir BOISMARD-LAMOUILLE, L'Évangile de Jean, pp. 215-216.

donne la réponse en faisant dire à Pierre, au v. 29a: «À qui faut-il obéir? À Dieu ou aux hommes?» À Dieu évidemment, comme le reconnaît le commandant du Temple (v. 29b TO). L'interdiction faite par le Sanhédrin aux apôtres allait contre la volonté de Dieu; il ne faut donc pas leur reprocher de l'avoir enfreinte.

3. Le témoignage de l'Esprit

Et la preuve que l'enseignement des apôtres est conforme à la volonté de Dieu, c'est que Dieu lui-même vient appuyer leur témoignage en faveur de la résurrection de Jésus (v. 32a, de Act I) grâce à l'Esprit qu'il leur a donné (v. 32b, ajouté par Act II). L'Esprit témoigne, d'une part en donnant aux apôtres de parler en toute sagesse, d'autre part en accomplissant par leurs mains des signes et des prodiges qui authentifient leur message (4,29ss; 5,12-16).

Ce thème du double témoignage des disciples et de l'Esprit, grâce à l'enseignement plein de sagesse et grâce aux miracles accomplis, trouve un écho remarquable en Jn 15,22-27. On notera de plus que ce texte johannique se situe dans un contexte de persécution (15,18-19), comme ici, et de persécution au nom de Jésus (15,21; cf. Act 5,28a.41b). Nous avons vu aussi plus haut que, en ajoutant le thème de la prédication des apôtres à l'aube dans le Temple, Act II avait voulu établir un parallèle entre l'activité de ceux-ci et celle de Jésus, en référence à Jn 7,53-8,2 (texte lucanien); or on lit en Jn 15,20: «Rappelez-vous la parole que je vous ai dite: le serviteur n'est pas plus grand que son maître; s'ils m'ont persécuté, ils vous persécuteront vous aussi.» L'activité littéraire de Act II et celle de Jean sont singulièrement parallèles.

4. La révolte de Theudas

Selon Act I, pour inciter les sanhédrites à épargner les apôtres, Gamaliel avait mis en avant l'exemple de Judas le Galiléen, qui avait provoqué un mouvement messianique, lequel avait piteusement avorté (5,37). Act II complète le tableau en ajoutant l'exemple d'un autre aventurier, un certain Theudas (5,36). L'historien Flavius Josèphe en parle dans ses Antiquités Juives (XX, v, 1), mais le place à une époque plus tardive, sous le gouvernement de Fadus (44-46). Certains ont pensé que Act II (Luc) dépendait ici de cet historien juif; mais tous deux pourraient dépendre d'une source commune, ou de traditions semblables.

5. Une mesure de prudence

En ajoutant les vv. 38b-39, Act II ne fait qu'expliciter ce qui était implicite dans l'argumentation de Gamaliel. Si le mouvement suscité par Jésus le Nazôréen ne procède que de motifs humains, il se détruira lui-même, comme les mouvements de Judas le Galiléen (v. 37) et, ajoute Act II, de Theudas (v. 36). En revanche, s'il est inspiré par Dieu, nul ne pourra le faire avorter. Et dans ce cas, s'opposer à ce mouvement équivaudrait à faire la guerre à Dieu, comme jadis Antiochus Épiphane (2 Macc 7,19). La prudence conseille donc de laisser tranquilles les disciples de Jésus, et de voir comment tout cela va tourner.

Finalement l'assemblée se range à ces conseils de sagesse et relâche les apôtres (v. 40a). Act II complète cette conclusion du récit de Act I en ajoutant le v. 40b: avant de relâcher les apôtres, on leur ordonne de ne plus parler au nom de Jésus. Cette deuxième comparution devant le Sanhédrin ne pouvait pas se terminer sans une décision à l'égard des apôtres. Act II ne fait que reprendre la défense faite lors de la première comparution (4,18); mais il faut avouer que, après une récidive caractérisée, cette défense purement platonique apparaît un peu dérisoire! Act II n'a pas fait preuve de beaucoup d'imagination.

6. Un sommaire de conclusion (v. 42)

Pour clore le cycle de Jérusalem dans la geste de Pierre, Act II ajoute un sommaire sur l'activité apostolique des disciples (v. 42). Malgré les interdits et les menaces, la Bonne Nouvelle continue d'être proclamée par les apôtres, soit en public (dans le Temple), soit en privé (par maison). Il s'agit ici d'annoncer la Bonne Nouvelle du Christ Jésus, c'est-à-dire de proclamer que Jésus est le Christ. En 11,20, Act II ajoutera au texte du Document P la formule: annoncer la Bonne Nouvelle du Seigneur Jésus, c'est-à-dire proclamer que Jésus est le Seigneur. Aux Juifs de Jérusalem, on affirme que Jésus est le Messie, le Christ, annoncé dans les Écritures. Aux païens d'Antioche, on affirme que Jésus est le Seigneur, celui qui doit régner sur le monde (cf. 1 Cor 8,6). On rejoint dans ces deux textes la double confession de foi des chrétiens. Les judéo-chrétiens affirmaient: «Jésus est le Christ, le Messie»; et les pagano-chrétiens: «Jésus est le Seigneur.»

XI. LE CHOIX DES SEPT
(6,1-7)

Au niveau du Document P, le récit du choix des Sept, qu'il est difficile de reconstituer, posait le problème de l'ouverture du christianisme aux non-Juifs; le groupe des Hellénistes en était partisan, tandis que le groupe des Hébreux n'en voyait pas la nécessité, s'appuyant sur telle ou telle parole attribuée à Jésus (cf. Mat 10,5-6). D'où une certaine tension au sein de l'église primitive. Au niveau de Act II, qui est responsable du récit sous sa forme actuelle, le problème qui oppose les Hellénistes aux Hébreux devient tout autre: les premiers se plaignent de ce que, dans le service quotidien des tables, leurs veuves étaient défavorisées par rapport aux veuves du groupe des Hébreux (6,1-2).

1. Des évangélistes devenus des diacres

Pourquoi Act II a-t-il voulu modifier le récit primitif?

a) Notons d'abord que son récit reflète un état de l'église assez évolué. Les veuves y forment un groupe bien défini, tel qu'il est attesté à l'époque où fut écrite la première lettre à Timothée: «Pour être inscrite au groupe des veuves, il faut qu'une femme ait au moins soixante ans et qu'elle n'ait été mariée qu'une fois. Il faut qu'elle se recommande par ses bonnes œuvres...» (1 Tim 5,9-10). Leur mari étant mort, elles risquaient de se trouver sans ressources; aussi étaient-elles prises en charge par la communauté. On rejoint l'organisation sociale telle qu'elle apparaît dans le sommaire de Act 4,32.34-35: il existait une sorte de "caisse de secours" dans chaque communauté pour subvenir aux besoins des plus pauvres. Et ce rapprochement avec le sommaire de 4,32.34-45, rédigé par Act II, pourrait nous donner la réponse à la question que nous posions plus haut. Ce sommaire en effet n'est qu'une réinterprétation du sommaire de 2,44-45, du Document P, afin de l'adapter à l'état de l'église tel qu'il existait à l'époque où écrivait Act II. On peut penser qu'il en va de même pour la réinterprétation du récit concernant le choix des Sept; elle aurait eu pour but de l'actualiser. À l'époque où écrivait Act II, le problème de l'ouverture au monde païen était résolu depuis longtemps. Au sein de l'église, les pagano-chrétiens étaient même infiniment plus nombreux que les judéo-chrétiens. À quoi bon alors conserver un récit qui reflétait une situation anachronique? Act II n'écrivait pas pour faire de l'archéologie historique. Il voulut donc réinterpréter le récit primitif en fonction d'un problème plus actuel: celui du "service" des autres dans l'église.

b) Pour le comprendre, lisons l'épisode de Marthe et Marie, raconté en Lc 10,38-42: «Comme ils faisaient route, il entra dans un village et une femme, nommée Marthe, le reçut dans sa maison. Celle-ci avait une sœur appelée Marie, qui, s'étant assise aux pieds du Seigneur, écoutait sa parole. Marthe, elle, était absorbée par les multiples soins du service. Intervenant, elle dit: "Seigneur, cela ne te fait rien que ma sœur me laisse servir toute seule? Dis-lui donc de m'aider." Mais le Seigneur lui répondit: "Marthe, Marthe, tu te soucies et tu t'agites pour beaucoup de choses; et pourtant, il en faut peu, une seule même. C'est Marie qui a choisi la meilleure part; elle ne lui sera pas enlevée".» Dans ce petit récit, Jésus semble favoriser Marie, qui écoute la parole, aux dépens de Marthe, qui assure le service de la table. Certains ne prenaient-ils pas occasion de ce récit pour refuser de se mettre au service des autres sous prétexte qu'ils voulaient consacrer tout leur temps au service de la Parole? Dans les communautés chrétiennes, il devenait de plus en plus difficile de trouver des gens qui acceptaient de se consacrer au service des plus démunis; il s'en suivait désordres, injustices, récriminations. On eut alors l'idée d'institutionaliser ce service en créant des "diacres" chargés d'aider l'épiscope dans l'administration des biens de la communauté, biens qui étaient destinés à aider les plus déshérités. On rejoint encore une fois l'organisation ecclésiale telle qu'elle est attestée dans la première lettre à Timothée (1 Tim 3,8-13; cf. 3,1-7 et notre commentaire de Act 4,32.34-35).

2. L'arrière-plan vétéro-testamentaire

Selon le récit du Document P, les Sept avaient été choisis afin d'assurer la prédication de la Parole dans une perspective helléniste, ouverte sur le monde païen. Dans cette perspective, les Sept prenaient la relève des Douze apôtres en ce qui concernait la diffusion de l'évangile. Pour le souligner, l'auteur du Document P avait rédigé son récit en s'inspirant de Nomb 27,16ss, où nous voyons Moïse instituer Josué comme son successeur. Act II, lui, va réinterpréter ce récit de sa source en fonction du thème nouveau qu'il introduit: les Sept sont choisis en vue du service des tables. Tout en gardant le schéma primitif aux vv. 5b-6, il va remodeler la rédaction des vv. 1-5a en fonction de deux épisodes de l'AT qui offrent des schémas analogues: le Pharaon d'Égypte choisit Joseph pour l'établir chef de tout le pays (Gen 41,33ss), et Moïse choisit soixante-dix hommes qu'il établit "juges" sur la communauté des Hébreux (Deut 1,10ss; cf. Ex 18,21ss; Nomb 11,16ss)[1]. Dans le premier épisode, Joseph aura pour rôle de procurer de la nourriture aux Égyptiens durant les sept années de famine; dans le second épisode, les "juges" auront pour fonction de régler les différends qui pourraient surgir entre les membres de la communauté. On est bien dans la perspective nouvelle introduite par Act II.

a) Pour simplifier l'exposé, nous ne mettrons en parallèle avec le récit actuel des Actes que le texte de Gen 41,33s. Signalons toutefois que le parallèle de Deut 1,10ss, un peu moins strict du point de vue littéraire, commence par ces mots de Moïse: «Le Seigneur votre Dieu vous a multipliés (ἐπλήθυνεν), et voici que vous êtes aujourd'hui comme les astres du ciel quant à la multitude (τῷ πλήθει).» On retrouve le thème en Act 6,1, au niveau de Act II (TO): «Or, en ces jours-là, comme se multipliait la multitude des disciples» (πληθυνόντος τοῦ πλήθους). Selon le récit du Deutéronome, c'est parce que la communauté augmente en nombre que Moïse doit instituer des juges pour l'aider; dans le récit

---

[1] Ces différents parallèles ont été très bien analysés par Earl RICHARD, *Acts 6:1-8:4, the Author's Method of Composition* (SBL Dissertation Series 41). Missoula, Montana, 1978, pp. 270s. Mais il est curieux que le parallèle avec Nomb 27,16ss ait échappé à son acribie.

des Actes, c'est parce que le nombre des disciples augmente que les apôtres doivent instituer les Sept pour assurer le service des tables.

b) Ceci dit, voyons le parallèle entre notre récit, sous sa forme actuelle, et celui concernant Joseph; dans le texte des Actes, nous soulignerons les mots ajoutés par Act II:

Gen 41		Act 6	
33	νῦν οὖν σκέψαι	3	ἐπισκέψασθε δέ, ἀδελφοί,
	ἄνθρωπον		ἄνδρας ἐξ ὑμῶν
	φρόνιμον καὶ συνετὸν		μαρτυρουμένους ἑπτὰ
			πλήρεις πνεύματος καὶ σοφίας
	καὶ κατάστησον αὐτὸν		οὓς καταστήσομεν
	ἐπὶ γῆς Αἰγύπτου		ἐπὶ τῆς χρείας ταύτης
		4	ἡμεῖς δὲ τῇ προσευχῇ
			καὶ τῇ διακονίᾳ τοῦ λόγου
	προσκαρτερήσομεν.		
37	ἤρεσεν δὲ τὰ ῥήματα	5	καὶ ἤρεσεν ὁ λόγος
	ἐναντίον Φαραω καὶ		
	ἐναντίον πάντων τῶν παίδων		ἐνώπιον παντὸς τοῦ πλήθους
	αὐτοῦ...		
38	μὴ εὑρήσομεν		καὶ ἐξελέξαντο Στέφανον
	ἄνθρωπον τοιοῦτον ὃς ἔχει		ἄνδρα πλήρη
	πνεῦμα θεοῦ ἐν αὐτῷ...		πίστεως καὶ πνεύματος ἁγίου
33	Maintenant donc, cherche	3	... cherchez parmi vous
	un homme		sept hommes
	intelligent et sensé		de bon renom,
			remplis d'Esprit et de sagesse,
	et établis-le sur le pays d'Égypte.		que nous établirons
			sur cette fonction.
		4	Quant à nous, nous serons assidus
			à la prière et au service de la Parole.
37	Or les paroles plurent	5	Et la parole plut
	devant Pharaon		
	et devant tous ses serviteurs...		devant toute la foule
38	Trouverons-nous un tel homme		et ils choisirent Étienne, homme
	qui a l'esprit de Dieu en lui...		plein de foi et d'Esprit saint...

Act II a donc ajouté au récit du Document P un certain nombre de traits repris du récit de Gen 41,33s: les Sept, préposés au service des tables, offrent une analogie de situation avec Joseph, chargé par Pharaon de procurer des vivres aux Égyptiens durant la famine.

3. De nombreux prêtres se convertissent

Au v. 7, Act II ajoute une remarque concernant l'accroissement du nombre de fidèles, et il conclut en disant que "une grande foule de prêtres obéissaient à la foi". Ce thème de l'obéissance est de saveur paulinienne: obéir à la foi (Rom 1,5; 16,26), à l'évangile (Rom 10,16; 2 Thess 1,8), à la parole des apôtres (2 Thess 3,14). Act II l'ajoute ici en pensant à Act 4,1, où nous voyons les prêtres s'opposer à la prédication de Pierre et de Jean. Avant de parler du succès de la prédication des Hellénistes (8,4ss), il veut probablement insinuer que les Hébreux aussi eurent leur succès à Jérusalem, une fois libérés du service des tables, au point que même les opposants d'hier sont convaincus et viennent à la foi au Christ.

XII. LE MARTYRE D'ÉTIENNE
(6,8-8,2)

Rappelons que, au niveau du Document P, Étienne était lapidé au cours d'une émeute populaire. C'est Act I qui a introduit dans le récit la comparution du premier martyr devant le Sanhédrin. Mais le discours qu'y prononce Étienne n'avait pas pour but de le disculper des accusations portées contre lui. Act II va pallier cette anomalie en traitant, dans une perspective helléniste, le double problème du Temple de Jérusalem, appelé communément "le Lieu" par excellence, et des coutumes mosaïques (cf. 6,14).

1. Le problème du Temple (= le Lieu)

On accusait Étienne d'avoir rapporté une parole de Jésus annonçant la destruction du Lieu par excellence (6,14). Celui-ci ne va pas le nier; il va seulement développer le point de vue des Hellénistes.

Son argumentation est préparée dès le v. 7 du discours. Act II ajoute au discours primitif le texte de Ex 3,12: «... et vous rendrez un culte à Dieu en cette montagne.» Mais on notera le changement: au lieu de "en cette montagne", Act II écrit "en ce lieu". Le mont Horeb, dont parle le texte de l'Exode, était déjà un lieu où l'on pouvait adorer Dieu et lui rendre un culte.

La même idée est exprimée à propos de la scène du buisson ardent, lors de l'Exode. Au v. 33, Act II ajoute encore au discours primitif ce texte de Ex 3,5 selon lequel une voix céleste avertit Moïse: «Dénoue la sandale de tes pieds, car le lieu où tu te tiens est une terre sainte.» Voici encore un lieu où Dieu est censé habiter puisque Moïse l'y rencontre. Les Juifs ont donc tort de prétendre qu'il n'existe qu'un lieu au monde où l'on puisse rencontrer Dieu et lui rendre un culte, que le Temple de Jérusalem est le Lieu par excellence et qu'il n'en existe pas d'autre.

Et Étienne, après avoir rappelé la construction de la Tente du Témoignage au désert (v. 44), remplacée ensuite par le Temple que construisit Salomon (vv. 45-47), peut conclure: «Mais le Très-Haut n'habite pas dans ce qui est fait de main d'hommes» (v. 48a). Dieu est partout, et il est possible de lui rendre un culte en n'importe quel lieu du monde (cf. Jn 4,19-24). Il complète d'ailleurs son argumentation en renvoyant à Is 66,1-2, texte dans lequel Dieu lui-même affirmait: «Quelle maison me bâtirez-vous... ou quel (sera) le lieu de mon repos?» Dieu a créé et possède la terre entière; il n'est pas question de ne l'adorer qu'en un seul lieu.

2. Les coutumes héritées de Moïse

Étienne va encore avoir recours à l'Écriture pour défendre les idées des Hellénistes concernant les coutumes héritées de Moïse, c'est-à-dire la Loi et les interprétations que l'on en donnait, qui étaient censées remonter à Moïse. Il ne nie pas l'accusation portée contre lui de vouloir, en s'appuyant sur l'enseignement de Jésus, changer ces coutumes. Il renvoie simplement au texte de Deut 18,15.18, qu'il ajoute au discours primitif; Moïse lui-même y affirme: «Dieu suscitera un prophète d'entre vos frères, comme moi» (Act 7,37). Mais quel sera le rôle de ce prophète, sinon d'apporter une loi nouvelle, et des coutumes nouvelles? Il ne peut ressembler à Moïse qu'en renouvelant la Loi et les coutumes qui régissaient le peuple de Dieu. C'est Jésus qui est ce nouveau Moïse. Les Juifs n'ont donc rien à reprocher à Étienne. S'il affirme que Jésus est venu changer les coutumes héritées de Moïse, il ne fait que se conformer à ce que Moïse lui-même avait prévu, selon Deut 18,15.18.

3. L'excuse des Juifs

À la fin du récit, Act II fait dire à Étienne, juste avant qu'il ne rende l'esprit: «Seigneur, ne leur impute pas ce péché» (7,60a). On retrouve ici la tendance de Act II d'excuser les Juifs autant que faire se peut en disant, soit qu'ils ont agi par ignorance, soit qu'ils n'ont fait qu'accomplir le dessein de Dieu, prévu de toute éternité. Et Act II fait d'une pierre deux coups, en montrant Étienne suivre les traces de son Maître qui avait dit lui aussi avant de mourir: «Père, pardonne-leur car ils ne savent pas ce qu'ils font» (Lc 23,34).

(Le récit de Act III: ⇒ p. 208)

XIII. É V A N G É L I S A T I O N   D E   L A   S A M A R I E
(8,4-25)

Act I avait omis les récits du Document P concernant l'évangélisation de la Samarie. Act II les reprend en les amplifiant: il y ajoute le thème du baptême et de l'Esprit donné aux disciples, comme l'épisode de Simon le Mage.

A) LE BAPTÊME ET L'ESPRIT

Act II a ajouté au récit du Document P les vv. 12.14-15a.17. Essayons de préciser ses intentions.

1. Le baptême

Au v. 12, Act II précise que les gens du village samaritain, après avoir cru à la prédication de Philippe, reçurent le baptême au nom de Jésus. Il avait déjà ajouté ce thème du baptême en 2,38, comme conclusion du discours que Pierre avait adressé à la foule le jour de la Pentecôte. On reconnaît là son intérêt pour les sacrements de l'église. Il se manifestera encore en 8,38, à propos de la conversion de l'eunuque de la reine Candace, et en 10,47-48, lors de la conversion du centurion Corneille et de ses compagnons.

2. Le don de l'Esprit

Aux vv. 14-15a.17, Act II mentionne l'envoi de Pierre et de Jean pour conférer l'Esprit aux nouveaux baptisés.

a) Pour composer cet épisode, il a démarqué le récit du Document P concernant l'évangélisation des païens d'Antioche de Syrie (11,20-26a). Mettons les textes en parallèle en tenant compte d'un fait que nous établirons plus loin: au chapitre 11, Act II a placé avant le récit du Document P le v. 19, parallèle, on va le voir, à 8,4, ajouté aussi par Act II.

Act 8		Act 11	
4	Ceux donc qui avaient été dispersés	19	Ceux donc qui avaient été dispersés par l'épreuve, celle (qui était) arrivée par Étienne,
	passèrent...		passèrent...
14	Or les apôtres qui (étaient) à Jérusalem ayant entendu	22	La nouvelle fut entendue (jusqu')aux oreilles de l'église qui (est) à Jérusalem
	(dire) que même la Samarie		à leur sujet

avait accueilli la parole de Dieu	
leur envoyèrent	et ils envoyèrent
Pierre et Jean	Barnabé
	passer jusqu'à Antioche,
15 qui, étant descendus ( ),	23 qui, étant arrivé
	et ayant vu la grâce de Dieu
17 ( ) leur imposaient les mains	se réjouit et il les exhortait tous
et ils recevaient l'Esprit saint	à rester, d'un cœur ferme,
	attachés au Seigneur

Le parallélisme est évident. Il fut voulu par Act II puisque c'est lui qui a composé, le v. 4 du chapitre 8 et le v. 19 du chapitre 11.

Mais on voit la différence des perspectives. Au chapitre 11, dans le récit du Document P, Barnabé n'a pour mission que de constater le fait de la conversion des païens et de contrôler que tout se passe selon les directives de l'église de Jérusalem. Il n'est question, ni de baptême, ni de don de l'Esprit. Au chapitre 8 au contraire, ceux qui croient se font baptiser (8,12) puis Pierre et Jean sont envoyés pour leur communiquer l'Esprit. On reconnaît là les préoccupations sacramentelles et "ecclésiastiques" de Act II.

b) En analysant le sommaire sur les richesses (4,32.34-35), nous avons vu que, pour Act II, les "apôtres" chargés de distribuer les secours aux indigents de la communauté chrétienne évoquaient la figure des "épiscopes" qui, dans chaque église locale, étaient chargés de ce soin. Act II n'aurait-il pas eu la même intention ici? Le don de l'Esprit aux baptisés semble réservé aux apôtres, puisque Philippe, semble-t-il, n'avait pas le pouvoir de le communiquer. Par delà ces "apôtres", ne faut-il pas évoquer la figure des "épiscopes"? On devrait en conclure que, déjà vers les années 80, ceux-ci seuls avaient le pouvoir de communiquer l'Esprit par imposition des mains.

B) SIMON LE MAGE

Le personnage de Simon le mage n'apparaissait pas dans le récit du Document P; il fut introduit par Act II. Voici son texte, dépouillé des ajouts faits par Act III.

8,9 Or un homme, du nom de Simon, se trouvait déjà dans la ville, exerçant la magie et émerveillant le peuple de Samarie, se disant être quelqu'un de grand. **11** Ils s'attachaient à lui du fait que depuis longtemps il les émerveillait. **12** Quand ils eurent cru à Philippe annonçant ce qui touchait le royaume de Dieu, au nom de Jésus ils étaient baptisés, hommes et femmes. **14** Or les apôtres qui (étaient) à Jérusalem, ayant entendu (dire) que même la Samarie avait accueilli la parole de Dieu, leur envoyèrent Pierre et Jean **15a** qui, étant descendus ( ) **17b** leur imposaient les mains et ils recevaient l'esprit saint. **18** Or Simon, ayant vu que l'Esprit était donné par l'imposition des mains des apôtres, leur apporta de l'argent **19** en priant et en disant: «Donnez-moi ce pouvoir afin que celui à qui, moi aussi, j'imposerai les mains reçoive l'Esprit saint.» **20a** Mais Pierre lui dit: ( ) **21b** «Ton cœur n'est pas droit devant Dieu. **22** Repens-toi donc de cette tienne malice; peut-être te sera pardonnée la pensée de ton cœur.» **24c** Il ne cessait de pleurer beaucoup.

a) Le personnage de Simon le mage, que Act II met en scène, nous est connu par un certain nombre de Pères anciens, tels Justin, Irénée, le pseudo-Hippolyte, Philastre de Brescia, qui ont dressé l'inventaire des hérésies qui se sont développées en marge du christianisme[1]. C'était probablement un païen. Les Actes lui donnent le titre de "mage", ou "magicien". Mais il ne faudrait pas restreindre ses activités à la pratique de certains tours de passe-passe plus ou moins magiques[2]. En fait, Simon fut le fondateur d'une véritable religion, apparentée aux religions à mystères, ayant pour fondement le culte de la lune (Sélénè), et comportant probablement des séances de hiérogamie. Les pratiques magiques n'entraient en ligne de compte que pour attirer les "fidèles" (8,9.11). Par ces pratiques, Simon s'était fait beaucoup d'adeptes en Samarie. Le récit de Act II a une intention apologétique évidente: Simon offre de l'argent à Pierre et à Jean afin d'obtenir lui aussi le pouvoir de conférer cet Esprit "magique" qui le dépasse (8,18). Lui-même aurait donc reconnu que ses pratiques magiques, et donc la religion sur lesquelles elle était fondée, n'avaient que peu de valeur en regard des "prodiges" accomplis par les chrétiens sous la puissance de l'Esprit[3]. Le culte de Sélénè, la Lune, devait s'effacer devant le culte du seul vrai Dieu, dont le Christ s'était fait le champion.

b) Simon aurait donc voulu acquérir à prix d'argent le pouvoir de conférer l'Esprit, principe de tant de miracles étonnants. Pierre le lui reproche: «Ton cœur n'est pas droit devant Dieu» (v. 21b), et il l'invite à se repentir de cette action afin que le mauvais dessein qu'il a eu lui soit pardonné (v. 22). C'est une allusion à Ps 78,37: «Leur cœur n'était pas droit avec Lui (Dieu), et ils ne furent pas fidèles à son alliance.» Il s'agit des Hébreux durant l'Exode, et de leurs désobéissances envers Dieu et envers Moïse. Mais le ton est à la miséricorde: Dieu est compatissant, il pardonne les péchés des Hébreux, il ne donne pas cours à sa colère. Simon peut donc être assuré du pardon divin, à condition qu'il se repente.

---

[1] Sur Simon le Mage, voir spécialement: L. CERFAUX, "La gnose simonienne", dans RSR, 15 (1925) 489-511; 16 (1926) 5-20; 265-285; 481-503; ou dans *Recueil Lucien Cerfaux*, vol. I (BETL 6), Gembloux 1954, pp. 191ss. - J.M.A. SALLES-DABADIE, *Recherches sur Simon le Mage*, vol. I: L'"Apophasis megalè" (Cahiers de la Revue Biblique, 10), Paris,1969.

[2] Voir les développements que nous donnerons à propos des mages de Chypre, en 13,6-12.

[3] La ficelle est un peu grosse, mais elle avait été utilisée déjà en Mat 3,14: pour contrer les prétentions des disciples de Jean-Baptiste, qui voulaient faire de leur Maître le Messie, Matthieu fait reconnaître par Jean lui-même la suprématie de Jésus.

Ce thème du repentir qui obtient le pardon des péchés est cher à Lc (Lc 17,3-4; 24,47).

c) Et c'est effectivement ce qui se produit en conclusion du récit: «Il (Simon) ne cessait pas de pleurer beaucoup (TO).» Les larmes sont le signe du repentir. Le loup s'est changé en agneau. N'est-ce pas la déroute complète de ce fondateur de religion, mais d'une religion impie puisqu'elle ignorait le culte du seul vrai Dieu? Et notons en passant l'humour de Act II. Deux personnages sont en présence: l'apôtre Simon, surnommé Pierre par Jésus, et Simon le Mage. Tous les deux ont eu à se repentir d'une mauvaise action, et tous les deux ont manifesté ce repentir par des larmes. Pierre a renié trois fois son Maître; Jésus le regarde, de loin, et Pierre est bouleversé: «Sortant dehors, il pleura amèrement» (Lc 22,62). Lorsque Pierre voit Simon pleurer, comment ne se serait-il pas souvenu de la scène qui avait eu lieu quelques temps auparavant? Et comment n'aurait-il pas été plein de miséricorde devant des larmes de repentir?

(Le récit de Act III: ⇒ p. 209)

XIV. LA CONVERSION DE L'EUNUQUE
(8,26-40)

Act II reprend ce récit du Document P, mais il l'amplifie assez considérablement. Il ajoute en particulier: le v. 26 et le début du v. 27, racontant l'intervention de l'ange auprès de Philippe; le v. 28b; les vv. 32-34 qui donnent la citation de Is 53,7-8; les vv. 36b-39a, avec le thème du baptême de l'eunuque; enfin la conclusion actuelle du récit, au v. 40b. Tous ces ajouts, ayant comme arrière-plan le texte de Is 35,1-10, donnent au récit repris du Document P une dimension nouvelle ayant pour thème général le baptême chrétien. Pour le comprendre, lisons d'abord de larges extraits de ce texte d'Isaïe.

1 Réjouis-toi, désert assoiffé, que le désert soit dans l'allégresse et qu'il fleurisse comme le lys, 2 et les déserts du Jourdain fleuriront et seront dans l'allégresse... et mon peuple verra la gloire du Seigneur et la grandeur de Dieu. 6 Alors le boiteux bondira comme le cerf et la langue du bègue sera claire, parce qu'aura jailli l'eau dans le désert et le torrent dans (la terre) assoiffée. 7 Et (la terre) sans eau deviendra un marécage et il y aura une source d'eau pour la terre assoiffée. 8 Et il y aura une route pure et on l'appellera route sainte et aucun impur n'y passera et il n'y aura plus là de route impure. Ceux qui auront été dispersés marcheront sur elle et ne s'égareront pas. 9 ...Mais ceux qui auront été rachetés y marcheront. 10 Et ceux qui auront été rassemblés par le Seigneur reviendront et ils viendront à Sion avec joie, et sur leur tête une joie éternelle, car (il y aura) sur leur tête louange et allégresse, et la joie les saisira: douleur et tristesse et plainte cesseront.

Ce texte, de même tonalité que ceux du deuxième Isaïe, chante le retour des exilés lorsque la captivité de Babylone prendra fin; ce retour est décrit comme un nouvel Exode, sur une route magnifique conduisant jusqu'à Jérusalem à travers un désert transformé par des eaux abondantes. Cet oracle d'Isaïe était déjà à l'arrière-plan des récits du Document P concernant la guérison de l'infirme de la Belle Porte (3,1ss) et du paralytique de Lydda (9,32ss). Act II va développer les références à ce texte d'une façon beaucoup plus systématique.

1. La route, le désert, l'eau et la joie

Le thème de la route tient une place centrale dans l'oracle d'Isaïe: c'est elle qui permet aux exilés de revenir dans leur patrie, à Jérusalem. On notera que le mot "route" revient trois fois, au v. 8. Il revient aussi trois fois en tenant compte des additions effectuées par Act II: aux vv. 26, 36 et 39c. Ce fait n'est pas un hasard car, dans les Actes, les trois mentions de la "route" sont liées aux réalités exprimées par les trois premiers mots du texte d'Isaïe: «Réjouis-toi, désert assoiffé...»; la route est déserte (v. 26), elle passe auprès d'un point d'eau (v. 36), l'eunuque y marche plein de joie (v. 39c). Notons encore que le mot "désert" revient trois fois au début de l'oracle d'Isaïe (vv. 1-2a) et le mot "joie" trois fois en finale (v. 10), ce qui souligne l'importance des thèmes qu'ils expriment; dans le récit des Actes, la première mention de la route est liée au thème du désert (v. 26), et la dernière au thème de la joie (v. 39c). Ces correspondances ne peuvent pas être l'effet du hasard, d'autant plus que, comme nous l'avons dit plus haut, cet oracle d'Isaïe avait déjà été utilisé par l'auteur du Document P. C'est donc cet oracle qui forme l'arrière-plan en fonction duquel Act II a repensé le récit de la conversion de l'eunuque.

2. L'eau et le baptême

Dans l'oracle d'Isaïe, le désert qui sera abreuvé d'eau est celui que traverse le Jourdain: «...et fleuriront et seront dans l'allégresse les déserts du Jourdain» (v. 2). Pour un chrétien, cette région évoquait le lieu où Jean-Baptiste exerçait son ministère: «... la parole de Dieu fut adressée à Jean, fils de Zacharie, dans le désert; et il vint dans toute la région du Jourdain, prêchant un baptême de repentir pour la rémission des péchés» (Lc 3,2-3). Le rapprochement était d'autant plus facile à faire que la tradition synoptique liait cette activité du Baptiste à la création d'une route dans le désert: «Comme il est écrit dans le livre du prophète Isaïe: "Une voix crie: Dans le désert préparez la route du Seigneur, rendez droits ses sentiers"» (Lc 3,4 = Is 40,3). Or, c'est dans le Jourdain que le Christ fut baptisé par Jean (Mc 1,9; cf. Lc 3,21). On ne s'étonnera pas alors si le baptême de l'eunuque est décrit en termes qui rappellent le baptême du Christ.

On lit en Mc 1,9b-10: «Et il fut baptisé dans le Jourdain par Jean; et aussitôt, remontant de l'eau, il vit les cieux déchirés et l'Esprit descendre sur lui, comme une colombe»; et en Act 8,38-39 (TO): «Et Philippe le baptisa; et lorsqu'ils remontèrent de l'eau, l'Esprit tomba sur l'eunuque.» Le rapprochement entre les deux scènes est accentué par le fait que la confession de foi de l'eunuque avant son baptême "Je crois que Jésus est le fils de Dieu" correspond à la voix qui se fait entendre lors du baptême de Jésus: «Tu es mon fils, moi, aujourd'hui je t'ai engendré» (Lc 3,22; cf. Mc 1,11). L'eau du baptême est donc cette eau merveilleuse qui doit féconder le désert, le faire fleurir, et rendre praticable la route qui va ramener les exilés dans leur patrie, à Jérusalem. Pourquoi? Parce qu'elle permet de recevoir l'Esprit (Act 8,39; cf. 2,38).

3. L'eschatologie réalisée

L'oracle d'Is 35,1-10 annonçait le retour de "ceux qui avaient été dispersés" (v. 8b) et qui auront été "rachetés" (v. 9); ils pourront "revenir" à Sion, leur patrie, dans la joie (v. 10). Au niveau du Document P, l'eunuque n'était peut-être qu'un prosélyte, un païen sympathisant du judaïsme. Au niveau de Act II, c'est certainement un Juif en exil auprès de la reine d'Éthiopie. Le fait qu'il occupe une place importante à la cour, comme intendant de toutes ses richesses (Act 8,27a), n'y contredit pas, bien au contraire. En tant que Juif, il était venu à Jérusalem pour adorer Dieu (v. 27b), et le voilà qui retourne dans le pays où il vit en exil (v. 28). Mais en route, il rencontre Philippe qui le baptise, ce qui lui permet de recevoir l'Esprit (v. 39). La route sur laquelle il cheminait est devenue la route merveilleuse qui traverse le désert abreuvé d'eau, la route du nouvel Exode vers la vraie patrie du nouveau peuple de Dieu. Même s'il retourne en Éthiopie, son exil n'est plus qu'apparent puisque l'Esprit lui donne d'être entré dans le Royaume de Dieu. L'Esprit réalise ainsi les aspirations juives: le grand retour de tous les exilés est maintenant réalisé. Act II veut réagir contre les conceptions eschatologiques de Act I, pour qui le Christ devait revenir un jour, tout proche, pour restaurer le royaume en faveur d'Israël.

4. L'agneau pascal

Dans le récit du Document P, il n'était pas précisé quel passage du prophète Isaïe lisait l'eunuque; aux vv. 32-33, Act II donne cette précision: c'était Is 53,7-8. Ce texte appartient au quatrième chant du Serviteur de Dieu. Il commence par ces mots: «Comme une brebis il a été conduit à la boucherie, comme un agneau muet devant celui qui le tond...» Il se termine sur cette phrase: «Car sa vie est retranchée de la terre.» Jésus est donc comparé à un agneau mis à mort. En lisant ce texte, un chrétien ne pouvait pas ne pas penser à l'agneau pascal, qui était la préfiguration du Christ: «Car le Christ, notre Pâque, a été immolé» (1 Cor 5,7). Or, c'était durant la nuit pascale que les catéchumènes recevaient le baptême. Cette citation de Is 53,7-8 complète donc admirablement bien tout le thème du baptême exposé par Act II: c'est grâce au Christ, l'agneau pascal immolé pour permettre l'Exode du nouveau peuple de Dieu (cf. Ex 12), que les baptisés peuvent recevoir l'Esprit qui les fait revenir dans leur patrie, le royaume de Dieu.

XV. LA CONVERSION DE PAUL
(8,3; 9,3-30)

Au niveau de Act I, le récit de la conversion de Paul était beaucoup plus court. Outre un certain nombre de détails, qui sont encore perceptibles dans le TO, Act II a ajouté les sections suivantes: le dialogue entre Jésus et Paul (vv. 4b-5); le détail de ses compagnons qui ne voient rien (v. 7); tout l'épisode d'Ananie (vv. 10-11.13-19); l'étonnement des Juifs de Damas devant le retournement de Paul (vv. 20b-22a); sa fuite hors de Damas et sa venue à Jérusalem (vv. 24-29). Voyons la signification de cette activité littéraire de Act II.

1. Paul, apôtre du Christ

Paul lui-même a toujours revendiqué le titre d'apôtre que ses adversaires lui contestaient[1]. Act II va modifier le récit de la conversion de Paul pour montrer que celui-ci est un véritable apôtre du Christ. Trois textes pauliniens vont inspirer sa nouvelle rédaction. Le premier est 1 Cor 9,1-2: «Ne suis-je pas libre? Ne suis-je pas apôtre? N'ai-je pas vu Jésus notre Seigneur? N'êtes-vous pas mon œuvre dans le Seigneur? Si pour d'autres je ne suis pas un apôtre, pour vous certes je le suis. Car c'est vous qui êtes le sceau de ma qualité d'apôtre, dans le Seigneur.» Le deuxième texte est 1 Cor 15,9: «Car je suis le dernier des apôtres, moi qui ne mérite pas le nom d'apôtre puisque j'ai persécuté l'église de Dieu.» Le troisième texte est 2 Cor 12,11-12: «Car je n'ai été en rien inférieur à ces sur-apôtres, bien que je ne sois rien. Les signes de l'apôtre, ils ont été à l'œuvre parmi vous: patience à toute épreuve et signes et prodiges et manifestations de puissance.» Voyons comment Act II a réinterprété le récit de la conversion de Paul en fonction de ces trois textes.

a) En 1 Cor 9,1, Paul met son titre d'apôtre en relation avec le fait qu'il a vu le Seigneur. Pour Act II lui-même, la condition première pour pouvoir être agrégé au groupe des apôtres c'est de pouvoir témoigner de la résurrection de

---

[1] 1 Cor 9,1-2; 2 Cor 12,12; 1 Thess 2,7; 1 Tim 2,7; cf. Rom 1,1; 1 Cor 1,1; etc.

Jésus (Act 1,22); c'est donc d'avoir vu le Christ ressuscité. Dans le récit de Act I, avec les seuls vv. 4a et 6, la voix qui s'adresse à Paul est celle de Dieu et non celle du Christ; c'est Dieu qui interpelle Paul. Mais en ajoutant les vv. 4b-5, Act II établit un dialogue entre Jésus et Paul. Dans cette nouvelle perspective, c'est donc Jésus lui-même qui apparaît à Paul (cf. 26,14-15, aussi de Act II). Act II le précisera plus loin, à deux reprises. En 9,17, Ananie parle à Paul de Jésus en disant: «...Jésus qui t'est apparu (ὁ ὀφθείς σοι) sur la route par où tu allais.» Et en 9,27, Barnabé explique aux apôtres "comment (Paul) avait vu le Seigneur (εἶδεν) sur la route, et qu'il lui avait parlé"[1]. Act II rejoint ainsi les propres affirmations de Paul. En 1 Cor 9,1, celui-ci écrit: «N'ai-je pas vu (ἑόρακα) Jésus, notre Seigneur?» Et en 1 Cor 15,8: «En dernier lieu, il m'est apparu à moi aussi (ὤφθη κἀμοί), comme à l'avorton.» Paul ne précise pas à quel moment le Christ lui est apparu, et nous avons vu que, d'après Gal 1,15-16, il ne semble pas que ce fût sur le chemin de Damas. On peut alors songer aux nombreuses expériences mystiques que Paul éprouva durant sa vie (cf. 2 Cor 12,1-2). Act II a jugé plus simple de situer cet événement lors de la théophanie sur la route de Damas. Mais le résultat est là: Paul a droit au titre d'apôtre puisqu'il a vu le Christ ressuscité; il est un témoin authentique de la résurrection du Christ.

C'est dans cette perspective, mais au négatif, qu'il faut interpréter l'addition du v. 7 par Act II. Ceux qui accompagnent Paul entendent bien la voix qui s'adresse à lui, mais ils ne voient personne parler. Ils n'ont pas "vu" le Christ ressuscité; ils n'ont pas droit au titre d'apôtre.

b) En 1 Cor 15,9, Paul reconnaissait qu'il n'était que le moindre des apôtres parce qu'il avait jadis persécuté l'église. Ailleurs, il ne craint pas de rappeler son passé peu glorieux, et c'est toujours le même verbe qui revient: J'ai persécuté l'église (Gal 1,13.23; Phil 3,6). Or, dans le récit de la conversion de Paul selon Act II, le Christ revient à deux reprises sur ce thème. La voix mystérieuse demande à Paul: «Saoul, Saoul, pourquoi me persécutes-tu?» Et Paul ayant demandé l'identité de son interlocuteur céleste, la voix répond: «Je suis Jésus que tu persécutes.» Il est probable que certains judéo-chrétiens hostiles à Paul lui reprochaient son passé de persécuteur: comment pourrait-il prétendre au titre d'apôtre alors qu'il a persécuté l'église? Et voilà que Jésus lui-même leur répond: oui, Paul m'a persécuté; mais, malgré tout, je me manifeste à lui pour qu'il puisse témoigner de ma résurrection. Jésus le constitue "apôtre" au moment même où il lui reproche d'être un persécuteur.

c) En 2 Cor 12,12, Paul donne comme une preuve de son apostolat les "signes et prodiges et manifestations de puissance" qu'il a accomplis. Ailleurs, il

---

[1] On comparera aussi avec Lc 24,32, où les deux disciples d'Emmaüs disent du Christ ressuscité: «comme il nous parlait sur la route.»

précisera que cette puissance de faire des miracles vient de l'Esprit (Rom 15,19; 1 Cor 2,4; 12,4.7-11). Après l'expérience malheureuse de Chypre, Act I avait estompé cet aspect de l'activité apostolique de Paul. Act II la remet en valeur, en s'inspirant d'ailleurs du récit de Act 4,29-31.33, qui se lisait dans le Document P, où il est dit que les disciples demandent à Dieu de leur accorder de prêcher la Parole "avec assurance", cette assurance venant de ce que Dieu leur fera accomplir "des guérisons, des signes et des prodiges". Dieu leur répond en leur envoyant l'Esprit. Ils peuvent donc parler avec assurance et rendre témoignage de la résurrection de Jésus. Ce thème sera repris très clairement par Act II en 14,3, à propos de la prédication de Paul et de Barnabé à Iconium: les deux apôtres "sont pleins d'assurance" tandis qu'ils prêchent le Christ, parce que Dieu accomplit des signes et des prodiges par leurs mains. On trouve ce thème déjà dans le récit de la conversion de Paul, mais de façon plus discrète. En 9,17, grâce à l'intervention d'Ananie, Paul va être empli de l'Esprit saint. Au v. 20, il se met à prêcher dans les synagogues. Ce verset se lisait déjà dans le récit de Act I, mais Act II (TO) ajoute la précision "en toute assurance". Au v. 27, Barnabé rappellera que, à Damas, Paul "était plein d'assurance". Cette "assurance" lui vient de ce qu'il accomplit des prodiges grâce à l'Esprit qu'il vient de recevoir. Il est donc bien un apôtre (2 Cor 12,12).

d) Mais Paul n'est pas n'importe quel apôtre. Il a été choisi par Dieu pour annoncer l'évangile aux païens (Gal 1,16). Cette ouverture sur le monde païen ne plaisait pas à certains judéo-chrétiens, ni la façon dont Paul annonçait l'évangile (Gal 2,4ss). Et comme il disait tenir cette mission directement de Dieu (Gal 1,15), on ne devait pas se faire faute de le tourner en dérision en disant qu'il affabulait. Qui pouvait contrôler ses dires? Act II va donc prendre sa défense en introduisant dans le récit de Act I l'épisode d'Ananie, ce chrétien qui était censé habiter Damas (9,10-11; 13-19).

Mais il faut légitimer d'abord le témoignage de ce personnage. Act II le fait en supposant que le Christ lui parla en vision, et il décrit cette vision comme celles de l'AT[1]. Le thème général reprend celui de Gen 46,2: «Le <u>Dieu</u> d'Israël <u>dit, en vision</u> de la nuit: "<u>Jacob</u>, Jacob". <u>Et lui dit</u>: "Qu'y a-t-il?" <u>Il dit</u>...» Mais la réponse d'Ananie correspond à un autre schème, attesté en Gen 22,1: «Et <u>il lui dit</u>: "<u>Abraham</u>, Abraham". <u>Et il dit</u>: "Me voici..." <u>Et il dit</u>...» (cf. 1 Sam 3,4-10). Tout se passe donc selon les rites traditionnels et le lecteur se sent en sécurité[2].

Ce n'est donc plus à Paul, c'est à Ananie que Jésus dit de Paul: «Celui-ci est pour moi un instrument de choix (ἐκλογῆς) pour porter mon nom devant les gentils et les rois et les fils d'Israël» (9,15). Un chrétien, autre que Paul, peut donc

---

[1] Cf. G. LOHFINK, *Paulus vor Damaskus* (Stuttg. Bibelstud. 4), Stuttgart, 1965.

[2] Ce thème de la révélation par "vision" est spécialement apprécié par Act II; voir encore en 11,5 (TO); 16,9-10; 18,9; 23,11; 27,23.

témoigner que celui-ci a été "choisi" par le Christ, comme le furent les Douze
(Act 1,2; cf. Lc 6,13; Jn 13,18; 15,16), comme le fut aussi Matthias (1,24). Et il a
été choisi en vue d'une mission très déterminée: faire connaître le nom du Christ
aux nations païennes et aux fils d'Israël. De ce point de vue, il n'y a pas de
différence entre Paul et Pierre (15,7, de Act II). Notons que, d'après ce texte
(9,15), c'est dès sa conversion que Paul aurait reçu la révélation que Dieu le
destinait à l'évangélisation des païens, thème que Act II reprendra en 26,17-18,
mais qu'il est impossible de placer au niveau de Act I.

Mais la mission de faire connaître le nom du Christ comporte son revers:
souffrir pour ce Nom même (9,16). Paul aura donc à affronter les persécutions des
adversaires de ce Nom, comme les apôtres au lendemain de la Pentecôte (5,41; cf.
15,26; 21,13).

e) D'un point de vue plus général, n'était-ce pas la façon dont Paul était
devenu chrétien qui devait porter à critique? Qui pouvait témoigner qu'il avait
reçu le baptême? Qui pouvait témoigner qu'il avait reçu l'Esprit? En introduisant
le personnage d'Ananie, Act II veut aussi enlever ces doutes. Aussitôt après sa
conversion, Paul fut baptisé par Ananie (9,18) et il se trouva empli de l'Esprit
Saint (fin du v. 17).

2. Compléments sur la vie de Paul

Act II utilise l'épître aux Galates et la deuxième épître aux Corinthiens
pour compléter les renseignements donnés par Act I sur l'activité de Paul. Il le
fera souvent de façon très discrète, en reprenant tel ou tel mot utilisé par Paul
pour parler de cette période de sa vie.

a) Au v. 21, les gens de Damas se demandent: «N'est-ce pas celui qui
s'acharnait (ὁ πορθήσας) à Jérusalem sur ceux qui invoquent ce Nom...» C'est la
réflexion que se faisaient les églises de Judée d'après Gal 1,23: «Elles avaient
seulement entendu dire que celui qui nous persécutait jadis, maintenant annonçait
la foi contre laquelle il s'acharnait (ἐπόρθει) jadis.» Ce dernier verbe ne se lit que
dans ces deux textes et en Gal 1,13, avec le même sens; le contact littéraire est
quasi certain.

Au v. 22, Act II dit que Paul "était rendu fort" (ἐνεδυναμοῦτο). Ce verbe
ne se lit ailleurs dans le NT que chez Paul; n'y aurait-il pas ici une influence
paulinienne? C'est probable car, en 1 Tim 1,12-13 Paul utilise ce même verbe et
fait ensuite allusion à son passé de persécuteur de l'église: «Je rends grâces à
celui qui m'a rendu fort (τῷ ἐνδυναμώσαντί με), au Christ Jésus notre Seigneur,
de m'avoir jugé digne de confiance en m'appelant à son service, moi qui étais
auparavant un blasphémateur, un persécuteur (διώκτην), un insulteur...»

b) Au v. 23, Act I avait dit que, à Damas, les Juifs avaient décidé de supprimer Paul. Act II précise alors (vv. 24-25) comment, tandis que ceux-ci gardaient les portes de la ville, les disciples aidèrent Paul à s'échapper en le descendant au moyen d'une corbeille le long du rempart. L'allusion à l'événement raconté par Paul en 2 Cor 11,32-33 est ici transparente.

c) Aux vv. 26-28, Act II fait monter Paul à Jérusalem, où il est introduit auprès des apôtres par Barnabé. On a l'impression que ce voyage aurait eu lieu un certain temps après la conversion de Paul, sans que l'on puisse envisager un délai trop long. Act II télescope, semble-t-il, les deux voyages à Jérusalem que Paul mentionne dans l'épître aux Galates: le premier, à partir de Damas, plus de trois ans après sa conversion (Gal 1,18); le second, quatorze ans plus tard, à partir de la Cilicie, et donc de Tarse, en compagnie de Barnabé (Gal 2,1)[1].

D'après l'analyse des renseignements qui nous sont donnés sur Paul dans ce chapitre 9 des Actes, on voit qu'il serait hasardeux de s'appuyer sur eux pour essayer de reconstituer les événements qui ont accompagné ou suivi la conversion de l'apôtre. Ils ont une portée beaucoup plus théologique qu'historique, au sens où nous le comprenons maintenant.

3. Le baptême

L'intérêt de Act II pour le baptême ne se limite pas à la brève mention du baptême que Paul aurait reçu des mains d'Ananie (9,18). Il se manifeste encore dans d'autres détails du récit ajoutés par Act II.

a) Et d'abord à propos du baptême de Paul. Au niveau de Act I, Paul avait été simplement aveuglé par la lumière intense brillant autour de lui, et ce ne fut qu'au bout de trois jours qu'il put recouvrer l'usage de la vue, de façon purement naturelle. Act II insiste au contraire sur le fait que Paul recouvre la vue grâce à l'intervention d'Ananie (fin du v. 17 et v. 18). Ses yeux étaient recouverts comme par des écailles et, celles-ci étant tombées, il peut voir clairement. Ce détail peut s'inspirer d'un précédent de l'AT. Tobit, le père de Tobie, est devenu aveugle de façon accidentelle. L'ange Raphaël, qui a accompagné Tobie durant son voyage à Ninive, lui a fait rapporter du fiel de poisson. En rentrant auprès de Tobit, l'ange dit à Tobie: «Tu lui appliqueras sur l'œil le fiel du poisson, la drogue mordra et lui tirera des yeux des peaux blanches et il recouvrera la vue et il verra la lumière» (Tob 11,8). Mais en Act 9,18, ce thème précède immédiatement celui de la réception du baptême et doit avoir une valeur symbolique, comme en 26,18.

---

[1] Ce problème des voyages de Paul à Jérusalem et de leur écho dans les Actes sera repris de façon plus approfondie dans le tome IV.

Les yeux de Paul se sont ouverts sur le plan de salut de Dieu tel qu'il fut annoncé par Jésus (cf. Lc 10,23; 24,16.31; Eph 1,17-18; Hebr 6,4). Il a reçu l'instruction chrétienne, comme les catéchumènes, et il peut donc recevoir le baptême.

De même, si Act II nous dit que Paul est resté trois jours sans manger et sans boire (9,9b), et qu'il ne prit de nourriture qu'après son baptême (9,19a), n'est-ce pas pour évoquer le jeûne que tout catéchumène devait observer avant de recevoir ce sacrement?

b) Le baptême, mais ici celui de tous les chrétiens, est encore évoqué dans l'addition des vv. 20c-22a faite par Act I. Dans le récit de Act II, il était dit que Paul "dans les synagogues, proclamait Jésus, que ( ) c'est lui le Christ" (vv. 20ab et 22c). Act II change le v. 20 en écrivant "...il proclama Jésus en toute assurance, que c'est lui <u>le Fils de Dieu</u>". Puis il ajoute le v. 21 où il est dit que Paul "s'acharnait à Jérusalem sur ceux <u>qui invoquent ce Nom</u>". Cette dernière expression fait certainement allusion au baptême, au cours duquel on invoquait le Nom de Jésus (cf. 22,16). Tout ceci est proche de la scène du baptême de l'eunuque de la reine Candace, telle que l'a racontée Act II: cet eunuque commence par faire sa profession de foi chrétienne "Jésus est le Fils de Dieu", puis il reçoit le baptême (8,37-38 TO).

4. L'imposition des mains

Au niveau de Act I, l'imposition des mains avait pour but d'investir quelqu'un d'une mission déterminée (9,12 TA; 13,3; cf. 6,6 du Document P). Nous avons vu que ce rite s'enracinait dans l'AT. Pour Act II, l'imposition des mains est ordonnée au don de l'Esprit (8,17.19; 19,6). Quelle est sa signification en 9,17? Ananie impose les mains sur Paul en lui disant: «Le Seigneur m'a envoyé... pour que tu voies et que tu sois empli de l'Esprit Saint.» Le sens premier semble être que l'imposition des mains a pour but de guérir Paul de sa cécité (cf. Lc 4,40; 13,13). Mais ce geste guérisseur n'est attesté ailleurs dans les Actes qu'en 28,8, et dans le seul TA; c'est donc une addition de Act III. On peut dès lors se demander si, en 9,17, les mots "que tu voies et" n'auraient pas été ajoutés par Act III en même temps qu'au v. 12 où ils se lisent également. Ici comme en 8,17.19 et 19,6, l'imposition des mains avait pour seul but de conférer l'Esprit. De toute façon, on notera que Paul reçoit l'Esprit avant d'être baptisé, comme Corneille et ses compagnons (10,44.48).

5. Une perspective plus favorable aux Juifs

Act II a ajouté au récit de Act I le v. 7: «Les gens qui faisaient route avec lui restaient debout, stupéfaits, entendant la voix mais ne voyant personne parler.» Il a également complété le v. 4 en ajoutant les mots "avec beaucoup de stupéfaction", et le v. 5 en notant que Paul était devenu "tremblant, tout effrayé de ce qui lui était arrivé", détails attestés par le seul TO. Ces amplifications du texte primitif nous renvoient à Dan 10,7, selon la version grecque attribuée à Théodotion[1]: «Et moi, Daniel, je vis seul la vision, et les gens qui étaient avec moi ne virent pas la vision, mais une grande stupeur tomba sur eux et ils s'enfuirent, pleins de frayeur.»[2] Cette référence implicite à la vision de Dan 10 pourrait expliquer deux autres variantes du TO (Act II) par rapport au TA (Act II repris par Act III). Au v. 8, Paul ne se relève pas de lui-même, mais ce sont ses compagnons de route qui le remettent debout; Act II pourrait avoir changé le texte de sa source sous l'influence de Dan 10,10: «Et voici qu'une main me toucha et me fit me relever sur les genoux.» De même, au v. 6, le changement de "il te sera dit" (= Ézéchiel) en "il te sera montré" fut peut-être effectué sous l'influence de Dan 10,14: «Et il me dit: Je suis venu te montrer...» Quoi qu'il en soit de ces deux derniers points, l'influence de Dan 10,7 sur la rédaction faite par Act II est quasi certaine. Pourquoi cet auteur a-t-il éprouvé le besoin de renvoyer à la vision de Daniel 10?

Dans le récit de Act I, la vision de Paul était décrite en référence à la vision que le prophète Ézéchiel aurait eue, d'après Ez 1,26ss et 3,22s. Nous avons vu que l'intention de Act I était d'orienter le lecteur sur le thème de la perversité des Juifs qui refusent d'écouter Dieu, et sur l'annonce de la catastrophe qui va s'abattre sur Jérusalem (Ez 4-5). Act II ne veut pas que le lecteur reste sur une impression aussi pessimiste. Il complète donc le récit de Act I en ajoutant des détails qui renvoient implicitement à la grande vision de Dan 10-12, dont la description rejoint en partie celle de la vision d'Ézéchiel. Mais la perspective générale est plus optimiste puisque, si Daniel annonce de grandes calamités contre le peuple de Dieu (Dan 11,30-43), il prophétise aussi la délivrance finale et la restauration du peuple de Dieu grâce à l'intervention de l'archange Michael (Dan 12,1-3). Le peuple juif doit donc participer, en grande partie, à la constitution du nouveau peuple de Dieu prophétisée par Daniel.

6. Paul et Étienne

Selon le v. 29, Paul aurait discuté, non plus seulement avec les Juifs (v. 23, de Act I), mais avec les Hellénistes, lesquels auraient tenté de le supprimer. On rejoint le thème de 6,8ss: Étienne discute (même verbe) avec les gens de la synagogue dite des Affranchis, qui étaient sûrement des Juifs de culture grecque,

---

[1] Lorsqu'ils citent le prophète Daniel, les auteurs du NT utilisent d'ordinaire cette version de préférence à la Septante.

[2] Voir aussi Sag 18,1: «Pour tes saints, grande était la lumière, les autres qui entendaient leur voix sans voir leur figure les proclamaient heureux de n'avoir pas souffert.» Mais le thème général est très différent.

et ceux-ci vont s'arranger pour le faire mourir. Act II veut montrer qu'à Jérusalem Paul se heurte aux mêmes difficultés qu'Étienne.

(Le récit de Act III: p. 211)

XVI. LA GUÉRISON DU PARALYTIQUE
(9,31-35)

Ce récit est fondamentalement du Document P. Act II n'y a apporté que peu de modifications.

La plus importante est l'addition du sommaire du v. 31, sur la paix dont jouissait l'église. Il contient un certain nombre de notes caractéristiques de Act II. Notre auteur suppose que l'église jouit déjà d'une large diffusion puisqu'il la mentionne implantée en Galilée alors qu'aucun récit antérieur n'a parlé de l'évangélisation de cette région. Par ailleurs il utilise un vocabulaire paulinien: «Les églises... jouissaient de la paix, s'édifiant et marchant dans la crainte du Seigneur et elles s'accroissaient grâce au réconfort de l'Esprit saint.» Les deux thèmes de "l'édification" et de "l'exhortation" (paraclèse), en référence à l'église, se lisent en 1 Cor 14,3-5, texte dans lequel Paul oppose la prophétie à la glossolalie: «Celui qui prophétise parle aux hommes: édification et exhortation et consolation. Celui qui parle en langues s'édifie lui-même; celui qui prophétise édifie l'église. Je vous souhaite à tous de parler en langues, mais bien plus de prophétiser; car celui qui prophétise l'emporte sur celui qui parle en langues, à moins que celui-ci n'interprète, pour que l'église reçoive édification.» Sur le thème de l'exhortation (paraclèse), cher à Act II, voir les développements sur Act 2,14ss.

On notera enfin le thème de l'expansion de l'église, qui revient comme un refrain dans les textes de Act II; voir spécialement 6,1, avec le même verbe qu'ici.

(Pas de modification au niveau de Act III).

XVII. RÉSURRECTION DE TABITHA
(9,36-42)

Le récit de la résurrection de Tabitha remonte à Act I; mais il fut quelque peu modifié et amplifié par Act II.

1. Le groupe des veuves

La modification la plus importante faite au récit de Act I est l'introduction du groupe des veuves. Lorsque Pierre arrive dans la chambre haute où repose le corps de Tabitha, il y est entouré par "toutes les veuves" qui lui montrent les vêtements que Dorcas, alias Tabitha, faisait pour elles (v. 39b, ajouté par Act II). De même, une fois Tabitha revenue à la vie, Pierre la présente à ce groupe des veuves, tandis qu'au niveau de Act I il la présentait aux saints, c'est-à-dire aux fidèles (v. 41). Les veuves forment donc un groupe bien déterminé, assisté par la communauté, tel qu'il apparaît en 1 Tim 5,9-10. Act II nous l'avait déjà décrit dans le récit du choix des Sept, remanié par lui (6,1ss).

À l'addition du groupe des veuves dans le récit est lié le nom de Dorcas (v. 39b), et donc l'explication donnée au v. 36b: "Ce qui veut dire Dorcas". Ce nom grec signifie "gazelle", comme l'araméen Tabitha.

Enfin c'est Act II qui présente Tabitha comme une "disciple" qui se recommande par ses "bonnes œuvres" (v. 36ac), réalisant ainsi l'idéal de la femme chrétienne d'après 1 Tim 2,10. Parmi ces bonnes œuvres il faut compter spécialement les aumônes; Act II dira de même que le païen Corneille était bien vu de Dieu en raison des aumônes qu'il faisait (10,31).

2. Une harmonisation sur Mc 5,38ss

Pour composer son récit, Act I s'était inspiré du précédent de la résurrection du fils de la Shunamite, raconté en 2 Rois 4,18ss. Act II ajoute quelques détails qui évoquent la résurrection par Jésus de la fille de Jaïre: les assistants sont tous en pleurs, mais Pierre les fait sortir avant de redonner la vie à Tabitha (v. 39b.40a; Mc 5,38.40), qu'il ressuscite en lui disant: «Tabitha, lève-toi» (v. 40b; Mc 5,41), et il la relève en lui prenant la main (v. 41a; Mc 5,41). Pierre agit comme l'avait fait son Maître.

Dans l'AT, quand Dieu "prend" quelqu'un "par la main", c'est pour lui communiquer une force surnaturelle (Is 41,13; 42,6; 45,1), voire pour le ramener à la vie (Ps 73,23-24). Ce retour de Tabitha à la vie est souligné par le participe "vivante", que Act II ajoute à la formule de Act I "il la présenta aux saints" (v. 41). La phrase "il la présenta vivante" renvoie alors à celle de Act 1,3, où il est dit du Christ ressuscité qu'"il se présenta vivant" aux disciples. La résurrection de

Tabitha forme ainsi inclusion avec celle de Jésus: parce qu'elle est une véritable "disciple" de Jésus (v. 36a), elle est entrée elle aussi dans le monde eschatologique de la Vie (Lc 24,5), ce monde qui, pour Act II, est dès maintenant commencé. Le retour de Tabitha à la vie est le signe d'une résurrection plus radicale, qui a déjà transformé tout son être (Jn 5,24; 1 Jn 3,14; Col 2,12; 3,1).

XVIII. LA CONVERSION DE CORNEILLE
(9,43-11,18)

Le récit de la conversion des païens de Césarée se lisait déjà au niveau du Document P, et il avait été repris par Act I qui l'avait légèrement amplifié. Act II dépend ici de Act I, mais il va pratiquer quelques ajouts, dont certains vont un peu modifier la perspective primitive du récit.

1. Présentation du centurion Corneille (10,1-7)

Au niveau du Document P et à celui de Act I, le récit ne commençait qu'au v. 9b (qui suivait immédiatement 9,43). Act II l'a fait précéder d'une longue introduction (vv. 1-9a) qui a pour but d'anticiper des données qui ne viendront que plus tard dans ses sources.

a) Aux vv. 34-35, l'auteur du Document P fera dire à Pierre: «En vérité je comprends que Dieu ne fait pas acception des personnes, mais qu'en toute nation celui qui craint Dieu et pratique la justice lui est agréable.» Si donc Dieu a jeté les yeux sur le centurion Corneille, un païen, c'est parce que celui-ci "craint Dieu et fait la justice": c'est un "bon païen", de ceux qui voyaient le judaïsme avec sympathie et qui, sans aller jusqu'à se faire circoncire[1], vivaient en adorant le vrai Dieu et en suivant ses préceptes moraux.

Act II veut donc montrer, dès le début du récit, que si Dieu va appeler Corneille à la foi chrétienne, c'est parce qu'il est déjà un "bon païen". Au v. 2, il le présente donc comme "pieux (εὐσεβής) et craignant Dieu". Les deux expressions sont équivalentes. La seconde est reprise du v. 35 (Document P), tandis que la première correspond davantage à la façon de parler de Act II: un bon païen est "celui qui adore (ὁ σεβόμενος) Dieu" (16,14; 18,7).

Non seulement Act II anticipe le thème du v. 35, mais il va le développer et montrer de quelle façon Corneille vit à la manière juive: «... faisant de

---

[1] En revanche, ceux que l'on appelait des "prosélytes" (Act 2,11; 6,5; 13,43) étaient des païens convertis au judaïsme et qui avaient accepté même la circoncision. Sur ces problèmes, voir C. PERROT, "Les décisions de l'assemblée de Jérusalem", dans RSR 69 (1981) 197-198.

nombreuses aumônes au peuple (juif) et priant Dieu sans cesse» (v. 2b). Et l'ange qui lui apparaît lui explique: «Tes prières et tes aumônes sont montées en mémorial (εἰς μνημόσυνον) devant Dieu» (v. 4b). Au v. 30, Act II précisera encore le texte du Document P en faisant dire à Corneille: «J'étais jeûnant et priant dans ma maison...» Les aumônes, la prière et le jeûne, telles sont les manifestations de la vie religieuse de Corneille, qui font de lui un "bon païen", proche du judaïsme. Cet éloge de Corneille s'inspire sans aucun doute de l'éloge que l'ange Raphaël fait du jeune Tobie après qu'il eut guéri son père de sa cécité. Il lui déclare d'abord: «C'est un bien que la prière accompagnée du jeûne et de l'aumône et de la justice. Il vaut mieux faire l'aumône que thésauriser de l'or, car l'aumône arrache de la mort et elle, elle purifie de tout péché. Ceux qui font des aumônes et des œuvres de justice seront emplis de vie» (Tob 12,8-9). Un peu plus loin, l'ange explique à Tobie: «En fait, lorsque tu priais, toi et ta femme Sara, je faisais monter le mémorial (τὸ μνημόσυνον) de votre prière devant Dieu» (12,12; cf. 12,15). Le païen Corneille est donc comme le jeune Tobie: il vit de façon à plaire à Dieu. Ses aumônes l'ont purifié de tout péché. Et de même que les prières et les aumônes du jeune Tobie lui ont mérité la guérison de son père, atteint de cécité, de même les prières et les aumônes de Corneille vont lui mériter d'être guéri de sa cécité spirituelle: il va reconnaître la vérité du christianisme et recevoir le baptême. Act II avait déjà fait allusion à ce thème à propos de Paul, aveuglé puis recouvrant la vue par le baptême (9,18; cf. Tob 11,8).

b) Dans le récit du Document P, un ange apparaissait à Corneille pour lui dire d'envoyer chercher Pierre chez Simon le corroyeur; mais nous ne l'apprenions que lorsque Corneille lui-même le révélait à Pierre, aux vv. 30-32 (cf. 11,13). Déjà Act I avait anticipé le renseignement et nous apprenions ces détails lorsque les gens envoyés par Corneille arrivaient auprès de Pierre (v. 22). Act II met ses lecteurs au courant de l'épisode dès le début du récit, aux vv. 3-6.

L'apparition de l'ange à Corneille est décrite sur le mode habituel des apparitions dans l'AT. On pourra comparer avec Gen 46,2-3: «Dieu dit à Israël en vision (ἐν ὁράματι) nocturne: "Jacob, Jacob." Il dit: "Qu'y a-t-il? (τί ἐστιν)".»[1]

2. Corneille et le centurion de l'évangile

Le personnage de Corneille, tel qu'il est décrit par Act II, ressemble fort au centurion dont Jésus avait guéri le serviteur (Lc 7,1-10). Tous deux sont des centurions, donc des païens. Mais tous deux sont favorables au judaïsme. C'est probablement pour accentuer le parallélisme entre les deux personnages que Act II ajoute le jeu de scène des vv. 24b-25. Il est entouré de parents et d'amis (v. 24b), comme le centurion de l'évangile (Lc 7,6), ce qui rendra compte d'ailleurs

---

[1] La leçon facilitante "qui es-tu?", que nous avions attribuée au TO, ne doit être que de TO[2].

des gens nombreux que Pierre va trouver à son arrivée à Césarée. Comme le centurion de l'évangile l'avait fait pour Jésus (Lc 7,3.6), Corneille a envoyé des émissaires au-devant de Pierre (Act 10,25a). Finalement, comme Jésus avait reconnu la foi du centurion romain et lui avait accordé la guérison de son serviteur en raison de cette foi (Lc 7,9-10), Pierre reconnaîtra aussi que, si Dieu accorde son Esprit au centurion des Actes, c'est en raison de sa foi (Act 11,17; 15,9). Avant d'être résolu par Pierre, éclairé par l'Esprit, le problème de l'admission des "bons" païens au salut l'avait été par Jésus.

3. Une variante harmonisante

Dans le récit du Document P, on voyait l'homme de Césarée aller à la rencontre de Pierre et tomber à ses pieds pour se prosterner devant lui comme devant un être divin. Pierre le relevait en protestant qu'il n'était lui aussi qu'un homme (vv. 25b-26). En reprenant ce texte, Act II le modifie et l'amplifie légèrement: Corneille "se précipite" à la rencontre de Pierre, et, une fois qu'il s'est prosterné devant lui, Pierre lui dit: «Que fais-tu? Car moi, je suis un homme tout comme toi.» On rejoint les détails du récit de Barnabé et de Paul, aux prises avec les païens de Lystre qui veulent leur offrir un sacrifice comme à des dieux. Barnabé et Paul "se précipitent" vers la foule (14,14) et se mettent à crier: «Hommes, que faites-vous? Nous, nous sommes des hommes de même condition que vous» (14,15). Act II a voulu accentuer le parallélisme entre les personnages de Pierre et de Paul.

4. Le baptême des païens

Aux niveaux du Document P et de Act I, le groupe des païens de Césarée recevait simplement l'Esprit, signe que Dieu les avait appelés au salut. Act II introduit un thème nouveau, celui du baptême que Corneille et ses compagnons vont recevoir une fois que Dieu leur aura envoyé son Esprit. Notre auteur va développer ce thème en deux étapes.

a) Selon le Document P, repris par Act I, en arrivant auprès des païens de Césarée, Pierre se contentait de leur expliquer que Dieu ne faisait pas acception des personnes mais qu'il traitait favorablement tous ceux qui agissaient avec justice, Juifs ou païens (vv. 34-35). Act II ajoute ici un long discours de Pierre (opposer 11,15a) qui est en fait toute une catéchèse qui doit préparer Corneille à la réception du baptême (vv. 36-43). Le noyau de cette catéchèse reprend les éléments du discours que Pierre avait prononcé devant le Sanhédrin en 5,30-31, et qui formait l'essentiel du kérygme primitif: crucifié par les Juifs, Jésus le Nazôréen a été ressuscité par Dieu, et les apôtres sont les témoins de ces événements (10,39b-40a; cf. 39a et 41a). Mais Act II développe le thème selon des perspectives qui lui sont familières.

aa) Le v. 36 reprend, sous une autre forme, le thème exprimé aux vv. 34-35 (Document P et Act I). La première partie du verset fait allusion à Is 52,7 (TM): «Comme ils sont beaux les pieds de celui qui annonce la paix, du messager de bonnes nouvelles qui annonce le salut, qui dit à Sion: Ton Dieu règne.» Cette paix, conséquence de l'établissement du royaume de Dieu, avait été annoncée "aux fils d'Israël". Mais Dieu, et son Christ, ne règne pas seulement sur l'Israël ancien. Paul avait écrit: «Il n'y a pas de distinction entre Juifs et païens, car c'est le même Seigneur de tous, riche envers tous ceux qui l'invoquent; car quiconque invoquera le nom du Seigneur sera sauvé» (Rom 10,12-13). Le texte paulinien se termine par une citation de Joël 3,5, texte bien connu de Act II (2,21). Ce dernier utilise ce passage de Paul pour étayer son raisonnement. Puisque Jésus Christ est "le Seigneur de tous", il doit règner sur les païens aussi bien que sur les Juifs: il n'y a plus de distinction entre eux. C'est reconnaître par le fait même l'appel des païens au salut.

ab) Pierre rappelle ensuite l'activité salvatrice du Christ, à commencer par la Galilée après le baptême prêché par Jean, jusqu'à la Judée et à Jérusalem (vv. 37-39a). Dieu l'a oint d'Esprit et de puissance (cf. Lc 1,17) et il est passé en guérissant tous ceux qui étaient opprimés par le diable. Il a réalisé en sa personne l'oracle de Is 61,1ss: «L'Esprit du Seigneur est sur moi, c'est pourquoi il m'a oint; il m'a envoyé annoncer la bonne nouvelle aux pauvres, guérir les cœurs meurtris, annoncer aux captifs la délivrance...» (cf. Lc 4,17-21). Le royaume du diable a pris fin; c'est maintenant le royaume de Dieu instauré par Jésus Christ, dans lequel même les païens sont invités à entrer (v. 36). Les apôtres sont témoins, non plus seulement du mystère de la mort et de la résurrection de Jésus, mais de toute son activité thaumaturgique qui est le signe de l'avènement du royaume nouveau (cf. 1,21-22, de Act II).

ac) Après avoir rappelé le mystère central de la mort et de la résurrection du Christ (vv. 39b-40a), comme nous l'avons dit plus haut, Pierre évoque le fait de l'apparition aux apôtres du Christ ressuscité, dans des termes qui reprennent ceux de Act 1,3-4 (Act II). Ce petit discours de Pierre se termine sur l'affirmation que Jésus ressuscité a été établi juge des vivants et des morts.

On le voit, c'est toute une catéchèse concernant les principales vérités du christianisme que Pierre développe devant Corneille et ses compagnons. Ceux-ci sont maintenant prêts à recevoir le baptême.

b) Une fois que les païens ont reçu l'Esprit, Pierre demande, selon Act II: «Est-ce que quelqu'un, quant à l'eau, peut empêcher que ceux-ci ne soient baptisés, eux qui ont reçu l'Esprit tout comme nous?» (vv. 46b-47); et il ordonne qu'ils soient baptisés au nom de Jésus (v. 48a). La formule du v. 47 reprend celle du Document P en 11,17: «Étais-je quelqu'un, moi, pouvant empêcher Dieu de leur donner l'Esprit saint?» Puisque Dieu a donné l'Esprit aux païens, c'est qu'il les considère comme faisant partie du royaume nouveau. Dans ces conditions, il n'existe aucune raison de refuser de leur conférer le baptême, signe et sceau de cette appartenance au royaume.

5. Le repentir

En 11,18, le récit du Document P se terminait sur le thème des chrétiens louant Dieu de ce qu'il a donné son Esprit même à des païens. Act II complète cette finale en évoquant une idée qui lui est chère: Dieu a donné même aux païens le repentir qui conduit à la vie.

XIX. L'ÉVANGÉLISATION D'ANTIOCHE
(11,19-30)

A) L'ÉVANGÉLISATION D'ANTIOCHE

Le récit proprement dit de l'évangélisation d'Antioche se lisait déjà au niveau du Document P et il avait été repris par Act I sans modification appréciable. Act II y ajouta les vv. 19, 24 et 26b.

1. L'addition du v. 19

a) Notons d'abord que ce v. 19 a même formulation littéraire que le v. 4 du chapitre 8: «Ceux donc qui avaient été dispersés... passèrent...» Ces deux versets, nous l'avons dit en analysant le récit de l'évangélisation de la Samarie, ont été ajoutés par Act II. Cet auteur veut donc établir un parallèle entre l'évangélisation de la Samarie et celle d'Antioche. D'une façon plus précise, il donne les deux épisodes comme une conséquence de la persécution qui s'était abattue sur l'église de Jérusalem à l'occasion de la mort d'Étienne (8,1b). Cette persécution contre l'église fut donc bénéfique puisqu'elle a forcé les disciples à porter l'évangile chez les non-Juifs: les Samaritains d'abord (8,5ss), puis les païens (11,20ss).

Mais l'intention de Act II est plus subtile. Selon le v. 19, les gens venus de Jérusalem ne parlaient qu'aux Juifs, c'est-à-dire n'évangélisaient[1] que les Juifs.

---

[1] C'est le sens qu'il faut donner au verbe "parler", même employé absolument comme ici; cf. 4,1.17; 5,20.40; 6,10 et *passim*.

Cette remarque complète et précise le renseignement que nous donne le Document P au v. 20: l'évangélisation des païens fut le fait de chrétiens originaires de Chypre et de Cyrène, et donc vraisemblablement des Hellénistes, comme l'était Philippe qui évangélisa la Samarie.

2. L'addition du v. 24

Ceci nous est confirmé par l'addition du v. 24. Barnabé, envoyé par l'église de Jérusalem pour contrôler le travail fait par les gens de Chypre et de Cyrène, est dit "rempli d'Esprit saint et de foi". Moyennant une inversion, cette formule est reprise de 6,5 où elle était appliquée à Étienne, le premier des sept Hellénistes mentionnés dans ce verset. Par ailleurs, ce v. 24 attribue une activité apostolique à Barnabé puisqu'il précise qu'une foule nombreuse s'adjoignit au Seigneur. Pour Act II, Barnabé doit donc être un Helléniste, et il contribue à l'évangélisation des païens. Ce sont donc bien les Hellénistes qui ont eu l'initiative d'évangéliser les païens.

3. L'addition du v. 26b

En ajoutant le v. 26b, Act II note, comme en passant: «Et alors, pour la première fois, à Antioche, les disciples prirent le nom de chrétiens», c'est-à-dire de "disciples de Christ". Ils l'ont gardé jusqu'à maintenant! Ce nom est de formation gréco-latine, et suppose que "Christ" est conçu comme un nom propre. De même, Suétone[1] écrit que l'empereur Claude "*Iudaeos impulsore Chresto adsidue tumultuantes Roma expulit.*" Tacite tient le même langage[2]. Ne serait-ce pas à Rome alors que, pour la première fois, les disciples de Christ furent appelés "chrétiens"?

B) LA COLLECTE POUR LES FRÈRES DE JUDÉE

Ce récit remonte pour l'essentiel à Act I et nous en avons donné le sens lorsque nous avons traité les textes de ce niveau. Deux additions de Act II méritent d'être relevées.

a) À la fin du v. 27 (TO), Act II ajoute cette brève indication: «Or il y avait grande allégresse.» Il est difficile de dire en quoi l'arrivée à Antioche des prophètes venus de Jérusalem a causé une grande joie aux frères de cette ville. La remarque aurait été mieux en place à la fin du v. 26a, après la mention de l'activité apostolique de Barnabé et de Saul (cf. 8,8). La joie est peut-être causée

---

[1] *Claud.* 25. Cf. Act 18,2.
[2] *Ann.* xv, 44.

par le fait que les prophètes venus de Jérusalem constatent que la jeune église d'Antioche a une foi en accord avec celle des gens de Jérusalem; elle ferait alors écho à celle de Barnabé, mentionnée au v. 23.

b) Au début du v. 28, Act II ajoute la formule "Tandis que nous étions rassemblés". Ce style "nous" détonne dans cet ensemble entièrement rédigé en style "ils". Peut-être avons-nous là le début du Journal de voyage que Act II aurait placé ici parce qu'il s'agissait d'une collecte à envoyer aux frères de Judée; c'était là le but du voyage de Paul dont témoigne le Journal (cf. pp 217ss).

(Le récit de Act III: ⇒ p. 212)

XX. LA DÉLIVRANCE DE PIERRE
(12,1-25)

L'épisode proprement dit de la délivrance de Pierre remonte au Document P et Act II s'est contenté d'y insérer quelques détails. En revanche, tout ce qui concerne la mort d'Hérode (vv. 18-23) fut ajouté par lui.

A) LA DÉLIVRANCE DE PIERRE

Voyons d'abord la signification de quelques additions faites par Act II dans le récit du Document P repris par Act I.

1. Une donnée chronologique

La première intervention de Act II est de situer l'événement dans le temps. La formule "En ce temps-là" (début du v. 1) est toutefois trop vague pour nous permettre de déterminer si elle se rapporte à la visite de Barnabé et de Saul à Jérusalem, mentionnée juste avant (11,30), ou à une donnée historique comme la mort d'Hérode dont l'insertion, un peu plus loin, sera l'œuvre de Act II. Nous sommes laissés sur notre faim.

2. La mort de Jacques

Act II ajoute au récit primitif l'information qu'Hérode "supprima par le glaive Jacques, le frère de Jean". Jacques et Jean étaient les deux fils de Zébédée (Lc 5,10). Jésus avait prédit ce martyre de l'apôtre, mais il y associait son frère Jean (Mc 10,35-40; Mat 20,20-23). On notera que deux manuscrits de la version éthiopienne, qui font souvent écho à un état archaïque du texte des Actes, ont la curieuse leçon: «Il supprima Jean, le frère de Jacques, par le glaive.» Or, dans les Actes, Pierre et Jean sont souvent mentionnés ensemble, comme s'ils étaient liés d'amitié (3,1.3.4.11; 4,13.19; 8,14). On peut dès lors se demander si les deux manuscrits éthiopiens n'auraient pas conservé la donnée primitive du texte de Act II.

3. L'hostilité des Juifs

À Jérusalem, Paul avait pu échapper aux machinations (cf. ἐπεχείρουν) des Hellénistes juifs grâce aux frères qui préparèrent sa fuite (9,29-30). Jacques, et dans une certaine mesure Pierre aussi, furent moins heureux. L'entreprise (ἐπιχείρησις) de persécution d'Hérode avait la faveur des Juifs, nous dit Act II (12,3a TO). Il soulignera un peu plus loin cette hostilité des Juifs contre les chrétiens en ajoutant un jeu de scène au récit de sa source: libéré par l'ange, Pierre croit dans un premier temps n'avoir eu qu'une vision de sa libération (v. 9b); mais dès que l'ange l'a quitté, il prend conscience de la réalité des faits: Dieu lui a permis d'échapper à la main d'Hérode comme "à toute l'attente des Juifs" (v. 11). Cette nouvelle persécution contre l'église est l'œuvre d'un monarque tyrannique, mais elle prend appui sur l'hostilité des Juifs de Jérusalem contre les chrétiens.

4. Marie, la mère de Jean-Marc

Dans le récit du Document P, il n'était pas précisé à qui appartenait la maison où s'était rendu Pierre après sa libération (v. 12). Act II nous informe qu'elle appartenait à "Marie, la mère de Jean qui est surnommé Marc". Ce Jean-Marc était le cousin de Barnabé (Col 4,10), lequel était originaire de Chypre (Act 4,36). On peut donc penser que Jean-Marc, comme sa mère Marie, avaient même origine et devaient donc être des Hellénistes chrétiens. Dans sa première épître, Pierre donnera le titre de "fils" à ce Marc et c'est sans doute en raison de ces liens intimes particuliers que Pierre se rend chez la mère de Jean-Marc une fois délivré par l'ange.

B) LA MORT D'HÉRODE

Ce récit comportait les vv. 18 à 23, à l'exception du v. 23b, ajouté par Act III.

1. Les données historiques

Descendu à Césarée, Hérode est sollicité pour régler un contentieux qui l'oppose aux habitants de Tyr et de Sidon (12,20). L'affaire réglée, il harangue le peuple qui l'acclame aux cris de "ce sont paroles d'un dieu et non d'un homme" (vv. 21-22). À l'instant, le cruel monarque est frappé à mort par un ange (v. 23). L'historien Josèphe rapporte, sur la mort de ce roi, une tradition qui n'est pas sans analogies avec celle qui est connue de Act II. Selon lui, Hérode présidait une fête célébrée à Césarée en l'honneur de l'empereur. Il fut pris soudain de violentes douleurs d'entrailles et on dut l'emporter. Cinq jours plus tard, il était mort.

2. Le précédent d'Antiochus Épiphane

Les commentateurs reconnaissent que le genre de mort d'Hérode est décrit par Act II en référence à celui d'Antiochus Épiphane, le persécuteur des Juifs, selon 2 Macc 9,5ss. Hérode a accepté que la voix populaire fasse de lui un dieu (v. 22), comme Antiochus avait voulu s'égaler à Dieu (2 Macc 9,12; cf. vv. 8.10). Tous deux vont donc mourir rongés par les vers (v. 23; 2 Macc 9,9). C'est le châtiment de ceux qui se révoltent contre Dieu (cf. Is 66,24).

(Le récit de Act III: ⇒ p. 212)

LES RÉCITS DE ACT III

Act III a comme texte de base celui de Act II, mais il l'abandonne souvent pour revenir au texte de Act I, voire à celui du Document P, lorsqu'il le juge préférable. Il lui arrive aussi de faire œuvre créatrice, et ce sont les modifications qu'il apporte au texte de ses sources que nous allons examiner maintenant.

I. L'ASCENSION
(1,6-12)

Dans le récit de Act I, repris par Act II, l'ascension de Jésus était décrite en ces termes: «Tandis qu'il disait ces mots, une nuée le prit par-dessous et il fut enlevé (loin) d'eux» (1,9 TO). En accord avec l'apocalyptique traditionnelle, la nuée était conçue comme une sorte de véhicule permettant d'aller de la terre au ciel ou du ciel à la terre. Mais Act III s'est choqué d'une telle représentation, et il a modifié le texte pour obtenir celui-ci: «Et, ayant dit ces mots, tandis qu'ils regardaient, il fut élevé et une nuée le prit (loin) de leurs yeux» (TA). Jésus est élevé sans que la nuée intervienne, et celle-ci n'a plus pour rôle que de le cacher aux yeux des disciples. Ceci est bien mis en relief dans les traductions françaises: «À ces mots, il fut sous leurs yeux emporté dans les airs, et une nuée le déroba à leurs regards» (Osty); «À ces mots, sous leurs regards, il s'éleva, et une nuée le déroba à leurs yeux» (BJ); «À ces mots, sous leurs yeux, il s'éleva et une nuée vint le soustraire à leurs regards» (TOB).

II. LE CHOIX DE MATTHIAS
(1,15-26)

Dans le récit de l'élection de Matthias, Act III ajouta, d'une part le nombre des présents (au v. 15b), d'autre part tous les détails concernant la mort de Judas[1], aux vv. 17 à 20a. En fait, les précisions concernant cette mort nous ont été transmises selon trois traditions différentes: celle de Act 1,17-20a, celle de Mat 27,3-9, et celle que nous connaissons grâce à Papias de Hiérapolis (vers 135) dans un fragment qui nous a été conservé par Apollinaire de Laodicée[2].

1. Les 120 disciples

Au début de cet épisode, Act III, de façon un peu maladroite, donne le chiffre de la première communauté chrétienne: 120 personnes. Il ne s'agit pas là de noter l'accroissement de l'église, comme l'avait fait Act II, puisqu'il n'y eut encore aucune prédication des apôtres. Ce chiffre de 120 a probablement une valeur déterminée, mais qu'il est difficile de préciser. On a fait remarquer que, selon la législation juive, c'était le minimum requis pour constituer une communauté pouvant avoir son sanhédrin particulier. On peut noter aussi que 120 est égal à 12 fois 10. Le chiffre de 12 évoquerait l'Israël nouveau (Lc 22,30), tandis que la multiplication par 10 symboliserait la multitude.

2. La mort de Judas

a) Les traditions connues des Actes et de Matthieu contiennent des éléments communs: le souvenir d'un champ, acquis avec l'argent de la trahison de Judas, et qui, pour cette raison, aurait été appelé "champ du sang", ou selon le terme araméen conservé par Act III: Haqeldama. Mais d'après Matthieu, ce sont les grands prêtres et les Anciens qui achetèrent ce domaine avec l'argent que Judas leur aurait rapporté; d'après Act III, le domaine aurait été acheté par Judas lui-même. Mais quand en aurait-il eu le temps? Les textes de Matthieu et des Actes diffèrent également quant au genre de mort de Judas. Il semble que les deux récits veulent lier cette mort à des précédents de l'Ancien Testament. Selon Matthieu, Judas se serait pendu (27,5), et l'on songe au précédent d'Ahitophel, le compagnon intime de David, qui avait trahi son maître pour s'attacher au jeune Absalom, et qui se pendit plus tard parce qu'il ne recueillait pas les fruits de sa trahison (2 Sam 17,23). Selon Act III, Judas tomba "la tête en avant et il craqua

---

[1] Voir P. BENOIT, "La mort de Judas", dans *Synoptische Studien, Alfred Wikenhauser zum siebzigsten Geburtstag dargebracht*, München, 1953, pp. 1-19; ou dans *Exégèse et Théologie*, vol. I, Paris, 1961, pp. 340-359.- E. NELLESSEN, "Tradition und Schrift in der Perikope von der Erwählung des Mattias (Apg 1,15-26)", dans BZ NF 19 (1975) 205-218.

[2] Voir le texte grec dans Kurt ALAND, *Synopsis Quattuor Evangeliorum*, p.470.

par le milieu et toutes ses entrailles se répandirent". Il aurait eu le sort réservé aux impies, d'après Sag 4,19, ces impies qui ont outragé le Juste et l'ont condamné à une mort infâme. Il est difficile de retrouver l'événement historique parmi des traditions aussi théologisées.

b) D'après la tradition connue de Papias, Judas serait mort "dans son propre champ" après beaucoup de souffrances et de tourments. Enterré là, son cadavre dégageait une telle odeur que ce champ était devenu "désert et inhabité jusqu'à maintenant". Impossible de le traverser, sinon en se bouchant les narines avec les mains. On rejoint la tradition commune du "champ" dans lequel Judas serait mort, sans qu'il soit dit que ce champ ait été acheté avec le prix du sang de Jésus. Le thème du domaine demeuré "désert et inhabité" fait allusion à Ps 69,26, comme dans Act 1,20a; cette référence au psaume est donc bien enracinée dans la tradition. Quant au thème de l'odeur épouvantable qui se dégage du champ, elle doit évoquer la mort d'Antiochus Épiphane (2 Macc 9,7-10).

Le souvenir d'un champ lié à la mort de Judas était donc bien ancré dans la tradition chrétienne puisqu'il se retrouve dans trois traditions indépendantes. Mais chaque tradition a développé le thème selon ses tendances propres, en référence à divers personnages de l'Ancien Testament.

III. LA PENTECÔTE
(2,1-13)

Aux niveaux de Act I et de Act II, le récit de la Pentecôte décrivait un phénomène de glossolalie, de "parler en langues". Mais Paul lui-même, qui parle longuement de la glossolalie, met en garde les fidèles contre les dangers et les abus de cette manifestation charismatique (1 Cor 14). C'est probablement en réaction contre ces abus que Act III va transformer le récit primitif: il ne s'agit plus de "parler en langues", mais de "parler en langues étrangères". Sa rédaction de l'événement, tel qu'il le conçoit, nous est donnée dans le TA.

1. Sens du nouveau récit

Le sens fondamental du nouveau récit est facile à saisir. L'effusion de l'Esprit, le jour de la Pentecôte, apparaît comme un remède apporté à la confusion des langues qui s'était produite lors de l'épisode de la tour de Babel, selon Gen 11,1ss. En élevant une tour d'une hauteur prodigieuse, les hommes avaient pensé s'élever jusqu'au ciel; pour rendre vain ce dessein, Dieu "confond" leur langue: ils ne se comprennent plus et doivent abandonner leur projet. À la

Pentecôte, c'est Dieu qui descend du ciel vers les hommes en leur envoyant son Esprit; et grâce à lui, les hommes peuvent de nouveau se comprendre. Ce thème comporte une intention symbolique: dans les temps nouveaux, inaugurés par l'effusion de l'Esprit, la Bonne Nouvelle que proclame les apôtres peut être comprise et reçue par les hommes de toutes les nations qui habitent sur la terre.

2. Liste des peuples

Deux problèmes se posent à propos de la liste des peuples qui se lit aux vv. 9-11a.

a) Act III a-t-il composé cette liste de lui-même, ou se serait-il inspiré de listes géographiques déjà existantes? Cette deuxième hypothèse est la plus vraisemblable car si Act III ne dépendait d'aucune source on ne voit pas pourquoi il aurait omis, dans sa liste, des régions qui jouent un rôle important dans les Actes, telles la Syrie, la Cilicie, la Pisidie, la Galatie. Parmi les listes géographiques que nous a laissées l'antiquité, la plus intéressante pour notre propos est une liste astronomique donnée par Paulus Alexandrinus dans ses Rudiments d'astrologie: douze régions ou pays sont mis en relation avec les signes du zodiaque. Paulus Alexandrinus ne vécut qu'au ive siècle de notre ère, mais il a pu reprendre lui-même une liste plus ancienne dont Act III se serait inspiré lui aussi. Comparons les deux listes en mettant à gauche celle de Paulus Alexandrinus, accompagnée des signes du zodiaque:

1. Bélier	Perse	Parthes, Mèdes, Élamites
2. Taureau	Babylone	Mésopotamie
		Judée (TO: Arménie)
3. Gémaux	Cappadoce	Cappadoce
4. Cancer	Arménie	
		Pont
5. Lion	Asie	Asie
6. Vierge	Grèce	
		Phrygie,
		Pamphylie,
		Égypte
7. Balance	Libye, Cyrène	Libye, Cyrène
8. Scorpion	Italie	Romains
		(Juifs et prosélytes)
9. Sagittaire	Crète	Crétois
10. Capricorne	Syrie	
11. Verseau	Égypte	
12. Poissons	mer Rouge, Indes	Arabes

Ces deux listes comportent cinq noms identiques: Cappadoce, Asie, Égypte, Libye, Crète. Il faudrait même en ajouter un sixième, l'Arménie, si l'on tenait compte du TO; tout le monde reconnaît que la mention de la Judée, que donne le TA, est aberrante. En plus de ces noms identiques, il existe des équivalences. À la mention de la Perse correspondent géographiquement les trois premiers peuples mentionnés dans la liste des Actes: Parthes, Mèdes, Élamites. Babylone est la capitale de la Mésopotamie. À la mention de l'Italie correspond celle des Romains. Enfin, les bords de la mer Rouge sont habités par les Arabes. Cela fait donc neuf noms de pays ou de peuples qui sont identiques ou analogues et qui, à une exception près, reviennent dans le même ordre. Cette exception est la mention de l'Égypte, mais elle est mieux en place dans la liste des Actes, juste avant la Libye. Puisque l'ordre dans lequel sont donnés ces pays ou ces peuples ne s'imposait pas, il y a de fortes chances pour que Act III et Paulus Alexandrinus dépendent de listes déjà existantes, qu'ils reproduisent avec plus ou moins de liberté.

b) Un autre problème se pose à propos de cette liste de peuples. Puisqu'il y a 12 apôtres qui s'adressent à la foule rassemblée, il serait tentant d'imaginer une liste primitive de peuples ne comportant que 12 noms, et qui aurait été complétée ultérieurement pour donner le chiffre de 15. Ceux qui sont favorables à cette hypothèse ont proposé la solution suivante. Il faudrait éliminer d'abord, au v. 9, la mention de la Judée, puisqu'elle est aberrante. Par ailleurs, la liste primitive semblerait se clore avec la mention des Romains, à la fin du v. 10, puisque l'expression qui suit, "Juifs et prosélytes", a une connotation non plus politique mais religieuse. La mention des Crétois et des Arabes, au v. 11, serait donc une addition. Ainsi la liste des Actes serait réduite à 12 noms, en accord avec le nombre des apôtres.

On peut objecter à cette hypothèse que la mention des Crétois et des Arabes, que l'on propose d'enlever, correspond à des noms donnés dans la liste de Paulus Alexandrinus. Auraient-ils été ajoutés dans les Actes sous l'influence de la liste utilisée par cet auteur? C'est peu vraisemblable; si l'on avait voulu compléter la liste des Actes pour la rendre plus conforme à celle qui est reprise par Paulus, on aurait ajouté plutôt la Grèce et la Syrie qui tiennent une si grande place dans les voyages de Paul. Par ailleurs, la liste donnée dans les Actes est fort bien construite: 3 noms de peuples, puis 9 noms de pays, puis de nouveau 3 noms de peuples. Cette structure a bien des chances d'être primitive, et il serait téméraire de vouloir la réduire à 12 noms.

3. Pentecôte chrétienne et fête juive

Beaucoup de commentateurs ont voulu éclairer le récit de la Pentecôte en référence à la fête juive des Semaines, appelée "Pentecôte" dans la traduction de

la Septante. Le récit lucanien aurait comme arrière-plan celui de Ex 19: Dieu
donne la Loi à son peuple lors de la théophanie du Sinaï[1].

a) C'est cet événement, dit-on, que la tradition juive commémorait plus
spécialement lors de la fête des Semaines. Or, plusieurs textes de cette tradition,
qui font allusion à Ex 19,16-18, offrent des analogies certaines avec Act 2,1-4. On
cite d'abord une parole de rabbi Johannan, rapportée dans Exode Rabbah: «Il est
dit: Tout le peuple entendait les tonnerres. Note qu'il n'est pas dit: Le tonnerre,
mais: Les tonnerres. C'est pourquoi rabbi Johannan dit que la voix de Dieu,
comme elle était prononcée, se divisa en soixante-dix voix, en soixante-dix langues, pour que toutes les nations puissent comprendre» (5,9). Le rapprochement
avec le récit de Act 2,1-4, sous sa forme actuelle, est évident.

Il faudrait aussi tenir compte de deux passages de Philon d'Alexandrie,
tirés du *De decalogo*. Au § 33, Philon commente Ex 19,16-19 en ces termes:
«(Dieu) commanda que se produisit dans les airs un bruit (ἦχον) invisible, plus
merveilleux que tous les instruments... Comme une âme rationnelle tout emplie
de lumière et de clarté. Après qu'elle eut communiqué à l'air forme et tension et
qu'elle se fut transformée en feu (πῦρ) flamboyant, elle fit retentir (ἐξήχησεν), à
la façon du souffle qui s'échappe d'une trompette, une voix articulée si puissante
que les auditeurs les plus éloignés crurent la percevoir aussi distinctement que
ceux qui se trouvaient le plus près.» L'autre passage se lit au § 46: «Alors, du sein
du feu (πῦρ) qui s'épanchait du ciel, retentit (ἐξήχει) une voix absolument saisis-
sante, la flamme devenant le langage articulé (διάλεκτον) familier aux
auditeurs.»[2] Ici aussi, une certaine parenté de vocabulaire avec le récit des Actes
est indéniable.

b) On a émis toutefois de sérieuses objections à ces rapprochements.
Primitivement, la fête des Semaines était la fête de la fin de la moisson; mais,
surtout chez les Esséniens de Qumrân, elle en vint à commémorer le renouvel-
lement de l'Alliance entre Dieu et son peuple: non seulement l'Alliance du Sinaï,
mais toutes les alliances conclues au cours de l'histoire d'Israël. Toutefois,
l'insistance sur le rappel du don de la Loi au Sinaï, ignoré de Philon d'Alexandrie
et de Flavius Josèphe, n'apparaît dans les écrits rabbiniques qu'à partir de 150 de
notre ère, donc bien après la composition du livre des Actes. R. de Vaux écrit très
justement: «C'est seulement à partir du iie siècle de notre ère que les Rabbins
acceptèrent que la Pentecôte commémorât le jour où la Loi avait été donnée au
Sinaï. La fête chrétienne de la Pentecôte eut, dès le début, une autre signifi-

---

[1] Sur la fête juive de la Pentecôte, voir Jean POTIN, *La fête juive de la Pentecôte. Étude des textes
liturgiques.* 2 vol. (Lectio Divina, 65a-b), Paris, 1971. Pour les rapports du récit des Actes avec
la Pentecôte juive, voir pp. 299-313.

[2] Traduction V. NIKIPROWETZKY (Œuvres de Philon d'Alexandrie, 23), Paris, 1965.

cation... il n'y a pas une relation entre la Pentecôte chrétienne et la fête des Semaines, telle que la comprirent la communauté de Qumrân ou, plus tard, le Judaïsme orthodoxe: il n'y a, dans le récit des Actes, aucune allusion à l'Alliance du Sinaï ni à la nouvelle Alliance dont le Christ est le médiateur.»[1]

Quant au texte de Rabbi Johannan sur la division des langues afin que tous pussent comprendre, si proche de Act 2,4, il ne fut écrit que vers les années 120-130, donc notablement après l'ultime rédaction des Actes. Ce thème était-il connu de la tradition juive au moment de cette rédaction? Pour l'affirmer, J. Potin renvoie au Targum sur Dt 33,2 "qui ne parle que de trois ou quatre langues parlées par Dieu au Sinaï". Mais le Targum dit tout autre chose: «Yahvé s'est révélé pour donner la Loi à son peuple, enfant d'Israël. Il jaillit dans la gloire sur la montagne de Gebal pour donner la Loi aux fils d'Ésaü; quand ils trouvèrent écrit en elle: "Vous ne tuerez pas", ils ne la reçurent pas. Il a resplendi dans la gloire pour donner la Loi sur la montagne de Parân aux fils d'Ismaël; mais quand ils trouvèrent écrit en elle: "Vous ne volerez pas", ils ne la reçurent pas. Il revint et se révéla sur la montagne du Sinaï...» L'intention polémique du récit est évidente, et l'on est loin du thème de Act 2,1-13!

En conclusion, on doit rester sceptique sur les rapprochements que certains ont voulu établir entre le récit de Act 2,1-13 et la fête juive de la Pentecôte, avec comme arrière-plan le souvenir du don de la Loi lors de la théophanie du Sinaï.

IV. LE DISCOURS DE PIERRE
(2,14ss)

Act III dépend fondamentalement du texte de Act II, tout en revenant à l'occasion au texte de Act I, comme au v. 37. Il corrige Act II sur un point de détail. Nous avons vu que ce dernier avait ajouté le récit de l'élection de Matthias (1,15-26) de façon à rétablir à douze le nombre des apôtres. Mais en 2,14, il avait omis de corriger en conséquence le texte qu'il reprenait de Act I: «Alors, Pierre, debout avec les dix apôtres...» Cela ne fait que onze; Act III remplace donc "dix" par "onze".

---

[1] R. DE VAUX, *Les institutions de l'Ancien Testament*, vol. II, Paris, 1960, p. 397.

V. GUÉRISON, CONTROVERSE, DON DE L'ESPRIT
(3,1-4,33)

Plusieurs des modifications dues à Act III ont déjà été inventoriées dans l'Introduction aux récits de cet auteur. Apportons ici quelques compléments.

En 3,12, Act III complète la question posée par Pierre: «Pourquoi vous étonner de cela et pourquoi nous regarder comme si c'était par notre propre puissance ou notre piété que nous l'avons fait marcher?» Il veut accentuer l'état d'esprit des témoins de la guérison miraculeuse. Ils sont étonnés, ils ne comprennent pas, même s'ils reconnaissent la ferveur religieuse de Pierre et de Jean. Comment des hommes, même pieux, peuvent-ils guérir un infirme? À ces questions que se pose la foule, Pierre répond en 3,16. Ici encore, Act III transforme la structure littéraire du texte de ses sources en distinguant davantage l'action de Dieu et le comportement de l'homme. C'est le Nom, "Dieu sauve", qui a fait marcher l'infirme. C'est par la puissance de Dieu que les membres de l'homme se sont fortifiés. Mais Dieu ne veut pas agir sans la foi du malade. C'est la foi en Jésus, donc dans le Nom et sa puissance, qui a rendu la pleine santé à l'infirme.

VI. LE MARTYRE D'ÉTIENNE
(6,8-8,3)

1. La culpabilité des Juifs

Dans le récit du martyre d'Étienne, Act III s'est contenté d'ajouter les vv. 42-43 contenant la citation de Am 5,25-27. Son but est d'accentuer la culpabilité des Hébreux au désert. Ils ne se sont pas contentés d'adorer l'idole qu'ils avaient fabriquée de leurs mains, le veau d'or; Dieu les a abandonnés et ils se sont livrés "au culte de l'armée du ciel", c'est-à-dire des étoiles.

2. Étienne et Paul

Plus que ses devanciers, Act III met un lien entre le martyre d'Étienne et la conversion de Paul. Pour lui, cette conversion, qui va donner un essor prodigieux à l'expansion chrétienne, fut une réponse de Dieu au sacrifice d'Étienne. Pour le souligner, Act III mentionne la présence de Paul auprès de ceux qui lapidaient Étienne (7,58b; cf. 22,20). Cette conversion de Paul fut d'autant plus miraculeuse que celui-ci était d'accord avec les Juifs accomplissant leur forfait (8,1a) et deviendra persécuteur à son tour (8,3)[1]. Comment expliquer cette conversion inattendue, sinon en raison d'une intervention divine?

3. L'ensevelissement d'Étienne

Au chapitre 8, Act III a ajouté le v. 2 qui mentionne l'ensevelissement d'Étienne. Le verbe employé pour désigner cet ensevelissement, συγκομίζειν, est un hapax de la Bible et il est difficile de voir pourquoi Act III l'a employé ici. Notre auteur ajoute que l'on fit "un grand deuil" (κοπετὸν μέγαν) sur Étienne. L'expression est certainement reprise de l'AT. Sous cette forme complète, elle ne se lit qu'en Gen 50,10, et 1 Macc 2,70; 4,39; 9,20 et 13,26. Dans le premier de ces textes, il s'agit du deuil mené par Joseph après la mort de son père Jacob. Mais Act III s'est probablement inspiré des textes de 1 Macc: on y pleure la mort de Mattathias, le père des Maccabées, et surtout celles de Judas Maccabée, le héros de la révolte juive contre les Grecs, et de son frère Jonathan qui lui succéda à la tête de l'armée. Tous deux moururent pour délivrer leur pays de ceux qui voulaient leur imposer des coutumes contraires à la Loi.

VII. ÉVANGÉLISATION DE LA SAMARIE
(8,4-25)

Dans le récit de la conversion de la Samarie, Act III a exercé son activité surtout dans les passages qui parlent de Simon le mage. Les ajouts qu'il a pratiqués tournent autour de deux thèmes. Avant de les analyser, voyons pourquoi il a ajouté aussi le v. 16.

1. Une note explicative

À l'époque où écrivait Act III, le don de l'Esprit était étroitement lié à la réception du baptême. Ses lecteurs pouvaient donc s'étonner que Pierre et Jean viennent en Samarie pour conférer l'Esprit à des gens qui avaient été baptisés (vv. 14ss). Au v. 16, Act III précise donc que les samaritains n'avaient reçu que le baptême, sans effusion de l'Esprit.

---

[1] Rappelons que Act III replace ici le début du récit de la conversion de Paul selon Act I tandis qu'au niveau de Act II il était séparé du récit du martyre d'Étienne par les épisodes concernant Philippe (8,4-40).

2. La Grande Puissance

Act III a ajouté, d'une part le v. 10b, d'autre part le v. 13. Selon le v. 10b, les gens de Samarie disaient de Simon: «Celui-ci est la Puissance de Dieu, la Grande.» D'après les auteurs anciens qui ont eu entre les mains l'ouvrage de Simon intitulé ΑΠΟΦΑΣΙΣ ΜΕΓΑΛΗ, nous savons que celui-ci donnait à la divinité suprême le nom de "Puissance", qu'il accompagnait souvent d'un qualificatif: "la Grande Puissance", ou "la Puissance Infinie"[1]. Selon Act 8,10b, les gens de Samarie tenaient Simon pour cette "Grande Puissance"; ils en faisaient le dieu suprême. On voit alors l'ironie de la situation créée par Act III aux vv. 10b et 13: Simon, la "Grande Puissance" incarnée, se convertit au christianisme et s'attache à Philippe parce qu'il voit les signes et les "grandes puissances", c'est-à-dire les grands miracles, qu'il accomplissait!

3. Les invectives de Pierre

Une fois arrivés en Samarie, Pierre et Jean confèrent l'Esprit aux gens de Samarie qui se sont fait baptiser au nom de Jésus (vv. 15-17) et ceux-ci, semble-t-il, se mettent à accomplir des prodiges. À cette vue, nous disait Act II, Simon offre de l'argent à Pierre afin d'obtenir le même pouvoir de communiquer cet Esprit merveilleux. Mais Pierre le rabroue aux vv. 21b-22. Au niveau de Act II, les reproches de Pierre restaient mesurés, avec allusion aux vv. 37-38 du Ps 78 qui soulignent la miséricorde divine, toujours prête à pardonner. Le récit se terminait par la mention des pleurs de Simon (v. 24 TO), signe de son repentir et donc de son pardon. Act III veut une condamnation beaucoup plus dure du coupable. Pour cela, il va compléter le texte de Act II en se servant de Deut 29,17-20, où sont menacés d'anathème ceux qui veulent s'adonner au culte des idoles. L'allusion à ce texte apparaît clairement au v. 23, dans lequel Pierre dit à Simon: «Car je vois que tu es dans l'amertume du fiel»; ces derniers mots font écho à Deut 29,17, lu selon la Septante: «Y aurait-il parmi vous une racine d'où se lèvent l'amertume et le fiel?» Selon Deut 29,19s, Dieu ne pardonnera pas à celui qui, au mépris des menaces faites, adoptera le culte des idoles; il effacera son nom de dessous les cieux, et il le séparera de toutes les tribus d'Israël. C'est aussi, avec des mots différents, ce que Pierre promet à Simon: «Que ton argent, avec toi, (aille) à sa perte... Il n'y a pour toi ni part ni héritage en cette affaire...» (vv. 20b-21a). Selon Deut 29,19s encore, toutes les imprécations contenues dans le livre de l'Alliance vont fondre sur l'impie. Dans le même sens, Simon supplie Pierre: «Priez, vous, pour moi vers le Seigneur afin que rien n'arrive sur moi de ce que vous avez dit!»

---

[1] Voir les fragments reconstitués par Salles-Dabadie, *op. cit.* p. 178, spécialement Fragm. I,4.5; Fragm. IV,3; Fragm. V,13. Dans le Fragm. VI,4-5, cette Puissance est identifiée à l'Esprit créateur dont parle Gen 1,2.

(v. 24). Simon aura donc le même sort que ceux qui, jadis, se laissaient séduire par les idoles; l'argent qu'il a convoité n'est-il pas une sorte d'idole que l'on est tenté de servir au lieu de servir Dieu (Lc 16,13)?

C'est pour durcir le texte de Act II que Act III le modifie quelque peu. Au v. 22, il ajoute les mots "et prie le Seigneur" (TA), comme si le repentir ne suffisait pas pour obtenir le pardon d'une telle faute. Bien plus, la prière de Simon ne suffirait pas, il faut que Pierre et Jean prennent eux-mêmes l'affaire en main et prient pour Simon (v. 24). Enfin, Act III supprime du récit de Act II la mention des pleurs de Simon: il n'y a plus de signe de son repentir. Notre auteur ne se montre pas tendre pour Simon, pas plus qu'il ne se montre indulgent à l'égard des Juifs.

VIII. LA CONVERSION DE PAUL
(8,3; 9,1-30)

1. Étienne et la conversion de Paul

Au niveau de Act II, le récit de la conversion de Paul était séparé de celui du martyre d'Étienne (6,8-7,60) par la description de l'activité de Philippe en Samarie (8,4-25) et l'épisode de la conversion de l'eunuque de la reine Candace (8,26-40). Act III veut lier le fait de la conversion de Paul au martyre d'Étienne, comme c'était le cas dans les récits de Act I. Il replace donc le début du récit de Act I en 8,3a, après avoir mentionné que Paul assistait à cette exécution (7,58b) et qu'il l'approuvait (8,1a). Mieux que Act I, il veut montrer que la conversion de Paul est une conséquence directe du martyre d'Étienne. Act III aurait pu souscrire à l'affirmation qu'écrira plus tard Tertullien: «Le sang des martyrs est une semence de chrétiens.»

2. Paul et les chrétiens de Damas

Comme il faut à Act III une nouvelle introduction au récit du chapitre 9, il compose les vv. 1-2 pour présenter l'activité de Paul, persécuteur des chrétiens. Il le fait en termes analogues à ceux qu'il emploiera pour composer le discours dans lequel Paul racontera lui-même sa conversion, en 22,4-5. Il introduit alors un thème nouveau: si Paul va à Damas, c'est dans le cadre de son activité contre l'église, pour y chercher les chrétiens qui s'y trouvent et les ramener enchaînés à Jérusalem. Paul lui-même prend l'initiative d'aller trouver le grand prêtre pour lui demander des lettres de recommandation l'autorisant à cette démarche. Act III a cru bien faire en donnant un but précis au voyage de Paul à Damas; mais il le fait sans se soucier de l'anachronisme qu'il crée ainsi: la présence d'une importante communauté chrétienne à Damas avant la conversion de Paul.

IX. ÉVANGÉLISATION D'ANTIOCHE
(11,19-30)

Act III s'est contenté de faire quelques retouches au récit de Act II.

a) En ajoutant le v. 19, Act II n'avait mis aucun lien entre cet ajout et le v. 20. Act III (TA) modifie le v. 20, en insérant les mots "certains d'entre eux", pour indiquer que les gens de Chypre et de Cyrène qui sont venus à Antioche faisaient partie du groupe de chrétiens venus de Judée dont parle le v. 19. Il souligne encore ce lien en ajoutant un "aussi" après le verbe "ils parlaient".

b) Au v. 25, Act II (TO) s'était contenté de reprendre le texte de Act I à propos de Barnabé: «Or ayant entendu (dire) que Saul était à Tarse, il partit le chercher.» Mais ce texte était difficile à concilier avec certaines additions faites par Act II dans le récit de la conversion de Paul. C'était Barnabé qui avait amené Paul à Jérusalem et l'avait présenté aux apôtres (9,27). On pouvait donc penser qu'il était là lorsque les frères avaient fait partir Paul pour Tarse (9,30). Les mots "ayant entendu (dire) que Saul était à Tarse", de 11,25, n'avaient alors plus grand sens. Act III (TA) écrit simplement: «Or il partit à Tarse chercher Saul.»

X. LA DÉLIVRANCE DE PIERRE
(12,1-25)

Act III va ajouter dans ce récit quelques détails qui n'en changent pas le sens fondamental, mais lui donnent un relief particulier.

1. Il accentue le caractère merveilleux de l'événement

Au v. 4, Act III précise que la prison était gardée par quatre tétrades de soldats, donc par seize personnes. Plus loin, le même auteur signale tous les postes de garde que Pierre, guidé par l'ange, a dû franchir (v. 10a). Il note enfin que l'entrée de la prison était munie d'une porte de fer qui s'ouvrit miraculeusement (v. 10b). Pierre était vraiment bien gardé, et un tel luxe de précautions exclut toute idée de corruption, même à supposer que Pierre ait possédé quelque argent. Le caractère miraculeux de sa sortie de prison est donc indéniable. Toutes les précautions humaines ne valent rien devant la puissance de Dieu, toujours prêt à intervenir pour protéger les siens.

2. La perversité d'Hérode

Selon Act II, Hérode serait mort, frappé par Dieu, parce qu'il avait accepté d'être acclamé comme un dieu. Mais Act III, au v. 23, ajoute la proposition causale "du fait qu'il n'avait pas rendu gloire à Dieu". Dans les écrits lucaniens, les hommes rendent gloire à Dieu surtout lorsqu'ils voient des miracles dans lesquels ils reconnaissent sa puissance (Act 4,21; Lc 5,25ss; 7,16; 13,13; 17,15.18; 18,43; 23,47). On peut se demander alors si, pour Act III, Hérode ne serait pas mort, frappé par l'ange, parce qu'il n'avait pas su reconnaître la puissance de Dieu agissant pour délivrer Pierre de sa prison. Il fait mettre à mort les gardes (précision ajoutée par Act III), comme si ce n'était pas Dieu qui avait agi à leur insu. On comprendrait mieux alors pourquoi Act III a accentué le caractère miraculeux de l'événement.

DEUXIÈME PARTIE

LA GESTE DE PAUL

I. LE JOURNAL DE VOYAGE

Nous allons analyser le sens des récits de la geste de Paul en commençant par un "Journal de voyage" que Act II aurait incorporé dans ses rédactions. Ce Journal de voyage, en effet, concernant surtout les étapes maritimes de Paul, aurait été rédigé par un compagnon de l'apôtre, peut-être Silas, à mesure que se déroulaient ces étapes; il serait donc la plus ancienne source utilisée par Act II, la seule que l'on puisse faire remonter, avec beaucoup de vraisemblance, à un témoin oculaire.

Ce Journal de voyage fut sectionné par Act II en de nombreux tronçons, répartis maintenant dans les deuxième et troisième voyages missionnaires de Paul, ainsi que dans le dernier voyage par mer, de Jérusalem à Rome. Sous sa forme primitive, il formait un récit continu et unifié correspondant aux renseignements que Paul nous donne dans ses lettres: il veut aller en Macédoine et en Grèce pour y rassembler de l'argent destiné aux "saints" de Jérusalem (1 Cor 16,1-5; 2 Cor 8,1-5; 9,1-5); il ira lui-même à Jérusalem porter le fruit de cette collecte (Rom 15,25-28; cf. Act 24,17), puis il se rendra à Rome d'où il compte pousser jusqu'en Espagne (Rom 15,23-24). Pour plus de détails, nous renvoyons aux développements que nous avons donnés dans l'Introduction (tome I, pp. 16-21).

1. Paul décide son voyage (11,28a; 19,21)

> **11,28a**(TO) Tandis que nous étions rassemblés,
> **19,21** Paul se mit dans l'esprit de traverser la Macédoine et l'Achaïe et d'aller à Jérusalem, disant: «Après que j'aurai été là, il me faut aussi voir Rome.»

a) En 11,28a, dans le seul TO, nous avons la première apparition de ce style "nous" qui sera la caractéristique du Journal de voyage. L'auteur de ce Journal ne précisera d'ailleurs jamais qui sont ces personnages qu'il désigne par "nous". Il est normal de penser qu'il était l'un d'eux. Dans l'état actuel des Actes, les événements racontés en 11,28ss se placent à Antioche de Syrie. C'est donc d'Antioche que Paul va partir pour ce long voyage, comme le confirmera l'itinéraire maritime qu'il va suivre.

b) Au cours de la réunion mentionnée en 11,28a, Paul expose le projet de voyage qu'il a formé: traverser la Macédoine et l'Achaïe, c'est-à-dire la Grèce, puis se rendre à Jérusalem, enfin pousser jusqu'à Rome. C'est exactement l'itinéraire que va décrire le Journal de voyage. Un trajet par mer va d'abord mener Paul et ses compagnons de Séleucie, le port d'Antioche, jusqu'à Philippes (27,2a.5.7a; 16,7a.8b.11-12). De là, il traversera la Macédoine puis descendra jusqu'en Grèce (20,2c). Selon son projet initial, il voulait aller directement par bateau de Grèce en Syrie (20,3a), probablement Tyr (cf. 21,3), d'où il aurait gagné Jérusalem comme le montrera la suite du voyage; mais un complot fomenté par les Juifs l'oblige à faire un détour par la Macédoine (20,3b). Paul retourne donc à Philippes, d'où il va s'embarquer (20,6) pour le long voyage par mer qui va le mener jusqu'à Tyr via Troas et la côte ouest de l'Asie Mineure (20,6-21,3). De là, il remontera par terre jusqu'à Jérusalem (21,7-17). Mais cette ville n'est pas le terme de son voyage. Comme il l'avait annoncé en 19,21, il en repart afin de se rendre, toujours par mer, jusqu'à Rome (27,1-28,16).

c) Le but du voyage de Paul est de "voir Rome". C'est là une façon de parler qu'affectionne l'apôtre. Il écrivait aux fidèles de Rome: «Je désire vivement vous "voir"...» (Rom 1,11). De même, il désirait "voir" les frères de Thessalonique (1 Thess 3,6), ou "voir leur visage" (1 Thess 2,17; 3,10), et se refuse à ne "voir" qu'en passant ceux de Corinthe (1 Cor 16,7). C'est également Timothée qu'il désire "voir" (2 Tim 1,4). Mais son dessein était de voir Rome dans un but d'apostolat, afin de conforter les fidèles dans leur foi. On aura noté que Paul dit "il faut" que je voie Rome. Comme souvent dans le NT, ce verbe doit avoir une connotation prégnante; il s'agit d'une nécessité découlant du plan de Dieu sur le monde, exprimé dans les Écritures.

2. D'Antioche à Philippes (27,2ss; 16,6ss)

27,2a Devant naviguer, nous embarquâmes sur un bateau d'Adramyttium. **5** Et ( ) ayant navigué à travers le golfe cilicien et la mer pamphylienne, ( ) nous arrivâmes à Myre de Lycie. **7a** Ayant navigué lentement, en beaucoup de jours nous fûmes en vue de Cnide. **16,7a** Parvenus en vue de la Mysie, **8b** [nous arrivâmes] à Troas. **11** Or le lendemain, de Troas ayant pris le large, nous courûmes droit sur Samothrace et le jour suivant sur Néapolis **12** et de là sur Philippes, qui est une ville du premier district de Macédoine, une colonie (romaine). Nous restâmes dans cette ville quelques jours.

En 19,21, Paul disait son dessein de se rendre directement en Macédoine. C'est le trajet d'Antioche à Philippes que nous décrit la première partie du Journal de voyage. Son auteur ne nous dit pas où se fait l'embarquement, mais ce fut sûrement à Séleucie, le port d'Antioche, aux confins du golfe de Cilicie qui va être mentionné en 27,5. Paul et ses compagnons s'embarquent sur un bateau dont le point d'attache était Adramyttium. Ce port était situé en Mysie, pas très loin de Troas. C'était justement la direction que voulaient prendre les voyageurs.

Le trajet par mer est décrit sans aucun détail superflu. Le bateau va, d'un bout à l'autre, longer les côtes de l'Asie Mineure, d'abord d'est en ouest, puis, après être passé au large de Cnide, du sud au nord. C'est seulement en fin de voyage que le bateau obliquera vers le nord-ouest pour longer les côtes de Thrace et rejoindre la Macédoine. Deux arrêts intermédiaires sont notés: Myre, sur la côte sud de l'Asie Mineure, et Troas, à l'extrémité nord de la côte ouest. Le voyage par mer se termina à Néapolis, puis on alla par terre de Néapolis jusqu'à Philippes. Ces deux villes n'étaient distantes que d'une quinzaine de kilomètres. L'auteur du Journal de voyage insiste sur la situation de Philippes dans la province de Macédoine, pour bien montrer que Paul a atteint le premier but qu'il s'était proposé. C'est là que Paul connut ses premiers succès missionnaires auprès du monde païen (Phil 1,4-5).

3. L'exorcisme de la pythonisse (16,13a.16ss)

> **16,13a** Or le jour du sabbat, nous sortîmes hors de la porte, près de la rivière, où il semblait qu'il y eut un lieu de prière ( ). **16** Vint à notre rencontre une servante ayant un esprit de python, qui procurait un grand profit à (ses) maîtres en rendant des oracles. **17** Elle, ayant suivi Paul ( ), cria en disant: «Ces hommes sont des serviteurs du Dieu Très-Haut, qui vous annoncent la voie du salut.» **18b** ( ) S'étant tourné, Paul dit à l'esprit: «Je te commande, au nom de Jésus, de sortir d'elle.» Et à l'instant il sortit. **19** Ses maîtres, ayant vu que partait l'espoir de leur profit, s'étant saisis de Paul et de Silas, (les) traînèrent à l'agora **20** et, les ayant amenés aux stratèges, ils dirent: «Ces gens troublent notre ville, étant juifs, **21** et ils annoncent des coutumes qu'il ne nous est pas permis de pratiquer, étant des romains.» **22b** ( ) Alors les stratèges, ayant arraché leurs vêtements, ordonnaient de (les) battre de verges. **23a** Et, leur ayant imposé beaucoup de coups, ils les jetèrent en prison. **35** Or, le jour étant arrivé, les stratèges envoyèrent les licteurs pour dire: «Relâche ces gens.» **36** Or le geôlier annonça à Paul les paroles que les stratèges avaient envoyé (dire): «que vous soyez relâchés. Maintenant donc, allez.» **37** Mais Paul leur déclara: «Nous ayant battus en public, sans avoir été jugés, nous qui sommes des Romains, ils (nous) ont jetés en prison et maintenant ils nous chassent en cachette? Eh bien non! Mais, étant eux-mêmes venus, qu'ils nous fassent sortir.» **38** Or les licteurs annoncèrent aux stratèges ces paroles. Ils eurent peur, ayant entendu (dire) qu'ils étaient romains. **39** Et étant venus ils leur demandaient ( ) de partir de la ville. **40** Étant sortis de prison ( ) ils exhortèrent les frères et partirent.

Le récit en lui-même n'offre aucune difficulté d'interprétation. À Philippes, Paul exorcise une jeune servante possédée d'un "esprit de python", c'est-à-dire d'un esprit de divination, ainsi nommé en référence au serpent python de l'oracle de Delphes. Privés de leurs gains, les maîtres de la servante viennent se plaindre aux autorités de la ville qui font battre de verges et emprisonner Paul et son compagnon Silas. Le lendemain matin, estimant sans doute en avoir suffisamment fait pour calmer la colère des maîtres de la pythonisse, ils donnent l'ordre au geôlier de laisser partir Paul et Silas. Mais Paul ne l'entend pas ainsi. Lui et son compagnon, citoyens romains, ont été flagellés en public, ce qui était formellement interdit par la *lex Porcia*. Il refuse donc d'être libéré en cachette, ainsi que son compagnon, mais exige que les stratèges viennent eux-mêmes les remettre en liberté, ce qui impliquait évidemment des excuses de leur part. Effrayés d'avoir contrevenu à la loi romaine, ceux-ci s'exécutent mais demandent à Paul et à Silas de quitter la ville. Les deux apôtres le font de bonne grâce.

a) Ce récit d'exorcisme offre des analogies évidentes avec celui du possédé de Gérasa raconté en Lc 8,26-39. Un homme possédé de démons vient à la rencontre de Jésus (v. 27). En le voyant, il se jette à ses pieds et lui demande: «Que me veux-tu, Jésus, fils du Dieu Très-Haut?» (v. 28), car Jésus commandait à l'esprit impur de sortir de l'homme (v. 29). Une fois celui-ci guéri, les gens de la ville viennent voir ce qui s'est passé (v. 35) et, effrayés, ils demandent à Jésus de quitter leur pays; celui-ci s'exécute aussitôt (v. 37)[1]. Ce récit lucanien a son parallèle en Mc 5,1-20 (cf. aussi Mat 8,26-34). La plupart des exégètes feraient dépendre du récit de Marc, et celui de Lc 8,26ss, et celui de Act 16,16ss. Mais serait-il vraisemblable que l'auteur du Journal de voyage ait démarqué le récit de Mc 5,1ss pour composer son propre récit? Quand on a remarqué les nombreuses notes lucaniennes que comporte la rédaction marcienne[2], on peut se demander si, à l'inverse, ce ne serait pas le récit marcien qui dépendrait, au moins quant à sa forme littéraire, du récit du Journal de voyage.

b) On aura noté la longueur de ce récit, inhabituelle dans le Journal de voyage qui, jusqu'ici, n'était composé que de brèves notations topographiques et chronologiques. Disons toutefois que, dans la suite du Journal, Paul sera mis directement en scène lorsqu'il fera venir à Milet les Anciens de l'église d'Éphèse pour leur parler longuement (20,17ss), ou au moment de s'embarquer pour s'en aller à Rome (27,9-10; cf. 27,21-22.26). Il est plus étrange que l'auteur du Journal mette ici en scène Paul et l'un de ses compagnons, Silas. Ce serait le seul cas. Voici alors la solution que nous proposons dans l'hypothèse (qui est la nôtre) où Silas serait l'auteur du Journal. Effectivement, Silas aurait été mis en prison en même temps que Paul lors de l'incident de Philippes. Mais en écrivant son Journal, il n'aurait mis en cause que le seul Paul, et ce serait Act II qui aurait ajouté son nom à côté de celui de Paul au moment où il incorporait à son œuvre le Journal rédigé par Silas. Cette activité littéraire de Act II serait perceptible au

---

[1] Nous mettrons les textes en parallèle dans le tome III, en faisant l'analyse littéraire de ce passage.

[2] Voir P. BENOIT - M.-É. BOISMARD, *Synopse des quatre évangiles en français*, tome II, Paris, 1972, p. 206a.

17 "Elle, ayant suivi Paul et nous…", où l'expression "et nous" semble surajoutée
à un texte qui ne mentionnait que Paul.

4. Deuxième étape du voyage: la Grèce (20,2-3)

> **20,2b** Il vint en Grèce. **3** Or, ayant passé trois mois, un complot étant advenu contre lui
> de la part des Juifs alors qu'il allait prendre le large vers la Syrie, il eut l'idée de revenir
> par la Macédoine.

D'après 19,21, Paul se proposait de venir en Achaïe après avoir "traversé"
la Macédoine. Le v. 2b fait écho à ce texte et nous montre Paul venant en Grèce,
c'est-à-dire en Achaïe. Il y reste environ trois mois, puis, toujours selon ce qu'il
avait décidé d'après 19,21, il veut s'embarquer de là pour gagner la Syrie,
entendez le port de Tyr (cf. 21,3), d'où il pourra facilement rejoindre Jérusalem.
Mais un complot fomenté par les Juifs (cf. 20,19) l'obligea à changer ses projets
et il décida de revenir par la Macédoine. L'auteur du Journal de voyage ne nous
dit pas en quoi consista ce complot, et il serait vain de faire des hypothèses là-
dessus. Paul va donc se retrouver à Philippes et c'est de là qu'il s'embarquera
pour gagner Jérusalem.

5. De Philippes à Milet (20,6-16)

> **20,6** ( ) Nous fîmes voile de Philippes après les jours des Azymes et nous vînmes ( ) à
> Troas en cinq (jours) ( ). **13** ( ) Nous prîmes le large vers Assos, devant y reprendre
> Paul. Il en avait décidé ainsi, comme devant lui-même aller à pied. **14** Lorsqu'il nous eût
> rejoint à Assos, l'ayant repris, nous vînmes à Mitylène. **15** Et de là, ayant fait voile, le
> (jour) suivant nous arrivâmes en face de Chios, le surlendemain nous nous dirigeâmes
> vers Samos et, étant restés à Trogylion, le (jour) suivant nous vînmes à Milet. **16** Paul
> avait jugé bon de passer au large d'Éphèse de peur qu'il ne lui arrivât quelque retard en
> Asie. Car il se hâtait pour être le jour de la Pentecôte à Jérusalem.

Paul et son groupe ont quitté Philippes "après les jours des Azymes"
(20,6), donc un peu plus d'une semaine après la fête de la Pâque juive. On est
alors vers le milieu ou à la fin du mois d'avril. Les voyageurs durent refaire à pied
le trajet de Philippes à Néapolis, où ils s'embarquèrent sur un bateau qui devait
les mener jusqu'à Myre (21,1) en longeant les côtes d'Asie Mineure et en faisant
de nombreuses escales que l'auteur du Journal de voyage précise soigneusement:
Troas, Assos, Mitylène, Chios que l'on ne fait qu'apercevoir sans s'y arrêter,
Samos, Trogylium, Milet. Puis après Milet: Cos, Rhodes, Patara et Myre.

Deux détails sont à noter sur cette section du voyage. Au lieu de faire le
trajet par mer de Troas à Assos, avec ses compagnons, Paul préféra faire la route à
pied. L'auteur du Journal de voyage ne nous en donne pas la raison et il est inutile
de la chercher; il nous décrit simplement, aussi fidèlement que possible, les
événements tels qu'ils se sont passés. Par ailleurs, après Chios, on se serait

attendu à ce que Paul fasse escale à Éphèse. Mais en raison des liens qu'il a noués dans la ville, il craint d'être retenu trop longtemps et décide de passer au large. Il veut en effet être à Jérusalem pour la fête de la Pentecôte qui devait tomber fin mai ou début de juin (v. 16). C'est donc lors de l'escale à Milet qu'il va faire venir les Anciens d'Éphèse pour leur donner ses consignes.

6. Le discours de Milet (20,17-38)

20,17 De Milet, ayant envoyé (des gens) à Éphèse, il fit venir les Anciens de l'Église. **18** Quand ils furent arrivés près de lui, il leur dit: «Vous, vous savez comment, du premier jour où j'ai mis le pied en Asie, je me suis comporté avec vous tout le temps **19b** ( ) tandis que des épreuves m'arrivaient par les complots des Juifs. **22** Et maintenant, voici (que) moi, lié en esprit, je vais à Jérusalem, ne sachant pas ce qui m'y arrivera. **26** Donc, jusqu'à aujourd'hui, je suis pur du sang de tous. **27** Je n'ai pas omis d'annoncer toute la volonté de Dieu. **28** Prenez garde à vous et à tout le troupeau où le saint Esprit vous a établis comme gardiens, pour paître l'église du Seigneur qu'il s'est acquise par son propre sang.» **36** Et ayant dit cela, s'étant mis à genoux, il pria avec eux tous.

a) Aux vv. 18.19b, Paul rappelle les épreuves qu'il eut à subir de la part des Juifs dès son arrivée en Asie. Les Actes ne nous en parlent pas, mais Paul y fait allusion en 1 Cor 15,32. Au v. 22, l'apôtre exprime son inquiétude quant aux épreuves qui l'attendent à Jérusalem. On notera la reprise du même verbe aux vv. 19 et 22: "qui me sont advenues" et "ce qui m'adviendra"; ce procédé littéraire invite à conclure que les adversaires de Paul à Jérusalem seront les Juifs, comme en Asie. Cette inquiétude, Paul l'avait déjà exprimée avant son départ de Corinthe; il écrivait en effet aux frères de Rome de prier pour lui, afin qu'il échappe "aux infidèles de Judée" (Rom 15,30-31). L'auteur du Journal de voyage nous renvoie à ce texte puisque, au début du v. 22, les mots "Et maintenant... je vais à Jérusalem" font écho à ceux de Rom 15,25.

b) Les vv. 26-27 forment la "pointe" du discours de Paul. Le même thème sera repris par Act I en 18,6 à propos de l'hostilité des Juifs de Corinthe. Ces deux textes ont pour arrière-plan l'oracle de Ez 33,7-9:

Toi aussi, fils d'homme, je t'ai fait guetteur pour la maison d'Israël. Lorsque tu entendras une parole de ma bouche, tu les avertiras de ma part. Si je dis au méchant: «Méchant, tu vas mourir», et que tu ne parles pas pour avertir le méchant d'abandonner sa conduite, lui, le méchant, mourra de sa faute, mais c'est à toi que je demanderai compte de son sang. Si au contraire tu as averti le méchant d'abandonner sa conduite pour se convertir et qu'il ne s'est pas converti, il mourra, lui, à cause de son péché, mais toi, tu auras sauvé ta vie.

Le prophète est donc chargé par Dieu d'avertir les "méchants" de la maison d'Israël qu'ils aient à se convertir, sinon ils mourront. Si le prophète, infidèle à sa mission, n'a rien dit, il aura à rendre compte du sang du méchant que Dieu aura châtié. Si en revanche il a accompli sa mission, le méchant mourra mais lui, il sauvera sa vie. De même, Paul fut chargé par Dieu d'avertir les Juifs, et il a accompli fidèlement sa mission (v. 27)[1]. Mais les Juifs ont répondu en l'accablant d'épreuves (vv. 19b.22). Quand arrivera l'heure du châtiment, Paul sera "pur du sang de tous", il n'aura pas à répondre devant Dieu du sang de ceux qui auront été châtiés (v. 26).

c) Au v. 28, Paul demande aux Anciens de veiller sur eux-mêmes et sur le troupeau qui leur a été confié par Dieu. Suivi des vv. 29-31, cet avertissement concerne la venue de faux docteurs qui chercheront à égarer les fidèles d'Éphèse. Mais ces versets ont été ajoutés par Act II et pour l'auteur du Journal de voyage, le v. 28 doit s'interpréter en fonction du contexte antérieur. Les Juifs vont reprendre leurs persécutions contre les fidèles du Christ (vv. 18.19b), il faudra donc veiller à ne pas se laisser abattre au risque même d'abandonner la foi (cf. 1 Thess 3,1-5; Mc 13,9; Mat 10,17).

d) On se serait attendu à ce que ce v. 28 soit rédigé en termes pauliniens[2]. En fait, il fait écho à plusieurs passages de la première épître de Pierre. Comparons-le d'abord à 1 Pi 5,1-2:

Act 20,28	1 Pi 5,1-2
	J'exhorte les Anciens...
Prenez garde à vous	
et à tout le troupeau (ποίμνιον)	faites paître le troupeau (ποίμνιον)
	de Dieu à vous (confié),
où le saint Esprit vous a établis	
comme gardiens (ἐπισκόπους)	le gardant (ἐπισκοποῦντες)
	non à contre-cœur mais de bon gré...
pour faire paître l'église du Seigneur...	

Comme Paul, Pierre s'adresse aux Anciens. Ils doivent faire paître le troupeau (l'église) du Seigneur dont ils sont les gardiens. On notera surtout le substantif "gardien" et le verbe "garder", qui ont même sens et que l'on rapprochera de 1 Pi 2,25: «Car vous étiez comme des brebis errantes, mais vous êtes maintenant revenus au pasteur (ποιμένα) et au gardien (ἐπίσκοπον) de vos âmes.» Ce terme de "gardien", littéralement "épiscope", n'a pas encore le sens technique,

---

[1] Act III, ou un scribe, fausse le sens du texte en le complétant: «En effet, je ne me suis pas dérobé (lorsqu'il fallait) vous annoncer la volonté de Dieu.» Ce n'est pas aux Anciens d'Éphèse que Paul a annoncé la volonté de Dieu, mais aux Juifs. Act II fera la même transposition lorsqu'il reprendra ce texte au v. 20, mais à juste titre puisque, dans sa rédaction, le v. 20 concerne les Anciens d'Éphèse.

[2] Ce sera le cas des sections ajoutées par Act II.

correspondant à un ministère précis de l'église, qu'il revêt en 1 Tim 3,2 et Phil 1,1, où il vient en parallèle avec le mot "diacre". Le contact littéraire entre tous ces textes est certain.

On lit à la fin du v. 28: «... pour faire paître l'église du Seigneur[1], qu'il a acquise (ἣν περιεποιήσατο) par son propre sang.» Le thème de la proposition relative se retrouve dans deux passages complémentaires de la lettre de Pierre. En 1 Pi 1,18-19, l'auteur de la lettre écrit: «Vous avez été rachetés... par un sang précieux, celui d'un agneau sans défaut et sans tache, le Christ.» Et en 2,9, les chrétiens sont dits former "un peuple acquis (εἰς περιποίησιν) pour annoncer les merveilles..." C'est une citation de Is 43,21: «... pour abreuver... mon peuple que j'ai acquis (ὃν περιεποιησάμην) pour raconter mes merveilles...» Dieu s'est acquis un peuple en le rachetant par le sang du Christ, de l'agneau sans tache. C'est exactement le thème exprimé à la fin de Act 20,28, avec une transposition christologique. On ne peut pas parler ici d'un emprunt d'un texte à l'autre. Il s'agit plutôt de deux façons différentes d'exprimer le même thème.

e) Après avoir mis en garde les Anciens d'Éphèse contre le danger des persécutions venues des Juifs, Paul, ayant fléchi les genoux, se met en prière avec eux. Au moment de son agonie au jardin des Oliviers, le Christ avait eu le même geste pour demander à Dieu d'éloigner de lui la coupe de souffrance qui approche (Lc 22,41-42). On peut dès lors penser que Paul prie Dieu d'épargner aux fidèles d'Éphèse et à leurs Anciens des persécutions trop violentes, qui ébranleraient leur foi.

7. De Milet à Jérusalem (21,1-17)

21,1 Une fois séparés d'eux, nous courûmes en droite ligne à Cos et le (jour) suivant à Rhodes et de là à Patara et à Myre. **2** Et ayant trouvé un bateau traversant vers la Phénicie, ayant embarqué, nous prîmes le large. **3** Arrivés en vue de Chypre, l'ayant laissée à gauche, nous fîmes voile vers la Syrie et nous débarquâmes à Tyr. Là, en effet, le bateau déchargeait la cargaison. **7** Nous, ayant achevé la navigation, de Tyr nous arrivâmes à Ptolémaïs et, ayant salué les frères, nous demeurâmes auprès d'eux un jour. **8** Étant partis le lendemain, nous vînmes à Césarée et nous entrâmes dans la maison de Philippe l'évangéliste, qui était l'un des Sept, **9** qui avait quatre filles qui prophétisaient. **4b** (Elles) disaient à Paul ( ) de ne pas monter à Jérusalem. **12** Quand nous eûmes entendu cela, nous le priâmes, nous et ceux de l'endroit, de ne pas monter ( ). **14** Comme il ne se laissait pas convaincre, nous restâmes cois en disant: «Que la volonté du Seigneur arrive.» **15a** Après quelques jours, ayant pris congé ( ), **17b** ( ) Nous nous trouvâmes à Jérusalem. Or les frères nous accueillirent avec joie.

---

[1] Paul écrit habituellement "église de Dieu" (une douzaine de fois), mais on lit "toutes les églises du Christ" en Rom 16,16.

Les voyageurs partent de Milet et ils changent de bateau à Myre. Leur nouvelle embarcation va les mener jusqu'à Tyr mais, comme elle n'allait pas plus loin (21,3), les voyageurs accomplirent probablement par terre le trajet de Tyr[1] à Jérusalem, via Ptolémaïs et Césarée.

Les seuls détails un peu précis de cette fin de voyage sont donnés à propos de l'étape de Césarée (21,8ss). Paul est reçu par Philippe, l'un des Sept choisis pour diffuser l'évangile selon les principes des Hellénistes (6,1ss). Il est qualifié de "évangéliste" car, selon le Document P, d'où provient ce récit, les Sept ne furent pas choisis pour servir aux tables, mais pour diffuser l'évangile selon l'idéal des Hellénistes. Ce Philippe avait quatre filles qui prophétisaient. Celles-ci recommandent à Paul de ne pas monter à Jérusalem, car elles prévoient qu'il aura là-bas des difficultés. Mais Paul, nous l'avons vu, n'ignorait pas que, à Jérusalem, il allait encore se heurter à l'hostilité des Juifs. Rien ne peut donc le décider à interrompre son voyage (v. 12). Ses amis cessent leurs instances en disant: «Que la volonté du Seigneur arrive» (v. 14); c'est l'écho de la parole de Jésus à Gethsémani: «Qu'arrive non pas ma volonté, mais la tienne» (Lc 22,42; cf. Mat 6,10).

La durée approximative de ce voyage nous est donnée par deux indications liturgiques. Paul et son groupe sont partis de Philippes "après les jours des Azymes" (20,6); ils arrivèrent à Jérusalem pour y célébrer la fête de la Pentecôte (20,16), qui tombait cinquante jours après Pâque. Leur voyage aura donc duré une quarantaine de jours, à peine.

8. De Césarée à Rome (27,1-28,16)

27,1a Or lorsqu'il fut décidé que nous naviguerions vers l'Italie ( ), **3a** nous [vînmes] à Sidon ( ) **7b** et de là, ayant pris le large, ayant navigué sous (le vent) de la Crète, **8** nous arrivâmes à Bons-Ports, dont une ville était proche. **9** Et, comme nous avions passé beaucoup de jours et comme la navigation était déjà dangereuse du fait que même le Jeûne était passé, Paul s'approcha **10** en disant: «Hommes, je vois que (c'est) avec beaucoup de violence et de perte, non seulement pour la cargaison et le bateau, mais encore pour nos vies (que) va être la navigation.» **12(TA)** ( ) Mais la majorité fut d'avis de prendre le large ( ). **13** Un vent du sud soufflant légèrement, nous longeâmes la Crète. **14** Or descendit un vent de tempête du sud-est. **18** Le lendemain, comme le bateau était fortement secoué, **19** nous jetâmes la cargaison[2] à la mer. **20** Comme la tempête (nous) pressait pendant de nombreux jours et que ni le soleil ni les étoiles ne brillaient, finalement nous était enlevé tout espoir de vie. **37** Nous étions environ soixante-dix personnes. **21** Or, comme le manque de vivres[3] était grand, Paul, se tenant au milieu, dit:

---

[1] Ce point sera discuté dans l'analyse du récit, tome III, p. 252.

[2] Il ne s'agit pas seulement des agrès du navire, mais de la cargaison, comme en Jon 1,5.

[3] Le mot ἀσιτία signifie ici "manque de nourriture", comme en Hérodote, Hist. III,52 ou Euripide, *Suppl.* 1105.

«Hommes, il fallait, m'ayant fait confiance, ne pas prendre le large (loin) de la Crète et faire l'économie de cette violence et de (cette) perte. **22a** Et maintenant, je vous conseille d'avoir du courage, car il n'y aura, de nous, perte d'aucune vie ( ). **26** Il nous faut échouer à quelqu'île.» **15** Tandis que le bateau courait sous (le vent), **16** nous arrivâmes à une île appelée [Gaulos]. **17b** ( ) Nous y restâmes. **28,2** Or les barbares nous recevaient **10a** eux qui nous honorèrent de nombreux honneurs. **11** Nous prîmes le large sur un bateau qui avait hiverné dans l'île, alexandrin. **14b** Et nous vînmes à Rome **15a** et les frères, l'ayant entendu (dire), vinrent à notre rencontre.

Cette troisième section décrit le voyage de Paul de Jérusalem jusqu'à Rome, voyage exécuté presque entièrement par mer. C'était, nous l'avons dit, le projet qu'il avait formé d'après 19,21. Comme il y avait fort peu d'étapes à énumérer, l'auteur du Journal de voyage va pouvoir s'étendre plus longuement sur un incident qui aurait pu avoir des conséquences dramatiques: la tempête qui s'est déchaînée contre le bateau.

a) La première partie du voyage se passe sans incident. Paul et ses compagnons s'embarquent à Sidon, port connu pour ses relations maritimes avec l'Italie. Ils font voile directement sur la Crète, dont ils longent la côte sud avant d'arriver à Bons-Ports, sur une petite baie située à moins de 10 kilomètres à l'est du cap Litinos (vv. 7b-8).

Les voyageurs ont dû quitter Sidon dans les derniers jours du mois d'août ou les premiers jours de septembre. Il était impossible de partir plus tôt en raison des vents Étésiens qui soufflaient de l'ouest presque sans arrêt de la mi-juillet jusqu'à la fin août et rendaient impossible le long trajet est-ouest de Sidon jusqu'en Crète.

b) le voyage de Sidon à Bons-Ports a-t-il duré plus longtemps que prévu? Les voyageurs se sont-ils attardés en Crète? Toujours est-il que, au moment de repartir pour faire voile vers l'Italie, Paul intervient pour faire remarquer qu'il est trop tard pour s'engager dans une nouvelle navigation devant mener les voyageurs jusqu'en Italie. Le plus prudent serait de rester en Crète. Le Jeûne en effet est déjà passé, c'est-à-dire† la fête du Yom Kippour qui tombait fin septembre ou début d'octobre (vv. 9-10a). Or la date limite pour voyager en haute mer était le début de novembre, et plus on se rapprochait de cette date limite plus les conditions devenaient incertaines. Ce n'était pas seulement une question de tempêtes à subir mais aussi l'impossibilité où l'on était de se diriger lorsque le ciel était couvert de nuages durant une période assez longue. C'est effectivement ce qui va se produire.

Malgré les avis de Paul, "la majorité" décide de prendre le large (v. 12). Il est difficile de préciser ce que le Journal de voyage entend par "majorité". Probablement la majorité des passagers. Cela suppose que le capitaine du bateau était lui-même décidé à partir mais qu'il avait demandé l'avis des passagers, reconnaissant que le voyage n'était pas sans péril.

c) Un vent du sud permet de se diriger vers l'ouest en longeant l'extrémité occidentale de la Crète (v. 13). Mais bientôt, un vent de sud-est se met à souffler en tempête (v. 14). Le bateau est tellement secoué que l'on décide de jeter toute la cargaison à la mer, y compris une bonne partie des vivres (vv. 18-19). Et c'est là que le danger se fait pressant. La tempête continue durant plusieurs jours encore. Les nuages cachent complètement, et le soleil durant le jour, et les étoiles durant la nuit (v. 20). Il devient alors impossible de se diriger, et donc de prévoir combien de temps le voyage va durer. Comme on a jeté une partie des vivres à la mer, et qu'il y avait environ soixante-dix personnes à bord (vv. 21a.37) le manque de nourriture se fait cruellement sentir. Va-t-on tous mourir de faim? Paul rappelle alors que l'on aurait mieux fait de suivre ses avis. Mais il engage tout le monde à ne pas perdre courage (v. 21b). Finalement, on arrive sans trop de mal à une île que le Journal de voyage devait appeler Gaulos (ou Gaula?), probablement celle connue aujourd'hui sous le nom de Gozo, située à proximité de Malte, au nord-ouest. C'est là qu'il est possible de faire relâche (vv. 15-16).

d) Les indigènes de l'île accueillent les voyageurs avec humanité et les comblent d'honneur (28,2.10), comme il était de règle à l'époque envers des étrangers de passage. Le séjour dans l'île a dû se prolonger assez longtemps puisque c'est seulement une fois l'hiver passé que Paul et ses compagnons s'embarquent à nouveau sur un bateau d'Alexandrie qui faisait voile vers l'Italie (v. 11). Ils arrivent finalement, par voie de terre, en vue de Rome où les frères, ayant appris leur approche, viennent à leur rencontre pour les accueillir (vv. 14-15). Le Journal de voyage s'arrête là, comme il s'était arrêté au moment où Paul avait atteint Jérusalem.

LES RÉCITS DE ACT I

Nous l'avons vu en lisant la geste de Pierre, Act I était un chrétien qui était resté attaché aux espérances messianiques juives: selon lui, le Christ devait revenir sur la terre, tel un nouvel Élie, pour effectuer la restauration politique du royaume d'Israël. C'est dans cette optique qu'il faut comprendre les événements qu'il raconte dans la geste de Paul. Il n'a pas pour but de nous donner une biographie de l'apôtre, mais il veut montrer comment, bien qu'il annonçât la libération politique d'Israël, Paul s'est heurté à l'hostilité de plus en plus virulente d'un grand nombre de Juifs. Act I prévoit les conséquences de cette attitude négative et hostile des Juifs: en châtiment, Dieu va détruire Jérusalem.

La geste de Paul, nous l'avons vu, commençait dès le récit de la conversion de l'apôtre (8,3a; 9,3ss). Nous verrons par ailleurs qu'elle ne comportait que deux voyages missionnaires, racontés de 13,1 à 18,22. Ces voyages racontaient les échecs de plus en plus évidents de la prédication de Paul. Ils étaient encadrés, en mode d'inclusion, par des allusions aux visions qu'aurait eues le prophète Ézéchiel lorsqu'il fut appelé par Dieu (Ez 1-3) pour annoncer la ruine de Jérusalem (Ez 4). La première allusion se trouvait dans le récit de la conversion de Paul (9,3-6); les autres à la fin du deuxième et dernier voyage missionnaire (18,6.9-10). En opposition à l'attitude hostile de nombre de Juifs, Act I souligne la bienveillance des autorités romaines: le proconsul Sergius Paulus au début du premier voyage missionnaire (13,7ss) et le proconsul Gallion à la fin du second voyage (18,12ss). Au terme de ce second voyage missionnaire, Paul se trouve à Jérusalem où la crise entre lui et les Juifs atteint son point culminant (21,26ss): ceux-ci cherchent par tous les moyens à le mettre à mort et il ne sera sauvé que grâce à l'intervention des Romains, d'abord le tribun Lysias, puis le procurateur Festus. Même à Rome, Paul ne rencontrera qu'indifférence de la part des notables juifs (28,17ss). Le lecteur pressent que la ruine de Jérusalem est proche.

I. LE PREMIER VOYAGE MISSIONNAIRE
(13,1-14,28)

Les frères d'Antioche vont envoyer en mission un groupe de cinq chrétiens parmi lesquels vont émerger les figures de Barnabé et de Saul, plus connu de nous sous le nom de Paul (13,9). Partis d'Antioche (13,4), ils vont d'abord évangéliser l'île de Chypre, mais sans grand succès (13,4ss). Puis ils s'en iront à Antioche de Pisidie où Paul prononcera un discours-programme destiné aux Juifs (13,14ss). Mais ceux-ci s'arrangent pour les faire chasser hors de la ville (13,50). Ils viennent alors à Iconium où ils se heurtent à la même hostilité (13,51ss); ils sont lapidés et jetés hors de la ville (14,5), ce qui les oblige à se réfugier en Lycaonie (14,7) d'où ils reviennent à Antioche de Syrie, leur point de départ, par le plus court chemin (14,26a). Malgré ces embûches, ils réussirent à fonder quelques églises nouvelles dans les villes qu'ils ont évangélisées (cf. 15,36). Tel est le résumé de ce premier voyage missionnaire.

A) L'ENVOI EN MISSION
(13,1.3)

13,1 Il y avait à Antioche, dans l'église qui s'y trouvait, des prophètes et des didascales, parmi lesquels Barnabé et Siméon, qui est appelé Niger, et Lucius, Cyrénéen, et Manahem, élevé avec le tétrarque Hérode, et Saul. **3** Alors, ayant ( ) prié et leur ayant imposé les mains, ils les laissèrent aller.

Depuis un an que Barnabé et Paul exercent leur apostolat à Antioche (11,26a), l'église y est maintenant solidement implantée. Nombreux y sont les prophètes et les didascales. Les premiers ont pour rôle de montrer que Jésus de Nazareth est bien le Christ annoncé par les Écritures, comment son destin tragique était conforme aux prophéties de l'AT, comment sa résurrection d'entre les morts avait été annoncée à l'avance par Dieu (cf. 17,3; Lc 24,45-46). Quant aux didascales, ou docteurs, ils avaient pour mission de transmettre et d'expliquer l'enseignement de Jésus. Les uns et les autres ne pouvaient prophétiser ou enseigner que sous la mouvance de l'Esprit (cf. 1 Cor 12,4-11; 27-31).

Parmi ces prophètes et ces didascales, on en choisit cinq[1] qui vont partir en mission afin d'annoncer la Bonne Nouvelle à Chypre d'abord, puis en Asie Mineure. Barnabé, Siméon, Lucius, Manahem et Saul étaient des Hellénistes, c'est-à-dire des Juifs hellénisés convertis au christianisme; ils sont donc tout indiqués pour aller porter la Bonne Nouvelle parmi les Juifs de la Diaspora, qui étaient en grande majorité hellénisés. Ils sont investis de cette mission par

---

[1] C'est Act II qui réduira le nombre aux deux seuls Barnabé et Saul.

imposition des mains (v. 3). Cette scène ressemble beaucoup à celle par laquelle, selon le Document P, sept Hellénistes, dont Étienne et Philippe, sont envoyés pour prêcher la Bonne Nouvelle aux Juifs hellénisés et à qui on impose aussi les mains (6,1ss). Ce rite n'avait pas pour but de conférer l'Esprit, ce qui sera le cas dans les récits de Act II (8,17; 9,17); ceux à qui on impose les mains le possèdent déjà, comme c'est dit explicitement à propos des Sept (6,3) et comme on peut le conclure des Cinq du fait qu'ils sont prophètes et didascales (13,1; cf. 1 Cor 12,7-11). L'imposition des mains était un simple rite d'investiture en vue d'une mission déterminée. En donnant le sens du récit du chapitre 6, nous avons montré que ce rite était hérité de l'Ancien Testament (cf. p. 51).

Les Cinq sont donc prêts à partir en mission; leur première étape sera l'île de Chypre.

(Le récit de Act II: ⇒ p. 265)

B) L'ÉVANGÉLISATION DE CHYPRE
(13,4-12)

13,4 Ceux donc qui avaient été envoyés par les saints descendirent à Séleucie et de là ils firent voile vers Chypre. **5a** Or, arrivés à Salamine, ils annoncèrent la Parole dans les synagogues des Juifs ( ). **6** Tandis qu'ils avaient fait le tour de toute l'île jusqu'à Paphos, ils rencontrèrent un homme, un mage juif, appelé du nom de Bar-Jesoua, **7** qui était avec le proconsul Sergius Paulus, un homme avisé, qui, ayant convoqué Barnabé et Saul, chercha à entendre la parole de Dieu. **8** Mais Élymas le mage ( ) s'opposait à eux, cherchant à détourner de la foi le proconsul. **9** Or Saul ( ), rempli de l'Esprit saint et l'ayant regardé fixement, dit: **10** «Ô (toi), plein de toute ruse et de tromperie, fils du diable, ennemi de toute justice, tu ne cesses de détourner les voies du Seigneur qui sont droites. **11** Et maintenant, voici la main du Seigneur sur toi et tu seras aveugle, ne voyant pas le soleil, pour un temps.» Aussitôt tomba sur lui obscurité, et ténèbres, et tournant en rond il cherchait des mains qui conduisent. **12b** Or le proconsul ( ) crut, frappé par la doctrine du Seigneur.

1. Les mages et la magie

Pour comprendre la portée de ce récit, il faut le replacer dans son contexte historique et religieux, en précisant surtout ce qu'étaient les mages qui y tiennent une si grande place[1].

---

[1] Sur les mages et la magie, voir en particulier: Joseph BIDEZ et Franz CUMONT, *Les mages hellénisés. Zoroastre, Ostanès et Hystaspe d'après la tradition grecque*, 2 vol., Paris, 1938. - E. BENVENISTE, *Les Mages dans l'Ancien Iran* (Publications de la Société des Études Iraniennes, n. 15), Paris, 1938. - A. D. NOCK, "Paul and the Magus", dans Jackson/Lake, *The Beginnings*, vol. V, note xiv (pp. 164-188).

Par l'intermédiaire du grec, puis du latin, le mot français "mage" n'est que la transcription du mot vieux persan *magu*. Les mages sont en effet d'origine perse. Selon Hérodote[1], ils constituaient une tribu mède à caractère sacerdotal. E. Benveniste[2] commente ainsi ce renseignement donné par l'historien grec: «On ne voit donc rien qui empêche d'admettre que les mages étaient, comme l'affirme Hérodote, une tribu mède, un groupement de familles auxquelles étaient dévolus certains privilèges héréditaires d'ordre politique et religieux. Si tous les prêtres étaient des Mages, tous les Mages n'étaient pas nécessairement prêtres. L'exercice du sacerdoce constituait ainsi un apanage familial ou tribal, selon une règle commune à de nombreuses sociétés.» Mais les mages n'étaient pas seulement des prêtres. Ils excellaient aussi dans la plupart des arts capables de captiver l'esprit humain: la médecine, qui permet de soigner les corps; l'astrologie, qui déchiffre le destin des hommes[3]; la divination, qui interprète les songes reçus des dieux durant le sommeil; la sorcellerie aussi, qui permet de conjurer les puissances maléfiques, et même de les mettre au service des humains. Grâce à cette somme de connaissances, les mages avaient acquis une influence énorme, non seulement sur les masses populaires, mais encore sur les grands de ce monde. Pline l'Ancien, contemporain des événements racontés dans les Actes des apôtres, pouvait écrire à leur sujet: «Tenant ainsi l'esprit humain enchaîné d'un triple lien (la médecine, la religion et l'astrologie), la magie a atteint un tel sommet qu'aujourd'hui même elle prévaut dans une grande partie des nations et, en Orient, commande aux rois des rois.»[4]

Remontant à Zoroastre[5], donc à une époque qu'il est difficile de déterminer, la magie ne prit son véritable essor qu'au cinquième siècle avant notre ère, grâce au mage Ostanès qui écrivit plusieurs ouvrages pour la faire connaître et la diffuser, et qui vint lui-même en Grèce à la suite de Xerxès dont il était un des familiers. Un autre Ostanès avait les faveurs d'Alexandre le Grand et le suivit dans toutes ses campagnes. De Grèce, où elle s'implanta solidement, la magie se répandit dans tout le bassin méditerranéen et elle poussa même des rameaux jusqu'en Gaule et en Grande Bretagne. Pline, qui nous donne ces renseignements puisés à de bons auteurs, ajoute des détails qui sont pour nous du plus haut intérêt: «Il est encore une autre secte magique qui se rattache à Moïse, à Jannès, à Iotapès et aux Juifs, mais elle est postérieure de plusieurs milliers d'années à Zoroastre. Beaucoup plus récente est la secte de Chypre.»[6] Nous reviendrons plus loin sur Moïse, Jannès et Iotapès; retenons pour l'instant que la magie était florissante à Chypre, où les mages y formaient une secte spéciale.

---

[1] Histoire, I, 101.
[2] *Op. cit.*, p. 18.
[3] Voir Mat 2,2.
[4] Histoire Naturelle, xxx, 2. Traduction A. ERNOUT (coll. Guillaume Budé, Paris, 1963).
[5] Nom grécisé de Zarathoustra.
[6] Histoire Naturelle, xxx,11.

C'est dans cette perspective historique et religieuse qu'il faut interpréter le récit de Act I.

2. Insuccès de la prédication de la Parole

a) Débarqués à Salamine, Barnabé et Saul y annoncent la Parole dans les synagogues des Juifs (13,5). Mais Act I ne mentionne aucune réaction favorable à leur prédication, seul cas dans les Actes. Serions-nous devant un récit tronqué? Plus probablement, Act I nous fait comprendre, discrètement, que Barnabé et Saul n'eurent guère de succès dans leurs efforts pour implanter le christianisme à Chypre. Lorsque Act II racontera le retour des deux apôtres à Antioche de Syrie, au terme de ce premier voyage missionnaire, de Derbé il les fera passer par Lystre, Iconium et Antioche de Pisidie, où ils affermiront les églises qu'ils ont fondées. Mais embarqués à Attalie, ils reviendront directement à Antioche de Syrie sans repasser par Chypre (14,21-26). On peut imaginer qu'ils auraient renoncé à ce détour parce qu'ils avaient trouvé une bonne occasion de gagner Séleucie, et de là Antioche de Syrie. Mais on peut penser aussi que l'étape de Chypre s'avérait pour eux inutile puisqu'ils n'y avaient fait aucun disciple.

Quoi qu'il en soit de ce dernier point, il semble bien que la prédication de Barnabé et de Saul à Chypre se soit soldée par un échec: ils ne réussirent pas à y fonder des églises. Ce fiasco ne pourrait-il s'expliquer à la lumière des renseignements que Pline nous a donnés? Barnabé et Saul n'auraient pu faire brèche dans une des principales forteresses de la magie qui, nous l'avons dit plus haut, était une religion cuirassée de médecine, d'astrologie, de divination, voire quelque peu de sorcellerie. Act I ne nous parle que de l'opposition du mage Élymas à Paphos (v. 8), mais ne serait-ce pas toute la caste des mages qui se serait opposée à la prédication des deux apôtres dès leur arrivée à Salamine?

b) Il est d'ailleurs possible d'analyser de plus près les raisons de cet échec. Plusieurs récits, remontant au Document P ou à Act I, nous montrent l'importance des "signes et des prodiges" que les missionnaires accomplissent au nom de Dieu pour authentifier le message qu'ils apportent (voir surtout 4,29-31.33 et 8,6 du Document P; 2,22 et 5,12, de Act I). En accomplissant des actions qui dépassaient les forces de la nature, les missionnaires chrétiens montraient qu'ils ne pouvaient agir qu'au nom de Dieu, le maître de la nature, et donc que le message qu'ils apportaient aux hommes venait de Dieu (cf. Jn 3,1-2; 9,31-33). Mais que valait l'argument apologétique du miracle dans un milieu où les mages prodiguaient eux-mêmes de tels signes et de tels prodiges? Il n'avait plus aucune valeur. D'où l'échec de la prédication de Barnabé et de Saul.

L'Ancien Testament offre un excellent précédent à la situation que nous évoquons ici. Moïse et Aaron sont envoyés par Dieu auprès de Pharaon pour le persuader de laisser partir les Hébreux hors d'Égypte. Pour accréditer leur parole,

Dieu accorde aux deux envoyés la faculté d'accomplir des prodiges grâce au bâton qu'il leur a donné (Ex 7,8). Moïse et Aaron agissent comme Dieu le leur a commandé. Mais les mages d'Égypte accomplissent les mêmes prodiges qu'eux, si bien que Pharaon reste insensible aux prouesses des deux envoyés de Dieu (Ex 7,11-13.22; cf. 8,3.14). Les mages de Chypre n'auraient-ils pas agi comme ceux d'Égypte? Ce n'est là qu'une hypothèse, mais qui rendrait bien compte des faits que Act I, malgré sa discrétion, nous laisse entrevoir. Cette hypothèse va d'ailleurs se trouver renforcée par nos analyses ultérieures.

3. La conversion de Sergius Paulus

Ayant quitté Salamine sans y faire de conversions, Barnabé et Saul traversent toute l'île d'est en ouest et parviennent jusqu'à Paphos. Ils y rencontrent un mage juif, nommé Bar-Jesoua, qui était un familier du proconsul Sergius Paulus, et c'est par son intermédiaire, semble-t-il, que ce dernier entre en relation avec les deux apôtres. Sous ses apparences anodines, ce récit est plein d'humour.

a) Le proconsul Sergius Paulus ne nous est pas autrement connu que par ce récit des Actes. Le mage Bar-Jesoua était un familier du proconsul. Ce fait n'aurait rien d'extraordinaire; nous avons vu que, au témoignage de Pline l'Ancien, des mages se trouvaient dans l'entourage immédiat de Xerxès, d'Alexandre le Grand et même de Néron.

b) Le proconsul Sergius Paulus fait venir auprès de lui Barnabé et Saul, désirant écouter la parole de Dieu (v. 7), mais le mage Élymas s'oppose aux deux apôtres et veut détourner le proconsul de la foi (v. 8). Nous avons fait allusion plus haut aux mages d'Égypte, accomplissant les mêmes prodiges que Moïse et Aaron afin d'empêcher Pharaon de croire en leur parole (Ex 7-8). Act I n'aurait-il pas vu un parallélisme de situation entre le groupe formé par Moïse, Aaron, les mages d'Égypte et Pharaon d'une part, celui formé par Barnabé, Saul, le mage Élymas et Sergius Paulus d'autre part? Deux indices permettent de le penser.

ba) Le premier indice est tiré du texte de 2 Tim 3,8-11. Aux vv. 10 et 11, Paul rappelle à Timothée les persécutions qu'il a subies "à Antioche, à Iconium, à Lystres". Nul ne doute que, en mentionnant ces trois villes, l'auteur de la lettre ne fasse allusion aux événements racontés en Act 13,14-14,19: Paul y est persécuté d'abord à Antioche, puis à Iconium, puis à Lystre. Juste avant ce passage, l'auteur de la lettre s'en prend à ceux qui s'introduisent dans les familles afin de détourner les gens de la vérité. Il donne alors cette comparaison: «De la même façon que Iannès et Iambrès s'opposèrent à Moïse, ainsi ceux-ci s'opposent à la vérité» (3,8). Or, selon les traditions juives, les deux principaux mages qui s'opposèrent à

Moïse et à Aaron devant Pharaon se seraient appelés précisément Iannès et Iambrès[1]. Au témoignage d'Origène[2], il y eut même un ouvrage intitulé "Le livre de Iannès et Iambrès" qui avait repris et développé ces récits de l'Exode. Une telle tradition est connue de Pline l'Ancien; rappelons son texte: «Il est encore une autre secte magique qui se rattache à Moïse, à Iannès, à Iotapès et aux Juifs... Beaucoup plus récente est la secte de Chypre.» Malgré l'imprécision du second nom, nul doute que Pline ne se réfère à ces traditions juives. Comment alors ne pas faire le rapprochement entre l'allusion à Iannès et à Iambrès, les mages qui se sont opposés à la vérité (2 Tim 3,8), et l'épisode du mage Élymas qui s'oppose à la prédication de Barnabé et de Saul en Act 13,8ss? Le même verbe est employé dans les deux textes. Ainsi, selon l'auteur de la seconde épître à Timothée, le mage Élymas aurait agi comme l'avaient fait les mages d'Égypte; il aurait voulu "endurcir le cœur" du proconsul Sergius Paulus comme Iannès et Iambrès avaient endurci le cœur de Pharaon en accomplissant des prodiges analogues à ceux que faisaient Moïse et Aaron.

bb) Mais était-ce l'idée de Act I? Il semble bien, car il décrit le châtiment qui s'abat sur Élymas (vv. 10-11) en référence aux plaies d'Égypte. Notons d'abord l'inspiration vétéro-testamentaire de la fin du v. 10: «...tu ne cesses de détourner les voies du Seigneur qui sont droites.» L'allusion à Os 14,10 est certaine: «Car droites (sont) les voies du Seigneur et les justes y marcheront.» Quant au thème qui précède, on en a l'équivalent en Prov 10,9: «Celui qui va simplement va sûrement; mais celui qui détourne ses voies sera connu.» Voir aussi Mich 3,9: «...eux qui détournent tout ce qui est droit.»

Voyons maintenant le v. 11. Paul dit à Élymas: «Et maintenant, voici la main du Seigneur sur toi et tu seras aveugle...» Puis tombent sur le mage "obscurité et ténèbres". Le début de la malédiction proférée par Paul est une quasi citation de Ex 9,3, texte dans lequel Moïse, parlant au nom de Dieu, menace Pharaon de la cinquième plaie d'Égypte: «Voici que la main du Seigneur sera sur tes troupeaux...» (cf. Ex 7,4-5, et aussi Deut 2,15). Quant aux ténèbres qui s'abattent sur Élymas, elles évoquent les ténèbres d'Égypte: «Le Seigneur dit à Moïse: "Étends ta main vers le ciel et que les ténèbres soient sur la terre d'Égypte, palpables"» (Ex 10,21). Derrière la main de Moïse, c'est évidemment la main du Seigneur qui provoque les ténèbres. On retrouve ce thème dans le v. 11 des Actes: «Et maintenant, voici la main du Seigneur sur toi... Aussitôt tomba sur lui

---

[1] Voir le Targum du Pseudo-Jonathan sur Ex 1,15; 7,11; Nomb 22,22. - Document de Damas, V, 17-19.

[2] Hom. sur Mat 27,9.

obscurité, et ténèbres.» Ainsi, le châtiment d'Élymas le mage évoque celui de Pharaon, abusé par ses mages[1].

S'il en est ainsi, on peut penser que Act I a vu une opposition entre les prodiges accomplis par Barnabé et Saul et ceux que faisait Élymas en s'opposant à eux.

c) Au v. 12, Act I nous dit que le proconsul Sergius Paulus "crut, frappé par la doctrine du Seigneur". Mais sur quoi a porté exactement sa foi? Le Paul de Act I prêche sans doute le mystère de la mort et de la résurrection de Jésus. Mais cette résurrection n'est qu'un premier acte dans l'accomplissement de l'histoire du salut. Le second acte sera constitué par le retour du nouvel Élie qui effectuera l'apocatastase, la restauration du royaume d'Israël; ceci, bien entendu, aux dépens de la souveraineté de Rome sur le monde méditerranéen. C'est ce que Paul prêchera un peu plus tard dans la synagogue d'Antioche de Pisidie. Pour Act I, Sergius Paulus aurait-il adhéré à une telle conception de l'histoire du salut? Certains indices permettent de le penser.

Au v. 7, Act I nous dit que Sergius Paulus était un homme "avisé" (συνετός); on peut penser qu'il ne donne pas cette précision pour rien. Cet adjectif est très rare dans le NT; en dehors de ce passage, il ne se lit qu'en Mat 11,25 = Lc 10,21 et dans une citation d'Is 29,14 faite en 1 Cor 1,19. Dans ce texte d'Isaïe, Dieu annonce: «Je détruirai la sagesse des sages et j'anéantirai l'intelligence des intelligents.» Il est probable que le logion de Jésus rapporté par Mat 11,25 et Lc 10,21 puise à la même source, car Jésus y loue Dieu d'avoir caché le mystère du royaume "aux sages et aux intelligents", et de l'avoir révélé aux petits. La première partie du logion a même sens que Is 29,14. En dehors de notre passage des Actes, les seuls emplois de l'adjectif "intelligent" (ou "avisé") dans le NT renverraient donc à des textes de l'AT.

Reportons-nous maintenant au texte de Os 14,10: «Qui est sage, et il comprendra ces choses? Ou avisé (συνετός) et il les connaîtra? Car droites sont les voies du Seigneur et les justes y marcheront tandis que les impies y seront affaiblis.» Nous avons vu que, au v. 10, Paul reprochait à Élymas de "détourner (διαστρέφων) les voies du Seigneur qui sont droites", faisant ainsi allusion au texte de Os 14,10. Est-ce un hasard alors si Sergius Paulus, au v. 7, est qualifié "d'homme avisé", adjectif dont la saveur vétéro-testamentaire est indéniable, comme nous l'avons dit plus haut? Il faut être avisé pour comprendre que les voies du Seigneur sont droites; or Sergius Paulus est "avisé"; il va donc comprendre le sens des voies du Seigneur, malgré les intrigues du mage Élymas, lequel cherche à le "détourner" (διαστρέψαι) de la foi (v. 8b).

---

[1] Au v. 10, Paul traite Élymas de "fils du diable"; d'après le texte du Document de Damas cité plus haut, Moïse et Aaron agissaient sous l'influence du Prince des lumières, tandis que les deux mages ont été suscités par Bélial, donc par le diable.

Mais quelles sont ces voies du Seigneur? Elles sont décrites en Os 14,2-9: Israël doit se convertir car ses fautes l'ont rendu faible (vv. 2-3). Il retrouvera sa splendeur s'il abandonne ses idoles (vv. 4-8). Dieu l'a humilié à cause de ses fautes, mais il va lui rendre sa force (v. 9). Il s'agit donc en fait d'une restauration d'Israël, à condition qu'il se convertisse. C'est cela qu'il est demandé à l'homme "avisé" de comprendre, en se rendant compte ainsi que "les voies du Seigneur sont droites" (v. 10). Le proconsul Sergius Paulus est "avisé"; il peut donc comprendre en quel sens les voies du Seigneur sont droites: après avoir humilié Israël, Dieu va le restaurer à condition qu'il se convertisse. C'est Jésus, le nouvel Élie, qui doit revenir pour effectuer cette restauration.

Les Juifs de Chypre ont refusé ce message de salut, en raison des intrigues des mages qui se croyaient "sages" et "avisés"; mais il est accepté par un haut fonctionnaire romain, même s'il implique l'abandon par Rome de sa souveraineté sur une partie de son empire.

(Le récit de Act II: ⇒ p. 266)

C) PAUL ET BARNABÉ À ANTIOCHE DE PISIDIE
(13,13-50)

13a De Paphos, ayant pris le large, Paul et ses compagnons vinrent à Pergé de Pamphylie. ( ) **14** Or, ( ) ayant traversé (le pays) à partir de Pergé, ils arrivèrent à Antioche de Pisidie et ils entrèrent dans la synagogue le jour du sabbat. **15** Après la lecture de la Loi et des prophètes, les chefs de la synagogue leur envoyèrent dire: «Hommes (nos) frères, si vous avez quelque sagesse, dites(-la) au peuple.» **16** Paul, s'étant levé et ayant fait signe de la main, dit: «Hommes d'Israël et (vous) qui craignez Dieu, écoutez.

17-22

23 Celui-ci, de (sa) descendance Dieu, selon la promesse, a suscité le salut. **26** Hommes (mes) frères, fils de la race d'Abraham et ceux qui, parmi vous, craignez Dieu, à vous cette parole de salut a été envoyée. **32** Et nous, nous vous annonçons la promesse faite à nos pères, **33** parce que Dieu l'a accomplie pour leurs enfants en ressuscitant Jésus, comme il est écrit dans les psaumes: "Tu es mon fils, aujourd'hui je t'ai engendré. Demande-moi, et je te donnerai les gentils en héritage, et en ta possession les extrémités de la terre." **34a** Or, qu'il l'ait ressuscité des morts sans qu'il doive retourner à la corruption, c'est ce qu'il a dit ainsi: **35b** "Tu ne laisseras pas ton saint voir la corruption." **38** Qu'il vous soit donc connu, hommes (mes) frères, que, par celui-ci, vous est annoncée la rémission des péchés.»

43 L'assemblée s'étant séparée, beaucoup de Juifs et de prosélytes adorant (Dieu) suivirent Paul et Barnabé qui, parlant avec eux, les engageaient à persévérer dans la grâce de Dieu. **49** La Parole était portée à travers toute la région. **50** Mais les Juifs excitèrent les femmes de condition qui adoraient (Dieu) et les notables de la ville et ils suscitèrent une épreuve contre Paul et Barnabé et ils les chassèrent hors de leur territoire.

1. L'arrivée à Antioche de Pisidie

S'étant embarqués à Paphos, Paul et ses compagnons arrivèrent à Pergé que l'on pouvait gagner de la mer en remontant le cours inférieur du Cestros. Sans prendre le temps d'y annoncer l'évangile, les deux missionnaires gagnèrent Antioche de Pisidie où ils profitèrent du premier sabbat pour prêcher la Bonne Nouvelle dans la synagogue de la ville (13,14-15). L'importance stratégique d'Antioche devait les attirer. Mais une autre raison a pu motiver leur choix. À Chypre, Paul et Barnabé avaient conquis à leur cause Sergius Paulus, le proconsul de l'île (13,7-12). Or, la famille des Sergii Pauli était très influente à Antioche de Pisidie en raison des grandes propriétés qu'elle possédait plus au nord. On comprend dès lors que Paul et Barnabé aient voulu se rendre directement à Antioche, avec la recommandation du proconsul.

2. Le discours de Paul

Le jour du sabbat, Paul et Barnabé entrent dans la synagogue, écoutent la lecture de la Loi et des prophètes, puis sont invités à parler par les chefs de la synagogue. Paul alors se lève et prononce son premier discours missionnaire, du moins le premier que nous ait conservé le livre des Actes. Il développe deux thèmes principaux, tous les deux dans la ligne de pensée de Act I.

a) Comme l'avait fait Étienne lors de sa comparution devant le Sanhédrin (Act 7,2ss), Paul commence par peindre une fresque dans laquelle il note les grandes étapes de l'histoire d'Israël (13,17-23)[1]. Cette fresque répond à un but précis. Dieu est appelé "le Dieu du peuple d'Israël", c'est-à-dire le protecteur de ce peuple (v. 17)[2]. C'est lui qui a donné à Israël la terre où ils habitent maintenant, après en avoir dépossédé les nations qui s'y trouvaient (vv. 18-19). C'est lui qui leur a donné pour les gouverner: d'abord les juges jusqu'à Samuel, puis le roi Saül, puis le roi David (vv. 20-22). Finalement, "de sa descendance (de David), selon sa promesse, il a suscité le salut" (v. 23). Avec tous ces thèmes: Israël (vv. 17 et 23 TA), la terre qui lui a été donnée par Dieu (v. 19), la lignée royale qui, de David, aboutit à Jésus son descendant (v. 22, préparé par les vv. 20-21), nous rejoignons la question que les disciples posaient à Jésus juste avant l'ascension: «Seigneur, est-ce en ce temps-ci (que) tu rétabliras le royaume pour Israël?» (1,6). Jésus a été suscité par Dieu comme "sauveur" puisque c'est lui qui doit restaurer le royaume d'Israël. Act I pense avant tout à une restauration

---

[1] Nous avons dit plus haut (pp.77ss) que Act I reprend ici, en le complétant, un document d'origine johannite.

[2] Sur l'équivalence des formules "Dieu de" et "protecteur de", voir F. DREYFUS, "L'argument scripturaire de Jésus en faveur de la résurrection des morts (Marc xii,26-27)" dans RB 66 (1959) 213-224.

politique. Au peuple de Dieu asservi par les Romains, il annonce la libération que doit effectuer Jésus lorsqu'il reviendra, tel un nouvel Élie (3,19ss). C'est cette Bonne Nouvelle que Paul vient annoncer aux Juifs d'Antioche de Pisidie, rassemblés dans la synagogue de cette ville (13,32). La promesse faite aux pères (vv. 23 et 32), Dieu l'a accomplie en ressuscitant Jésus (v. 33). Celui-ci est de race royale, puisqu'il est descendant de David. Sa mort aurait pu passer pour la faillite définitive des aspirations d'Israël à la liberté. Mais en le ressuscitant (v. 33) après l'avoir suscité (v. 23), Dieu a montré que ces aspirations d'Israël n'étaient pas vaines. Jésus va revenir pour effectuer la restauration politique annoncée par les prophètes (3,19ss).

b) C'est dans cette perspective qu'il faut comprendre la citation de Is 44,28 placée à la fin du v. 22: «...qui fera mes volontés.» Elle est significative à deux titres.

ba) Elle provient d'un oracle d'Isaïe (44,24-28) annonçant la restauration de Jérusalem grâce à Cyrus, dont l'action libératrice préfigure celle du roi messianique: «(C'est moi le Seigneur) qui confirme la parole de mon serviteur et fais réussir les desseins de mes envoyés; qui dis à Jérusalem: "Tu seras habitée" et aux villes de Judée: "Vous serez rebâties et je relèverai ses ruines"; ... (Moi) qui dis à Cyrus: "Mon berger." Il accomplira toutes mes volontés. (Moi) qui dis à Jérusalem: "Tu seras reconstruite", et j'affermirai ma sainte demeure» (44,26.28). Act I transpose cet oracle en l'appliquant à David et, par delà lui, à Jésus, le roi messianique que Dieu a suscité pour sauver Israël (Act 13,23). Mais ce salut ne viendra que lors du retour de celui qui agira comme un nouvel Élie (3,19ss).

bb) Notons encore les vv. 24-25 de cet oracle d'Isaïe dans lequel Dieu déclare: «Qui d'autre (que moi) rend inefficaces les signes des mages et rend fous les devins, qui renvoie en arrière les sages et rend folle leur science.» Comment ne pas songer à l'épisode que Act I vient de raconter (13,5-12): à Chypre, Barnabé et Saul ont mis en déroute toutes les astuces du mage Élymas, qui voulait empêcher Sergius Paulus de croire à la parole de Dieu?

c) La prédication des missionnaires est fondée sur l'Écriture (Act 17,2-3; cf. Lc 24,44-46). Paul appuie donc son discours sur deux textes bibliques.

ca) Le premier texte est Ps 2,7: «Tu es mon fils, aujourd'hui je t'ai engendré. Demande-moi et je te donnerai les gentils en héritage, et en ta possession les extrémités de la terre» (cf. Act 13,33 TO). Cet oracle ne concerne pas le fait de la résurrection, mais celui de l'accomplissement des promesses faites à Abraham. Ce psaume exalte en effet l'intronisation royale du Messie (vv. 6 et 8) et sa victoire sur tous les peuples et les rois de la terre qui voulaient se soustraire à sa domination (vv. 1-2). Il va les briser avec un sceptre de fer (v. 9). C'est une promesse de restauration pour le peuple d'Israël qui se situe dans la ligne des vv. 18-23. Il faut aussi noter, au v. 8 du psaume, les termes de "héritage" et de "possession" qui font écho aux textes bibliques cités au début du discours d'Étienne, en 7,5. Nous sommes bien dans la perspective des promesses faites à Abraham.

cb) Le second texte est Ps 16,10: «Tu ne laisseras pas ton saint voir la corruption» (cf. Act 13,35b). Act I avait déjà fait allusion à ce verset du psaume 16 dans le discours qu'il met sur les lèvres de Pierre le jour de la Pentecôte (2,31). Il s'agit de la résurrection du Messie. Celui-ci, le Saint par excellence, ne pouvait pas connaître la corruption du tombeau; il fallait donc que Dieu le ressuscitât. Act I rejoint ainsi le noyau central du kérygme primitif: Dieu a ressuscité Jésus d'entre les morts.

d) En 3,19-20, Pierre exhortait ainsi ses auditeurs: «Repentez-vous donc et convertissez-vous, pour que soient effacés vos péchés afin que survienne sur vous, de la face de Dieu, le temps du réconfort et qu'il envoie celui qui vous a été destiné, le Christ...» La restauration du peuple d'Israël doit être précédée par une purification de tout péché. C'est sur ce thème que se termine le présent discours de Paul: «Par celui-ci (Jésus ressuscité) vous est annoncée la rémission des péchés.»

3. La conclusion de l'épisode

Comme on pouvait s'y attendre, les réactions des Juifs sont contradictoires. Certains, ainsi que bon nombre de prosélytes, accueillent avec faveur la prédication de Paul qui devait répondre à leurs aspirations nationalistes. Ils sont surtout sensibles à l'affirmation que Jésus, le descendant du roi David, est le sauveur qui va libérer Israël (13,43). D'autres au contraire ont dû être choqués par les affirmations de Paul touchant la résurrection de Jésus, comme l'avaient été les prêtres et les Sadducéens de Jérusalem lorsque Pierre leur annonçait ce mystère (4,1ss): ils montent la tête à de pieuses femmes, influentes en raison de leur situation sociale, et aux notables de la ville. Il s'ensuit une persécution contre Paul et Barnabé, et on les chasse de la région (13,50).

(Le récit de Act II: ⇒ p. 267)

D) SUITE ET FIN DU VOYAGE
(13,51-14,28)

13,51 Mais eux, ayant secoué contre eux la poussière hors de leurs pieds, arrivèrent à Iconium. **14,1** Il arriva qu'ils entrèrent de même dans la synagogue des Juifs et qu'ils parlèrent de telle façon que crurent une grande multitude ( ). **2** Mais les Juifs qui n'avaient pas cru ( ) indisposèrent les esprits des gentils contre les frères. **5** Or, comme il y eut assaut des gentils et des Juifs, avec leurs chefs, pour les maltraiter et les lapider, **6** s'en étant rendu compte, ils s'enfuirent dans les villes de Lycaonie: Lystre et Derbé et les environs, **26a** et de là ( ) à Antioche. **15,35** ( ) Ils [y] demeuraient, enseignant et évangélisant ( ) la parole du Seigneur.

1. Prédication à Iconium

Ayant secoué la poussière de leurs pieds vers les gens d'Antioche de Pisidie, comme Jésus avait commandé de le faire[1], Paul et Barnabé s'en viennent à Iconium, ville située à l'extrémité sud-est de la Phrygie. Bien qu'elle ne soit pas autrement attestée, il y avait dans cette ville une communauté juive, suffisamment nombreuse pour posséder une synagogue. Paul réussit à convertir un certain nombre de Juifs, mais ceux qui refusent son message excitent les païens contre eux, ce qui n'était pas difficile étant donné les orientations de la prédication de Paul telles qu'elles apparaissent dans le discours d'Antioche. Comme dans cette dernière ville, les opposants juifs agissent contre les apôtres par personnes interposées.

2. Retour à Antioche de Syrie

Paul et Barnabé reviennent à Antioche de Syrie par la route la plus directe. Il n'était pas question pour eux de revenir par Iconium, Antioche de Pisidie, Pergé, Attalie et la mer, comme le dira Act II (vv. 21-26). Comment repasser par Iconium où, quelques jours auparavant, on voulait les lapider (14,5)? Comment repasser par Antioche de Pisidie, d'où ils avaient été expulsés par les notables de la ville (13,50)? Ainsi se terminait le premier voyage missionnaire. Sauf à Chypre, où ils s'étaient heurtés à l'hostilité des Mages, Paul et ses compagnons avaient obtenu des succès notables puisqu'ils avaient réussi à fonder des communautés chrétiennes à Antioche de Pisidie et à Iconium. Les nouveaux convertis provenaient de milieux juifs, ou païens en partie gagnés au judaïsme (13,43;

---

[1] Cf. Mat 10,14 et par. Voici une scène vue à Jérusalem, près de la porte de Jaffa, dans les années 50. Une vendeuse à la sauvette se prit de querelle avec deux jeunes gens. Ceux-ci se sauvèrent et elle tenta de les poursuivre. Voyant qu'elle ne pouvait pas les atteindre, elle s'arrêta, retira ses babouches de ses pieds et les frappa l'une contre l'autre, côté semelles, dans la direction des deux larrons.

14,1). Mais partout, des Juifs fanatiques ameuteront les foules païennes et ils seront obligés de fuir de ville en ville (cf. Mat 10,23).

(Le récit de Act II: ⇒ p. 271)

II. LE DEUXIÈME VOYAGE MISSIONNAIRE
(15,40-18,22)

Durant le premier voyage missionnaire, Paul et Barnabé avaient évangélisé la région centrale de ce que nous appelons aujourd'hui l'Asie Mineure. Partant à nouveau d'Antioche de Syrie, parcourant rapidement les villes déjà évangélisées, Paul et Silas, son nouveau compagnon, se hâte d'arriver en Macédoine, puis en Grèce, but de ce second voyage.

A) D'ANTIOCHE À THESSALONIQUE
(15,40-17,1)

15,40 Or Paul, ayant fait choix de Silas, partit, remis par les frères à la grâce de Dieu. **16,4** Or, traversant les villes, ils proclamaient avec beaucoup d'assurance le Seigneur Jésus Christ. **6a** Or ils traversaient la région phrygienne et galate ( ). **8** Ayant longé la Mysie, ils descendirent à Troas. **10b** Aussitôt, [ils cherchèrent] à partir en Macédoine. **11a** De Troas, ayant pris le large ( ) **17,1b** ( ) ils vinrent à Thessalonique.

a) Au niveau de Act I, le but du deuxième voyage missionnaire est l'évangélisation de la Macédoine et de la Grèce. Notre auteur passe donc rapidement sur le trajet effectué par Paul et Silas d'Antioche de Syrie jusqu'à Thessalonique. Dans le premier voyage, il a montré comment Paul et ses compagnons avaient essuyé un échec à Chypre, puis avaient été rejetés par les Juifs d'Antioche de Pisidie et d'Iconium. Dans ce deuxième voyage missionnaire, il veut montrer que Paul et Silas vont avoir le même sort en Macédoine et en Grèce. Il ne prend donc pas la peine de décrire l'activité missionnaire de Paul jusqu'à son arrivée à Thessalonique.

Cette sobriété est d'ailleurs imitée de celle du Journal de voyage, que Act I semble bien démarquer comme nous l'avons déjà dit (tome I, pp. 22ss).

b) Act I commence le récit du deuxième voyage missionnaire de Paul par ces simples mots: «Paul, ayant fait choix de Silas, partit, remis par les frères à la grâce de Dieu.» Cette phrase doit être rapprochée des événements racontés en 13,1.3: c'est la communauté chrétienne d'Antioche qui a envoyé en mission les cinq "prophètes et didascales", parmi lesquels Barnabé et Saul. Il semble en être de même ici, pour le second voyage: les frères envoient Paul en mission en le recommandant à la grâce de Dieu (15,40). C'est la communauté d'Antioche qui est au principe de cette mission.

On notera que Paul et Silas "proclament Jésus" (16,4), comme l'avait déjà fait Paul dans les synagogues de Damas, selon Act I (9,20).

(Le récit de Act II: ⇒ p. 286)

B) PAUL À THESSALONIQUE
(17,1b-10a)

17,1b ...ils vinrent à Thessalonique où il y avait une synagogue des Juifs. **2** Et selon une habitude à Paul, il entra chez eux. Durant trois sabbats il discuta avec eux à partir des Écritures, **3** ouvrant (leur esprit) et établissant que le Christ devait souffrir et ressusciter, et que «celui-ci est Jésus que je vous annonce». **4** Et certains d'entre eux furent persuadés par l'enseignement, beaucoup de Grecs adorant (Dieu) et les femmes des notables en bon nombre. **5** Mais les Juifs, pris de jalousie et ayant ramassé quelques vauriens de place publique et ayant fait un attroupement, troublèrent la ville et, survenant à la maison de Jason, ils les cherchaient pour les amener devant l'assemblée du peuple. **6** Mais ne les ayant pas trouvés, ils traînèrent Jason et quelques frères devant les politarques en criant que ceux qui bouleversent le (monde) habité, ils sont même ici, présents, **7** eux que Jason a reçus. Et tous ces (gens)-ci agissent contre César, disant Jésus être roi. **8** Et ils troublèrent la foule en disant cela. **9** Les politarques donc, ayant reçu une caution de Jason et des autres, les congédièrent. **10a** Mais les frères firent partir Paul et Silas pour Bérée...

En 17,1b nous retrouvons le fil du récit de Act I, le v. 1a étant une cheville rédactionnelle de Act II pour faire le lien avec les développements qui proviennent du Journal de voyage. Ayant quitté Troas (16,11a), Paul et Silas arrivent à Thessalonique (17,1b). On va retrouver ici le même scénario que dans les récits décrivant l'activité de Paul, à Damas d'abord juste après sa conversion (9,23.30), puis lors de son premier voyage missionnaire (13-14): Paul entre dans la synagogue et y annonce le message chrétien (17,2-3); quelques-uns des auditeurs se laissent convaincre par la prédication de Paul et embrassent la foi (17,4), mais la plupart des Juifs, furieux, suscitent une persécution contre lui, par personnes interposées (17,5), si bien que Paul doit fuir dans une autre ville (17,10). Ici, ce sont les frères, nouveaux convertis, qui envoient Paul au loin, comme ils l'avaient fait jadis à Damas (9,30).

1. La prédication de Paul (vv. 2-3)

a) La prédication de Paul à Thessalonique est la première manifestation précise de son activité apostolique durant le deuxième voyage missionnaire. Ce récit est calqué sur celui du début du ministère public de Jésus selon Lc 4,16ss, à savoir la prédication à Nazareth:

Lc 4,16	Act 17,1b-2a
Et il vint à Nazara	Ils vinrent à Thessalonique
où il avait été élevé	où il y avait une synagogue des Juifs
et il entra	et,
selon une habitude à lui	selon une habitude à Paul,
(κατὰ τὸ εἰωθὸς αὐτῷ)	(κατὰ τὸ εἰωθὸς τῷ Παύλῳ)
	il entra chez eux.
le jour du sabbat	Durant trois sabbats...
dans la synagogue	

La suite des deux récits offre des analogies évidentes: Jésus et Paul partent des Écritures pour montrer la légitimité de la mission de Jésus (Lc 4,17-21; Act 17,2b-3). La réaction des auditeurs est analogue: les uns sont favorables (Lc 4,22; Act 17,4) tandis que d'autres veulent lapider Jésus (Lc 4,29) ou suscitent une émeute contre Paul et son compagnon (Act 17,5). Mais Jésus (Lc 4,30) comme Paul et son compagnon (Act 17,10) échappent au danger qui les menace.

Act I a donc voulu montrer, discrètement, que l'activité apostolique de Paul se situait dans la même ligne que celle de Jésus. D'une part, elle est fondée sur l'interprétation des Écritures; d'autre part, elle est un signe de contradiction pour les Juifs.

b) La prédication de Paul aux Juifs comporte deux points complémentaires. À partir des Écritures, il démontre d'abord que le Christ devait souffrir et ressusciter. Il affirme ensuite que ce Christ n'est autre que le Jésus qu'il annonce.

Le premier point correspond exactement aux paroles de Jésus ressuscité, lorsque, selon Act I, il donnait ses consignes aux apôtres avant d'être enlevé au ciel (Lc 24,45-46):

Act 17,2b-3	Lc 24,45-46
διελέξατο αὐτοῖς	τότε
ἀπὸ τῶν γραφῶν	διήνοιξεν αὐτῶν τὸν νοῦν
διανοίγων	τοῦ συνιέναι τὰς γραφάς,
καὶ παρατιθέμενος ὅτι	καὶ εἶπεν αὐτοῖς ὅτι
τὸν χριστὸν ἔδει παθεῖν	οὕτως γέγραπται παθεῖν τὸν χριστὸν
καὶ ἀναστῆναι (ἐκ νεκρῶν)	καὶ ἀναστῆναι (ἐκ νεκρῶν)
	τῇ τρίτῃ ἡμέρᾳ
il discuta avec eux	alors
à partir des Écritures,	il leur ouvrit l'esprit

ouvrant (leur esprit)	pour comprendre les Écritures,
et établissant que	et il leur dit: «Ainsi
le Christ devait souffrir	est-il écrit que le Christ souffrirait
et ressusciter (des morts)	et qu'il ressusciterait (des morts)
	le troisième jour.»

2. La réaction des auditeurs

La prédication de Paul eut des résultats positifs, mentionnés au v. 4. Si, comme nous l'avons fait, on se fie au TO, les conversions furent surtout le fait de prosélytes et de femmes mariées aux notables de la ville. Dans leur ensemble, les Juifs, eux, demeurent hostiles et selon leur habitude ils vont agir contre les chrétiens par personnes interposées. Ils ameutent la racaille et veulent conduire Paul et son compagnon devant les "politarques", c'est-à-dire les chefs de la ville, évidemment des païens. Ne les trouvant pas, ils s'en prennent à Jason, un Juif chez qui Paul devait loger (cf. Rom 16,21), et c'est lui que l'on traîne devant les autorités civiles en compagnie de quelques chrétiens nouvellement convertis.

On accuse les chrétiens de s'opposer à l'autorité de l'empereur romain en prétendant que Jésus est roi (17,7). C'était en effet, d'après Act I, l'essentiel de la prédication de Paul. Jésus est le Christ (17,3), ce qui impliquait pour Act I qu'il devait réaliser les aspirations nationalistes des Juifs. Une fois ressuscité, Jésus est monté au ciel comme le prophète Élie, et comme Élie encore il doit revenir pour restaurer la royauté en faveur d'Israël, lui-même étant ce roi tant attendu qui va redonner sa liberté au peuple de Dieu (Act 1,6; 3,19-21; 13,17ss). On comprend alors que les Juifs hostiles à Paul et à son compagnon puissent accuser les chrétiens auprès des chefs de la ville en disant: «Et tous ces (gens)-ci agissent contre César, disant Jésus être roi» (17,7). C'est une accusation analogue qui avait été portée par les Juifs contre Jésus lui-même devant Pilate, le gouverneur romain: «Nous l'avons trouvé excitant notre nation à la révolte, empêchant de payer les impôts à César et se disant Messie-Roi» (Lc 23,2).

Les politarques ne prennent pas trop au tragique ces accusations, tenant peut-être Paul pour un illuminé plutôt que pour un dangereux révolutionnaire. Ils laissent Jason et les frères en liberté, après leur avoir demandé de payer une caution. Mais les frères estiment prudent d'éloigner Paul et Silas; ils les font partir à Bérée (17,10; cf. 9,30).

3. Act I et les données des lettres de Paul

Dans la lettre qu'il leur écrivit, Paul rappelle aux fidèles de Thessalonique les épreuves qu'ils ont subies de la part des Juifs, dès les premiers temps (1 Thess 2,14-16; 3,3-4). Act I est donc d'accord sur ce point avec ce qu'écrit Paul.

En revanche, d'après 1 Thess 1,9-10 et 2,16, Paul aurait prêché l'évangile surtout aux païens tandis que, d'après Act I, c'est aux Juifs qu'il se serait adressé.

En fait, Act I tient à la thèse qu'il veut défendre dans sa geste de Paul: partout où il a prêché, Paul s'est heurté à l'hostilité des Juifs.

Sur un autre point Act I suit sa voie propre. Dans les passages de sa lettre cités plus haut (2,14-16; 3,3-4), Paul mentionne Timothée à plusieurs reprises (1 Thess 3,2.6). S'il l'envoie ainsi à Thessalonique, n'est-ce pas parce que celui-ci avait pris part à l'évangélisation de cette ville? En revanche, il n'est nullement question de Silas. Act I donne au contraire Silas comme compagnon de Paul et ne parle pas de Timothée.

(Le récit de Act II: ⇒ p. 293)

C) PAUL ET SILAS À BÉRÉE
(17,10-14)

10 Mais les frères firent partir Paul et Silas pour Bérée, qui arrivèrent dans la synagogue des Juifs. **12a** Beaucoup d'entre eux, donc, crurent. ( ) **13** Mais lorsque les Juifs de Thessalonique connurent qu'à Bérée aussi était annoncée la Parole, ils y vinrent aussi pour agiter et ils ne cessaient pas de troubler la foule. **14** Alors aussitôt les frères envoyèrent Paul aller jusqu'à la mer. Mais resta là Silas.

Cet épisode montre les Juifs sous un jour plus favorable que le précédent, et Act II en profitera pour accentuer cette impression en ajoutant le v. 11. Ici donc, un grand nombre embrassent la foi tandis que quelques-uns seulement refusent de croire. C'est l'inverse de ce qui s'était passé à Thessalonique (17,4-5). Mais les Juifs de Thessalonique ne désarment pas et ils viennent à Bérée exciter la foule contre Paul, que les frères sont obligés de faire partir. On l'accompagne jusqu'à la mer, distante d'une cinquantaine de kilomètres. Bien que ce ne soit pas dit explicitement dans le récit de Act I, Paul dut faire par bateau le trajet jusqu'à Athènes.

(Le récit de Act II: ⇒ p. 294)

D) PAUL À ATHÈNES
(17,15-34)

15 Ceux qui escortaient Paul le menèrent jusqu'à Athènes ( ). **17** Il discutait donc dans la synagogue des Juifs. **34** Certains crurent, parmi lesquels ( ) une femme du nom de Damaris ( ).

L'activité de Paul à Athènes est réduite au minimum. Comme à Thessalonique et à Bérée, il discute avec les Juifs dans la synagogue de la ville. Les conversions sont peu nombreuses comme à Thessalonique (17,4a). Comme à

Thessalonique aussi, ce sont les femmes qui semblent le plus facilement touchées par la prédication de Paul.

(Le récit de Act II: ⇒ p. 295)

E) PAUL À CORINTHE
(18,1-17)

18,1 Or, s'étant retiré d'Athènes, il vint à Corinthe. **4a** Il discutait dans la synagogue chaque sabbat ( ), **5b** ( ) attestant aux Juifs que le Christ, (c')est Jésus. **6** Comme ils s'opposaient et blasphémaient, ayant secoué ses vêtements, il leur dit: «Votre sang (soit) sur votre tête; moi, je suis pur ( ).» **9** Or, en vision, le Seigneur dit à Paul: «Ne crains pas, mais parle et vois, ne te tais pas **10** parce que je suis avec toi et nul n'essaiera de te nuire ( ).» **12** Tandis que Gallion était proconsul d'Achaïe, les Juifs se dressèrent, s'étant concertés entre eux, contre Paul. Ayant jeté les mains sur lui, ils (le) conduisirent au tribunal **13** en vociférant et en disant qu'il persuade les gens d'adorer Dieu (d'une manière) contraire à la Loi. **14a** Mais tandis que Paul allait ouvrir la bouche, Gallion dit aux Juifs: **15b** «Je ne consens pas à être juge en ces choses.» **16** Et il les congédia du tribunal. **17** Or tous, s'étant emparés de Sosthène, le chef de la synagogue, le frappaient devant le tribunal. Mais Gallion feignait de ne rien voir.

1. Échec de la prédication de Paul

Arrivé à Corinthe, Paul entre dans la synagogue et, comme à Thessalonique, il essaie de prouver aux Juifs que Jésus est le Christ, très certainement à partir des Écritures (17,2-3). Mais les Juifs de Corinthe ne semblent pas sensibles à ses arguments: Act I ne mentionne aucune conversion au christianisme. Bien au contraire, ils résistent aux arguments donnés par Paul et se mettent à blasphémer.

Nous voici au terme du deuxième voyage missionnaire de Paul puisqu'il va bientôt s'embarquer pour s'en aller à Jérusalem (18,18). Ce voyage se termine sur un échec, du moins dans la perspective de Act I. Celui-ci va en tirer les conséquences en se référant au prophète Ézéchiel qu'il cite implicitement aux vv. 6, puis 9-10.

2. Paul se réfère aux prophéties d'Ézéchiel

a) Voyons d'abord le v. 6. Tandis que les Juifs le contredisent et blasphèment, Paul secoue ses vêtements et déclare: «Que votre sang soit sur votre tête, je suis pur.» Beaucoup de commentateurs font le rapprochement entre cette parole de Paul et l'oracle de Ez 3,17-19. En fait, pour que la dépendance littéraire soit quasi certaine, il faut se reporter à Ez 33,1-9, dont les vv. 7-9 forment doublet avec 3,17-19. Voici les textes:

33,2-6: Fils d'homme, parle aux enfants de ton peuple; tu leur diras: Quand je fais venir l'épée contre un pays, les gens de ce pays prennent parmi eux un homme et le placent comme guetteur; s'il voit venir l'épée contre le pays, il sonne du cor pour avertir le peuple. Si quelqu'un entend le son du cor mais n'en tient pas compte, et que l'épée survient et le fait périr, le sang de cet homme retombera sur sa tête. Il a entendu le son du cor sans en tenir compte: son sang retombera sur lui... Mais si le guetteur a vu venir l'épée et n'a pas sonné du cor, si bien que le peuple n'a pas été averti, et que l'épée survienne et fasse chez eux une victime, celle-ci périra victime de sa faute, mais je demanderai compte de son sang au guetteur.

33,7-9 = 3,17-19: Toi aussi, fils d'homme, je t'ai fait guetteur pour la maison d'Israël. Lorsque tu entendras une parole de ma bouche, tu les avertiras de ma part. Si je dis au méchant: «Méchant, tu vas mourir», et que tu ne parles pas pour avertir le méchant d'abandonner sa conduite, lui, le méchant, mourra de sa faute, mais c'est à toi que je demanderai compte de son sang. Si au contraire tu as averti le méchant d'abandonner sa conduite pour se convertir et qu'il ne s'est pas converti, il mourra, à cause de son péché, mais toi, tu auras sauvé ta vie.[1]

Comme le prophète Ézéchiel, Paul a averti les Juifs du danger qui les menace, il a donc été fidèle à sa mission, il a sonné du cor. Mais ceux-ci n'ont pas tenu compte de ses avertissements (v. 6a); s'ils périssent, leur sang retombera sur leur tête, tandis que Paul sera pur (v. 6b), c'est-à-dire innocent de toute faute[2].

b) Aux vv. 9-10, le Seigneur dit à Paul en vision: «Ne crains pas, mais parle, et vois, ne te tais pas, parce que je suis avec toi et nul n'essayera de te nuire.» Le thème "Ne crains pas... parce que je suis avec toi" revient assez souvent dans la Bible (Is 41,10; 43,5; Jer 1,8; cf. Jos 1,9), et il est repris ici par Act I. Mais on peut déceler en plus une influence certaine de Ez 2,6-7: «Et toi, fils d'homme, ne crains pas leurs paroles s'ils te contredisent et te méprisent, et si tu es assis sur des scorpions. Ne crains pas leurs paroles... Tu leur parleras mes paroles, qu'ils écoutent ou qu'ils n'écoutent pas, car c'est une engeance de rebelles.» Le thème central est le même chez Ézéchiel et dans les Actes: «Ne crains pas, mais parle.» Par ailleurs, ceux à qui s'adresse Ézéchiel vont le contredire, comme les Juifs contredisent Paul selon le début du v. 6. Et l'image du prophète "assis sur des scorpions" fait allusion au mal que ceux auxquels Ézéchiel s'adresse sont susceptibles de lui faire; de même le Seigneur dit à Paul: «Et nul n'essaiera de te nuire» (cf. Lc 10,19).

c) Au niveau de Act I, le récit de la conversion de Paul (9,3ss) formait comme le prélude aux deux voyages missionnaires. Sa formulation littéraire était

---

[1] Le texte de 3,17-19 offre de menues divergences avec celui de 33,7-9, dont nous n'avons pas tenu compte.

[2] En fait, Act I reprend ce thème du Journal de voyage (20,26-27). Voir un thème analogue en Mat 27,24-25.

très influencée par la vision d'Ézéchiel rapportée en Ez 1,26-2,1 et 3,22ss. Le prophète était alors investi d'une mission: reprocher au peuple de Dieu ses infidélités et lui annoncer comme châtiment la ruine de Jérusalem (Ez 4,1ss). Paul lui aussi fut investi par Dieu d'une mission: annoncer que le Christ, mort et ressuscité, doit revenir pour restaurer la royauté en faveur d'Israël (1,6; 3,19-21; 13,17ss). Mais au cours de ses deux voyages missionnaires, malgré quelques succès, il s'est partout heurté à l'hostilité des Juifs qui l'ont persécuté. Paul a averti les Juifs et ils n'ont pas voulu l'écouter; leur sang va retomber sur leur tête, mais lui, Paul, a rempli sa tâche, il est donc pur devant Dieu. Au niveau de Act I, Paul termine son deuxième voyage missionnaire. L'échec de la prédication auprès des Juifs de Corinthe forme inclusion avec le récit de la conversion de Paul, avec comme arrière-plan les visions de Ez 1-3.

3. Paul devant le proconsul Gallion

a) En 18,10a, Dieu avait dit à Paul en vision: «...nul n'essayera de te nuire.» Act I donne aussitôt une justification de cette promesse divine en racontant l'épisode de Paul traîné par les Juifs devant Gallion. Les mauvaises intentions des adversaires de Paul ne peuvent aboutir du fait que le proconsul refuse de prendre position; il déboute ainsi les Juifs de leurs plaintes.

b) Cet épisode forme la conclusion du deuxième voyage missionnaire de Paul, le dernier au niveau de Act I. Il fait écho, sous forme d'inclusion, à l'épisode qui constituait le début du premier voyage: la conversion du proconsul Sergius Paulus (13,6-12). Ce sont les deux seuls récits des Actes qui mettent ainsi en scène un proconsul romain. Il est facile alors de comprendre les intentions de Act I. Au refus constant des Juifs, Paul oppose l'attitude des proconsuls romains: le premier se convertit au christianisme, tandis que le second prend implicitement parti pour Paul en déboutant les Juifs de leurs accusations.

(Le récit de Act II: ⇒ p. 300)

F) LE RETOUR À JÉRUSALEM
(18,18-22)

18,18 Or Paul, étant resté beaucoup de jours, ayant pris congé des frères, faisait voile vers la Syrie ( ), s'étant tondu à Cenchrées car il avait un vœu. **19** Or étant arrivé à Éphèse, le sabbat suivant, [il] entra dans la synagogue et il discutait avec les Juifs. **20** Or, tandis qu'ils lui demandaient de rester plus longtemps, il n'y consentit pas **21** mais il prit congé en disant: «Il me faut absolument passer à Jérusalem la fête qui vient» ( ). Ayant pris le large à Éphèse, **22** il vint à Césarée et, étant monté, [il salua] l'église.

Ce court récit termine le second voyage missionnaire de Paul. Pour en comprendre le sens, il ne faut pas oublier qu'il était immédiatement suivi par les événements racontés en 21,26ss.

a) Act I ne nous dit pas combien de temps Paul est resté à Corinthe, car l'expression "de nombreux jours" est trop vague pour donner une indication quelconque. Le voyage de retour va se faire par bateau, et Paul dut s'embarquer à Cenchrées, qui était ouvert sur l'est tandis que Corinthe regardait à l'ouest. Avant de s'embarquer, il fit un vœu, probablement pour obtenir de Dieu un voyage favorable. Ce vœu comportait le fait de se raser la tête: il s'agit donc certainement du vœu de naziréat qui devait s'achever en offrant des sacrifices dans le Temple. Tout ce problème du vœu que Paul aurait fait à Cenchrées sera traité dans le chapitre suivant, à propos de 21,26.

b) Le bateau sur lequel Paul s'est embarqué fait escale à Éphèse, et Paul en profite pour entrer dans la synagogue et discuter avec les Juifs. Il agit donc comme il l'a fait tout au long de ses deux voyages missionnaires. Mais ici, Act I ne nous dit pas explicitement quelles furent les réactions des auditeurs. Dans les villes précédemment évangélisées, un petit nombre de Juifs se laissaient convaincre tandis que d'autres s'en prenaient violemment à Paul en suscitant des troubles contre lui. À Éphèse, il doit y avoir aussi des sympathisants: ceux qui lui demandent de prolonger son séjour. Mais les réactions hostiles ne se manifesteront que plus tard, à Jérusalem. Pour Act I, les Juifs doivent être aussi pressés que Paul de se rendre à Jérusalem pour y célébrer la fête prochaine[1]. C'est là qu'ils susciteront des troubles contre Paul lorsque celui-ci viendra dans le Temple pour y célébrer l'achèvement du vœu commencé à Cenchrées (21,26ss).

c) Paul repart donc rapidement d'Éphèse et, voyageant encore par bateau, il arrive à Césarée d'où il monte à Jérusalem et y salue la communauté des frères. Dès le lendemain, il se rendra dans le Temple où "les Juifs d'Asie" vont le prendre à partie et ameuter la foule contre lui. Avant de rejoindre Act I pour cette partie de ses récits, il faut revenir sur les arguments qui permettent de conclure que notre auteur ne parlait pas d'un troisième voyage missionnaire de Paul.

(Le récit de Act II: ⇒ p. 303)

---

[1] De quelle fête s'agit-il? Act I nous laisse encore une fois dans l'imprécision. D'après le Journal de voyage (20,16), qu'il démarque, il s'agirait de la Pentecôte.

III. LE PROBLÈME DU TROISIÈME VOYAGE

Au niveau de Act I, le deuxième voyage missionnaire de Paul passait de 18,22a à 21,26; il se terminait donc à Jérusalem, et de façon tragique puisque Paul y était arrêté et emprisonné par les Romains. Act II l'a coupé en deux en y insérant toutes les péripéties du troisième voyage missionnaire. Seule, cette hypothèse permet de rendre compte d'un certain nombre de difficultés du texte actuel des Actes. Les arguments que nous allons donner pour étayer cette hypothèse ne valent que par leur effet cumulatif; il ne faut donc pas les juger isolément, mais en référence à l'ensemble.

1. Un récit tronqué

Le deuxième voyage de Paul se termine ainsi: «... il vint à Césarée et, étant monté et ayant salué l'Église, il descendit à Antioche» (18,22). De quelle église s'agit-il? Certains auteurs ont pensé qu'il s'agissait de l'église de Césarée. Mais la plupart des commentateurs modernes voient dans ce texte obscur une allusion à une montée de Paul à Jérusalem, et c'est l'Église par excellence, celle de Jérusalem, que Paul serait venu saluer. Dans son commentaire, Haenchen pose deux questions au sujet de ce texte: «Le texte lucanien implique-t-il un voyage de Paul à Jérusalem? et: un tel voyage de Paul à Jérusalem était-il probable à ce moment-là?» Selon lui, une réponse affirmative à la première question est "tout à fait évidente". Quant à la seconde, rien ne s'oppose à ce qu'on lui donne aussi une réponse affirmative. C'est dans ce sens aussi que se prononce J. Dupont, en insistant sur l'argument majeur qui favorise une réponse affirmative à la première question: «Indication énigmatique. On pense à l'Église de Jérusalem, car "monter" et "descendre" indiquent naturellement l'aller et le retour du pèlerinage à Jérusalem.»[1]

«Mais alors, poursuit J. Dupont, on comprend mal pourquoi tant de mystère, surtout s'il y a un lien entre cette visite et le vœu mentionné au v. 18.» Nous reviendrons plus loin sur le problème de ce vœu. Constatons simplement que le texte lucanien mentionne ici une visite de Paul à Jérusalem qui semble sans objet. On a l'impression d'un texte tronqué, dans lequel un séjour de Paul à Jérusalem aurait été supprimé et remplacé par un retour à Antioche, d'où il va partir pour le troisième voyage missionnaire. Supprimons, par hypothèse, ce troisième voyage. Alors, la montée de Paul à Jérusalem pour y saluer l'Église se confondrait avec la montée de Paul à Jérusalem à la fin du troisième voyage, en 21,19, où l'on voit de nouveau Paul "saluer" Jacques et les Anciens de l'église de Jérusalem. Ceci reste une hypothèse; voyons si d'autres arguments viennent la confirmer.

---

[1] BJ, p. 164, note *d.*

2. Paul dit son intention de monter à Jérusalem

Vers la fin du deuxième voyage missionnaire, Paul fait une brève escale à Éphèse (18,19). On lui demande d'y rester un certain temps, mais il refuse (18,20). Le TA ne donne pas la raison de ce refus, mais on lit dans le TO cette réponse de Paul: «Il me faut absolument passer à Jérusalem la fête qui vient» (v. 21). De quelle fête s'agit-il? Peu nous importe ici. L'essentiel est de constater que, selon le TO, Paul aurait l'intention de monter à Jérusalem au terme de son voyage pour y célébrer une fête importante. Puisque ce texte ne se lit que dans le TO, aurait-il été ajouté par Act II? C'est fort douteux, car on voit mal Act II s'inspirant du parallèle de 20,16 pour ajouter ce détail peu compatible avec les données de 18,22 où l'on voit Paul arriver à Antioche, et non à Jérusalem. En tenant compte de ce que nous venons de dire au paragraphe précédent, l'hypothèse la plus plausible est que le v. 21, sous sa forme TO, appartenait à un récit plus ancien (Act I) selon lequel Paul montait à Jérusalem <u>et y demeurait un temps assez long</u>.

Au niveau de Act I, nous aurions donc eu la séquence suivante: Paul quitte en hâte Éphèse parce qu'il veut célébrer à Jérusalem la fête qui approche (18,21 TO); il débarque à Césarée, monte à Jérusalem y saluer l'Église (18,22ab), et se retrouve effectivement dans le Temple à l'occasion d'une fête ayant attiré de nombreux pèlerins venus de l'étranger (21,26-27). Act II aurait coupé cette séquence en y introduisant le récit du troisième voyage (à partir de 18,22c), mais sans se soucier d'omettre le dessein de Paul noté au v. 21: célébrer à Jérusalem la fête qui approche. En revanche, Act III, voyant que ce dessein ne peut pas se réaliser puisque Paul ne fait plus qu'une brève apparition à Jérusalem avant de s'en retourner à Antioche (v. 22 actuel), a jugé plus logique de supprimer le motif donné par Paul au v. 21, d'où la rédaction qui se lit dans le TA.

3. Le vœu de naziréat (18,18 et 21,26)

En 18,18, Act I nous a dit que Paul s'était fait raser la tête à Cenchrées en suite d'un vœu qu'il venait de faire[1]. Il s'agit certainement du vœu de naziréat, décrit en Nomb 6,1-21, le seul qui impliquait l'obligation de se raser la tête. Mais les commentateurs se trouvent alors en présence de plusieurs difficultés. Pour les comprendre, voyons de plus près en quoi consistait ce vœu de naziréat. Le nazir s'engageait d'abord à s'abstenir de tous les produits de la vigne: raisins et boissons fermentées (Nomb 6,3-5). Il devait ensuite ne plus se couper les cheveux jusqu'à l'expiration de son vœu (6,5). À ce moment-là, le nazir faisait une offrande à Dieu (6,13-15), puis le prêtre accomplissait pour lui le sacrifice de communion (6,16-17). Alors, le nazir rasait la chevelure qu'il avait laissé pousser

---

[1] Bien que le texte grec ne soit pas très clair, presque tous les commentateurs modernes admettent que le vœu fut prononcé par Paul, et non par Aquila.

durant son vœu (6,18); il faisait une offrande au prêtre (6,19-20) et pouvait à nouveau boire du vin (fin du v. 20).

D'après le récit des Nombres, qui se réfère au temps de l'Exode, toutes les cérémonies que l'on devait accomplir à l'expiration du vœu se déroulaient à la Tente de Réunion. Après la construction du Temple de Jérusalem, c'est là et là seulement qu'il était possible d'offrir les sacrifices prévus par le rituel. Or, en Act 21,26, nous voyons précisément Paul accomplir dans le Temple de Jérusalem les rites prévus à l'expiration du vœu de naziréat, en compagnie de quatre autres nazirs. Mais, dans l'état actuel du livre des Actes, cette cérémonie se serait passée au moins trois ans après les événements racontés en 18,18, ce qui est impossible. En revanche, si l'on supprime le troisième voyage, les données de 18,18 et de 21,26 apparaissent complémentaires: en 18,18, Paul prononce son vœu de naziréat à Cenchrées, probablement pour obtenir de Dieu un voyage favorable. Il s'embarque dans ce port, fait une courte escale à Éphèse (18,19-21), parvient à Césarée d'où il monte à Jérusalem (18,22ab) et c'est là qu'il va achever son vœu en offrant les sacrifices prescrits par la Loi (21,26).

Cette reconstitution des événements se heurte à une difficulté sérieuse. D'après le rituel de Nomb 6,1-21, le nazir se rasait la tête au terme de son vœu, et non lorsqu'il le prononçait, comme semblerait l'indiquer Act 18,18. Selon Loisy, «la coupe des cheveux, rite indispensable pour la sortie du naziréat, s'explique aussi fort bien comme rite d'entrée dans le vœu.»[1] Il y aurait donc eu deux coupes de cheveux, l'une au début du vœu et l'autre à son expiration. C'est l'hypothèse que fait aussi K. Lake et J. Dupont la juge "plausible, mais non démontrée"[2]. Mais une autre hypothèse est possible. Il est assez remarquable que, en 21,23-24.26, le texte lucanien mentionne que les quatre compagnons de Paul se feront raser la tête, mais il ne dit rien d'une telle opération pour Paul lui-même. Son auteur n'aurait-il pas transféré en 18,18 ce qui aurait dû normalement se passer en 21,23ss? Quoi qu'il en soit de ce dernier point, il semble difficile de ne pas mettre un rapport entre le vœu de naziréat qui commence en 18,18 et celui qui s'achève en 21,23ss. Mais cela suppose que, dans un état primitif du texte lucanien, on passait directement de 18,22ab à 21,26[3]. On aurait ainsi la solution de la difficulté que note J. Dupont à propos de 18,22. Après avoir admis que ce v. 22 parlait d'une montée de Paul à Jérusalem, il ajoute: «Mais alors on comprend mal pourquoi tant de mystère, surtout s'il y a un rapport entre cette visite et le vœu mentionné au v. 18.»[4]

---

[1] Les Actes, p. 705.

[2] BJ, pp. 163-164, note g.

[3] Voir déjà en ce sens J. Wellhausen, qui commente 21,26 en ces termes: «Man darf die entstellte Notiz 18,18 hierher ziehen, da Grund vorliegt zu vermuten, dass die beiden Fahrten von Korinth nach Jerusalem, worüber die AG berichtet, eigentlich nicht verschieden sind» (p. 45).

[4] BJ, p. 164, note d.

4. Deux périples analogues

Le troisième voyage missionnaire de Paul ressemble étrangement au deuxième. En voici les éléments communs. L'apôtre part d'Antioche (15,35.40 et 18,22c) et traverse les régions nord de l'Asie Mineure, spécialement la Galatie et la Phrygie, en affermissant les disciples dans la foi (15,41-16,6 et 18,23). D'Asie Mineure, Paul passe en Macédoine, puis en Grèce (16,9-18,17 et 20,1-2). Il veut alors s'embarquer pour la Syrie (18,18a et 20,3), mais son voyage par mer le fait arriver à Césarée, d'où il monte à Jérusalem (18,22 et 21,8-17). Ce schéma commun offre toutefois une différence majeure. Celui qui a rédigé le deuxième voyage veut avant tout décrire avec force détails l'évangélisation par Paul de la Macédoine (Thessalonique, Bérée), puis de la Grèce (Athènes, Corinthe). Le reste n'est que du remplissage. En revanche, dans le troisième voyage, rien de concret ne nous est dit du séjour de Paul en Macédoine et en Grèce (20,1-2), tandis que l'évangélisation d'Éphèse tient une place essentielle (19,1-40; opposer la courte notice de 18,19-21). De même, dans le deuxième voyage, le retour par bateau de Corinthe à Césarée ne donne comme détail que la courte escale à Éphèse; en revanche, dans le troisième voyage, toutes les escales sont mentionnées, de Troas à Césarée, et le tout est rédigé en style "nous" (20,5-21,8).

Des remarques qui précèdent, on peut raisonnablement conclure que le troisième voyage missionnaire de Paul, qui se trouve maladroitement inséré dans le deuxième, est une composition de Act II qui a pour but, d'une part de décrire l'évangélisation par Paul de la ville d'Éphèse, d'autre part d'utiliser les données du Journal de voyage concernant le retour de Paul par mer jusqu'à Césarée. L'analyse littéraire des divers épisodes de ce troisième voyage confirmera les conclusions précédentes. Au niveau de Act I, il n'y avait pas de troisième voyage missionnaire; nous pouvons donc poursuivre l'exposé du sens de ses récits en rejoignant Paul à Jérusalem.

IV. PAUL À JÉRUSALEM
(21,26-23,35)

21,26 ( ) Le jour suivant( ), il entra dans le Temple, annonçant l'achèvement des jours de la purification, jusqu'au moment où serait offerte l'offrande ( ). **27** ( ) Les Juifs d'Asie, l'ayant vu dans le Temple, ameutèrent toute la foule ( )   **28** en criant et en disant: «Hommes d'Israël, à l'aide! Voici l'homme qui enseigne à tous et partout contre le peuple et la Loi et ce Lieu.» **30b** Et ayant saisi Paul, ils (le) traînaient hors du Temple. **31** Tandis qu'ils cherchaient à le tuer, [criant et affirmant être romain], avis (en) parvint au tribun **32a** qui aussitôt, ayant pris des soldats et des centurions, accourut à eux. **23,10b** ( ) Craignant que Paul ne fût mis en pièces par eux, il ordonna à l'armée de ( )

l'enlever du milieu d'eux et de le conduire dans la caserne. **23,23** Et ayant convoqué deux des centurions, il leur prescrivit **24** d'être prêts à partir et de tenir prêtes des montures afin que, ayant fait monter Paul, ils le conduisissent de nuit sain et sauf à Césarée, au procurateur ( ). **25a** Il craignit en effet que les Juifs, l'ayant enlevé, ne le tuent et que lui-même, ensuite, n'encoure l'accusation d'avoir reçu de l'argent. **31** Les soldats donc, selon ce qui leur avait été prescrit, ayant repris Paul, le conduisirent à Antipatris. **32** Le lendemain, ayant laissé les cavaliers à la caserne, **33** ils vinrent à Césarée et ( ) ils présentèrent Paul ( ) au procurateur.

1. Le vœu de naziréat

Paul avait prononcé son vœu de naziréat lors de son départ de Grèce, à Cenchrées (18,18), probablement afin d'obtenir de Dieu un bon voyage. Comme l'écrit R. de Vaux[1] à propos du vœu en général: «C'est une manière de renforcer la prière par un contrat passé avec Dieu. Cet aspect de réciprocité paraît avoir commandé tous les vœux de l'Ancien Testament, même quand la condition n'est pas exprimée...» Il est vrai que le vœu de naziréat tendait à devenir un vœu inconditionné, mais seulement lorsqu'il était fait pour toute la vie, ce qui n'est pas le cas ici. Lors de l'achèvement du temps prescrit, qui devait durer au moins un mois, le nazir venait au Temple, s'y rasait la tête et offrait les sacrifices prescrits. Act I ne dit rien ici du fait que Paul se serait rasé la tête, puisqu'il a placé ce rite dès le départ de Grèce, à Cenchrées (18,18). Pour le reste, il reprend les expressions du texte de Nomb 6,5.13-14:

Nomb 6,5.13
πάσας τὰς ἡμέρας [τῆς εὐχῆς] τοῦ ἁγνισμοῦ ξυρὸν οὐκ ἐπελεύσεται ἐπὶ τὴν κεφαλὴν αὐτοῦ · ἕως ἂν πληρωθῶσιν αἱ ἡμέραι...
ᾗ ἂν ἡμέρᾳ πληρώσῃ ἡμέρας εὐχῆς αὐτοῦ... προσάξει τὸ δῶρον αὐτοῦ κυρίῳ

durant tous les jours [du vœu][2] de la purification, le rasoir ne passera pas sur sa tête; jusqu'à ce que soient accomplis les jours...
le jour où il aura accompli les jours de son vœu... il offrira son don au Seigneur...

Act 21,26
διαγγέλλων τὴν ἐκπλήρωσιν τῶν ἡμερῶν τοῦ ἁγνισμοῦ ἕως οὗ προσηνέχθη ἡ προσφορά.

annonçant l'accomplissement des jours de la purification afin que ( ) fût offerte l'offrande.

---

[1] *Les Institutions de l'Ancien Tetament*, tome II, p. 360.

[2] Ce mot est omis par de nombreux témoins du texte des Nombres, dont le Vaticanus; cf. Joseph ZIEGLER, *Septuaginta. Vetus Testamentum Graecum*, Auctoritate Academiae Scientiarum Gottingensis editum, III,1, Göttingen, 1982. Il a probablement été ajouté par harmonisation avec les formules analogues des vv. 4.6.8.13.

On notera que, en Act 21,26 comme en Nomb 6,5, le vœu de naziréat est appelé "purification", mot qui ne se trouve nulle part ailleurs dans le NT et qui est rare dans l'AT. Ceci confirme l'influence de Nomb 6,5.13-14 sur la rédaction du texte de Act I.

2. Paul est menacé de mort par les Juifs

Lorsque Paul se trouve dans le Temple, les Juifs venus d'Asie pour la fête (cf. 18,21 TO) le reconnaissent et ameutent contre lui la foule qui y était rassemblée. Ainsi à Bérée, les Juifs venus de Thessalonique avaient ameuté la foule contre Paul (17,13). Nous restons bien dans la perspective des voyages de Paul, selon Act I. Il est vrai que Paul n'avait fait qu'une courte escale à Éphèse, où il avait été bien reçu (18,20). Mais, comme partout ailleurs, il y avait certainement eu des opposants qui se manifestent maintenant à Jérusalem. Ce "retard" concernant l'hostilité des Juifs d'Asie contre Paul permet à Act I de placer la dernière attaque des Juifs à Jérusalem, le centre religieux du judaïsme.

On reproche à Paul son enseignement: «Voici l'homme qui enseigne à tous et partout contre le peuple et la Loi et ce Lieu» (21, 28). Les deux derniers reproches reprennent ceux que l'on adressait à Étienne devant le Sanhédrin, selon Act I (6,13b). À vrai dire, notre auteur n'a jamais insisté sur cet aspect de l'enseignement de Paul. Son intention ici est seulement de rapprocher les figures de Paul et d'Étienne pour montrer que l'hostilité des Juifs contre les chrétiens a une longue histoire. De ces trois reproches, le plus important est donc le premier, qui ne se lisait pas en 6,13b: Paul parle contre le peuple. Il le fait en annonçant la venue d'un roi messianique (17,7), ce qui risque de mettre le peuple juif en opposition avec le pouvoir romain, et d'amener sur lui une catastrophe (cf. Jn 11,48). Les Juifs d'Asie réussissent à ameuter la foule contre Paul qui risque d'être mis en pièces.

3. Paul est sauvé par le tribun romain

Le tribun de la cohorte qui demeurait à Jérusalem est averti que de graves événements se passent au Temple et qu'un citoyen romain risque d'être lynché par la foule. Il accourt aussitôt avec une troupe de soldats accompagnés des centurions qui les commandent, arrache Paul à la foule en furie et le fait conduire dans la forteresse. Mais le tribun se méfie: il ordonne à deux centurions de se tenir prêts, avec des chevaux, pour expédier Paul à Césarée, où réside le procurateur romain. Le voyage se fera de nuit, car le tribun craint une entreprise des Juifs pour s'emparer de Paul durant le voyage; alors, peut-être l'accuserait-on auprès du gouverneur d'avoir reçu de l'argent pour laisser faire cet enlèvement. Les soldats s'acquittent sans difficulté de leur mission et conduisent Paul à Césarée où ils le remettent au gouverneur.

(Le récit de Act II: ⇒ p. 325)

V. PAUL À CÉSARÉE
(25,1-12)

25,1 Or Festus, ( ) après trois jours, monta à Jérusalem, de Césarée . **2** Or les grands prêtres et les notables des Juifs requirent contre Paul et ils le priaient, **3** demandant une faveur de lui, qu'il le fasse venir à Jérusalem, faisant une embuscade pour le supprimer en chemin ( ). **4** Festus donc répondit que Paul serait gardé à Césarée, mais que lui-même partirait rapidement. **5** «Donc, déclare-t-il, que ceux qui, parmi vous, seront descendus avec (moi) l'accusent, s'il y a en l'homme quelque chose de déplacé.» **6** Étant donc demeuré huit ou dix jours, étant descendu à Césarée, le lendemain, assis au tribunal, il ordonna que Paul fût amené. **7** Lui étant arrivé, les Juifs de Jérusalem l'entourèrent, portant contre (lui) de nombreuses et graves accusations qu'ils ne pouvaient pas prouver. **9** Festus, voulant faire une faveur aux Juifs, dit à Paul: «Veux-tu, étant monté à Jérusalem, y être jugé devant moi sur ces (choses)?» **10a** Mais Paul dit: «Je me tiens devant le tribunal de César, où il me faut être jugé ( ). **11b** ( ) J'en appelle à César.» **12** Alors Festus, ayant conféré avec son conseil, déclara: «Tu en as appelé à César, tu iras à César.»

1. Festus, procurateur romain sur la Judée

Porcius Festus faisait partie de l'illustre famille *(gens)* des Porcii, de Tusculum. On sait avec certitude qu'il succéda dans la charge de procurateur de Judée à Félix et qu'à sa mort, en 62, il eut pour successeur Albinus. Mais à quelle date a-t-il remplacé Félix dans sa charge[1]? D'après l'historien juif Josèphe, le procurateur Félix eut à régler un différend entre les Juifs et les Syriens qui risquait de dégénérer en guerre civile. Les troubles les plus violents se passaient à Césarée. Félix y envoya ses troupes qui tuèrent beaucoup de Juifs, en firent prisonniers encore plus, et pillèrent leurs maisons. Après avoir raconté un court épisode qui n'offre aucun rapport avec celui-ci, Josèphe poursuit:

---

[1] La position que nous avons adoptée fut défendue spécialement par LAMBERTZ, art. "Porcius Festus" dans PAULY-WISSOWA, *Realencyclopädie*, cc. 220-227. - Charles SAUMAGNE, "Saint Paul et Félix, procurateur de Judée", dans *Mélanges d'archéologie et d'histoire*, offerts à André Piganiol (éd. R. Chevallier, 1966), pp. 1373-1386. - E. HAENCHEN, 63-64. - Voir aussi K. LAKE, *Beginnings*, V, note xxxiv "The Chronology of Acts", qui donne l'été 55 (pp. 464-467). - En revanche, la date de 60 a été défendue spécialement par E. SCHUERER, *The History of Jewish People in the Age of Jesus Christ* (175 B.C. - A.D. 135), New Eng. Version Rev. and Ed. by G. Vermes, F. Millar, M. Black, Edinburgh, 1973, vol. 8, pp. 465ss.

> Porcius Festus ayant été envoyé par Néron pour succéder à Félix, les notables des Juifs de Césarée vinrent à Rome pour accuser Félix. Il aurait été puni de toutes ses injustices envers les Juifs si Néron n'avait beaucoup accordé aux suppliques de Pallas, (son) frère, qui jouissait alors d'une très grande considération auprès de lui[1].

Selon Josèphe donc, Festus succède à Félix comme procurateur de Judée. Les Juifs viennent alors à Rome pour accuser Félix auprès de l'empereur Néron. Celui-ci ne l'épargne que grâce aux prières de Pallas, son frère, qui avait été ministre des finances de l'empereur Claude et continuait à être en faveur au début du règne de Néron. Or nous savons, d'une part que Néron devint empereur en octobre 54; d'autre part que Pallas tomba en disgrâce au début de l'année 55, probablement dans la première décade du mois de février[2]. Il faudrait donc placer la nomination de Festus comme procurateur de Judée à la fin de l'année 54[3] ou tout au début de l'année 55. Josèphe le présente comme un magistrat intègre, qui fit tout son possible pour pacifier le pays et le débarrasser des bandits qui le terrorisaient.

2. Le procès de Paul devant Festus

C'est en fait une dernière épreuve de force entre Paul et les Juifs, avec Festus comme arbitre, désireux à la fois de satisfaire les Juifs[4] et de sauvegarder les droits de Paul, citoyen romain.

a) Festus étant monté de Césarée, où il résidait habituellement, à Jérusalem, les grands prêtres et les notables juifs lui demandent de faire venir Paul à Jérusalem. Le motif officiel qu'ils invoquent n'est pas donné. En revanche, Act I dit clairement leur intention secrète: monter un guet-apens sur la route pour faire mourir Paul (v. 3). Ils prennent ainsi le relais des "Juifs d'Asie" qui avaient essayé de faire lyncher Paul par la foule et en avaient été empêchés par l'intervention du tribun Lysias (21,26-31). On peut penser aussi que, pour en arriver à cette solution extrême, qui les mettraient en conflit avec l'autorité romaine, ils devaient se douter qu'un procès en règle devant Festus n'avait guère

---

[1] Ant. XX,viii,9.

[2] D'après Tacite, Annales, 13,15. La disgrâce de Pallas aurait précédé de peu la mort de Britannicus, laquelle aurait eu lieu quelques jours avant le 15 février 55.

[3] C'est la date que donne Eusèbe de Césarée, selon la version arménienne de son Chronicon (éd. J. KARST, Eusebius Werke, GCS V, p. 215). La traduction de Jérôme donne la deuxième année de Néron, soit 56 (éd. R. HELM, Eusebius Werke, GCS VII,1, p. 182.4). Mais il est possible qu'Eusèbe dépende ici de Josèphe. - Pour écarter cette date et adopter celle de 60, on a supposé que Pallas aurait gardé une certaine influence sur Néron, même après sa disgrâce, ce qui n'est guère vraisemblable.

[4] Son prédécesseur, ne l'oublions pas, avait été relevé de sa charge en raison des accusations portées contre lui par les Juifs auprès de l'empereur.

de chance d'aboutir. Mais Festus, qui ne veut rester qu'une dizaine de jours à Jérusalem, annonce qu'il va bientôt redescendre à Césarée, ce qui rend inutile un transfert de Paul de Césarée à Jérusalem. Les Juifs devront donc descendre à Césarée s'ils veulent porter quelque accusation contre Paul (vv. 4-5).

b) Ce sont maintenant "les Juifs de Jérusalem" (25,7) qui prennent le relais des "Juifs d'Asie" (21,27) et des "Juifs de Thessalonique" (17,13) pour essayer de perdre Paul. Lorsqu'ils sont arrivés à Césarée, Festus vient siéger à son tribunal et fait amener Paul. Act I nous dit alors simplement qu'ils portaient "contre lui de nombreuses et graves accusations qu'ils ne pouvaient pas prouver" (25,7). Quelles étaient ces accusations? Act I ne le dit pas. Il laisse seulement entendre que Paul se trouve dans la même situation que Jésus jadis (Lc 23,10). Il est curieux qu'il ne soit pas question ici de ce qui fut, selon notre auteur, l'aspect politique de la prédication de Paul aux Juifs: la restauration du royaume d'Israël sous l'égide de Jésus (cf. 17,7; Lc 23,2). Act I se rend compte que de telles accusations auraient mis Paul en difficulté et rendu incompréhensible l'attitude de Festus. Celui-ci, en effet, propose à Paul de le conduire à Jérusalem pour y être jugé en sa présence. Il s'agirait alors d'une comparution devant le Sanhédrin, en présence de Festus, ce qui laisse entendre que les accusations portées par les Juifs avaient une portée religieuse, et non politique.

3. Paul fait appel à César

Paul en appelle donc à César pour être jugé[1]. Il est évident que la démarche de Paul est motivée par une certaine suspicion quant aux intentions du gouverneur romain. Il craint que celui-ci, finalement, ne cède aux pressions des Juifs et ne le livre à eux. Il préfère donc être envoyé à Rome pour y être jugé loin des intrigues des Juifs. On connaît d'autres cas où un accusé rejeta un tribunal qu'il estimait prévenu contre lui, et Rome représentait une instance ouverte en principe à tout citoyen. En revanche, le gouverneur n'était pas obligé d'accéder à une telle demande; Festus prit probablement cette demande de Paul comme une occasion de se débarrasser de l'affaire.

(Le récit de Act II: ⇒ p. 332)

---

[1] Les problèmes posés par cet appel à César seront traités plus à fond dans le tome IV. Signalons dès maintenant l'article de Peter GARNSEY, "The *Lex Julia* and Appeal under the Empire", dans JRS 56 (1966) 167-189.

VI. LE VOYAGE DE CÉSARÉE À ROME
(27,1-28,16)

27,1b Le jour (suivant)[1], ayant convoqué un centurion du nom de Julius, il lui remit Paul avec d'autres prisonniers. **6** Et le centurion, ayant trouvé un bateau alexandrin navigant vers l'Italie, [les] fit embarquer. **11-12a** Or le pilote et le capitaine furent d'avis de prendre le large pour, s'ils le pouvaient, arriver à Phénix, un port de la Crète. **13** Estimant (pouvoir) exécuter leur dessein, ayant levé l'ancre, ils [naviguaient vers] la Crète. **14** Mais peu après fondit sur [eux] un vent d'ouragan. **15a** Tandis que le bateau était entraîné et ne pouvait faire face au vent, **17b** ils utilisaient des moyens de secours en ceinturant le bateau. Et, craignant qu'ils ne tombassent sur la Syrte, ayant lancé les agrès, ainsi ils étaient emportés. **18b** ( ) Le lendemain, ils délestaient (le bateau) **19** et le troisième (jour), de leurs mains, ils jetèrent la cargaison du bateau **38** et le bateau était allégé. **27** Comme c'était à la quatorzième nuit, vers le milieu de la nuit, les matelots pressentirent une terre. **41** Et étant venus, ils échouèrent le navire. **28,1** Et étant descendus à terre, ils reconnurent la région, qu'elle s'appelait Malte. **2a** Et les barbares [leur] manifestaient une humanité peu banale **10b** ( ) et à (eux) qui prenaient le large ils mirent (à bord) de quoi (subvenir) à (leurs) besoins. **16** Lorsque [ils vinrent] à Rome, il fut permis à Paul de demeurer chez lui, avec le soldat qui le gardait.

1. Le départ en bateau

a) Le gouverneur romain remit Paul à un centurion, sans rien décider quant aux modalités du voyage. Deux possibilités s'offraient au centurion. Ou bien prendre la voie de terre vers le nord, traverser l'Asie Mineure en suivant la même route qu'Ignace d'Antioche un demi-siècle plus tard, traverser ensuite les Balkans (soit par la via Egnatia, soit par la nouvelle route militaire dans la région danubienne) et arriver finalement à Rome. Ou bien rejoindre Alexandrie par terre et s'embarquer de là, par exemple, sur un des nombreux navires qui allaient ravitailler Rome en blé. En fait, le centurion trouva à Césarée même un bateau alexandrin y faisant escale avant de se rendre en Italie. Il s'agissait peut-être d'un cargo qui avait fait le détour à la recherche d'une cargaison ou de passagers à emmener en Italie. Mais n'oublions pas que Act I n'est pas un témoin oculaire et peut-être se contente-t-il d'utiliser un thème courant dans les contes hellénistiques et dans les apocryphes: un bateau se trouve prêt à prendre le héros dont on parle là pour l'amener là où il veut se rendre.

b) Le capitaine du bateau et le pilote décident de se rendre directement de Césarée à Phénix. Ce port était situé sur la côte sud de la Crète, à environ 52 kms de l'extrémité occidentale de l'île, sur le versant ouest du cap Mouros. La suite du récit suppose que le bateau n'atteignit jamais ce port. Un tel trajet est-ouest aurait été impossible tant que soufflaient les vents Étésiens, venant du nord-ouest, de la

---

[1] Le texte que nous avons reconstitué oscille entre le TA et le TO. Pour s'y retrouver, se reporter au tome I, pp. 168ss.

mi-juillet jusque vers la fin du mois d'août. Mais il devenait possible dès les premiers jours de septembre, bien que difficile. Le capitaine et le pilote sont conscients de cette difficulté, d'où les expressions employées au v. 12 "s'ils le pouvaient" et au v. 13 "estimant (pouvoir) exécuter leur dessein". Nous n'avons aucune attestation de voyages accomplis ainsi de Palestine jusqu'en Crète. On pourra comparer cependant avec un récit écrit par Chariton d'Aphrodisias entre 75 et 125. Ses deux héros, Chaireas et Callirhoé, s'embarquent à l'île d'Arados, au large des côtes de Syrie, arrivent le jour suivant à Paphos, sur la côte sud-ouest de Chypre, et continuent sans difficulté leur voyage jusqu'en Sicile, grâce à des vents favorables. Rien ne dit qu'ils aient fait escale en Crète. Vers la fin du second siècle, les Actes de Pierre font partir celui-ci de Césarée et son bateau le conduit d'une traite jusqu'à Puteoli, sur la côte ouest de l'Italie. Un voyage de Césarée jusqu'à Phénix, en Crète, n'avait donc rien d'extraordinaire à l'époque.

2. La tempête

Peu de temps après leur départ, le bateau est assailli par la tempête. Act I ne se soucie pas de donner les précisions, ni quant au temps passé avant que la tempête ne fonde sur les voyageurs, ni quant à la nature du vent qui les surprend. Il en aurait été bien incapable. Le Journal de voyage était plus précis. Un autre détail prouve que Act I raconte le voyage sans avoir de documentation précise. Aux vv. 18-19 et 38, il se contente de reprendre des détails concernant la tempête qui faillit coûter la vie au prophète Jonas:

Jon 1,5		Act 27
καὶ ἐκβολὴν ἐποιήσαντο	18b	τῇ ἑξῆς ἐκβολὴν ἐποιοῦντο
	19	καὶ τῇ τρίτῃ αὐτόχειρες
τῶν σκευῶν τῶν ἐν τῷ πλοίῳ		τὴν σκευὴν τοῦ πλοίου
εἰς τὴν θάλασσαν		ἔρριψαν (εἰς τὴν θάλασσαν)
τοῦ κουφισθῆναι ἀπ'αὐτῶν	38b	καὶ ἐκουφίζετο τὸ πλοῖον
et ils firent le vide	18b	le lendemain ils faisaient le vide
	19	et le troisième, de leurs mains,
des objets qui [étaient] dans le		la cargaison
bateau		du bateau
dans la mer		ils [la] jetèrent dans la mer
pour qu'il en soit allégé	38b	et le bateau était allégé

3. Le débarquement à Malte

La fin du voyage par mer nous confirme que le récit ne doit rien à un témoin oculaire. Tous les détails, ou presque, sont repris de l'Odyssée d'Homère. Au bout de 14 nuits, au milieu de la nuit, les marins se doutèrent qu'une terre était proche. Inutile de se demander à quels signes ils le reconnurent; Act I ne s'en soucie pas. On fait aborder le navire, et les passagers descendent à terre. Le parallèle avec Odyss. 9,546-547 est évident:

Act 27,41b.28,1	Odyss 9,546-547
καὶ ἐλθόντες[1] ἐπέκειλαν	νῆα μὲν ἔνθ᾽ ἐλθόντες
τὴν ναῦν	ἐκέλσαμεν ἐν ψαμάθοισιν
καὶ καταβάντες	ἐκ δὲ καὶ αὐτοὶ βῆμεν
ἐπὶ τὴν γῆν...	ἐπὶ ῥηγμῖνι θαλάσσης
et, étant venus, ils échouèrent	étant venus, nous échouâmes là
le navire	le navire sur le sable,
et étant descendus	alors nous aussi nous prenons pied
à terre...	sur la grève de la mer

Les détails qui précèdent rappellent un autre passage de l'Odyssée: l'arrivée sur la petite île située au nord de la baie de Naples: «La nuit était profonde, on ne pouvait rien voir. Autour de nos navires, l'air était épais... Ainsi, nous n'avions pas vu l'île, ni les grosses vagues qui roulaient sur la rive, avant qu'on échouât les solides navires (πρὶν νῆας εὐσσέλμους ἐπικέλσαι).»[2] La nuit profonde, la terre (une île) que l'on pressent seulement et où l'on arrive brusquement, les grosses vagues qui rappellent la tempête, le navire que l'on échoue sur le rivage... Ce sont les mêmes détails qui sont donnés dans les deux récits.

4. Le séjour à Malte

Rien de bien précis n'est dit sur le séjour à Malte, qui ne semble pas avoir duré longtemps. Les voyageurs sont bien accueillis par les indigènes de l'île et, au moment où ils s'embarquent à nouveau, on leur donne tout ce qui sera nécessaire pour la fin de leur voyage. On retrouve ici un trait commun à tous les peuples de l'Orient méditerranéen: il est d'usage de combler de dons l'hôte de passage, au moment où il s'en va[3].

---

[1] La rétroversion en grec de ce verbe est basée sur le texte éthiopien. Nous avions opté pour le participe ἀπελθόντες, en raison du contexte antérieur, mais le verbe éthiopien traduit fréquemment aussi le verbe grec ἔρχεσθαι (cf. Act 4,23; 11,20; 12,12; 18,1; 20,2; 20,14; 21,8).

[2] Odyss. 9,143-148.

[3] Cf. Cyrus H. GORDON, "Homer and Bible. The Origin and Character of East Mediterranean Literature", dans Hebrew Union College Annual 26 (1955) 72.

5. L'arrivée à Rome

Act I ne donne aucun détail sur le trajet entre Malte et Rome. Il note seulement qu'à Rome, Paul obtint l'autorisation de demeurer en son particulier. Il était donc soumis au régime de la *custodia militaris* et pouvait loger hors du camp, avec un soldat pour le garder. Son bras droit devait être attaché par une chaîne au bras gauche du soldat. Mais il avait l'avantage de pouvoir recevoir qui il voulait dans son logement.

(Le récit de Act II: ⇒ p. 348)

VII. LE SÉJOUR À ROME
(28,17-31)

17a Or il arriva, après trois jours, qu'il convoqua ceux qui étaient les notables des Juifs. Eux s'étant rassemblés, **23b** ( ) il exposait, ayant rendu témoignage, le royaume de Dieu ( ). **25a** Étant en désaccord ( ), ils se retiraient.

À peine arrivé à Rome, Paul convoque les notables des Juifs (cf. 25,2). Comme il l'a fait durant ses deux voyages missionnaires, il s'adresse à ses coreligionnaires. Ne pouvant aller les trouver dans leur synagogue, puisqu'il est assigné à résidence, il les fait venir chez lui. Il leur expose alors comment, à partir du témoignage des Écritures, le royaume de Dieu va être restauré en faveur d'Israël (1,6), grâce au Christ (13,17ss; 17,2-3). Mais les notables juifs de Rome ne sont pas d'accord avec les vues de Paul, et "ils se retiraient". L'imparfait indique que le mouvement se prolonge: c'est l'ensemble des Juifs qui s'éloigne du message chrétien, qui le refuse.

L'auteur ne nous dit rien concernant le sort final de Paul, et l'issue de son procès. Il ne faut pas s'en étonner: son but était de montrer comment Paul avait annoncé l'évangile aux Juifs, et comment ceux-ci, en grande partie, avaient refusé son message. La menace qui pèse sur eux et qu'il avait évoquée en racontant la vision de Paul sur le chemin de Damas, vision calquée sur celle que le prophète Ézéchiel avait eue, est sur le point de se réaliser: Jérusalem sera détruite puisqu'elle n'a pas voulu écouter les paroles de l'envoyé de Dieu, elle n'a pas voulu comprendre le véritable sens des Écritures.

(Le récit de Act II: ⇒ p. 353)

LES RÉCITS DE ACT II

I. LE PREMIER VOYAGE MISSIONNAIRE
(13,1-14,28)

A) L'ENVOI EN MISSION
(13,1-3)

Le récit de Act I ne comportait que les vv. 1 et 3; c'est Act II qui a ajouté le v. 2, donnant ainsi au récit une dimension nouvelle.

1. Le rôle de l'Esprit

Dans le récit de Act I, l'envoi des missionnaires est le fait de la communauté d'Antioche. En ajoutant le v. 2, Act II en donne l'initiative à l'Esprit. C'est lui qui donne l'ordre de "mettre à part" Saul et Barnabé parce qu'il les a "appelés" en vue d'une œuvre déterminée. Cette intervention de l'Esprit dans la vie de l'église primitive avait été reconnue par l'auteur du Document P (8,29; 10,19) mais elle fut systématisée par Act II. Ici, c'est lui qui choisit Paul et Barnabé pour les envoyer en mission. Plus tard, c'est lui qui guidera les pas de Paul en lui disant où aller porter l'évangile (16,6.7; et dans le seul TO: 19,1; 20,3; cf. 17,15). Le rapprochement avec 16,7.10 est spécialement intéressant puisque, comme en 13,2, ce passage mentionne l'activité de l'Esprit (v. 7), puis une vision en suite de laquelle Paul et ses compagnons concluent que Dieu "les a appelés" pour évangéliser les Macédoniens.

Mais en mettant en évidence cette activité de l'Esprit, Act II a un but plus précis; il veut montrer que les prétentions de Paul ne sont pas vaines. En Gal 1,15, celui-ci dit, en parlant de Dieu: «... lui qui m'a mis à part (ὁ ἀφορίσας με) dès le sein de ma mère et qui m'a appelé (καλέσας) par sa grâce...» De même, l'épître aux Romains commence par ces mots: «Paul, serviteur du Christ Jésus, appelé (κλητός) à l'apostolat, mis à part (ἀφωρισμένος) en vue de l'évangile de Dieu...» Act II fait écho à ces deux textes lorsqu'il fait dire à l'Esprit: «Mettez-moi à part (ἀφορίσατε) Barnabé et Saul en vue de l'œuvre à laquelle je les ai <u>appelés</u> (προσκέκλημαι).» La mission de Paul résulte immédiatement d'un appel de l'Esprit de Dieu.

2. Barnabé et Saul

Au niveau de Act I, les missionnaires étaient au nombre de cinq: ceux qui sont mentionnés au v. 1. En ajoutant le v. 2, Act II restreint ce nombre à deux: Barnabé et Saul. Effectivement, dans la suite du récit, ce sont les deux seules figures qui vont apparaître. Ce fait est surtout sensible dans l'épisode de Lystre (14,11-15a) suivi du départ pour Derbé (v. 20b), passages composés par Act II: il est évident que, pour lui, il n'y a en scène que Paul et Barnabé. Ainsi se continue ce que le Christ lui-même avait inauguré: après avoir "appelé" les Douze, il les envoie "deux par deux" en mission (Mc 6,7; cf. Lc 10,1). Le texte de Marc mentionne ensuite que le Christ donna aux missionnaires "pouvoir sur les esprits impurs" (6,7b). De là vient peut-être l'insistance de Act II sur les signes et prodiges accomplis par Paul durant ce premier voyage missionnaire (14,3.8-10).

3. Le service liturgique

Le v. 2 commence par cette remarque "Tandis qu'ils célébraient le culte du Seigneur". On reconnaît là les préoccupations liturgiques et ecclésiales de Act II (cf. 2,42.46-47). De même, au début du v. 3 (cf. v. 2), il ajoute à la mention de la prière celle du jeûne, comme en 10,30 et 14,23 (cf. Lc 2,37; 5,33; Mat 6,5-8.16-18).

(Le récit de Act III: ⇒ p. 357)

B) L'ÉVANGÉLISATION DE CHYPRE
(13,4-12)

Act II a repris le récit de Act I en y apportant trois modifications.

a) À la fin du v. 5, il a ajouté le renseignement que Barnabé et Saul avaient Jean pour les aider. Celui-ci les quittera à Pergé (13,13). Ainsi est préparé le motif de la dispute qui opposera Paul à Barnabé en 15,36ss. D'après Col 4,10, Jean, appelé aussi Marc (12,12.25) était le cousin de Barnabé.

b) Dans le récit primitif, le proconsul Sergius Paulus se convertissait au christianisme, convaincu par la solidité de la "doctrine" exposée par Paul (13,12b, TA). Act II remplaça cette finale par une autre, qu'il jugea peut-être plus vraisemblable: le proconsul se serait converti à la vue du châtiment tombé brusquement sur le mage Élymas (13,12a). On reconnaît là l'intérêt de Act II pour la force apologétique des miracles.

c) Au v. 9, Act II précise que Saul s'appelait aussi Paul. Il est probable qu'il portait depuis longtemps ces deux noms, en raison de sa double nationalité: Saul, qu'il utilisait dans les milieux juifs, et Paulus (un nom "romain") qu'il utilisait dans les milieux païens. Act II l'appellera désormais "Paul" probablement parce que c'était le nom que l'apôtre se donnait toujours dans ses lettres et sous lequel il était connu des milieux chrétiens à l'époque où écrivait notre auteur. Mais pourquoi Act II note-t-il ici que Saul s'appelait aussi Paul? Il est difficile de ne pas mettre ce changement de nom en relation avec le personnage de Sergius Paulus qui domine tout le présent récit. Act II voudrait-il insinuer que Saul aurait pris le nom de Paul par attachement pour le proconsul qu'il venait de convertir au christianisme?

Nous avons vu que Act II était responsable de la réduction du nombre des missionnaires à deux: Barnabé et Saul (13,2), ce qui leur donnait une importance particulière. Mais pour lui, c'est Paul qui est le personnage principal, qu'il va toujours nommer en premier: Paul et Barnabé (13,43.46.50; 14,14 TO; 15,2.22), tandis que Act I avait l'ordre Barnabé et Saul (11,30; 12,25; 13,1.7), ordre que reprend Act III (mais avec changement de Saul en Paul) par fidélité pour cette source (14,14 TA; 15,12.25).

(Le récit de Act III: ⇒ p. 357)

C) PAUL ET BARNABÉ À ANTIOCHE DE PISIDIE
(13,13-50)

1. Le kérygme habituel

a) Act II a ajouté les vv. 24-25, concernant Jean-Baptiste, le précurseur de Jésus. Il s'intéresse en effet beaucoup au Baptiste en tant que précurseur (1,22; 10,37). Ici, l'activité de Jean est décrite en fonction de Mal 3,1-2: «Voici que j'envoie mon ange et il préparera un chemin devant ma face... Voici qu'il vient... et qui supportera le jour de son arrivée?» Les mots que nous avons soulignés se retrouvent, en ordre en partie inversé, aux vv. 24-25: «tandis que Jean proclamait à l'avance devant la face de son arrivée... Voici que vient après moi...» Cette référence implicite à l'oracle de Malachie implique que le Baptiste est identifié au prophète Élie (Mal 3,22-23; cf. Lc 1,17.76)[1], ce que refusait Act I pour qui c'était Jésus le nouvel Élie. Act II retrouve ainsi la tradition synoptique telle

---

[1] On notera ce rapprochement avec l'évangile de l'enfance, si fréquent au niveau de Act II.

qu'elle est attestée en Mat 3,4 (cf. Mc 1,6): le vêtement de Jean-Baptiste est décrit en référence à celui d'Élie (2 Rois 1,8); et en Mat 17,10-13 (cf. Mc 9,11-13), texte dans lequel Jésus lui-même fait le rapprochement entre Jean-Baptiste et Élie.

Le v. 25 insiste sur le fait que le Baptiste n'était pas le Christ, comme en Lc 3,15-16. On sait que les disciples de Jean le tenaient pour le Messie, et ils devaient être nombreux en Asie Mineure (cf. Act 19,1-6). Leurs prétentions auraient été réduites à néant par le Baptiste lui-même[1].

b) Act II a également ajouté tous les détails sur la mort et la résurrection de Jésus, aux vv. 27-31. Dès le v. 27, il présente la mort de Jésus en excusant les Juifs au maximum. Tout d'abord, les auteurs de cette mort ne sont pas tous les Juifs, mais seulement les habitants de Jérusalem et leurs chefs. Par ailleurs, ils ont agi par ignorance et ils n'ont fait qu'accomplir les Écritures. Pour un peu, Act II dirait qu'ils n'ont été que les instruments de la volonté divine. Il avait eu la même réaction en ajoutant, dans des termes analogues, 3,17-18 à la fin d'un discours de Pierre composé par l'auteur du Document P.

Act II reconnaît que les Juifs de Jérusalem ont livré Jésus à Pilate après l'avoir jugé. Mais il généralise ensuite la donnée de la tradition synoptique concernant l'ensevelissement du Christ (v. 29): ce n'est plus le seul Joseph d'Arimathie qui l'aurait effectué (Lc 23,50 et par.), mais ceux-là même qui l'avaient livré à Pilate. Quand on sait que l'ensevelissement des morts constituait une des "actions bonnes" recommandées par la tradition juive, on peut penser que Act II veut ici encore présenter les Juifs de Jérusalem sous un aspect favorable.

Les vv. 29b-31a, complétés par le v. 27, font écho au kérygme primitif tel qu'il est donné par Paul en 1 Cor 15,3-5:

1 Cor 15,3-5	Act 13,29b-31a
Je vous ai transmis ce que j'ai moi-même reçu, à savoir:	
le Christ est mort pour nos péchés	
selon les Écritures (τὰς γραφάς)	cf. v. 27 (τὰς γραφάς)
et il fut enseveli	et... ils le mirent au tombeau.
et il est ressuscité (ἐγήγερται)	Celui que Dieu a ressuscité (ἤγειρεν),
le troisième jour	
selon les Écritures (τὰς γραφάς)	
et il est apparu (ὤφθη)	il est apparu (ὤφθη)
à Céphas...	à ceux qui...

Le v. 31 mentionne les apparitions de Jésus à Jérusalem "pendant de nombreux jours". La durée du temps des apparitions n'est pas aussi précise qu'en

[1] Voir une réaction analogue en Mat 3,14-15.

Act 1,3, mais ce dernier passage suppose qu'il y en eut un certain nombre, tandis que le Document P et Act I n'en ont mentionné qu'une seule. La formule "à ceux qui étaient montés avec lui de Galilée à Jérusalem" reprend probablement celle de Mc 15,41: «...et beaucoup d'autres qui étaient montées avec lui à Jérusalem.» Quant au thème du témoignage, mentionné à la fin du verset, il se retrouve dans tous les résumés du kérygme primitif dans les Actes.

c) Au niveau de Act I, le discours de Pierre contenait comme preuve scripturaire les citations de Ps 2,7 (v. 33) et Ps 16,10 (v. 35). La première citation exaltait la domination du Roi messianique et l'assujettissement de toutes les "nations" (v. 1) qui seront brisées "avec un sceptre de fer" (v. 9). Ce texte a paru trop négatif à l'égard des païens (les "nations"), et Act II a inséré au v. 34 une citation de Is 55,3: «Je vous donnerai les choses saintes de David, les fidèles.» Quelles sont ces "choses saintes de David"? Le texte d'Isaïe continue: «Voici que je l'ai établi comme témoignage parmi les nations, comme chef et commandeur sur les nations. Les nations qui t'ignoraient t'invoqueront et les peuples qui ne te connaissent pas se réfugieront auprès de toi...» Jésus est toujours le roi messianique, mais son royaume va s'étendre à toutes les nations.

Après la citation de Ps 16,10, qu'il lisait dans Act I, Act II ajoute une glose: «David... fut adjoint à ses pères[1] et il vit la corruption»; ce n'est donc pas lui que concernait l'affirmation contenue dans ce psaume. Elle s'est réalisée en Jésus. Act II avait tenu un raisonnement semblable en 2,34-35.

d) En 3,19-20, Pierre exhortait ainsi ses auditeurs: «Repentez-vous donc et convertissez-vous pour que soient effacés vos péchés afin que survienne sur vous, de la face de Dieu, le temps du réconfort et qu'il envoie... le Christ» La restauration du peuple d'Israël doit être précédée par une purification de tout péché, ce que Act I exprimait encore en 13,38a: «Qu'il vous soit donc connu, hommes (mes) frères, que, par celui-ci, vous est annoncée la rémission des péchés.» Mais Act II va développer ce thème, aux vv. 38b-39, dans une perspective typiquement paulinienne, telle qu'elle est exposée dans la lettre aux Galates.

Au temps d'Abraham, la Loi mosaïque n'existait pas. Si Abraham fut "justifié" par Dieu, c'est en raison de sa foi (Gen 15,6). Maintenant donc, les hommes doivent obtenir leur justification, non pas en observant les œuvres de la Loi, mais par la foi: «Sachant que l'homme n'est pas justifié par les œuvres de la Loi, mais par la foi du Christ Jésus; et nous, nous avons cru au Christ Jésus afin d'être justifiés par la foi du Christ et non par les œuvres de la Loi» (Gal 2,16). Ou encore: «Et puisque Abraham crut en Dieu et que cela lui fut compté à justice (cf. Gen 15,6), sachez que sont fils d'Abraham ceux qui (vivent) de la foi» (Gal 3,6-

---

[1] La formule est biblique: Jug 2,10; 2 Rois 22,20; cf. 2 Sam 7,12; 1 Rois 2,10; 11,21; etc.

7). Ceux qui se réclament des œuvres de la Loi, au contraire, sont sous le coup de la malédiction (3,10). Ce sont toutes ces idées que Act II résume en ajoutant au texte de Act I: «...de tout ce dont vous n'avez pas pu être justifiés par la Loi de Moïse, en celui-ci (le Christ) quiconque croit est justifié» (Act 13,38b-39). La Loi mosaïque n'a été qu'une parenthèse dans la vie du peuple d'Israël. Toute l'espérance d'Israël se rattache à la grande figure d'Abraham. C'est à lui que la promesse a été faite. Et de même qu'Abraham fut justifié et reçut la promesse en raison de sa foi, de même les chrétiens ne peuvent obtenir leur justification qu'en raison de leur foi, et de leur foi dans ce Jésus que Dieu vient de ressusciter.

2. L'appel des païens au salut

a) Act II a profondément remanié la conclusion de l'épisode de façon à y introduire le thème de l'appel des païens au salut. Il remplace d'abord le v. 43 par les vv. 42, 43c (TO) et 44: à la sortie de la synagogue, on demande à Paul et à Barnabé de redonner le même discours le sabbat suivant (v. 42). La nouvelle s'en répand par toute la ville (v. 43c TO), si bien que, le moment venu, presque toute la ville est là pour écouter Paul (v. 44). Dans la perspective de Act II, il était nécessaire de dédoubler la scène en deux sabbats successifs, de façon à donner à Paul un auditoire considérable. Et c'est précisément cet afflux de gens qui excite la jalousie des Juifs, lesquels se mettent à contredire Paul et à blasphémer (v. 45). Il est clair maintenant qu'ils refusent en bloc la prédication de Paul. Devant ce refus, Paul annonce qu'il va se tourner désormais vers les païens (v. 46), et il justifie cette nouvelle orientation en invoquant l'oracle de Is 49,6, cité plus ou moins littéralement au v. 47. Joie des païens, dont beaucoup accueillent la Parole et embrassent la foi chrétienne (v. 48). À ce point-là, Act II reprenait le récit de Act I en indiquant la persécution contre Paul et Barnabé de la part des Juifs, et leur expulsion de toute la région (v. 50). Ce verset était nécessaire pour faire la transition avec l'épisode suivant.

b) Pour mieux comprendre les motivations de Act II, reportons-nous à la façon dont il avait légèrement modifié le récit de l'ascension (p. 139). Dans ce récit, Act I avait fait demander au Christ par les apôtres: «Seigneur, est-ce en ce temps-ci (que) tu rétabliras le royaume pour Israël?» (1,6). C'était l'amorce du thème que Act I développera dans le discours de Pierre en 3,19ss (cf. pp. 105ss), puis dans le discours de Paul du présent épisode, (cf. pp. 238ss). Ce thème suppose une eschatologie fortement judaïsante et nationaliste. Act II pense qu'elle est périmée et il avait modifié le récit de l'ascension en conséquence, changeant légèrement le sens du v. 6, et surtout ajoutant le v. 8 dont la finale contient une allusion à l'oracle d'Is 49,6: il ne s'agit plus de restaurer les tribus de Jacob, mais d'apporter la lumière aux nations païennes, jusqu'aux extrémités de la terre. Sa réaction ici est identique. Après le discours à tendance nationaliste attribué à Paul, composé par Act I dans la ligne de 1,6, Act II ajoute le thème du rejet d'Israël (v. 46) et celui de l'appel des païens au salut en citant à nouveau, mais de façon plus claire, l'oracle de Is 49,6. Le thème d'une restauration politique d'Israël a complètement disparu de l'horizon; il est remplacé par celui de l'entrée en masse des païens dans le royaume.

3. La joie des disciples

Il faut dire un mot ici du v. 52: «Et les disciples étaient remplis de joie et d'Esprit saint.» En effet, par delà les vv. 49-51, de Act I, ce v. 52 se rattache au v. 48: la joie est celle des disciples nouvellement convertis. Ces vv. 48 et 52 reprennent les expressions de Paul en Rom 15,13: «Que le Dieu de l'espérance vous remplisse <u>de toute joie</u> et de paix du fait que <u>vous croyez</u>, pour que vous soyez riches d'espérance, dans la puissance de <u>l'Esprit saint</u>.» On notera qu'en Rom 15,9a, avant les citations bibliques qui constituent les vv. 9b-12, Paul a parlé des gentils qui glorifient Dieu, thème qui se lit également en Act 13,48a.

(Le récit de Act III: ⇒ p. 358)

D) PAUL ET BARNABÉ À ICONIUM
(13,51-14,6)

1. L'appel des païens au salut

Rappelons que Act III (TA) a conservé le récit de Act I aux vv. 1-2 et 5-6. Mais, dans le TO, qui nous donne le texte de Act II, les vv. 2 et 5-6 sont rédigés de façon très différente. Cela provient de ce que Act II a modifié le récit de Act I en fonction de la nouvelle finale qu'il a donnée au récit précédent: refus des Juifs et appel des païens au salut.

Selon Act I, au v. 2 (TA), les Juifs restés incrédules à la prédication de Paul excitèrent les païens contre les frères. Il en résulta que païens et Juifs se préparèrent à faire violence aux deux apôtres, Paul et Barnabé, et à les lapider (v. 5, TA). Cette présentation des faits était trop défavorable aux païens pour être conservée par Act II (cf. 13,48). Il remplace donc d'abord le v. 2 (TA) par une composition de son crû (TO): ce sont uniquement les chefs de la synagogue et les autorités de la ville qui suscitent une persécution contre les justes, c'est-à-dire contre les chrétiens. Il n'est plus question des païens en tant que tels.

Il modifie également le v. 5 pour diminuer la culpabilité des païens. Act I (TA) avait écrit: «Or comme il y eut assaut des <u>gentils et des Juifs</u>, avec leurs chefs, pour les maltraiter et les lapider...»; les païens sont nommés les premiers, dans la ligne de ce que Act I avait écrit au v. 2. Act II (TO) préfère écrire: «Et de nouveau suscitèrent une persécution pour la deuxième fois, <u>les Juifs avec les</u>

gentils...» Les Juifs sont nommés les premiers, et les termes du v. 2 (TO) sont repris au v. 5 pour bien montrer que l'initiative de la persécution revient aux Juifs. Les païens passent au second plan, et ils ne doivent représenter qu'une partie d'entre eux d'après le v. 4.

Enfin Act II modifie le v. 6 pour préparer le récit suivant, qui va se passer à Lystre et où il sera question de la prédication aux païens.

2. Les "justes" persécutés

Dans la nouvelle rédaction qu'il donne du v. 2, Act II (TO) change le terme de "frères", utilisé par Act I pour désigner les chrétiens, en celui de "justes". Pourquoi ce changement? Comme ce terme ne se lit nulle part ailleurs en ce sens dans le reste du NT, on peut penser à une influence de l'AT, et spécialement des psaumes où il est question des "justes" persécutés. Ceci nous est confirmé par le rapprochement de Act 14,2 (TO) avec 2 Tim 3,11. Mais pour le comprendre, il faut élargir les données du problème. En Act 13-14, Paul passe successivement par Antioche de Pisidie, Iconium et Lystre, et partout il subit des persécutions de la part de Juifs fanatisés. Act II accentue cette constance dans les persécutions en uniformisant les formules; ils "suscitèrent une persécution" (ἐπήγειραν διωγμόν TA) d'abord à Antioche (13,50), puis deux fois à Iconium (14,2.5). À Lystre comme à Iconium, ils lapidèrent Paul (14,5.19). Ceci correspond à ce que Paul lui-même avait écrit en 2 Tim 3,10-11; il rappelle à Timothée: «Pour toi, tu m'as suivi... dans les persécutions (διωγμοῖς), dans les souffrances, qui me sont survenues à Antioche, à Iconium, à Lystres; quelles persécutions (διωγμούς) n'ai-je pas eu à subir?» Le lien entre les deux textes est évident. Or Paul termine sa tirade en se référant à Ps 34,20, où il est question du juste persécuté, mais délivré par Dieu. Relisons à la suite ces trois textes:

> Act 14,2:   ils suscitèrent une persécution contre les justes
>   mais le Seigneur rapidement donna la paix
>
> 2 Tim 3,11: quelles persécutions n'ai-je pas eu à subir?
>   et de toutes le Seigneur m'a délivré
>
> Ps 34,20:   nombreuses sont les tribulations des justes
>   et de toutes Il les délivrera

Comment douter que Act II fasse allusion à Ps 34,20, comme Paul (ou celui qui écrit en son nom) en 2 Tim 3,11?

3. Les signes et les prodiges

Act II inséra aussi la fin du v. 2 (TO) et les vv. 3-4, qui sont liés. Pour préparer le v. 3, Act II ajoute d'abord la fin du v. 2: après la persécution, le

Seigneur donna rapidement la paix, condition nécessaire pour que Paul et Barnabé puissent exercer leur ministère. Celui-ci est décrit au v. 3, en termes qui rappellent 4,29-31.33. Le Seigneur leur donne d'accomplir des signes et des prodiges et par là il rend témoignage à la Parole qu'ils annoncent; les apôtres sont ainsi pleins d'assurance. Cet apostolat de Paul et de Barnabé va durer "un temps assez long". Le lecteur peut en conclure facilement qu'il dut y avoir bon nombre de conversions parmi les païens, ce qui était exclu dans la perspective de Act I. Le v. 4 prépare le v. 5 où Act II retrouve le texte de Act I. La population de la ville, entendez par là la population païenne, se partagea, les uns étant pour les Juifs, les autres pour les apôtres. Les uns se sont laissé convaincre par la prédication de Paul et de Barnabé (v. 3) tandis que d'autres se laissent entraîner par les Juifs.

4. Paul et Barnabé sont lapidés

Par ailleurs, dans le récit de Act I, Paul et Barnabé avaient échappé à la lapidation en se réfugiant en Lycaonie (vv. 5b-6a, TA). Dans le récit de Act II (TO), ils sont effectivement lapidés et jetés hors de la ville. Act I ne parle nulle part d'une lapidation effective de Paul. Mais ce dernier, en 2 Cor 11,25, déclare qu'il fut lapidé une fois. C'est pour remédier à cette lacune dans les informations de Act I que Act II a changé la tentative de lapidation en lapidation effective. Et pour faire bonne mesure, il imaginera Paul lapidé une seconde fois à Lystre (14,19).

Selon Act I, Étienne avait été entraîné hors de la ville pour y être lapidé (7,58). Selon Act II (14,5 TO; cf. 14,19c), Paul et Barnabé sont d'abord lapidés, puis jetés hors de la ville. Malgré cette différence (cf. Lc 20,12), Act II a peut-être voulu assimiler le sort de Paul et de Barnabé à celui d'Étienne, moins la mort. Tous sont des Hellénistes.

(Le récit de Act III: ⇒ p. 359)

E) PAUL ET BARNABÉ À LYSTRE
(14,6-20a)

Ce récit fut composé entièrement par Act II, à l'exception des vv. 15b-17 qui donnent le contenu de la prédication de Paul aux païens.

1. Les intentions de Act II

Quelles furent les intentions de Act II en ajoutant ce récit à ceux de Act I?

a) Selon Act II, à la fin de leur séjour à Antioche de Pisidie Paul et Barnabé décident d'abandonner les Juifs et de se tourner vers les païens (13,46) de façon à réaliser l'oracle de Is 49,6: «Voici (que), lumière, je t'ai établi parmi les gentils pour que tu sois un moyen de salut jusqu'aux extrémités de la terre» (13,47). Cette ouverture aux païens était absente des perspectives de Act I puisque, dans l'épisode suivant, à Iconium, Paul et Barnabé ne prêchent que dans la synagogue des Juifs (14,1). C'est pour montrer comment les deux apôtres ont réalisé cette ouverture aux païens, annoncée en 13,46-47, que Act II a composé l'épisode de Lystre.

En effet, après avoir mentionné l'arrivée de Paul et de Barnabé dans la seule ville de Lystre (v. 6), Act II ajoute: «Et ils annonçaient l'évangile et toute la population fut remuée par leur enseignement» (v. 7 TO). La communauté juive de Lystre devait être assez restreinte et l'expression "toute la population" ne peut alors désigner que la population païenne de la ville. Elle est "remuée" par l'enseignement que donnent Paul et Barnabé. Le verbe doit être pris dans un sens favorable. Sans parler de "conversion", Act II veut nous dire que la population païenne de la ville accueille favorablement la prédication des deux apôtres (cf. Mat 7,28). Nous sommes bien dans la ligne des préoccupations de cet auteur: son intérêt pour le monde païen face au christianisme.

b) Selon Act I, Paul et Barnabé n'auraient eu à subir des persécutions qu'à Antioche de Pisidie et à Iconium. Mais en 2 Tim 3,10-11, Paul écrit à son disciple: «Pour toi, tu m'as suivi dans mon enseignement... dans les persécutions et les souffrances qui me sont survenues à Antioche, à Iconium, à Lystre. Quelles persécutions n'ai-je pas eu à subir? Et de toutes le Seigneur m'a délivré.» En commentant Act 14,2, composé par Act II, nous avons vu le rapprochement que l'on pouvait faire entre ce verset des Actes et 2 Tim 3,11. On peut dès lors penser que si Act II nous montre maintenant Paul (et Barnabé) à Lystre, où ils vont subir des persécutions de la part des Juifs venus d'Antioche et d'Iconium (14,19), c'est en référence au texte de 2 Tim 3,11: Paul a subi des persécutions de la part des Juifs, non seulement à Antioche et à Iconium, mais aussi à Lystre.

2. La guérison d'un infirme

Aux vv. 8-10, nous lisons le récit de la guérison d'un infirme par Paul. Donnons quelques détails sur ce récit qui nous permettront d'en dégager la signification générale.

a) Du point de vue littéraire, ce récit est copié sur celui qui se lisait dans le Document P en 3,2ss. Non seulement le schéma est le même, mais les contacts littéraires sont assez étroits. Le début des deux récits offre la même séquence "un homme... dès le sein de sa mère...celui-ci". Dans les deux cas, Pierre ou Paul "regarde" l'infirme avant de le guérir. La finale est analogue: d'un côte, l'infirme guéri "marchait joyeux et bondissant" (3,8 TO); de l'autre "il bondit et il marchait" (14,10). Par cet emprunt littéraire, Act II veut souligner que Paul accomplit les mêmes miracles que Pierre: il est son égal.

b) Mais deux détails propres à ce récit lui donnent une signification particulière. D'une part, l'infirme a écouté Paul parler, c'est-à-dire annoncer l'évangile. D'autre part, Paul comprend que cet infirme a une foi qui le dispose à être sauvé (cf. Lc 5,20 et par.). Ce dernier verbe a probablement un double sens: être guéri de son infirmité, mais aussi obtenir le salut eschatologique annoncé par Paul. Deux conséquences découlent de ces remarques. Tout d'abord, puisque Act II ne précise pas que l'homme était un juif, il le tient sans doute pour un païen, un de ceux qui ont été "remués" par la prédication de Paul d'après le v. 7b (TO). Il s'agit donc bien de l'admission des païens au salut eschatologique. Par ailleurs, cet homme a cru sans l'aide d'un miracle, grâce à la seule force de persuasion de la prédication de Paul. Cette constatation va prendre tout son sens dans la suite du récit.

3. Barnabé et Paul sont pris pour des dieux

À la vue du miracle, la foule est enthousiasmée, et même un peu trop. Les gens s'imaginent que des dieux sont descendus à Lystre. Barnabé serait Zeus, et Paul serait Hermès puisque c'est lui qui parle et qu'Hermès était celui qui commandait ou dirigeait la parole[1] (vv. 11-12). La méprise va même si loin que les prêtres du Zeus-de-devant-la-ville veulent leur offrir des sacrifices (v. 13). Paul et Barnabé arrivent à grand peine à dissiper l'équivoque en affirmant qu'ils sont des hommes comme eux (vv. 15a.18). Finalement, tout le monde rentre chez soi.

Par cette scène, Act II veut mettre en garde contre le danger des miracles. Sans doute, accomplis devant des Juifs, ils peuvent étayer la prédication apostolique (14,3); c'était, on l'a vu, la position de Act I reprise par Act II. Mais il faut se méfier de la réaction des païens et de leur conception assez grossière de la divinité. Leurs contes mythologiques les ont habitués à voir des dieux prendre forme humaine et venir sur la terre pour se mêler aux hommes. La suite du récit montrera d'ailleurs que leur enthousiasme va se changer en haine lorsque les Juifs venus d'Iconium et d'Antioche vont les exciter contre Paul (v. 19; cf. Jn 2,23-25).

On comprend alors le sens profond du récit de la guérison de l'infirme: il a cru en écoutant l'enseignement de Paul, et non à la suite d'un miracle. En milieu païen, la force persuasive de la Parole vaut mieux que celle des miracles.

---

[1] Cf. JAMBLIQUE, *De myst. aegypt.*, 1: Hermès est invoqué comme θεὸς ὁ τῶν λόγων ἡγεμών.

4. La persécution contre Paul

Après l'enthousiasme populaire, il y a un retournement de situation sous la pression de Juifs venus d'Antioche et d'Iconium (v. 19) et Paul est lapidé par la foule. Cette persécution contre Paul à Lystre, nous l'avons vu, correspond à ce que Paul écrivait en 2 Tim 3,11. Mais Act II veut peut-être aussi établir un parallèle entre Paul et Étienne. Ce dernier avait d'abord obtenu quelques succès de prédication auprès du peuple (6,8; cf. 5,13). Mais les Juifs de la synagogue des Affranchis font répandre des calomnies à son sujet (6,9-11), ce qui provoque un retournement de la foule qui entraîne Étienne hors de la ville et le lapide (7,57-58 TO). C'est exactement ce qui arrive à Paul à Lystre. Que l'on se rappelle aussi le précédent de Jésus. La foule lui était favorable jusqu'au moment où, devant Pilate, à l'instigation des autorités juives, elle se retourne contre Jésus et réclame sa mort. Il en va donc des païens comme des Juifs: l'enthousiasme populaire peut n'avoir qu'un temps.

(Le récit de Act III: ⇒ p. 359)

F) LE RETOUR À ANTIOCHE DE SYRIE
(14,21-28)

Au niveau de Act I, Paul et Barnabé rentraient directement de Lycaonie (Lystre et Derbé; v. 6) à Antioche de Syrie (v. 26a) par la voie de terre. C'est Act II qui les a fait revenir par les villes déjà évangélisées par eux lors de ce premier voyage missionnaire et qui a décrit leur retour à Antioche de Syrie. Il a donc rédigé les vv. 21-28.

1. L'évangélisation de Derbé (v. 21a)

Selon Act II, Paul et Barnabé auraient passé un certain temps à Derbé, évangélisé la ville et fait de nombreux disciples. Pour indiquer ce dernier fait, il utilise un verbe dérivé du mot "disciple": μαθητεύειν. Ce verbe ne se lit ailleurs que trois fois dans l'évangile de Matthieu, et spécialement en Mat 28,19, où le Christ ressuscité dit aux apôtres: «Étant partis, faites-disciples (μαθητεύσατε) toutes les nations.» Act II ferait-il allusion à cette parole de Jésus? Si oui, il aurait voulu par là justifier encore une fois l'apostolat de Paul parmi les nations païennes: n'était-ce pas le dernier message du Ressuscité à ses apôtres?

2. Le retour à Antioche de Syrie (vv. 21b-26)

Nombre de commentateurs ont noté l'invraisemblance d'un tel récit. Paul et Barnabé ont dû quitter Antioche de Pisidie, chassés par les notables de la ville

(13,50); ils se sont enfuis d'Iconium, sachant que la population s'apprête à les lapider (14,5-6); Paul lui-même n'échappe pas à la lapidation à Lystre, où on le jette hors de la ville en le croyant mort (14,19). Et voilà que, peu de temps après, Paul et Barnabé repassent par Lystre, Iconium et Antioche (v. 21) comme si rien ne s'était passé de ces événements tragiques! Ils prennent le temps d'affermir les fidèles dans la foi (v. 22), et d'organiser les églises en y instituant des Anciens (v. 23). Lorsqu'ils évangélisent les villes nouvelles: Derbé (v. 21), Pergé ou Attalie (v. 25), ils le font dans la paix sans que les Juifs essaient de s'opposer à leur prédication. Nous sommes loin des récits tragiques de Act I. L'atmosphère est au contraire celle que Act II a voulu créer à l'occasion, en notant que Dieu a donné la paix après la persécution (14,2b TO), ce qui permet aux deux apôtres de prêcher librement en accomplissant signes et prodiges au nom de Jésus (14,3). Sans doute, dans les récits de Act I, Paul reviendra visiter les églises qu'il a fondées (15,40ss), mais ce sera beaucoup plus tard, alors que les esprits auront eu le temps de se calmer. Act II a donc anticipé cette décision de Paul, qu'il lisait dans les récits de Act I.

3. L'arrivée à Antioche de Syrie (vv. 26-28)

Arrivés à Antioche, Paul et Barnabé rassemblent les fidèles et leur rendent compte de la façon dont ils ont accompli leur mission. C'est normal puisqu'ils avaient été envoyés par cette même assemblée, sur l'ordre de l'Esprit (13,1-3). Au v. 26, l'expression "pour l'œuvre" (εἰς τὸ ἔργον) fait écho à 13,2, où elle se lisait déjà. Paul et Barnabé reconnaissent d'ailleurs que le succès de leur apostolat est dû à Dieu, qui a agi par eux. Ce succès vient de ce qu'ils avaient été "remis à la grâce de Dieu" par les frères d'Antioche (v. 26). Ceux-ci agiront de même lorsque Paul partira pour son deuxième voyage missionnaire (15,40). Act II reprend ce thème à Act I pour lier davantage les voyages de Paul.

On notera l'insistance sur le thème de la conversion des païens, à la fin du v. 27, lui aussi rapporté à l'action divine; nous sommes bien dans la perspective ouverte par Act II dans les récits précédents.

4. Les influences pauliniennes

En rédigeant cette petite section, Act II se fait l'écho de plusieurs textes des épîtres de Paul.

a) Au v. 22, Paul et Barnabé affermissent les disciples comme Paul avait donné mission à Timothée de le faire lorsqu'il l'avait envoyé à Thessalonique, craignant que les nouveaux convertis ne soient ébranlés par les persécutions des Juifs contre eux:

Act 14,22	1 Thess 3,2-3
affermissant les âmes des disciples,	pour vous affermir
et (les) exhortant	et (vous) exhorter
à demeurer dans la foi	au sujet de votre foi
et (disant) que,	pour que nul ne fût ébranlé
par beaucoup d'épreuves	dans ces épreuves.
il faut entrer	
dans le royaume de Dieu.	

La finale rappelle les paroles du Christ rapportées en Mat 5,10-12, et aussi le thème eschatologique traditionnel: une grande persécution va s'abattre sur le peuple de Dieu avant l'avènement du Royaume (cf. Dan 11,40-12,3). Mais Act II pense sans doute aussi aux textes où Paul exprime la même idée, soit 2 Thess 1,4-5, soit 2 Cor 4,17: les "épreuves" présentes nous préparent au royaume eschatologique, à la gloire céleste.

b) Au début du v. 23, Act II nous dit que Paul et Barnabé instituèrent des Anciens en chaque communauté. C'est l'ordre que Paul avait donné à Tite: «Si je t'ai laissé en Crète, c'est pour que tu achèves de tout organiser et que tu établisses des Anciens en chaque ville» (Tit 1,5). Et, comme le fait remarquer J. Dupont dans une note de la BJ[1], en Act 14,23 comme en Tit 1,5, les Anciens sont choisis non par la communauté, ce qui correspondait à l'usage hérité des communautés juives, mais par les apôtres. On retrouve ici l'intérêt de Act II pour l'organisation ecclésiale.

Le thème de l'imposition des mains, lié à ceux de la prière et du jeûne (cf. 10,30, de Act II), nous rappelle la scène décrite en 13,3. Mais dans ce dernier texte (fondamentalement de Act I), l'imposition des mains, faite par la commu-nauté, était ordonnée à l'envoi en mission; ici, faite par Paul (et Barnabé), elle confère une véritable "ordination", comme en 2 Tim 1,6 où Paul écrit à son disciple: «Je t'invite à raviver le don de Dieu qui est en toi par l'imposition de mes mains.» Comme le note E. Osty[2], dans ce dernier texte le don de Dieu n'est autre que "la grâce de l'ordination". Act II réinterprète donc la scène décrite en Act 13,3, de Act I, dans le sens de 2 Tim 1,6[3].

c) En instituant les Anciens dans les églises qu'ils reviennent visiter, Paul et Barnabé "les remirent au Seigneur en qui ils avaient cru" (v. 23). Paul fera de même dans l'exhortation qu'il adressera à Milet aux Anciens d'Éphèse: «Et

---

[1] BJ, p. 135, note c.

[2] Le Nouveau Testament. Traduction nouvelle, Paris, 1949, p. 457.

[3] Opposer 1 Tim 4,14, où l'ordination de Timothée est faite par l'imposition des mains de tout le collège des Anciens.

maintenant, je vous remets au Seigneur» (Act 20,32). Cette formule ne se lit nulle part ailleurs dans le NT. Tout est placé sous l'influence de Dieu. Pour cette raison, Paul et Barnabé en 14,27, Paul seul en 15,40, seront "remis à la grâce de Dieu".

d) Enfin, au v. 27, Paul et Barnabé rapportent à la communauté d'Antioche que Dieu "a ouvert aux gentils la porte de la foi". L'expression "ouvrir la porte", en ce sens métaphorique et missionnaire, est paulinienne: 1 Cor 16,9; 2 Cor 2,12; Col 4,3.

II. L'ASSEMBLÉE DE JÉRUSALEM
(15,1-34)

Au niveau du Document P et de Act I, les événements racontés en 15,1-34 suivaient immédiatement ceux de 11,1-18. La séquence était la suivante. Pierre est entré chez des païens de Césarée (10,27-28). Lorsqu'il revient à Jérusalem, les frères, encore tous issus du judaïsme, le lui reprochent car c'était interdit par la Loi (11,2-3). Pierre se disculpe en racontant ce qui s'est passé à Césarée (11,4-17) et on le laisse tranquille (11,18). Mais d'anciens Pharisiens font une instance: les païens convertis doivent se soumettre à la circoncision et observer la Loi de Moïse (15,5). Suit une vive discussion (15,7a) qui se termine par une intervention de Jacques, lequel rappelle les paroles que Pierre vient de prononcer (celles de 11,4-17) et propose de n'exiger des païens que les points suivants: ne pas se contaminer au contact des idoles, éviter les unions illégitimes et ne pas manger de sang (15,13b-14.19-20). Alors, on délègue Jude et Silas à Césarée pour y porter de vive voix cette décision (15,22.30a.32); ceux-ci reviennent à Jérusalem après avoir accompli leur mission (15,33).

Analysons d'abord le récit de Act II en soulignant les perspectives nouvelles apportées par lui, puis nous tirerons quelques conclusions de cette analyse en référence aux renseignements que Paul nous a donnés dans l'épître aux Galates.

1. Les circonstances nouvelles

Dans le récit de Act I, tout se passait à Jérusalem. Mais selon Act II, nous sommes à Antioche. Il était donc nécessaire de faire descendre les opposants dans cette ville: «Et certains, descendus de Judée...» (v. 1a). - Dans le récit de Act I, les païens nouvellement convertis n'étaient pas présents, et l'on parlait d'eux à la troisième personne: «Il faut les circoncire...» (15,5). Dans celui de Act II, ils sont là et les opposants s'adressent directement à eux: «Si vous n'êtes pas circoncis...» (v. 1b). - Dans le récit de Act I, la discussion se passait entre chrétiens de

Jérusalem, avant que Paul et Barnabé n'entrent en scène (15,7a). Dans celui de Act II, c'est au contraire Paul et Barnabé qui engagent la discussion contre les opposants (15,2). - Mais, dans Act II comme dans Act I, le problème doit être résolu à Jérusalem, et c'est pourquoi Act II y fait monter Paul et Barnabé, sur la demande des opposants qui veulent une confrontation entre les deux novateurs et les autorités chrétiennes de Jérusalem, apôtres et Anciens (vv. 2c-4 TO). - Enfin, pour permettre cette confrontation, Act II introduit une réunion de ces autorités de Jérusalem devant lesquelles Paul et Barnabé vont comparaître (v. 6).

Avant de quitter ce passage, on notera comment, en rédigeant les vv. 1-2 (TO), Act II s'est inspiré de 1 Cor 7,17ss. Au v. 1, les gens venus de Jérusalem affirment: «Si vous n'êtes pas circoncis et si vous ne marchez pas (περιπατῆτε) selon la coutume de Moïse, vous ne pouvez pas être sauvés.» Au v. 2, une parenthèse précise que Paul répondait qu'il faut, pour les païens convertis, "demeurer comme lorsqu'ils avaient cru (μένειν οὕτως καθὼς ἐπίστευσαν)". C'est une adaptation de ce que Paul écrivait aux Corinthiens: «... que chacun continue de marcher (περιπατείτω) tel que (ὡς... οὕτως) Dieu l'a appelé; c'est là ce que je prescris dans toutes les églises. Quelqu'un est-il circoncis lors de son appel? Qu'il ne se fasse pas de prépuce. L'appel l'a-t-il trouvé incirconcis? Qu'il ne se fasse pas circoncire... Que chacun demeure (μενέτω) dans l'état où l'a trouvé l'appel de Dieu.»

2. Le thème du "salut"

Avant d'analyser la discussion qui va avoir lieu à Jérusalem, il faut revenir au v. 1 pour y noter un détail important. Selon Act I, les opposants disaient: «Il faut les circoncire (les païens) et observer la Loi de Moïse.» Mais Act II formule ainsi leurs exigences: «Si vous n'êtes pas circoncis et si vous ne marchez pas selon la coutume de Moïse, vous ne pouvez pas être sauvés.» Ce v. 1 s'oppose à 14,9 où, selon Act II, Paul guérit l'infirme de Lystre, un païen, parce qu'il sait "qu'il a la foi pour être sauvé". Dès 14,9, Act II a donc affirmé qu'un païen peut être sauvé sans avoir été circoncis. C'est la foi qui sauve, aussi bien les païens que les Juifs, et la circoncision n'est plus nécessaire. Tel est le thème que Pierre va développer dans la seconde partie de son discours (15,10-11).

3. Le discours de Pierre (vv. 7b-11)

Il se divise en deux parties. Dans la première, Pierre se refère aux événements qui se sont passés à Césarée et qu'il a racontés devant les frères de Jérusalem, selon le Document P, en 11,4-18. Dans la seconde, il tire les conclusions de l'événement de Césarée en développant le thème du salut par la foi.

a) Dès le début de son discours, Pierre se réfère à un événement qu'il suppose connu de ses auditeurs: «Hommes (mes) frères, vous savez que...» Mais il rappelle cet événement en des termes qui correspondent à la façon dont lui, Act II, l'a raconté: «...vous savez que, dès les jours anciens, Dieu a fait choix pour que, par ma bouche, les gentils entendent la parole de l'évangile et croient» (15,7b). Selon le Document P, les païens de Césarée avaient reçu l'Esprit au moment même où Pierre commençait à leur parler (11,15). Selon Act II, ils ne le reçoivent qu'après avoir entendu Pierre leur exposer les éléments essentiels de la prédication primitive (10,37-43). Ils ont donc entendu "la parole de l'évangile". Mais le récit du chapitre 10 comportait, au moins aux yeux de Act II (cf. 11,17a), un élément essentiel qu'il développe à nouveau ici. Dieu n'a pu donner son Esprit aux païens de Césarée que si ceux-ci ont répondu à la catéchèse de Pierre en y adhérant par la foi. C'est ce que Pierre explique ici à la fin des vv. 7 et 9. Les païens ont embrassé la foi après avoir entendu la parole de l'évangile (fin du v. 7), et, en raison de leur foi, Dieu a purifié leurs cœurs (fin du v. 9). Puisqu'ils étaient "purs", grâce à leur foi, rien n'empêchait Dieu de leur donner l'Esprit. Ce qui aurait pu apparaître une action illogique de la part de Dieu dans le récit du Document P devient maintenant conforme aux normes du christianisme classique: il n'y a pas eu de différence entre les païens et les Juifs, Dieu a considéré que, même incirconcis, les païens pouvaient recevoir l'Esprit tout comme les Juifs circoncis (vv. 8-9a; cf. 11,17a).

b) C'est la conclusion que Pierre va tirer aux vv. 10-11. L'influence paulinienne sur le v. 11 est évidente. Act II écrit "Mais (c'est) par la grâce de Jésus (que) nous croyons de façon à être sauvés"[1] et nous lisons en Eph 2,8, un texte adressé à des païens convertis (cf. Eph 2,11-3,1): «Car (c'est) par la grâce (que) vous avez été sauvés, par la foi.» Mais Act II fait parler Pierre en mettant aussi dans sa bouche les expressions qu'emploie Paul pour traiter du problème de la circoncision en Gal 5,1ss. Voici le texte de Paul:

> 1 C'est pour être libres que le Christ nous a libérés. Donc, tenez bon et ne vous remettez pas sous le joug de l'esclavage. 2 Oui, c'est moi Paul qui vous le dis: si vous vous faites circoncire, le Christ ne vous servira de rien. 3 Je l'atteste à nouveau à tout homme qui se fait circoncire: il est tenu d'observer la Loi tout entière. 4 Vous avez rompu avec le Christ, vous qui cherchez à être justifiés par la Loi; vous êtes déchus de la grâce. 5 Car pour nous, c'est de l'Esprit et par la foi que nous attendons l'espérance de la justice. 6 Car dans le Christ Jésus, ni la circoncision ni l'incirconcision ne sont efficaces, mais la foi qui agit par l'amour.

[1] C'est la traduction proposée par Lake/Cadbury, dans *The Beginnings of Christianity*, vol. iv, p. 174: "we believe so as to be saved". Ailleurs, dans les Actes, lorsque le verbe "croire" est pris au sens de "estimer, penser", il est construit avec ὅτι. Sur ce sens de l'infinitif, voir B-D § 391,4.

La circoncision, et toutes les prescriptions de la Loi juive, sont un joug dont le Christ nous a délivrés (cf. Mat 11,29-30). Si les chrétiens veulent reprendre ce joug, ils rejettent et le Christ, et le régime de la grâce instauré par le Christ. La justification ne peut venir que de la foi; circoncision et incirconcision n'ont plus aucune valeur: seule importe la foi agissant par l'amour. Ce texte de Paul va très loin car il nie la nécessité de la circoncision, non seulement pour les païens, mais également pour les Juifs. En d'autres termes, même les enfants issus de parents judéo-chrétiens n'ont pas à être circoncis. D'après Act 21,21 (de Act II), les judéo-chrétiens reprocheront à Paul de propager cette doctrine.

Pour Pierre aussi, la circoncision et les observances légales sont un joug qu'il ne faut pas essayer d'imposer aux païens convertis. Si nous sommes sauvés, c'est par la grâce de Jésus, c'est-à-dire par la grâce de Dieu que Jésus nous obtient. Enfin "nous croyons de façon à être sauvés..." Paul disait "nous sommes justifiés par la foi"; Act II transpose et dit "nous sommes sauvés par la foi" (cf. Eph 2,8). Et qu'ajoute Pierre? «... de la même façon que ceux-ci.» Le démonstratif "ceux-ci" désigne les païens. Comme Paul, Pierre (le Pierre de Act II!) insinue donc que la circoncision n'est pas plus nécessaire pour les Juifs que pour les païens. C'est par la foi que l'infirme de Lystre, un païen, avait été sauvé (14,9); c'est également par la foi que l'infirme de la Belle Porte, un Juif, avait été sauvé (3,16). Tous sont sauvés par la foi.

4. Le discours de Jacques (vv. 12a.13-14.19-21)

Act II transpose ici, sans le modifier, le discours que, selon le Document P, Jacques avait tenu devant les frères de Jérusalem après l'épisode de Césarée. Il y ajoute toutefois le v. 12a (TO) comme cheville rédactionnelle: «Or, comme les Anciens étaient d'accord sur ce qui avait été dit par Pierre, la foule se tut.» Ce dernier verbe (ἐσίγησεν) fait écho au détail qui se lisait dans le Document P en 11,18: «Ayant entendu ces mots, ils se calmèrent (ἡσύχασαν).» - Act II ajoute aussi le v. 21: «Car Moïse, depuis les générations anciennes, a ses prédicateurs, étant lu chaque sabbat dans les synagogues.» Le sens de cet ajout est difficile à préciser. Act II veut peut-être rappeler à ses lecteurs issus du paganisme que les interdits proposés par Jacques ne sont pas de lui, mais de Moïse (cf. Lev 17-18).

5. Le décret envoyé aux églises (vv. 22-24; 28-34)[1]

a) Mais après l'intervention de Jacques, Act II va de nouveau transposer les faits exposés dans le Document P en accord avec la nouvelle perspective qu'il a donnée au récit. Ce n'est pas suffisant d'envoyer Jude et Silas [à Césarée] pour

_____

[1] Les vv. 25-27 sont une addition de Act III comme le montrera l'analyse littéraire.

y communiquer oralement la décision de l'assemblée de Jérusalem; c'est un décret en bonne et due forme que les deux envoyés, accompagnés bien entendu de Paul et de Barnabé, vont apporter à Antioche. Ce décret est adressé "aux frères d'Antioche et de Syrie et de Cilicie". Il a donc une portée universelle. Il a pour but toutefois de répondre, de façon négative, aux exigences des gens venus de Judée à Antioche, d'où la formulation du v. 24, qui renvoie à 15,1: «Puisque nous avons entendu (dire) que certains ont troublé[1] vos âmes par des paroles que nous n'avons pas prescrites...» On notera au passage l'expression "ont troublé (ἐτάραξαν) vos âmes", qui fait écho à Gal 5,10: «Celui qui vous trouble (ὁ δὲ ταράσσων ὑμᾶς) portera la condamnation, quel qu'il soit» (cf. Gal 1,7).

b) Le décret lui-même (15,28-29) ne modifie pas substantiellement le sens de la décision proposée par Jacques, selon le Document P, en 15,20. On notera seulement les points suivants. Act II remplace la formule "les souillures (en provenance) des idoles" par le terme de "idolothytes", repris du langage paulinien (1 Cor 8,1.4.7.10; 10,19); il s'agit des viandes consacrées aux idoles. - Par ailleurs, il inverse l'ordre "unions illégitimes/sang" afin de retrouver celui de Lev 17-18, dont proviennent ces interdits. - Afin de donner plus de poids au décret, Act II précise qu'il a été pris conjointement par l'Esprit saint et par les autorités de Jérusalem (v. 28). En 5,32, il avait de même ajouté le témoignage de l'Esprit à celui des apôtres.

c) Un problème spécial est posé par le fait que Act II fait suivre le décret d'un conseil moralisant: observer la "règle d'or" qui consiste à ne pas faire à autrui ce que l'on ne voudrait pas que l'on nous fît (v. 29 TO). On notera la formulation négative alors que le Christ l'avait donnée sous forme positive: «Tout ce que vous voudriez que vous fassent les hommes, ainsi, vous aussi, faites-le pour eux» (Mat 7,12; cf. Lc 6,31). Le texte matthéen ajoute: «C'est cela la Loi et les prophètes.» On rejoint le thème exprimé en Gal 5,14: «Toute la Loi tient en cet unique précepte: Tu aimeras ton prochain comme toi-même»[2] (cf. Lev 19,18). Mais pourquoi Act II a-t-il donné cette "règle d'or" sous forme négative? Son origine est juive (cf. Tob 4,15). En milieu chrétien, elle n'est plus attestée sous forme négative que dans l'évangile de Thomas, chez Aphraate, dans la Didachè et les Constitutions apostoliques[3]. Ceci nous oriente vers les églises de langue

---

[1] Modifier en ce sens le TO que nous avions reconstitué (p. 178). Le verbe éthiopien a effectivement le sens de "troubler". La reconstitution que nous avions proposée supposait que le TA actuel, impossible, résultait de la fusion d'un TA primitif avec le TO.

[2] Ce rapprochement avec Gal 5,14 confirme l'authenticité de cette "règle d'or" au niveau de Act II. Si elle n'est plus attestée que dans le TO, c'est que Act III l'a supprimée par harmonisation sur 15,20, ou en raison de sa formulation négative, en retrait par rapport à l'enseignement de Jésus.

[3] Cf. BOISMARD-LAMOUILLE, Synopsis, p. 75.

syriaque et vers Antioche, capitale de la province de Syrie. Act II pourrait être alors un chrétien originaire de cette ville.

d) Au niveau du Document P, il n'y avait aucun inconvénient à faire revenir Jude et Silas à Jérusalem (15,33 TA). Mais selon Act II, il faut que Silas reste à Antioche puisqu'il va partir de cette ville avec Paul pour le deuxième voyage missionnaire (15,40). Notre auteur change donc le texte du Document P: Jude seul retourne à Jérusalem tandis que Silas reste à Antioche (15,33 TO).

6. Les intentions de Act II

a) Des analyses précédentes, on peut conclure que l'épisode raconté en 15,1-34 est une création de Act II. Il ne faudrait pas en conclure que cet auteur a simplement inventé la scène qu'il raconte. L'essentiel en effet de cet épisode correspond aux renseignements que Paul nous a donnés dans sa lettre aux Galates. Act II fait monter Paul d'Antioche à Jérusalem en compagnie de Barnabé afin d'y soumettre aux apôtres et aux Anciens de cette ville la position qu'il a adoptée concernant la circoncision; à son avis, il n'est pas nécessaire de l'imposer aux païens qui se convertissent au christianisme. Pierre et Jacques lui donnent raison. Or, en Gal 2,1-10, Paul nous dit qu'il est monté à Jérusalem en compagnie de Barnabé (et de Tite) afin d'y exposer l'évangile qu'il prêche aux païens, spécialement en ce qui concerne l'abolition de la circoncision. Sa position fut approuvée par les colonnes de l'église: Jacques, Céphas (= Pierre) et Jean. C'est bien, substantiellement, le même épisode.

Dans la lettre aux Galates, toutefois, Paul dit qu'il est monté à Jérusalem sur révélation de Dieu. Dans le récit des Actes, Paul et Barnabé y montent sous la pression de chrétiens venus de Jérusalem pour troubler l'église d'Antioche. Cette différence dans la présentation de faits, d'ailleurs mineure, peut s'expliquer par le texte de Gal 2,4, où Paul fait allusion aux faux frères qui se sont introduits pour saper la liberté des chrétiens issus du paganisme en voulant leur imposer la servitude de la Loi. Cette venue des judéo-chrétiens à Antioche, dont parle Act II, trouvait d'ailleurs un autre fondement dans la lettre aux Galates. Il s'agit du fameux incident d'Antioche, raconté par Paul en Gal 2,11-14, au cours duquel Pierre change sa conduite à l'égard des païens sous la pression de gens venus de Jérusalem, de gens appartenant à l'entourage de Jacques. Ainsi, ce sont bien des judéo-chrétiens venus de Jérusalem qui auraient troublé l'église d'Antioche. On peut donc dire que la source principale de Act II, lorsqu'il écrivait le récit que nous venons d'analyser, fut le chapitre 2 de la lettre de Paul aux Galates. Il a complété les renseignements qu'il y puisait en réutilisant la finale du récit de la conversion de Corneille, qu'il lisait dans le Document P et dans Act I.

b) Il est facile dès lors de voir le but qu'il se propose. Paul s'était trouvé en butte aux critiques de certains judéo-chrétiens l'accusant d'avoir introduit des idées nouvelles concernant l'inutilité de la circoncision pour les païens convertis au christianisme. Or, ce problème avait déjà été résolu par Pierre et par Jacques lors de l'épisode de la conversion du centurion Corneille et de ses compagnons. C'est du moins ce que Act II lisait dans les récits du Document P et de Act I. Pour prouver que Paul n'avait rien innové, il lui suffisait d'incorporer la finale de ce récit dans l'épisode qu'il racontait en s'inspirant du chapitre 2 de la lettre aux Galates. On notera en passant son humour: en composant le discours qu'il met sur les lèvres de Pierre en Act 15,7-11, il démarque, nous l'avons vu, le discours que, selon le Document P, Pierre aurait prononcé en Act 11,5-17. Mais il le complète en reprenant des formules typiquement pauliniennes puisées, soit dans la lettre de Paul aux Galates, soit dans la lettre aux Éphésiens. La preuve est donc faite: Pierre avait déjà les idées que Paul exprimera plus tard.

(Le récit de Act III: ⇒ p. 361)

III. LE DEUXIÈME VOYAGE MISSIONNAIRE
(15,36-18,22)

A) PAUL ET BARNABÉ SE SÉPARENT
(15,36-39)

Dans ce petit récit, entièrement de sa main, Act II donne la raison pour laquelle Paul n'est plus accompagné de Barnabé lors du deuxième voyage missionnaire. Ils se sont violemment opposés au sujet de Jean-Marc. Selon Act II, celui-ci les avait accompagnés au début du premier voyage (13,5b), mais était retourné à Jérusalem tandis que Paul et Barnabé gagnaient l'Asie Mineure (13,13b). Barnabé, d'accord avec Paul pour revenir visiter les communautés chrétiennes fondées lors du premier voyage (v. 36), voulait emmener avec eux Jean-Marc (v. 37), son cousin (cf. Col 4,10). Mais Paul refuse énergiquement, n'ayant pas pardonné le "lâchage" de leur compagnon (v. 38). Finalement, Barnabé part de son côté avec Marc pour évangéliser Chypre, sa patrie (v. 39; cf. 4,36), tandis que Paul s'en va du sien (v. 40).

Ce différend entre Paul et Barnabé ne fut pas le seul. En Gal 2,13, Paul lui-même nous dit que, à Antioche, par crainte des gens venus de l'entourage de Jacques, Barnabé s'était rangé aux côtés de Pierre en refusant de faire table commune avec les frères issus du paganisme et qui n'étaient pas circoncis. En analysant le récit de l'assemblée de Jérusalem (Act 15,1ss), nous avons vu que

Act II avait arrangé à sa manière les circonstances de l'incident d'Antioche. On peut se demander si Act II ne nous donnerait pas ici encore un écho, réinterprété par lui, de l'incident d'Antioche étant donné la relation privilégiée de Pierre et de Marc (cf. 1 Pi 5,13).

B) D'ANTIOCHE À TROAS
(15,40-16,8)

Selon Act I, le début du deuxième voyage missionnaire se déroulait ainsi: Paul quittait Antioche en compagnie de Silas (15,40). Après avoir évangélisé quelques villes dont on ne nous dit pas les noms (16,4 TO), les deux missionnaires traversaient la Phrygie et la Galatie (v. 6a), longeaient la Mysie (v. 8a) et arrivaient à Troas (v. 8b). Pressé de faire arriver Paul en Macédoine et en Grèce, où il doit exercer son apostolat, Act I expédie rapidement le début du voyage de Paul et de Silas. Act II reprend toutes ces données sans presque les modifier mais il va les amplifier considérablement.

1. Le décret de l'assemblée de Jérusalem (15,41)

Selon Act II, au terme de l'assemblée tenue à Jérusalem pour régler le problème de la circoncision des païens, les apôtres et les Anciens avaient envoyé à Antioche une délégation comprenant, entre autres, Paul et Silas afin de transmettre "aux frères d'Antioche et de Syrie et de Cilicie" (15,23) un décret précisant les décisions du "concile". Dès le début de leur voyage, Paul et Silas, partant d'Antioche, vont donc traverser la Syrie et la Cilicie afin d'y transmettre les ordonnances des Anciens de Jérusalem (15,41 TO). Ils en profitent pour affirmer les églises dans la foi puisque c'était le but que Paul s'était proposé en décidant ce deuxième voyage missionnaire (15,36).

2. Le choix de Timothée (16,1-3)

Repassant par Derbé et par Lystre, Paul va choisir un nouveau compagnon de voyage dans la personne de Timothée, fils d'une veuve juive convertie au christianisme. Essayons de préciser quelles furent les intentions exactes de Act II en ajoutant cet épisode au récit de Act I.

a) La mention ici du choix de Timothée est artificielle puisque, dans la suite du voyage, Paul et Silas seront seuls en scène. Mais nous savons, d'après 1 Thess 1,1 et 2 Thess 1,1, que lors de son deuxième voyage missionnaire Paul fut accompagné, non seulement de Silas, mais encore de Timothée. Act I ne parlait pas du premier disciple et Act II a voulu combler cette lacune afin de tenir compte des renseignements que Paul nous donne dans ses lettres. C'est la raison pour laquelle Timothée réapparaîtra en 17,14 et 18,5; en commentant ces passages, nous verrons que Act II veut tenir compte de certaines données des épîtres de Paul.

Lui-même disciple de Paul, celui que nous appelons Act II a certainement connu Timothée. Nous n'avons donc aucune raison de douter des renseignements qu'il nous donne ici sur ce disciple, spécialement qu'il était originaire de Lystre. D'ailleurs, lorsque Paul rappelle à Timothée qu'il a été témoin de son enseignement et des persécutions qu'il a endurées à Antioche, à Iconium et à Lystre (2 Tim 3,10-11), peut-être veut-il dire simplement que Timothée était là lorsque Paul y annonçait le Christ pour la première fois.

b) Act II nous dit que, à cause des Juifs qui se trouvaient dans ces régions, Paul fit circoncire Timothée. En l'exigeant, allait-il à l'encontre de ses propres convictions (Gal 2,3; 5,1-12)? Non. Paul s'opposait à ce qu'on imposât la circoncision aux chrétiens issus du paganisme; mais le cas de chrétiens issus du judaïsme était différent. La mère de Timothée était une juive convertie au christianisme. Du point de vue de la législation juive, même si son père était païen Timothée était tenu pour juif puisque c'était l'ascendance maternelle qui déterminait le fait d'être juif ou non. Il aurait donc dû être circoncis et, puisqu'il ne l'était pas, peut-être parce que son père s'y était opposé, les Juifs devaient le tenir pour un apostat. Dans ces conditions, comment aurait-il pu être entendu des Juifs s'il voulait leur annoncer le Christ? En rapportant ces détails sur la circoncision de Timothée, Act II veut peut-être répondre à l'avance aux reproches que les judéo-chrétiens feront à Paul lors de son arrivée à Jérusalem, au terme de son troisième voyage missionnaire: il aurait incité les Juifs vivant en milieu païen à ne plus faire circoncire leurs enfants (21,21). L'épisode raconté ici prouve que ces accusations étaient fausses.

3. L'expansion de l'église (v. 5)

Act II reprit le v. 4 au récit de Act I, mais il y ajouta le v. 5 qui décrit l'expansion des églises. Elles "se fortifiaient". Ce verbe fait écho à celui qui se lisait en 15,41: Paul et Silas parcouraient la Syrie et la Cilicie "fortifiant les églises". Il s'agit de confirmer la foi des jeunes communautés déjà en place, spécialement à Derbé et à Lystre. Ces communautés "croissaient en nombre", en raison de la prédication de Paul et de Silas en milieu païen (v. 4).

4. L'action de l'Esprit

a) Aux vv. 6-8, Act II fusionne deux textes parallèles: l'un, de Act I, où nous voyons Paul traverser la Phrygie et la Galatie (v. 6a), longer la Mysie et arriver à Troas (v. 8 TA); l'autre du Journal de voyage selon lequel Paul et ses compagnons, parvenus par mer en vue de la Mysie (v. 7a TO), arrivent finalement à Troas (v. 8b TO). Il ne se contente pas de les fusionner, mais il les complète en ajoutant les vv. 6b et 7b. Après être passés en Galatie, Paul et Silas voulaient aller porter la Parole en Asie, mais l'Esprit les en empêche. De même, arrivés aux confins de la Mysie, ils voulaient aller en Bithynie, mais l'Esprit de Jésus (cf. Rom 8,9; Phil 1,19; 1 Pi 1,11) ne le leur permet pas. Cet Esprit, qui avait choisi Paul et Barnabé pour les envoyer une première fois en mission (13,2), dirige maintenant les pas de Paul et de Silas vers la Macédoine: c'est là que doit s'exercer leur apostolat durant ce deuxième voyage missionnaire. Plus tard, durant le troisième voyage, composé par Act II, l'Esprit interviendra à nouveau, mais cette fois pour diriger Paul vers l'Asie (19,1 TO), alors qu'en 16,6b il leur a interdit d'y porter la Parole. C'est l'Esprit qui est seul juge de la façon dont va se développer l'expansion de l'Église.

b) À Troas, Paul a une vision: un habitant de la Macédoine l'appelle à l'aide. Lorsqu'il a raconté cette vision à ses compagnons, ceux-ci comprennent qu'ils sont appelés à évangéliser les Macédoniens (vv. 9-10, de Act II). On rejoint la perspective qui était celle du début du premier voyage missionnaire selon Act II. En 13,2, cet auteur a ajouté au récit de Act I le thème de l'Esprit qui ordonne de mettre à part Barnabé et Saul "en vue de l'œuvre à laquelle je les ai appelés" (προσκέκλημαι). Ici, l'Esprit empêche Paul et son compagnon d'aller prêcher en Asie et en Bithynie, puis, grâce à une vision, il leur fait comprendre que Dieu les appelle (προσκέκληται)[1] à évangéliser les Macédoniens. C'est toujours Dieu qui mène le jeu, et Paul ne fait que suivre les injonctions divines.

5. Le Journal de voyage

Aux vv. 11 et 12, Act II va incorporer à son récit un nouveau fragment du Journal de voyage, rédigé en style "nous". Pour préparer cette insertion, il rédige déjà en style "nous" l'interprétation de la vision que Paul raconte à ses compagnons (v. 10). D'après ce v. 10, Paul aurait eu plus d'un compagnon avec lui. Mais dans la suite du récit, il n'y aura plus que Silas.

(Le récit de Act III: ⇒ p. 363)

C) PAUL ET SILAS À PHILIPPES
(16,13-40)

Bien que rédigé en style "nous", le premier épisode qui se passe à Philippes, la conversion de Lydie, fut rédigé par Act II (sauf le v. 13a, du Journal

---

[1] Ce verbe, avec ce sens précis, ne se lit dans les Actes qu'en 13,2 et 16,10.

de voyage). Le deuxième épisode est beaucoup plus long et se compose d'éléments d'origine différente. Le noyau primitif remonte au Journal de voyage et comportait la séquence suivante: Paul exorcise une servante possédée par un esprit de python (16,16-18), ses maîtres viennent se plaindre auprès des autorités de la ville (16,19-21) qui font jeter Paul et Silas en prison (16,22b-23a). Le lendemain, les stratèges donnent l'ordre de les libérer, mais Paul, arguant de son titre de citoyen romain, exige qu'eux-mêmes viennent les mettre en liberté, ce qu'ils s'empressent de faire, effrayés d'avoir fait battre et emprisonner des citoyens romains (16,35-40). Act II a complété cette séquence en ajoutant l'épisode du tremblement de terre (16,25-26) qui amènera la conversion et le baptême du geôlier et de toute sa maison (16,27-34). Il supprimera ensuite les vv. 36-38 et remaniera profondément les vv. 39-40: si les stratèges font libérer Paul, c'est parce qu'ils ont été effrayés par le tremblement de terre, preuve que Paul et Silas étaient des hommes justes. Ces deux récits sont unis par des traits communs qui mettent en lumière les intentions de Act II.

1. Les païens accueillent l'évangile

Les deux temps forts de cet ensemble sont la conversion et le baptême de Lydie, avec toute sa maison, puis la conversion et le baptême du gardien de la prison, avec aussi toute sa maison; ces deux événements sont notés au moyen de formules analogues (vv. 15 et 33). Lydie est certes sympathisante au judaïsme, puisqu'elle adore Dieu, mais elle était probablement restée païenne. Quant au gardien de la prison, c'était aussi un païen. Nous sommes dans la perspective ouverte par Act II dès 13,46-48: Paul ne s'adresse plus aux Juifs, qui ne sont même pas mentionnés dans ces récits, mais aux païens.

2. La conversion de Lydie (16,13-15)

a) Cette personne demeure mystérieuse. Son nom même, Lydie, est suspect. Elle était en effet de Thyatire, une ville située précisément en Lydie! Par ailleurs, lorsque Paul écrit aux fidèles de Philippes, il ne mentionne pas son nom parmi les destinataires de sa lettre (Phil 4,2-3). Zahn a conjecturé que "Lydie" n'était pas un nom propre, mais plutôt un surnom: "la lydienne", la personne originaire de Lydie. C'est assez vraisemblable. Elle était négociante en tissus teints en pourpre, qu'elle faisait venir de Thyatire, un centre important de teinturerie. Comme c'était une marchandise de grand prix, cette femme devait être assez riche. On peut dès lors supposer qu'elle fut une des plus empressées à aider Paul de ses biens (Phil 1,5; 4,14-17).

b) Elle faisait partie d'un groupe de femmes rassemblées près de la rivière passant non loin de Philippes, le Gangitès, lorsque Paul s'arrête pour leur parler. Il faut prendre ce verbe au sens fort qu'il a d'ordinaire dans les Actes: annoncer la Parole de Dieu (4,17; 5,20.40; 9,29; 11,19.20; 14,1.9; etc.), d'après la fin du v. 14 qui contient le même verbe. À la différence des gens de Samarie que Philippe avait évangélisés (8,6-7), elle accueille favorablement les paroles de Paul sans avoir vu celui-ci accomplir des prodiges. La raison en est que "le Seigneur ouvrit son cœur" (cf. 2 Macc 1,4), c'est-à-dire son intelligence, comme il l'avait fait pour ses disciples après sa résurrection (Lc 24,45). Il lui a donné de comprendre le véritable sens des Écritures en référence au Christ (cf. Lc 24,25-27.32, à propos des disciples d'Emmaüs).

c) Une fois baptisée, Lydie invite Paul et Silas en ces termes: «...étant entrés dans ma maison, restez(-y).» Cette phrase évoque le conseil donné par Jésus à ceux qu'il envoie en mission: «En quelque maison que vous entriez, restez-y jusqu'à ce que vous partiez» (Lc 9,4; cf. 10,7). Mais, Paul hésitant à venir, "elle nous contraignit" (παρεβιάσατο) d'accepter, ou, pour reprendre une expression familière qui rend mieux la littéralité du grec, "elle nous faisait violence". Ce verbe assez rare ne se lit ailleurs dans le NT qu'en Lc 24,29, en même contexte. Comme il se faisait tard, les deux disciples d'Emmaüs "contraignirent" (παρεβιάσαντο) Jésus en disant: "reste" avec nous. Pourquoi ces rapprochements littéraires, certainement intentionnels? Peut-être certains opposants reprochaient-ils à Paul d'accepter trop vite l'hospitalité qu'on lui offrait, et de vivre ainsi aux crochets des autres. Act II voudrait alors montrer que Paul ne fait en cela que suivre les consignes et l'exemple du Christ.

3. Le tremblement de terre (vv. 25-26)

En ajoutant l'épisode du tremblement de terre, Act II veut, d'une part préparer le récit de la conversion du geôlier, d'autre part donner un motif à la décision prise par les stratèges de remettre Paul et Silas en liberté. Mais en écrivant ces versets, Act II a sans doute en vue un passage du psaume 18, concernant le juste persécuté. Dès le v. 25, il nous montre Paul et Silas en prière dans la prison, de même que le juste invoque Dieu au v. 7 du psaume. Puis l'intervention divine est décrite en termes analogues:

Ps 18,8	Act 16,26.29b
et elle fut secouée	soudain il y eut un grand séisme
et la terre <u>devint effrayée</u>	
et <u>les fondements</u> des montagnes	au point que <u>les fondements</u>
frémirent et <u>furent ébranlés</u>	de la prison <u>furent ébranlés</u>...
parce que Dieu s'était mis en colère	
contre eux	
	... et <u>étant effrayé</u>

| il tomba aux pieds de Paul et de Silas

Cet emprunt au psaume 18 pourrait expliquer la parole qu'adresseront les stratèges aux deux apôtres, au v. 39 (TO): «Nous avons ignoré, quant à vous que vous êtes des hommes justes» (cf. Ps 18,25-26).

4. Conversion et baptême du geôlier (16,27-34)

a) Nous atteignons ici la "pointe" du récit remanié par Act II. Il est difficile de dire si, pour notre auteur, la conversion du gardien de la prison est motivée par le tremblement de terre, dans lequel il voit une intervention divine en faveur des prisonniers, ou par la magnanimité de Paul et de Silas qui ne se sont pas enfuis de la prison, lui épargnant ainsi la mort qu'il était prêt de se donner (16,27-30). Peut-être le gardien de la prison comprend-il que, si Paul et son compagnon sont restés, c'est qu'ils ont un message à lui transmettre de la part des dieux qui viennent d'intervenir en leur faveur. Il leur demande donc: «Seigneurs, que me faut-il faire pour être sauvé?» (v. 30).

b) La réponse de Paul est conforme à ce que Act II nous a enseigné dans les récits précédents. Pour que le gardien de la prison soit sauvé, il faut et il suffit qu'il croit dans le Seigneur Jésus (16,31). Ainsi, l'infirme de Lystre avait été sauvé par sa foi (14,9). Ainsi, lors de l'assemblée de Jérusalem, Pierre avait-il affirmé que la foi suffit pour être sauvé et qu'il est inutile d'imposer aux païens qui se convertissent de reprendre toutes les coutumes héritées de Moïse (15,1.9-11), si odieuses à la mentalité des païens (16,21). On a vu que dans ce discours, Act II avait mis sur les lèvres de Pierre la doctrine paulinienne de la justification par la foi, sans les œuvres de la Loi, exprimée en Gal 5,1ss. Dans tous ces textes, Act II ne parle pas d'être "justifié" par la foi, mais d'être "sauvé" par la foi. Même si le vocabulaire est un peu différent, le thème fondamental reste le même[1].

c) Les vv. 32-34 décrivent une véritable liturgie baptismale. Le gardien de la prison, ainsi que tous ceux qui logent dans sa maison, commencent par recevoir l'enseignement que l'on donnait aux catéchumènes, puis ils sont baptisés. La cérémonie se passe durant la nuit, comme c'était la coutume au début du christianisme. Puis tous montent dans la maison du gardien de la prison, où l'on dresse une table. Ce dernier détail est une allusion à la célébration eucharistique (cf. 1 Cor 10,21) qui suivait la cérémonie du baptême et qui se pratiquait dans les

---

[1] De même, l'auteur de l'épître aux Éphésiens n'utilise jamais le verbe "justifier", qu'il remplace par "sauver" (Eph 2,5.8).

maisons privées (Act 2,46). On reconnaît ici l'intérêt de Act II pour la vie sacramentelle de l'église primitive, spécialement pour le baptême.

Notre auteur termine en mentionnant la joie qui découle de la foi. Dans la geste de Pierre, l'auteur du Document P avait insisté sur ce thème de la joie, mais il ne la mettait pas en relation avec la foi. Cette relation entre foi et joie est peut-être d'inspiration paulinienne, comme elle l'était déjà en 13,48.52: «Que le Dieu de l'espérance vous emplisse de toute joie (πάσης χαρᾶς) et de paix dans le fait de croire (ἐν τῷ πιστεύειν), afin que vous abondiez dans l'espérance, dans la puissance de l'Esprit Saint» (Rom 15,13).

d) Dans la suite des épisodes qui se passent à Philippes, au niveau de Act II, deux faits sont mis en parallèle grâce aux formules analogues qui les décrivent: la conversion et le baptême de Lydie, avec toute sa maison (16,14-15); la conversion et le baptême du gardien de la prison, avec toute sa maison (16,32-34). Mais les deux événements se distinguent par un détail important. Lydie a cru en écoutant Paul, convaincue par les arguments scripturaires qu'il devait apporter. Elle a pu comprendre le véritable sens des Écritures parce que "le Seigneur ouvrit son cœur". Mais le gardien de la prison fut amené à la foi grâce à un "signe": le tremblement de terre, complété par l'attitude de Paul et de Silas. Quand il demande: «Seigneurs, que me faut-il faire pour être sauvé?» (16,30), il est déjà sur le chemin de la foi. On retrouve ici les tendances de Act II concernant la venue des païens à la foi. Selon lui, le gouverneur romain Sergius Paulus a cru à la prédication de Paul à la vue du "signe" constitué par la cécité subite d'Élymas (13,12 TO). De même, en 14,3, les gens viennent à la foi en raison des "signes et prodiges" accomplis par Paul. Mais en 14,9, l'infirme de Lystre est guéri parce qu'il a déjà la foi, obtenue en écoutant Paul annoncer la Parole. Dieu a donc deux façons de convaincre les païens du bien-fondé de la prédication apostolique: en leur ouvrant le cœur, c'est-à-dire l'intelligence, mais aussi grâce aux "signes" miraculeux qu'il accomplit par les mains des apôtres. Mais Act II connaît les limites de la valeur du "signe". À Lystre, les païens ont mal compris le sens du miracle accompli sur l'infirme: ils ont pris Barnabé et Paul pour des dieux (14,11ss). À Philippes, malgré le "signe" constitué par l'exorcisme de la pythonisse, l'amour de l'argent leur a fermé les yeux.

5. Paul et Silas sortent de prison (vv. 35a.39-40 TO)

a) Le tremblement de terre a rempli de frayeur, non seulement le gardien de la prison (v. 29), mais encore les stratèges de la ville (v. 35a TO). Ils viennent eux-mêmes faire leurs excuses à Paul et à Silas, accompagnés de nombreux amis (v. 39). De même, le centurion Corneille attendait Pierre entouré de ses voisins et de ses amis (10,24, Act II) et le centurion de Capharnaüm, dont le serviteur était mourant, envoie une délégation d'amis au-devant de Jésus (Lc 7,6). Les amis sont là pour donner plus de poids à la démarche qui est faite auprès de Jésus, ou de Pierre, ou de Paul. Les stratèges reconnaissent qu'ils se sont trompés en faisant arrêter Paul et Silas, et ils les invitent à quitter la prison. C'est donc bien à l'intervention miraculeuse de Dieu que les deux apôtres devront leur délivrance, comme Paul le reconnaîtra au v. 40. Mais les stratèges leur demandent cependant de quitter la ville de peur que de nouveaux troubles ne se produisent. Selon Act II, en effet, ce ne sont pas seulement les maîtres de la pythonisse qui s'en sont pris à Paul et à Silas, mais une foule nombreuse déçue de ne plus bénéficier des oracles de la jeune femme (v. 22a).

b) Au v. 40, Act II ajoute au récit du Journal de voyage la précision: «Ils leur racontèrent (aux frères) ce que le Seigneur avait fait pour eux.» En donnant le sens du récit selon le Journal de voyage, nous avons vu qu'il offrait des analogies évidentes avec le récit de l'exorcisme du possédé raconté en Lc 8,26ss et Mc 5,1ss. Act 16,39, en particulier, lu dans le TA (Journal de voyage) a son parallèle en Lc 8,37 et Mc 5,17: les stratèges demandent à Paul et à Silas de quitter la ville comme les gens venus voir le démoniaque guéri demandaient à Jésus de quitter la région. Mais Act II, en remaniant profondément le v. 39, en a fait disparaître les contacts littéraires avec Lc 8,37 et Mc 5,17. Pour compenser, il a ajouté, au v. 40, la précision mentionnée plus haut, qui rejoint le thème de Lc 8,39 (cf. Mc 5,19): «Retourne dans ta maison et raconte ce que Dieu a fait pour toi.»

(Le récit de Act III: ⇒ p. 364)

D) PAUL ET SILAS À THESSALONIQUE
(17,1-9)

À partir de 17,1b, Act II reprend le fil du récit de Act I, interrompu en 16,11a. Il ajoute le v. 1a pour faire le lien entre le Journal de voyage et sa source principale: de Philippes, Paul et Silas traversent Amphipolis et Apollonie avant d'arriver à Thessalonique.

Le récit de Act I concernant l'activité de Paul à Thessalonique est repris sans grande modification. On notera simplement que, au v. 5, Act I avait écrit "Or les Juifs, pris de jalousie", faisant croire que tous les Juifs de Thessalonique avaient organisé l'émeute contre Paul. Act II change la formule et écrit "Or les Juifs qui n'avaient pas cru". On reconnaît là sa tendance à dégager la responsabibilté du peuple juif en tant que tel. Les troubles fomentés contre Paul ne sont l'effet que d'une minorité.

E) PAUL ET SILAS À BÉRÉE
(17,10-15)

Act II a repris le texte de Act I en ajoutant le v. 11, le v. 15a selon le TO et les notices concernant Silas et Timothée.

1. Éloge des Juifs de Bérée (v. 11)

Act I avait reconnu que "beaucoup de Juifs crurent" à la prédication de Paul (v. 12). Act II profite de cette ouverture pour renchérir sur la bonne volonté des Juifs de Bérée en ajoutant le v. 11. Ce verset fait écho à 17,2-3, où Act I avait écrit que la prédication de Paul était fondée sur les Écritures. Les Juifs de Bérée, chaque jour, interrogent donc ces Écritures pour voir si tout est bien comme Paul le prétend.

2. Paul évite la Thessalie (v. 15a TO)

Si Paul avait fait le chemin par terre de Bérée à Athènes, il aurait nécessairement traversé la Thessalie. Act II nous donne la raison pour laquelle Paul fit le voyage par mer: il avait été empêché d'y prêcher la Parole. D'après le parallèle de 16,6b, que nous avons aussi attribué à Act II, c'est l'Esprit qui était à l'origine de cette interdiction. Il continue, selon Act II, à diriger les pas de Paul.

3. Silas et Timothée (vv. 14b-15)

En 16,1b-3, Act II avait complété le récit de Act I en indiquant que Paul avait pris Timothée comme compagnon de route. Mais ce disciple de Paul n'avait plus été nommé dans la suite du voyage, et voilà qu'il réapparaît brusquement aux côtés de Silas. Act II va le mentionner à trois reprises d'ici la fin du deuxième voyage. Ici (v. 14b), il note que Silas et Timothée restèrent à Bérée tandis que Paul allait à Athènes. Au v. 15, Act II nous dit que Paul profite du retour de ceux qui, de Bérée, l'ont accompagné jusqu'à Athènes pour écrire à Silas et à Timothée de venir rapidement le rejoindre. Mais c'est seulement lorsque Paul sera à Corinthe que Silas et Timothée le rejoindront pour l'aider dans son ministère apostolique (18,5). Ces trois textes sont évidemment liés.

Act II a voulu compléter le récit de Act I en tenant compte des données de la première lettre de Paul aux Thessaloniciens. N'oublions pas que Paul écrivait cette lettre tandis qu'il était à Corinthe. En 1 Thess 3,1-2, Paul dit qu'il est resté seul à Athènes tandis qu'il envoyait Timothée aider les fidèles de Thessalonique à supporter leurs épreuves. En 3,6, Paul note que Timothée est venu le rejoindre à Corinthe. Et d'après 1 Thess 1,1 (cf. 2 Thess 1,1), nous savons que Silas (= Silvain) était en compagnie de Timothée aux côtés de Paul, à Corinthe. Voici donc comment Act II a procédé pour inclure ces renseignements dans la trame des récits de Act I, lequel ignorait tout de Timothée. En 17,14b, Act I avait noté que Silas restait à Bérée tandis que Paul s'en allait à Athènes où il devait rester seul. Il suffisait à Act II d'ajouter le nom de Timothée à celui de Silas pour rejoindre approximativement le renseignement donné par Paul en 1 Thess 3,1-2. Il n'y avait pas loin de Bérée à Thessalonique. Puis, après avoir noté le désir de Paul de récupérer ses deux compagnons (Act 17,15), il fait revenir Silas et Timothée de Macédoine à Corinthe où ils rejoignent Paul (18,5).

(Le récit de Act III: ⇒ p. 364)

F) PAUL À ATHÈNES
(17,16-34)

Le récit de Act I ne mentionnait que la prédication de Paul dans la synagogue des Juifs (v. 17a) et le résultat assez maigre qu'elle avait eu (v. 34a.c). Tout le reste concernant la prédication aux philosophes païens fut ajouté par Act II, à l'exception des vv. 20b-21 qui furent insérés par Act III.

Athènes était le centre spirituel de l'hellénisme païen. Act II va nous montrer Paul annonçant l'évangile, non plus à la foule des païens, mais à son élite intellectuelle: les philosophes épicuriens et stoïciens (v. 18). En fait, cette prédication va se solder par un échec quasi total (vv. 32-33). Act II complète ainsi le tableau de certains échecs du christianisme en milieu païen. À Lystre, les païens trop crédules avaient pris Barnabé et Paul pour des dieux et voulaient leur offrir des sacrifices (14,11ss). À Athènes, leurs croyances philosophiques les éloignent de l'évangile: croire en la résurrection est pour eux impossible (17,32). Paul se heurte donc à cette "sagesse des hommes", dont il a voulu tenir compte dans sa prédication, mais qu'il va définitivement abandonner pour ne plus prêcher que la folie de la croix (1 Cor 1,17-25; 2,1-5; 3,18-20).

1. Le discours de Paul (17,22-31)

a) Ce discours a suscité une littérature abondante[1]. Certains en ont montré le caractère éminemment philosophique et grec[2]. D'autres, sans nier ce caractère

---

[1] On la trouvera rassemblée dans: V. GATTI, *Il Discorso di Paolo ad Atene* (Studi Biblici, 60), Brescia, 1982, pp. 269-291. Cette étude est de loin la plus complète qui ait été menée sur le discours d'Athènes. Les textes de la littérature grecque ont été fouillés avec autant de soin que ceux de l'Ancien Testament; nous n'en retiendrons que les plus significatifs.

[2] Voir surtout l'ouvrage classique de E. NORDEN, *Agnostos Theos. Untersuchungen zur Formengeschichte religiöser Rede*, Leipzig-Berlin, 1913. - H. HOMMEL, "Neue Forschungen zur Areopagrede Acta 17", dans ZNW 46 (1955) 145-178, repris dans *Sebasmata*, Bd II (Wissenschaftliche Untersuchungen zum Neuen Testament 32), Tübingen, 1984, pp. 83-118.

grec, en ont souligné les résonances bibliques[1]. Les deux points de vue ne sont pas opposés, mais complémentaires. Un exemple va le montrer. Au v. 23, dans l'exorde du discours, Paul part d'un fait précis: la présence à Athènes d'un autel au "dieu inconnu", ce qui l'amène à déclarer: «Cet (être) donc que, en l'ignorant, vous adorez, celui-là, moi, je vous l'annonce.» Mais ce thème de l'ignorance de Dieu se lit en Sag 13,1, au début d'un long développement du livre de la Sagesse contre l'idolâtrie, dont Act II s'est certainement inspiré comme nous le verrons plus loin, et qui sera repris en Act 17,30. Les deux perspectives, grecque et biblique, se recoupent donc sans s'opposer.

b) Ce phénomène se retrouve dès que l'on analyse la structure même du discours. Comme l'a bien montré J. Dupont[2], il est construit selon les principes de la rhétorique grecque classique. Il commence par une *captatio benevolentiae* (vv. 22b-23) suivie d'une *narratio* ou exposé des faits (vv. 24-26). Puis vient une *argumentatio* (vv. 27-29a) et enfin une *reprehensio* (v. 29bc). Le discours se termine par une *peroratio* (vv. 30-31) qui, répondant à la *captatio benevolentiae* sous forme de parallélisme antithétique, "fait appel aux sentiments des auditeurs pour les déterminer à la décision qu'on veut leur faire prendre".

Mais Act II a inséré dans ce cadre rigide les thèmes qu'il lisait en Sag 13-14, dans un développement contre l'idolâtrie. L'auteur du livre de la Sagesse distingue deux sortes de païens. Les uns, charmés par la beauté de la création, en ont déifié certains éléments sans comprendre que cette beauté n'était que le reflet de la beauté du Créateur (13,1-9). Ces païens ont toutefois ceci pour eux: sans doute, ils se sont égarés, mais c'est "en cherchant Dieu et en voulant le trouver" (13,6). Ils avaient au moins le mérite d'être partis en quête de Dieu. Les autres au contraire ont sombré dans l'idolâtrie (13,10). Après avoir tourné en ridicule les diverses formes d'idolâtrie (13,11-14,11) et en avoir expliqué l'origine (14,12-21), l'auteur du livre de la Sagesse décrit la turpitude morale qu'a engendrée le culte des idoles (14,22-29) et il termine en évoquant le jugement qui va frapper les idolâtres (14,30-31). - Après la *captatio benevolentiae*, le discours de Paul suit le même schéma. La première partie de son discours (vv. 24-27) présente Dieu comme le créateur de l'univers et du genre humain (cf. Sag 13,1-5). Et si Dieu a mis tant d'ordre dans son œuvre créatrice, c'est pour que les hommes "cherchent le Divin pour l'atteindre, si toutefois ils le (pouvaient) palper ou trouver" (v. 27; cf. Sag 13,6). Au v. 28, Act II place une citation d'un poète païen, puis il reprend

---

[1] Voir A.-M. DUBARLE, "Le discours à l'Aréopage (Actes 17,22-31) et son arrière-plan biblique", dans RSPT 57 (1973) 576-610. On trouvera en finale de cet article une bonne bibliographie, à laquelle nous renvoyons.

[2] J. DUPONT, "Le discours de l'Aréopage (Ac 17,22-31) lieu de rencontre entre christianisme et hellénisme", dans Bib 60 (1979) 530-546.

le schéma du livre de la Sagesse dès le v. 29 où il décrit le culte des idoles en reprenant, en les inversant, les termes de Sag 13,10:

Sag 13,10	Act 17,29
Mais malheureux sont-ils...	... nous ne devons pas penser
ceux qui ont appelé dieux	que l'être divin soit semblable
des ouvrages de mains d'hommes	
or et argent	à l'or ou à l'argent
traités avec art (τέχνης)	
et figures d'animaux	
ou pierre inutile	ou à la pierre,
	image due à l'art (τέχνης)
	ou au génie de l'homme.
ouvrage d'une main antique.	

Le discours se termine par une invitation au repentir formulée en ces termes: «Dédaignant donc les temps de l'ignorance (τῆς ἀγνοίας), Dieu maintenant annonce aux hommes d'avoir à se repentir, tous et partout, parce qu'il a fixé un jour pour juger le (monde) habité...» (vv. 30-31). Ce thème de l'ignorance fait écho à Sag 13,1 (ἀγνωσία) tandis que l'invitation au repentir (ce qui suppose une certaine dépravation morale) suivie de la menace du jugement rejoint les thèmes de Sag 14,22-29 et 30-31. C'est le début et la fin du développement de Sag 13-14 qui est résumé dans ces vv. 30-31. Notons enfin qu'au v. 30 la séquence "Dédaignant... Il annonce... à se repentir" (TO: παριδὼν... μετανοεῖν) reprend le thème exprimé en Sag 11,23: «... et tu détournes les yeux des péchés des hommes en vue du repentir» (παρορᾷς... εἰς μετάνοιαν).

Act II on le voit a donc traité le discours de Paul, et selon les canons de la rhétorique grecque, et selon les thèmes qui lui étaient fournis par un texte biblique: Sag 13-14.

c) C'est dans cette double perspective qu'il faut relire les vv. 24-27.

ca) Les vv. 24-25 sont construits en forme de chiasme[1]:

> Le Dieu qui a fait le monde et tout ce qui est en lui,
>> celui-là qui est le Seigneur du ciel et de la terre
>>> n'habite pas dans des temples faits à la main
>>> ni n'est servi par des mains humaines
>> (comme) ayant besoin de quelque chose,
> Lui qui a donné à tous souffle et vie et toutes choses.

---

[1] Cf. Gatti, *op. cit.*, p. 67.

La première moitié du v. 24 rappelle évidemment Gen 1,1: «Au commencement Dieu a fait le ciel et la terre...» Mais les termes sont transposés et en partie changés. L'expression "qui a fait le monde" est plus grecque que sémitique; elle se lit en Sag 9,9: «(La Sagesse)... était présente lorsque tu faisais le monde.» Cette formule ne se lit nulle part ailleurs dans la Bible. Le monde est parfaitement arrangé puisqu'il a été fait avec l'aide de la Sagesse de Dieu. La phraséologie de ce v. 24 rappelle aussi celle de Ex 20,11, qui renvoie explicitement à Gen 1,1ss: «Car en six jours le Seigneur a fait le ciel et la terre et la mer et tout ce qui (est) en eux.» Quant à la formule "le Seigneur du ciel et de la terre", elle est reprise de Tob 7,17 et a probablement une résonance liturgique (cf. Mat 11,25 = Lc 10,21). Mais le monde grec connaissait la formule "le Seigneur de toutes choses" (ὁ πάντων κύριος); attestée déjà chez Pindare, on en trouve un écho dans Xénophon, Démosthène, Dion Chrysostome[1]. Le raisonnement est simple et s'inspire de Is 66,1-2: comment Dieu pourrait-il habiter dans des temples faits à la main (cf. Mc 14,58), lui qui possède le ciel et la terre, c'est-à-dire le monde entier? Ce raisonnement avait déjà été tenu en 7,48-49, dans le discours d'Étienne. Là, il visait l'inutilité du Temple de Jérusalem; ici, l'inutilité de tous les temples païens. Mais l'idée avait été déjà exprimée par Zénon, le fondateur de l'école stoïcienne: «... il ne faut faire ni temples ni statues.»[2]

Le v. 25 tient aussi un raisonnement très simple, avec allusion aux offrandes qui étaient faites pour les dieux dans les temples: Dieu n'a besoin de rien puisque c'est lui qui donne à tous le souffle et la vie (πνοὴν καὶ ζωήν), et tout ce dont ils ont besoin. La fin du v. 25 fait allusion au récit de la création de l'homme d'après Gen 2,7: après avoir formé l'homme du limon de la terre, Dieu insuffle dans ses narines "un souffle de vie" (πνοὴν ζωῆς) et celui-ci devient "être vivant". En 2 Macc 7,22-23, par allusion à ce texte de la Genèse, il est dit que Dieu donne aux hommes "le souffle et la vie" (τὸ πνεῦμα καὶ τὴν ζωήν)[3]. Mais le thème est fréquent dans la philosophie grecque. Euripide disait déjà qu'un dieu, s'il est réellement dieu, n'a besoin de rien[4]. Et Xénophon écrit: «Je crois la divinité trop grande pour avoir besoin de mon culte (θεραπεία)[5].»

cb) Aux vv. 26-27, Act II reste dans la problématique de Sag 13,1-6, mais dans une optique plus particulière: c'est l'ordre mis par Dieu dans la répartition des peuples sur la terre qui conduit les hommes à le chercher et, si possible, à le

---

[1] Pindare, *Isthm.* 5,53. Cf. Gatti, p. 85.

[2] J. VON ARNIM, *Stoicorum Veterum Fragmenta*, vol. I, Leipzig, 1903, p. 264.

[3] Dans la tradition biblique, quand on se réfère implicitement à Gen 2,7, il est courant de remplacer πνοή par πνεῦμα. Voir aussi Is 42,5: «Lui qui a donné le souffle (πνοή) au peuple qui l'habite et l'haleine (πνεῦμα) à ceux qui s'y meuvent.»

[4] *Héraclès*, 1345-1346.

[5] *Mémorables*, I,4,10. Ces deux derniers textes cités d'après Éd. DES PLACES, "Actes 17,25", dans Bib 46 (1965) 219-222.

trouver (Sag 13,6). Le verbe "faire", avec Dieu pour sujet, se trouve au début du v. 26 comme il l'était au début du v. 24. Ici, Dieu "a fait que, issu d'un seul sang, toute la race des hommes habite sur la face de toute la terre". L'allusion à Gen 1,28 est habituellement reconnue; après la création de l'homme et de la femme, Dieu leur dit: «Grandissez et multipliez-vous et remplissez la terre...» La terre va donc être peuplée à partir d'un seul couple. Mais la formulation littéraire reprend celle de Gen 11,8-9; après la confusion des langues à Babel, Dieu dispersa les hommes "sur la face de toute la terre". Par ailleurs, en référence à ce texte, on lit en Deut 32,8 que, lorsqu'il "dispersa les fils d'Adam", Dieu "établit les frontières (ὅρια) des peuples selon le nombre des anges de Dieu". On retrouve cette idée en Act 17,26: Dieu établit les hommes sur la face de toute la terre "ayant fixé (ὁρίσας) des temps réglés d'avance et, selon des limites, (ὁροθεσίαν) leur habitat". Dieu a donc réparti les peuples sur la terre avec beaucoup de sagesse et d'ordre; il leur a donné à chacun des "temps" pour prospérer et, éventuellement, dominer les autres (Lc 21,24; cf. Dan 12,7)[1]. C'est la vue de cet ordre qui doit amener les hommes à "chercher Dieu", si du moins ils arrivent à le trouver. Nous avons déjà dit que ce thème s'inspirait de Sag 13,6.

La finale du v. 27 forme transition avec le v. 28a. Le thème est courant dans la Bible, mais surtout dans une perspective communautaire. Au sens personnel, voir surtout Jer 23,23: «Je suis un Dieu qui est proche, dit le Seigneur, et non un Dieu (qui est) loin» (cf. encore Ps 145,18). Cette idée n'est pas inconnue de la philosophie grecque; Sénèque par exemple écrivait: «Dieu est près de toi, il est avec toi, il est à l'intérieur» (Epist. 41,1).

Le v. 28a donne la raison pour laquelle Dieu n'est pas loin de chacun de nous. Il n'offre pas de parallèle dans l'AT. Nombreux sont les textes de la philosophie grecque qui unissent la vie et le mouvement, mais aucun n'a la triade "vivre - se mouvoir - être"[2].

d) Le v. 28b sert d'introduction au v. 29, contre l'idolâtrie. Il contient une citation du poète Aratus: «Car nous sommes de sa race.» Ce thème se retrouve fréquemment dans la philosophie grecque[3]. Dans la Bible, le parallèle le plus proche est Gen 1,26, texte dans lequel Dieu déclare: «Faisons l'homme à notre image et à notre ressemblance.»

---

[1] Pour l'interprétation du difficile v. 26, cf. A. D. NOCK, "The Book of Acts", dans *Essays on Religion and the Ancient World*, Oxford, 1972, pp. 821-832 (surtout p. 830). Paru d'abord dans Gnomon 25 (1953) 497-506.

[2] Voir cependant P. COLACLIDES, "Acts 17,28A and Bacchae 506", dans Vig. Christ. 27 (1973) 161-164. Il attire l'attention sur une restauration du texte d'Euripide faite par un de ses éditeurs: οὐκ οἶσθ' ὅ τι ζῇς οὐδ' ὅ δρᾷς οὐδ' ὅστις εἶ. Mais que vaut cette restauration?

[3] Voir Éd. DES PLACES, *Syngeneia. La parenté de l'homme avec Dieu d'Homère à la patristique* (Études et Commentaires 51), Paris, 1964.

Le v. 29, nous l'avons vu plus haut, démarque d'assez près le texte de Sag 13,10.

e) La conclusion du discours est un appel au repentir, suivi de la menace du jugement. On rejoint les thèmes de Sag 14,22-29 et 30-31. C'est ici le seul passage spécifiquement chrétien, avec l'affirmation que Dieu a désigné un homme pour effectuer ce jugement, et que, pour établir la foi en cet homme, il l'a ressuscité. On rejoint la thématique déjà développée par Act II en 10,40.42-43.

2. L'échec de Paul

Aux vv. 32-33, Act II constate l'échec de la prédication de Paul. Tant qu'il a exprimé des idées communes à la pensée juive et à la philosophie païenne, ses auditeurs l'ont écouté patiemment. Mais dès qu'il a abordé le thème spécifiquement chrétien de la résurrection du Christ, tous se sont moqués de lui et sont partis sans plus vouloir l'écouter. Pour un philosophe païen, l'idée de résurrection était inadmissible.

Paul lui-même atteste que lorsqu'il est arrivé à Corinthe, après son séjour à Athènes, il était assez découragé, et décidé à ne plus annoncer le Christ en utilisant les procédés de la sagesse humaine (1 Cor 2,1-5). Le Christ lui-même n'avait-il pas fait cette prière d'action de grâces à Dieu: «Je te bénis, Père, Seigneur du ciel et de la terre (cf. Act 17,24), parce que tu as caché cela aux gens sages et intelligents, et que tu l'as révélé aux tout petits... Tout m'a été donné par mon Père, et nul ne connaît qui est le Fils sinon le Père, et qui est le Père sinon le Fils, et celui à qui le Fils voudra le révéler» (Lc 10,21-22).

Au v. 34a, Act II rejoint le récit de Act I, qui s'accorde mal d'ailleurs avec les vv. 32-33. Parmi ceux qui crurent, Act II mentionne un certain Denys l'Aréopagite, qui nous est par ailleurs inconnu.

(Le récit de Act III: ⇒ p. 365)

G) PAUL À CORINTHE
(18,1-17)

Act II reprend de Act I le récit du séjour de Paul à Corinthe. Il y apporte un certain nombre d'ajouts et de modifications qui sont dans la ligne de ses préoccupations habituelles.

1. Paul s'établit chez Aquila (vv. 2-3)

C'est Act II qui a inséré dans le récit de Act I tout ce qui concerne les rapports entre Paul et Aquila, aux vv. 2-3. Il nous donne d'abord la raison pour laquelle Aquila et sa femme Priscille avaient quitté l'Italie pour venir s'installer à Corinthe: l'empereur Claude avait expulsé de Rome un grand nombre de Juifs. Suétone confirme ce renseignement donné par Act II puisqu'il écrit: «(Claude) chassa de Rome les Juifs qui s'agitaient sans cesse sous l'impulsion de Chrestus.»[1] Par "Chrestus" il faut comprendre très probablement le Christ, et les troubles qui agitaient la communauté juive de Rome provenaient sans doute de la prédication chrétienne.

Selon Act II (v. 3 TO), Paul était connu d'Aquila parce qu'ils étaient de même race. Il vint donc s'établir chez lui pour cette raison. Notre auteur ne fait aucune allusion à un travail de Paul pour subvenir à ses besoins. De fait, Paul lui-même nous dit que, durant son séjour à Corinthe, il put vivre grâce aux subsides que lui envoyèrent les frères venus de Macédoine (2 Cor 11,7-12; 12,13). C'est Act III qui nous montrera Paul travaillant avec Aquila à la confection de tentes (TA).

2. Silas et Timothée

a) Aux vv. 4-5, Act I avait ce texte: «Il discutait dans la synagogue chaque sabbat ( ) attestant aux Juifs que le Christ, (c'est) Jésus.» Act II ajoute le v. 5a pour mentionner l'arrivée de Silas et de Timothée auprès de Paul. D'après 2 Cor 1,19 en effet, ces deux disciples étaient avec lui lorsqu'il évangélisait Corinthe pour la première fois (cf. 1 Thess 1,1; 2 Thess 1,1). Act II veut donc étoffer le séjour de Paul à Corinthe en tenant compte des renseignements que Paul lui-même nous a donnés dans ses lettres. Mais cette mention de Silas et de Timothée reste artificielle puisque les deux disciples de Paul vont disparaître de l'horizon dès le v. 6.

b) Pour montrer que Silas et Timothée ont aidé Paul dans sa prédication, Act II dédouble le v. 5b du récit de Act I. Il ajoute le v. 4b, avec la proposition participiale "ayant introduit le nom du Seigneur Jésus". Puis il remplace le v. 5b par la phrase "comme il y avait force discours et que l'on interprétait les Écritures..." Act II a donc transféré au v. 4b l'objet de la prédication de Paul, à savoir le Christ (et cf. *infra*), et explicité dans son v. 5b (TO) le participe "attestant", qui impliquait le recours aux Écritures.

---

[1] *Vita Claudii*, 25.

3. La conversion des païens

Act II introduit son thème favori de la conversion des païens en plusieurs passages.

a) Dans les remaniements qu'il fait des vv. 4-5, il insère à la fin du v. 4: «Or il persuadait non seulement les Juifs mais aussi les Grecs», c'est-à-dire les païens. Pour souligner que la prédication de Paul s'adressait aux païens, Act II change le texte de Act I qu'il reprend ici. Act I avait écrit: «attestant aux Juifs que le Christ (c'est) Jésus.» Ceci correspond à la confession de foi judéo-chrétienne. Mais au v. 4b du TO, le thème est devenu "ayant introduit le nom du Seigneur Jésus" (cf. 1 Cor 5,4), ce qui correspond à la confession de foi des pagano-chrétiens: «Jésus est le Seigneur» (1 Cor 12,3; 8,6). Mais en faisant cette modification, Act II introduit une incohérence dans le récit: comment les païens peuvent-ils être touchés par la prédication que Paul donne dans la synagogue des Juifs?

b) À la fin du v. 6, Act II ajoute la phrase dite par Paul: «Maintenant, je vais aux gentils.» Il avait déjà introduit ce thème de la prédication aux païens en 13,46-47. Comme dans le cas de la mention de Silas et de Timothée venant seconder Paul à Corinthe (v. 5), cette affirmation de Paul reste sans effet pour la suite du récit puisque, en 18,19, à Éphèse, Paul se rendra avec empressement dans la synagogue pour y prêcher aux seuls Juifs.

Pour signifier cette nouvelle orientation de la prédication de Paul, Act II introduit dans le récit le détail donné au v. 7: jusqu'ici, Paul logeait chez Aquila, qui était juif de la même tribu que lui. Il change de logement et s'en va chez un certain Justus, qui était encore païen bien que "adorant Dieu". On comprend que, maintenant, Paul va s'adresser aux païens.

c) Cette nouvelle orientation de la politique de Paul est encore soulignée dans l'addition du v. 8, qui atteint deux buts différents. Act II nous dit d'abord que Paul convertit le chef de la synagogue, nommé Crispus, ainsi que toute sa maison. Il veut tenir compte du renseignement que Paul nous donne en 1 Cor 1,14: «Je rends grâces à Dieu que je n'ai baptisé aucun d'entre vous, sinon Crispus et Gaïus, afin que personne ne dise que j'ai baptisé en mon propre nom.» Act II ajoute qu'une grande foule de Corinthiens se firent baptiser; il s'agit évidemment de païens.

d) Au v. 10, à la fin de la vision que Paul aurait eue à Corinthe, Act II ajoute la proposition "parce que j'ai un peuple nombreux en cette ville". Il s'agit encore de païens qui, selon Act II, vont se convertir, nombreux, au christianisme. Et pour que la prophétie de cette vision puisse se réaliser, il est nécessaire que

Paul prolonge sa prédication durant un temps assez long. C'est pourquoi Act II ajoute aussi le v. 11, indiquant que l'apôtre est resté un an et six mois à Corinthe.

4. Le peuple juif déculpabilisé

Dans le récit de Act I, aux vv. 5b-6, c'est l'ensemble des Juifs qui s'opposent à la prédication de Paul. Act II modifie la rédaction du début du v. 6 et écrit: «quelques Juifs s'opposaient et blasphémaient...» Il ne s'agit plus des Juifs en général, mais de quelques juifs.

5. Une explicitation

Dans l'épisode de Paul accusé devant Gallion par les Juifs, Act II a ajouté les vv. 14b-15a pour rendre plus claire l'attitude du proconsul. Selon les vv. 14a et 15b, de Act I, Gallion aurait opposé une fin de non-recevoir aux accusations des Juifs. Mais il faut se reporter au v. 13 pour comprendre que ces accusations portaient sur des points contraires à la loi juive. Act II veut donc préciser que Gallion, comme il en avait le devoir, était prêt à juger un délit de droit commun, mais qu'il ne veut pas entrer dans des disputes touchant des problèmes religieux qui ne troublaient pas l'ordre public.

(Le récit de Act III: ⇒ p. 366)

H) PAUL À ÉPHÈSE. FIN DU VOYAGE
(18,18-22)

En reprenant le texte de Act I, Act II lui fait subir les modifications suivantes.

a) Nous avons vu qu'en 18,2-3, Act II avait ajouté tous les détails concernant la présence d'Aquila et de Priscille à Corinthe. C'est donc lui qui ajoute, au v. 18 la mention du départ d'Aquila en compagnie de Paul, et au v. 21 la précision qu'Aquila resta à Éphèse tandis que Paul s'en allait vers Césarée. Il veut tenir compte du texte de 1 Cor 16,19 qui atteste la présence d'Aquila et de Priscille à Éphèse. Il veut aussi préparer l'épisode suivant (18,24ss) où Aquila aura la responsabilité de donner un complément de formation à Apollos.

b) Nous avons expliqué déjà (pp. 251ss) comment, au v. 22, Act II avait remanié le texte de Act I de façon à faire arriver Paul, non plus à Jérusalem, mais à Antioche, d'où il va partir pour effectuer son troisième voyage missionnaire.

IV. LE TROISIÈME VOYAGE DE PAUL
(18,22-21,17)

Le troisième voyage missionnaire, qui va mener Paul d'Antioche à Jérusalem via Éphèse, fut composé par Act II[1] et est centré sur l'évangélisation de la ville d'Éphèse par Paul. La description du voyage par mer de Philippes à Tyr, puis à pied de Tyr à Jérusalem (20,6-21,17), est reprise du Journal de voyage, mais Act II y a pratiqué un certain nombre d'additions; ce sont celles-ci qui vont surtout nous retenir maintenant.

A) LE DÉBUT DU VOYAGE
(18,23 et 19,1)

Selon le TO, la séquence 18,23 + 19,1 démarque le début du deuxième voyage de Paul, en 15,40ss, tout en en prenant le contre-pied. Lisons les deux textes à la suite l'un de l'autre en soulignant leurs correspondances:

15,40   Paul, ayant fait choix de Silas, <u>partit</u> (ἐξῆλθεν), remis par les frères à la grâce de Dieu.

15,41   <u>Ils traversèrent</u> la Syrie et la Cilicie, <u>affermissant les églises</u>...

16,6   Or <u>ils traversaient la région phrygienne et galate, empêchés par l'Esprit</u> de parler la Parole à quelqu'un <u>en Asie</u>.

18,23   Et, ayant passé quelque temps, il <u>partit</u> (ἐξῆλθεν), <u>traversant</u> successivement <u>la région galate et phrygienne, affermissant les disciples</u>.

19,1   Or, tandis que Paul voulait, selon sa propre volonté, aller à Jérusalem, <u>l'Esprit lui dit</u> de retourner <u>en Asie</u>.

Il est facile de voir que 18,23 et 19,1 (TO) se complètent pour reprendre les thèmes et les expressions de 15,40ss. Mais tandis qu'en 16,6 Paul était empêché par l'Esprit d'aller annoncer la Parole en Asie[2], en 19,1 c'est au contraire l'Esprit qui lui commande de retourner en Asie alors que son dessein était d'aller directement à Jérusalem. Selon Act II, c'est l'Esprit qui avait été à l'origine du premier voyage missionnaire de Paul (13,2). De même, c'est l'Esprit

---

[1] À l'exception du passage concernant les exorcismes et la magie, en 19,11-19, qui fut ajouté par Act III.

[2] Nous avons vu déjà que 16,6b fut ajouté par Act II au récit de Act I (p. 287).

qui oriente le troisième voyage sur la ville d'Éphèse, négligée lors du deuxième voyage en vertu d'une décision de l'Esprit.

Act II n'a pas inventé ce séjour de Paul à Éphèse. L'apôtre a dit lui-même y être resté un certain temps en raison des succès de son apostolat (1 Cor 16,8-9) et y avoir eu des difficultés (1 Cor 15,32). Mais selon 1 Cor 16,8-11, Timothée était aussi du voyage, et Act II n'en dit rien. Mais pourquoi Act I aurait-il escamoté le long séjour de Paul à Éphèse (cf. Act 18,19)? Nous proposons l'hypothèse suivante. Cet auteur, nous l'avons vu, ne s'intéresse pas à l'évangélisation des païens. Or la communauté d'Éphèse était composée presque exclusivement de pagano-chrétiens (cf. Eph 2,11-3,1). L'activité de Paul à Éphèse ne pouvait pas intéresser Act I.

(Pas de modification de Act III)

B) L'ACTIVITÉ MISSIONNAIRE D'APOLLOS
(18,24-28)

1. La personne d'Apollos[1]

Sur ce personnage, nous ne possédons pas d'autres renseignements que ceux que nous donnent ici les Actes des apôtres, et Paul dans plusieurs passages de ses lettres (1 Cor 1,12; 3,4-6.22; 16,12; Tit 3,13). Il était orginaire d'Alexandrie, où florissait une communauté judéo-hellénistique cultivée d'où était sortie la traduction grecque de la Bible connue sous le nom de "Septante", et le livre de la Sagesse. Selon Act 18,25 (TO), c'est dans cette ville qu'il aurait reçu sa formation chrétienne. Les Actes ne nous disent rien d'une évangélisation d'Alexandrie à une date si haute, mais ils ne s'intéressent qu'aux voyages missionnaires de Paul. Apollos était un homme cultivé (v. 24), très versé dans les Écritures comme on l'était à Alexandrie (vv. 25.28). Il devait être assez brillant, et c'est pourquoi sa personnalité attachante suscita des divisions dans la communauté de Corinthe (1 Cor 1,11-12; 3,4-6). Nous reviendrons plus loin sur le problème de sa formation chrétienne.

Act II nous le montre exerçant son activité d'abord à Éphèse (vv. 24-26), puis à Corinthe (vv. 27-28). Ceci correspond à ce que Paul nous dit de lui dans ses lettres. D'après 1 Cor 16,12, il était à Éphèse avec Paul et envisageait de se rendre à Corinthe. D'après 1 Cor 1,11-12 et 3,4-6, il réalisa son projet et exerça son activité apostolique à Corinthe, prenant ainsi la succession de Paul: celui-ci a planté, et Apollos a arrosé. On notera la différence des circonstances. Selon Paul (1 Cor 16,12), c'est lui-même qui aurait vivement poussé Apollos à venir à

---

[1] Apollos (TA) est la forme abrégée de Apollônios (TO). Nous continuerons à l'appeler Apollos puisque c'est le nom qu'on lui donne habituellement.

Corinthe, mais celui-ci ne se serait décidé que lorsqu'il aurait jugé le moment opportun. Selon Act II, ce sont des fidèles de Corinthe, de passage à Éphèse, qui auraient supplié Apollos de venir dans leur patrie, et celui-ci se serait rendu à leur désir sans plus se faire prier (Act 18,27 TO). Act II ne pouvait pas faire intervenir Paul puisque tout ceci se passa avant son arrivée à Éphèse. Act III simplifie les choses en disant que c'est Apollos lui-même qui aurait décidé d'aller en Achaïe (18,27 TA). De toute façon, les frères d'Éphèse munirent Apollos de lettres de recommandation destinées aux disciples de Corinthe (v. 27b). Un tel procédé est attesté par Paul en Rom 16,1 et surtout en 2 Cor 3,1. D'après ce dernier texte, Paul n'avait pas besoin de porter avec lui de telles lettres. Si Act II nous dit qu'on en donna à Apollos, n'est-ce pas pour insinuer la supériorité apostolique de Paul sur Apollos?

2. Paul et Apollos

Cette supériorité de Paul sur Apollos apparaît encore dans le détail suivant. Act II insiste sur le fait qu'Apollos annonçait l'évangile aux seuls Juifs. À Éphèse, il discute avec les Juifs dans la synagogue (18,26), et plus tard à Corinthe, c'est encore les Juifs qu'il réfutait vigoureusement, "prouvant par les Écritures que Jésus était le Christ" (18,28). Cette dernière formule est reprise de 17,2-3, texte dans lequel Act I avait décrit l'activité apostolique de Paul à Thessalonique (rappelons que Act I ne s'intéressait qu'à la mission de Paul auprès des Juifs). On voit alors poindre les intentions de Act II. Pour lui, c'est à Apollos que revient l'évangélisation des Juifs, tandis que Paul fut appelé par Dieu pour évangéliser les gentils, les païens (cf. 13,46-48; 18,6c, textes de Act II). Pour Act I, Paul était avant tout l'apôtre des Juifs. Pour Act II, cette fonction reste celle d'Apollos, tandis que Paul est devenu l'apôtre des gentils.

3. Le baptême chrétien[1]

Les vv. 25-26 contiennent une sorte de contradiction. Au v. 25, Act II nous dit qu'Apollos "enseignait exactement ce qui concernait Jésus". Sa formation chrétienne semble donc assez poussée. Mais au v. 26, nous apprenons qu'Aquila lui "exposa plus exactement la Voie". Entre ces deux données, nous lisons à la fin du v. 25 qu'Apollos ne connaissait que le baptême de Jean; il ignorait donc tout du baptême chrétien. Voici dès lors comment comprendre ce que Act II veut nous dire. Très versé dans les Écritures, Apollos connaissait parfaitement toutes les ressources de l'apologétique chrétienne. Il savait comment démontrer, à partir des textes sacrés, que Jésus était le Christ, le Messie promis par Dieu (v. 28). Mais il

---

[1] Nos développements sur le baptême chrétien rejoignent en grande partie ceux de Petr POKORNY, "Christologie et baptême à l'époque du christianisme primitif", dans NTS 27 (1981) 368-380.

ne connaissait pas parfaitement "la Voie", c'est-à-dire le christianisme en tant qu'institution, avec tous ses rites, y compris celui du baptême. Et c'est pour achever sa formation sur ce point qu'Aquila le prit chez lui et "lui exposa plus exactement la Voie". Une telle ignorance au sujet du baptême chrétien est-elle concevable de la part d'un homme cultivé? C'est ici tout le problème de l'origine de ce baptême chrétien qui est en cause et qu'il nous faut examiner.

a) Précisons d'abord ce que l'on entend par baptême. À l'époque néo-testamentaire, le judaïsme connaissait deux sortes de baptême: celui des prosélytes et celui de Jean[1]. Quand un païen se convertissait au judaïsme, il lui répugnait souvent de se soumettre au rite de la circoncision. On tolérait alors que, comme signe de son appartenance au peuple de Dieu, il reçût un rite spécial, un baptême d'eau, que l'on appelait le baptême des prosélytes. Ce baptême ne concernait que les païens et était administré de façon tout à fait exceptionnelle. Tout autre était le baptême de Jean. C'était essentiellement un rite de pénitence. On y faisait la confession de ses péchés (Mc 1,4-5; Mat 3,5-6) et cette purification du peuple de Dieu devait amener l'avènement des temps nouveaux, de l'ère eschatologique (Mat 3,2). Le Nouveau Testament parle beaucoup du baptême de Jean, jamais du baptême des prosélytes. Le baptême chrétien doit donc se rattacher au baptême de Jean plus qu'à celui des prosélytes.

b) Une première question se pose au sujet du baptême chrétien: Jésus lui-même a-t-il baptisé des disciples durant sa vie terrestre? La réponse des évangiles à cette question n'est pas claire. Seuls, deux textes johanniques l'affirment: Jn 3,22 et 4,1. Mais les Synoptiques ne font aucune allusion à un baptême administré par Jésus, ce qui serait curieux si Jésus avait effectivement baptisé. Même dans l'évangile de Jean, une glose en 4,2 précise que Jésus lui-même ne baptisait pas, mais seulement ses disciples. Voici dès lors comment on peut essayer de rendre compte des faits.

Selon toute vraisemblance, Jésus vécut un certain temps dans la mouvance de Jean-Baptiste, recevant même de ses mains le baptême (Mc 1,9ss et par.). On peut le conclure de certaines paroles attribuées au Baptiste. Par exemple: «Derrière moi vient un homme qui est passé devant moi...» (Jn 1,30; cf. Mc 1,7 et par.). Le disciple d'un "rabbi" marchait derrière son maître en lui portant ses "livres"; Jean voudrait donc dire: jusqu'ici, Jésus était mon disciple, mais maintenant c'est lui qui va marcher devant, en tant que Rabbi. Jean aurait dit encore de Jésus: «Il faut qu'il devienne grand et que je diminue» (Jn 3,30); or, dans les langues sémitiques, "rabbi" veut dire "mon grand". Jésus aurait donc pris

---

[1] La communauté de Qumrân invitait ses membres à pratiquer souvent le baptême d'eau; mais celui-ci n'était pas considéré comme un rite d'entrée dans la communauté et on devait le renouveler souvent. Le baptême chrétien est différent.

la succession du Baptiste. On comprendrait alors que, au début de son ministère, il ait pratiqué le baptême tout comme Jean, ce dont prirent ombrage les disciples du Baptiste (Jn 3,22.26). Mais il dut assez tôt abandonner cette pratique baptismale, et c'est pourquoi les Synoptiques ne nous présentent jamais Jésus en train de baptiser.

c) La deuxième question qui se pose est celle-ci: Jésus a-t-il ordonné à ses apôtres de baptiser ceux qui deviendraient ses "disciples"? Deux textes des évangiles le disent explicitement: Mat 28,19 et Mc 16,16 (dans la finale de l'évangile, ajoutée par une autre main). Mais les exégètes s'accordent à reconnaître que ce sont deux textes de rédaction tardive. Il est difficile d'ailleurs d'imaginer que Jésus ait abandonné la pratique du baptême durant sa vie terrestre, puis, une fois ressuscité, ait commandé à ses disciples de baptiser. Mat 28,19 et Mc 16,16 sont des textes destinés à justifier, a posteriori, la pratique du baptême chrétien.

d) De fait, on ne voit pas que, dans les premières années du christianisme, on ait pratiqué le baptême, au moins d'une façon régulière, comme un rite d'entrée dans la communauté chrétienne. Une parole attribuée au Baptiste est significative; il aurait dit, faisant allusion à Jésus: «Moi, je vous baptise avec l'eau, mais lui vous baptisera avec l'Esprit saint» (Mc 1,8). C'est dire clairement que le baptême d'eau institué par Jean est périmé, et qu'il est remplacé par un baptême d'Esprit. D'ailleurs, on ne voit pas qu'aucun des apôtres ait jamais reçu le baptême. Et si Act II, pour qui le baptême d'eau revêt une importance exceptionnelle, fait du logion rapporté en Mc 1,8 une parole prononcée par Jésus devant ses apôtres avant l'ascension (Act 1,5), n'est-ce pas pour insinuer que les apôtres ne furent jamais baptisés dans l'eau, mais que la réception de l'Esprit leur tint lieu de baptême?

Signalons encore quelques faits tirés du Nouveau Testament. Paul, dans la première de ses lettres, ne parle pas une seule fois du baptême. Et lorsqu'il fait allusion aux résultats de sa première prédication à Thessalonique, il parle de la conversion des premiers disciples et de leur attente de Jésus comme sauveur, mais il ne dit rien du baptême (1 Thess 1,9-10). Même à Corinthe, un peu plus tard, il n'a pratiqué le baptême qu'avec une extrême réserve (1 Cor 1,14-16). Dans les Actes, la mention du baptême n'apparaît qu'au niveau de Act II; aux niveaux plus anciens, ni Pierre ni Paul n'invitent ceux qui se convertissent à se faire baptiser.

Il faut reconnaître d'ailleurs que l'adoption du baptême de Jean n'allait pas sans difficulté, surtout pour les églises pauliniennes. Ce baptême en effet était ordonné à la rémission des péchés: les hommes devaient confesser leurs péchés, puis se repentir afin que Dieu leur pardonne (Mat 3,2.6; Mc 1,4-5). Mais comment concilier cela avec la théorie de la valeur rédemptrice de la mort du Christ (Rom 3,24-26)? Le baptême de Jean ne pouvait être réassumé sans restriction dans les églises pauliniennes que moyennant un approfondissement christologique: par le baptême, nous participons au mystère de la mort et de la résurrection du Christ, nous revêtons le Christ (Rom 6,4ss; Gal 3,27). Le baptême chrétien n'est plus un simple rite de pénitence en vue de la rémission des péchés, c'est un rite qui nous unit au mystère du Christ mort et ressuscité, et qui nous permet donc de vivre une vie nouvelle, libérée du péché[1].

C'est dans cette perspective très générale qu'il faut lire le récit de Act 18,25-26 concernant Apollos et Aquila. Il confirme que la pratique du baptême chrétien ne s'est généralisée que peu à peu dans les communautés chrétiennes. Certaines ignoraient purement et simplement le baptême. D'autres pratiquaient le baptême de Jean, comme en témoigne le cas d'Apollos. Mais il faudra attendre la synthèse christologique faite par Paul pour que le baptême soit définitivement adopté comme rite d'entrée dans la communauté chrétienne.

(Le récit de Act III: ⇒ p. 367)

C) LES JOHANNITES D'ÉPHÈSE
(19,1-7)

Sur l'ordre de l'Esprit, Paul revient à Éphèse où il n'avait fait que passer lors de son deuxième voyage missionnaire (18,19-21). Il y trouve une communauté chrétienne déjà formée et qu'il n'avait pas fondée lui-même. Mais ces chrétiens ignoraient le don de l'Esprit et ne connaissaient que le baptême de Jean. C'est l'occasion pour Act II de revenir sur ces deux thèmes complémentaires: le baptême et le don de l'Esprit[2].

a) Le thème du baptême est traité dans la même perspective qu'en 18,24-26, à propos d'Apollos, mais d'une façon plus approfondie. Act II confirme ce qu'il avait dit déjà: les disciples d'Éphèse, et non seulement Apollos, ne connaissaient que le baptême de Jean, ce qui n'avait rien d'insolite, comme nous l'avons vu. Mais il est plus difficile de comprendre les paroles que prononce Paul en 19,4. Il explique aux chrétiens d'Éphèse que Jean lui-même, en administrant "son" baptême, annonçait la venue d'un autre que lui, en qui il fallait croire, à savoir Jésus. Mais si les disciples d'Éphèse ne croyaient pas en Jésus, comment pouvaient-ils se dire ses disciples? Est-il possible d'attribuer à Act II une telle

---

[1] En 1 Cor 6,11, Paul fait certainement allusion au baptême et il christologise la problématique du baptême de Jean en insistant sur le thème de la purification par l'eau.

[2] On notera que, selon Act II (TO), c'est l'ensemble des disciples vivant à Éphèse qui sont dans l'ignorance. Act III (TA) a estimé qu'il était difficile de concilier ce fait avec les événements racontés en 18,24-26; il a donc corrigé le texte en supposant qu'il ne s'agissait que de quelques disciples.

contradiction? Ne devrait-on pas admettre alors que, dans son esprit, "croire" en Jésus ne signifie pas, ici, le reconnaître pour le Messie, comme on pourrait le conclure du parallèle de 13,24-25, mais simplement croire que l'on obtient en Jésus le pardon de ses péchés. En d'autres termes, ce n'est pas le baptême de Jean qui confère la rémission des péchés, mais la foi en Jésus. C'est, on le sait, la doctrine même de Paul, celle de la justification par la foi.

Ajoutons un détail. Au v. 5, Act II dit que les Johannites se firent baptisés "dans le nom (εἰς τὸ ὄνομα) de Jésus". On retrouvera cette formule en 8,16, un texte de Act III parallèle à celui-ci, comme on le précisera plus loin. Mais en 2,38 et 10,48 Act II avait employé d'autres prépositions (ἐπί, ἐν) suivies du datif. Or, de son côté, Paul n'emploie qu'une fois la formule que l'on a en Act 19,5, c'est en 1 Cor 1,13: «Est-ce que Paul a été crucifié pour vous? Ou est-ce dans le nom (εἰς τὸ ὄνομα) de Paul que vous avez été baptisés?»[1] Mais aux versets précédents, Paul vient de constater: «J'ai appris par les gens de Chloé qu'il y a parmi vous des discordes. J'entends par là que vous dites tous: "Moi je suis pour Paul" - "Et moi pour Apollos" - "Et moi pour Céphas" - "Et moi pour le Christ"...» (1,11-12). L'influence paulinienne sur la rédaction des Actes est plus que probable puisque Act 18,24-28, mentionnait l'activité d'Apollos dans un passage parallèle à celui-ci.

b) Lorsqu'il rencontre les disciples d'Éphèse, Paul commence par leur demander: «Est-ce que vous avez-vous reçu l'Esprit saint, ayant cru?» Et eux de répondre: «Mais nous n'avons pas même entendu (dire) qu'il y ait un Esprit» (v. 2). Les disciples d'Éphèse n'ignoraient évidemment pas l'existence de l'Esprit de Dieu, dont la Bible parle à maintes reprises. Ils ignoraient seulement que l'Esprit était maintenant communiqué aux hommes d'une façon toute spéciale, que la prophétie de Joël 3,1ss était maintenant réalisée. De la même manière, le quatrième évangéliste pourra gloser: «Il disait cela de l'Esprit que devaient recevoir ceux qui auraient cru (οἱ πιστεύσαντες); il n'y avait pas encore d'Esprit parce que Jésus n'avait pas encore été glorifié» (Jn 7,39).

L'Esprit dont il s'agit ici est l'Esprit charismatique, et d'une façon plus spéciale l'Esprit de prophétie, qui fait parler en langues. Le rapprochement avec la scène de la Pentecôte (2,1-4) est évident, et sera complété par Act III précisant que les disciples d'Éphèse étaient au nombre de douze (v. 7), comme les apôtres le jour de la Pentecôte selon Act II et Act III. Si Act II raconte cet épisode, c'est donc, en partie, pour établir un nouveau parallèle entre Paul et Pierre, entre la geste de Paul et celle de Pierre. Mais 19,6 offre une différence par rapport à 2,4 (de Act I): il y est précisé que, après avoir reçu l'Esprit, les Johannites parlaient en langues et prophétisaient. Ce lien entre don de l'Esprit et prophétie avait été établi explicitement par Act II en 2,17, au début du discours que Pierre prononce

---

[1] En Rom 6,3 et Gal 3,27, Paul écrit simplement "être baptisé dans le Christ".

le jour de la Pentecôte. Act II ajoute encore une précision: les Johannites parlaient en langues et les interprétaient. C'est ce que demande Paul en 1 Cor 12,30 et 14,5.13.27. Sur ces problèmes, voir les développements que nous avons donnés en exposant le sens du récit de la Pentecôte.

c) Il existe enfin un parallèle entre 19,1-7 et 8,14-17, où il est question de l'évangélisation de la Samarie. Dans les deux cas, des gens ont reçu le baptême, puis on leur confère l'Esprit par imposition des mains. Or, en 8,14-17, c'est Philippe qui avait conféré le baptême aux Samaritains, mais il n'avait pas pouvoir de conférer l'Esprit, et c'est pourquoi la communauté de Jérusalem délègue deux apôtres, Pierre et Jean, pour accomplir ce rite. En 19,6, Paul lui-même confère l'Esprit par imposition des mains, comme l'avaient fait Pierre et Jean. Act II veut signifier par là, une nouvelle fois, que Paul était un apôtre au même titre que Pierre et Jean: il avait le même pouvoir qu'eux, celui de conférer l'Esprit.

(Le récit de Act III: p. 367)

D) PAUL DANS LA SYNAGOGUE D'ÉPHÈSE
(19,8-10)

Ce récit très court contient un certain nombre de thèmes chers à Act II.

1. Miracles et prédication

Le début du récit doit être comparé au texte parallèle de Act I qui se lit en 18,19. Dans les deux passages, il s'agit de Paul qui entre dans la synagogue d'Éphèse pour y discuter avec les Juifs. En 18,19, Act I avait écrit simplement que Paul "discutait" (διελέγετο) avec eux. En 19,8, on a une formule plus complète: «Avec grande puissance, il était plein d'assurance... discutant... (ἐπαρρησιάζετο... διαλεγόμενος).» Nous avons là un thème cher à Act II, que Act I avait abandonné mais qui a son origine en 4,29-31.33 (Document P). L'expression "avec grande puissance" évoque les signes et les prodiges que l'Esprit accomplit par la main des apôtres, et cela dans le but de les faire discuter "avec assurance" contre les Juifs. Act II avait déjà introduit ce thème en 14,3, un texte ajouté au récit de Act I[1].

---

[1] Le verbe "être plein d'assurance" ne se lit ailleurs que dans des textes de Act II: 9,27-28; 13,46; 14,3; 18,26; 26,26.

2. La séparation d'avec les Juifs

Malgré la force persuasive de la prédication de Paul, un certain nombre de Juifs s'endurcissent, refusent de croire et décrient la Voie devant la foule des païens. Paul alors rompt avec eux et prend à part les disciples pour compléter leur formation chrétienne.

a) Lorsqu'il racontait les premier et deuxième voyages de Paul, Act II était lié par la source qu'il suivait assez fidèlement, Act I, d'où une certaine incohérence dans le développement du thème de la rupture avec les Juifs. En 13,46, à Antioche de Pisidie, Paul leur déclare qu'à partir de maintenant, il se tourne vers les païens, ce qui ne l'empêchera pas, dès qu'il arrivera à Iconium, d'entrer dans la synagogue des Juifs pour discuter avec eux (14,1). De même, vers la fin du deuxième voyage, à Corinthe, Paul déclare à nouveau aux Juifs qu'il va maintenant vers les païens (18,6). Mais arrivé à Éphèse, son premier soin est d'entrer dans la synagogue des Juifs pour discuter avec eux (18,19). Act II est lié par les récits de sa source. Ici au contraire, il est libre de disposer les récits selon ses idées propres. Devant l'incompréhension de certains des Juifs, il rompt avec eux[1], la séparation est maintenant complète, définitive.

b) Ayant rompu avec les Juifs, Paul <u>met à part</u> (ἀφώρισεν) les disciples pour achever leur formation. Il agit ici, selon Act II, comme il avait agi à Corinthe devant les païens incrédules, d'après 2 Cor 6,14-17: «Ne formez pas avec des infidèles d'attelage disparate. Quel rapport en effet entre la justice et l'impiété? Quelle union entre la lumière et les ténèbres?... Quel accord entre le Temple de Dieu et les idoles? Or, c'est nous qui sommes le temple du Dieu vivant... Sortez donc du milieu de ces gens-là et <u>tenez-vous à part</u> (ἀφορίσθητε).» Paul agit aussi comme l'avait fait le Christ d'après Mc 9,30-31: voyant que les foules ne le suivent plus et prévoyant sa mort prochaine, Jésus se retire à l'écart, loin de tous, pour enseigner ses disciples.

3. La diffusion de l'évangile

Au v. 10, Act II donne la durée du séjour de Paul à Éphèse: deux années. Durant ce laps de temps, tous les habitants de la province d'Asie purent entendre la Parole. Act II ne précise pas si cette diffusion de la Parole fut le fait de Paul, qui aurait donc rayonné à partir d'Éphèse, ou de l'un ou l'autre de ses disciples. D'après Col 1,7 et 4,12-13, Paul fut aidé par des collaborateurs fidèles.

(Le récit de Act III: ⇒ p. 368)

---

[1] Il faut prendre cette expression au sens prégnant, comme en 12,10 et surtout 15,38. Que l'on se reporte aussi à Jn 12,36b, qui a même signification (les vv. 44-50 sont manifestement un ajout).

E) LES EXORCISTES JUIFS
(19,13.17c.20)

Au niveau de Act II, l'épisode suivant ne comportait que les vv. 13, 17c et 20, ce dernier lu selon le TO. Des exorcistes juifs se mettent à expulser des démons au nom de ce Jésus que Paul prêche (v. 13). Il s'ensuit que ce nom est magnifié (v. 17c) et que la foi en Dieu s'affermit (v. 20). Le reste fut ajouté par Act III. Le petit ensemble composé par Act II doit se comprendre à la lumière de textes marciens.

On lit en Mc 9,38-40 l'épisode suivant. Jean dit à Jésus: «Maître, nous avons vu quelqu'un qui chassait les démons en ton nom et, comme il ne nous suit pas, nous l'en avons empêché.» Mais Jésus lui répond: «Ne l'empêchez pas, car il n'est personne qui, ayant fait un acte de puissance en mon nom, pourra aussitôt après dire du mal (κακολογῆσαι) de moi. Celui qui n'est pas contre nous est pour nous.» Replaçons maintenant le passage des Actes dans son contexte. Au début du v. 9, Act II a exposé la réaction de certains Juifs à la prédication de Paul: ils s'endurcissent, refusent de croire et disent du mal (κακολογοῦντες) de la Voie devant les païens. Il nous montre ensuite[1] des exorcistes juifs qui imitent Paul en chassant les démons au nom de Jésus. Comme dans le récit de Marc, cet épisode doit être compris dans un sens favorable aux exorcistes. Ils ne se rangeront pas parmi ceux qui disent du mal de la Voie (v. 9) et, de toute façon, le nom de Jésus, qu'il suffit d'invoquer pour chasser les démons, sera magnifié (v. 17c). Act II met ainsi un bémol à l'impression défavorable aux Juifs que donnait son v. 9: certains Juifs seulement se montrent hostiles à la Voie; il en est d'autres qui reconnaissent le pouvoir souverain du nom de Jésus.

En conclusion de cet épisode, Act II note: «Ainsi se fortifiait la foi de Dieu» (v. 20). Il ne s'agit pas de la fidélité de Dieu envers nous (Rom 3,3), mais de la foi en Dieu et en la puissance qu'il prête aux hommes, comme en Mc 11,22-23: «Ayez la foi de Dieu (i.e. ayez foi en Dieu). En vérité, je vous le dis, si quelqu'un dit à cette montagne: Ôte-toi de là et jette-toi dans la mer, et que, sans hésiter intérieurement, il croit que ce qu'il dit va arriver, il l'obtiendra.» À la vue du succès des exorcismes faits au nom de Jésus, même par des Juifs, la foi en la toute puissance de Dieu ne peut que se fortifier.

(Le récit de Act III: ⇒ p. 368)

---

[1] Rappelons que les vv. 11-12 furent ajoutés par Act III, ce qui rapproche d'autant les vv. 9 et 13 au niveau de Act II.

F) PAUL RESTE À ÉPHÈSE
(19,21-40)

1. Les projets de Paul (19,21-22)

Au v. 21, Act II reprend le texte qui se lisait au début du Journal de voyage et il le complète en ajoutant le v. 22: Paul avait décidé de partir pour la Macédoine (v. 21), mais au lieu de le faire, il y envoie Timothée et Éraste tandis que lui reste à Éphèse. Cet arrangement fait par Act II a pour but de tenir compte de ce que Paul écrit dans ses lettres, spécialement en 1 Cor 16,5-10, donc dans une lettre écrite d'Éphèse et adressée aux fidèles de Corinthe. Paul y exprime son projet de venir à Corinthe (Achaïe) en passant par la Macédoine (16,5-7; cf. 2 Cor 1,15-16). Mais il doit encore rester à Éphèse (16,8), ce qui provoquera l'amertume des fidèles de Corinthe (2 Cor 1,17-18). Il leur envoie donc Timothée (1 Cor 16,10-11; cf. 4,17-19). Remarquons encore qu'en 2 Cor 1,15-16 Paul écrit qu'après avoir été à Corinthe, il partira pour la Judée. En Rom 15,22-30, une lettre écrite de Corinthe, Paul exprime son désir d'aller de Corinthe à Jérusalem, puis à Rome, et il mentionne en passant la Macédoine et l'Achaïe. Ce sont tous ces renseignements sur les projets de voyage de Paul qui se trouvent rassemblés en Act 19,21-22.

2. L'émeute des orfèvres (19,23-40)

Durant le séjour de Paul à Éphèse, un certain Démétrius, orfèvre de son métier et qui s'enrichissait en fabriquant des temples d'argent en l'honneur de la déesse Artémis, craignit que la prédication de Paul ne lui causât du dommage (19,24). Il ameuta donc contre Paul, d'abord les artisans qui travaillaient avec lui (vv. 25-28), puis toute la ville, et, faute de trouver Paul, on s'en prend à deux de ses disciples, Gaïus et Aristarque (vv. 29-32). Finalement, le chancelier réussit à calmer la foule et chacun rentra chez soi (vv. 33-40). Sans entrer dans tous les détails du récit, tâchons de préciser les intentions de Act II.

a) D'après 1 Cor 15,32, Paul aurait connu de graves épreuves à Éphèse. Mais il ne semble pas que Act II y fasse allusion en racontant l'émeute des orfèvres, car les amis de Paul le tiennent à l'écart de la foule et il ne subit aucune violence, pas plus d'ailleurs que ses disciples Gaïus et Aristarque. Act II veut plutôt donner un nouvel exemple d'un des motifs qui ont freiné l'expansion de l'église en milieu païen: l'amour de l'argent. Cet épisode en effet démarque celui qu'il avait repris du Journal de voyage (16,16ss): en exorcisant une esclave pythonisse à Philippes, Paul avait provoqué la colère de ses maîtres, ce qui avait provoqué son emprisonnement. On notera la similitude des formules employées, ici à propos de Démétrius: «Il procurait aux artisans un profit assez grand» (v. 24), et en 16,16, à propos de l'esclave ventriloque: «(elle) procurait un grand profit à (ses) maîtres.» L'occasion de l'émeute est donc la même: la crainte de perdre de l'argent en raison de l'activité missionnaire de Paul. Dans le présent épisode, l'amour de l'argent se greffe sur une profession typiquement païenne: la fabrication d'objets idolâtriques. On notera que Sag 15,9.12 souligne l'âpreté au gain de tous les fabriquants d'idoles: «Il rivalise avec les orfèvres et les fondeurs d'argent... Bien plus, il regarde notre vie comme un jeu d'enfant, notre existence comme une foire à profit.» On notera en passant la façon dont Démétrius rapporte la position de Paul concernant les idoles: «...disant que ne sont pas des dieux ceux qui sont faits par la main des hommes» (v. 26). Peut-être y a-t-il une allusion à Is 37,19: «Car ils n'étaient pas des dieux, mais des œuvres de mains d'hommes»; ou à Sag 13,10, déjà cité en Act 17,29: «... eux qui ont appelé "dieux" des œuvres de mains d'hommes.»

b) Par ailleurs, la description de l'émeute populaire annonce déjà celle que fomenteront les Juifs lors de l'arrestation de Paul dans le Temple de Jérusalem (21,27ss). Ici, "toute la ville fut en émeute" (v. 29); en 21,30, Act II dira de même que "toute la ville fut en mouvement", et l'on avertit le tribun romain: «Vois, Jérusalem est en émeute» (21,31). Ici, la foule criait "les uns ceci, les autres cela" (v. 32), et il en sera de même en 21,34 (cette formule ne se rencontre nulle part ailleurs dans le NT). Le rapprochement est d'autant plus net que, en 21,27ss, ce sont "les Juifs d'Asie", c'est-à-dire d'Éphèse, qui sont à l'origine de l'émeute. Pour Act II, les Juifs ne sont pas pires que les païens. Quand les passions sont en cause, Juifs et païens agissent de même et ont recours à la violence.

(Pas de modification au niveau de Act III)

G) PAUL EN GRÈCE ET EN MACÉDOINE
(20,1-5)

1. Les déplacements de Paul

Après avoir raconté l'épisode de l'émeute des orfèvres à Éphèse, Act II va utiliser de nouveau le Journal de voyage. Le texte de ce Journal nous a été conservé par Act III en 20,2c-3 (TA): après avoir réconforté les frères, Paul vient en Grèce, il y reste trois mois puis, au lieu de s'embarquer pour la Syrie, comme il en avait l'intention, en raison d'un complot fomenté par les Juifs il décide de revenir par la Macédoine. Act II ajoute les vv. 1-2ab, imités du Journal de voyage (cf. 16,40), pour faire la liaison avec son récit précédent, puis il réutilise le texte du Journal de voyage en le modifiant. Si Paul décide de revenir par la Macédoine, c'est en vertu d'un ordre qui lui est donné par l'Esprit. Act II avait déjà introduit ce thème dans les récits de ses sources (16,6b.7b et surtout 19,1 TO, dont la formulation littéraire est si proche de celle de 20,2b-3 TO). C'est donc l'Esprit qui dirige les pas de Paul.

En reprenant le texte du Journal de voyage, Act II le modifie encore sur un point secondaire. Selon le Journal (v. 3 TA), le complot des Juifs contre Paul visait le moment de son embarquement pour la Syrie, et c'est pour cette raison que l'apôtre aurait décidé de revenir par la Macédoine. Selon Act II, c'est à cause du complot que Paul aurait eu l'intention de s'embarquer pour la Syrie. On ne voit pas la raison pour laquelle l'Esprit lui ordonne de revenir par la Macédoine.

2. Les compagnons de Paul

Au v. 4, Act II énumère sept compagnons qui vont accompagner Paul jusqu'en Asie (TO). Sosipater, de Bérée, un parent éloigné de Paul (Rom 16,21). - Aristarque et Secundus, tous deux de Thessalonique. Le premier fut déjà nommé en 19,29 et se trouvait donc avec Paul à Éphèse durant l'émeute des orfèvres. On peut supposer qu'il est venu avec lui d'Éphèse à Corinthe. Il accompagnera de nouveau Paul durant son voyage vers Rome (27,2) et Paul précise qu'il fut son compagnon de captivité (Col 4,10; Phm 24). Nous ne savons rien de Secundus. - Gaïus était de Dobérée (TO), et donc Macédonien lui aussi. Le fait qu'il soit nommé ici en compagnie d'Aristarque rend probable son identification avec le Gaïus mentionné en 19,29. Dans ce cas, il se trouvait lui aussi à Éphèse avec Paul et l'aurait accompagné d'Éphèse à Corinthe. Habitait-il d'ordinaire cette ville? Oui si on peut l'identifier au Gaïus mentionné en Rom 16,23 puisque, d'après ce texte, Paul aurait logé chez lui lorsqu'il écrivait la lettre aux Romains, donc à Corinthe. - Timothée est le seul dont Act II ne mentionne pas l'origine. Mais ses lecteurs savaient qu'il était de Lystre, d'après 16,1-3. - Les deux derniers nommés sont des Éphésiens: Tychique et Trophime. Le premier sera, comme Aristarque, compagnon de Paul durant sa captivité (Col 4,7; cf. Eph 6,21). Quant à Trophime, c'est lui qui sera l'occasion bien involontaire de l'émeute fomentée par les Juifs d'Asie contre Paul peu de temps après son arrivée à Jérusalem (21,29). En 2 Tim 4,20, Paul écrit qu'il l'a laissé malade à Milet; mais ce doit être au cours d'un autre voyage.

En Rom 16,21-23, Paul joint à ses salutations celles de Timothée, Sosipater et Gaïus, preuve qu'ils se trouvaient avec Paul à Corinthe au moment où celui-ci écrivait cette lettre. Cela donne raison à Act II selon lequel ces disciples auraient accompagné Paul dès son départ d'Achaïe (Corinthe); voir le TO au début du v. 4.

Certains ont émis l'hypothèse que ces compagnons de Paul étaient les délégués de diverses églises ayant mission de porter à Jérusalem la collecte dont Paul parle à plusieurs reprises dans ses lettres. Mais ce n'était pas l'opinion de

Act II puisque, selon lui (20,4 TO), ils n'auraient accompagné Paul que jusqu'en Asie.

(Pas de modification de Act III)

H) LA RÉSURRECTION D'EUTYCHE
(20,6b-13a)

Bien qu'il soit rédigé en style "nous", le récit de la résurrection d'Eutyche, avec son introduction (v. 6b) et sa conclusion (v. 13a), est une composition de Act II. Act III y a ajouté le v. 11.

a) Durant leur escale à Troas, Paul et ses compagnons sont réunis "le premier jour de la semaine... pour rompre le pain" (v. 7a). Selon la manière juive, les jours se comptent d'un coucher de soleil à l'autre; nous sommes donc le samedi soir, alors qu'il fait déjà nuit. Comme l'admettent tous les commentateurs, l'auteur du récit veut désigner la réunion hebdomadaire dominicale au cours de laquelle les chrétiens célébraient l'eucharistie[1]. Cette réunion avait aussi pour but de commémorer la résurrection du Christ (Lc 24,1 et par.) qui, ici, va être évoquée par le retour d'Eutyche à la vie.

b) Ce récit de résurrection est le pendant de celui de la résurrection de Tabitha (9,36-42). Comme Pierre avait ressuscité la veuve de Joppé, ainsi Paul ressuscite le jeune homme de Troas: les deux apôtres sont à égalité. On notera les deux finales assez semblables: «... et ayant appelé les veuves, il la leur présenta vivante» (9,41) - «... il amena le jeune homme vivant» (20,12). Comme dans le récit de la résurrection de Tabitha, mais de façon plus discrète, certains détails évoquent les résurrections effectuées par Élie (1 Rois 17,17-24) et par Élisée (2 Rois 4,30-37). Il y est question d'une "chambre haute" (v. 8; cf. Act 9,39; 1 Rois 17,19.23; 2 Rois 4,11). Paul "se jette sur l'adolescent" et le tient serré contre lui (v. 10) comme Élie et Élisée s'étaient étendus sur l'enfant mort (1 Rois 17,21; 2 Rois 4,34-35). Enfin, la parole de Paul "... son âme est en lui" (v. 10) rappelle les formules qui se lisent en 1 Rois 17,17.22 "Et il n'y eut plus de souffle en lui... Et l'âme de cet enfant revint en lui". Enfin, comme dans le récit de la résurrection de Tabitha, nous avons un écho du récit de la résurrection de la fille de Jaïre dans la parole de Paul "Ne vous troublez pas, son âme est en lui" (v. 10), que l'on rapprochera de Mc 5,39: «Pourquoi vous troublez-vous et pleurez-vous? L'enfant n'est pas morte, elle dort.»

---

[1] Cf. 1 Cor 16,2; Act 2,42; 1 Cor 10,16; 11,24.

(Le récit de Act III: ⇒ p. 369)

I) LE DISCOURS DE MILET
(20,17-38)

Dans le Journal de voyage, le discours de Milet ne comportait que les vv. 17-18.19b.22.26-28 et 36. Le thème en était très simple: après avoir rappelé les épreuves que lui ont fait subir les Juifs, et annoncé celles qui l'attendent à Jérusalem, Paul se déclarait innocent du sang que l'incrédulité des Juifs allait leur attirer. Finalement, il mettait en garde les Anciens d'Éphèse et leur troupeau contre de nouvelles persécutions qui pourraient ébranler la foi des fidèles. Act II a considérablement augmenté le discours[1] et lui a donné une portée moralisante qui rappelle certains passages des épîtres pastorales.

1. Comment Paul s'est comporté à Éphèse (vv. 18b-21)

Dans le Journal de voyage, aux vv. 18b.19b, Paul se contentait de rappeler combien d'épreuves lui et les fidèles d'Éphèse avaient eu à subir de la part des Juifs. Act II va reprendre et amplifier ce thème en lui donnant une portée moralisante.

a) Au v. 18b, il ajoute au texte du Journal de voyage la précision chronologique "pendant trois ans environ ou même plus". Mais surtout, il y remplace la proposition "comment... je me suis comporté avec vous" par "quelle sorte (d'homme)[2] j'étais avec vous durant tout le temps...", et il ajoute les mots "servant le Seigneur avec beaucoup humilité et de larmes" (v. 19b). Avant donc de rappeler les épreuves subies de la part des Juifs, qui passent au second plan, il se donne en modèle aux fidèles d'Éphèse: il a servi le Seigneur (Rom 12,11) en toute humilité (Eph 4,2; cf. Phil 2,3; Col 2,18.23; 3,12). Quant au thème des larmes, dans le NT il n'est nulle part ailleurs mis en relation avec les persécutions subies de la part des opposants. Ici donc, il se réfère plutôt aux soucis qu'eut Paul en édifiant l'église d'Éphèse, comme au v. 31 (cf. 2 Cor 2,4) où l'apôtre rappellera encore les trois années qu'a duré son ministère à Éphèse.

---

[1] Le discours sous sa forme actuelle, et lu dans le TO, est de lui, sauf les vv. 33-35 qui furent ajoutés par Act III.

[2] Nous avons adopté la correction proposée par E. Delebecque, *op. cit* pp. 122-123: "*quelle sorte d'homme* : le ms. D écrit ποταπως (= ποδαπῶς), un adverbe qui semble impossible, n'offrant qu'un ou deux exemples dans un grec douteux et très postérieur. On peut croire à une faute du copiste, influencé par le πῶς du texte court et, par suite, lire ποταπός (= ποδαπός), bien accordé avec l'imparfait ἦν." Ajoutons que l'adverbe de D est soutenu aussi par les latins. L'erreur ne provient donc pas du scribe qui a recopié le ms. D.

b) Aux vv. 20-21, ajoutés par Act II, Paul rappelle d'une façon plus précise son apostolat à Éphèse. Le début du v. 20 reprend les expressions utilisées par le Journal de voyage au v. 27, mais sans aucune référence à Ez 33,7-9. La perspective s'est d'ailleurs élargie: Paul a prêché, non seulement aux Juifs, mais également aux païens. Le thème du "repentir"[1] concerne aussi bien les païens (11,18) que les Juifs (5,31; cf. 2,38; 3,19), comme ce sera le cas en 26,20. La foi est requise des païens comme des Juifs. En principe, la formule "la foi dans le Seigneur Jésus" conviendrait mieux aux païens, alors que pour les Juifs on aurait attendu plutôt "la foi dans le Christ Jésus"; mais Act II ne distingue plus les différentes confessions de foi.

2. L'apostolat de Paul à Jérusalem (vv. 23-24)

Cette section est construite à l'analogie de la précédente: Paul annonce d'abord les épreuves qui l'attendent à Jérusalem (v. 23; cf. v. 19b), puis il affirme que cela ne l'empêchera pas d'y exercer son apostolat (v. 24; cf. vv. 20-21).

a) Act II a remplacé le v. 22 du Journal de voyage par le v. 23, plus précis. Au v. 22, Paul disait qu'il se rendait à Jérusalem "lié en esprit", c'est-à-dire obligé d'y aller puisque telle était la volonté de l'Esprit. Au v. 23, Paul sait que "des liens et des tribulations" l'attendent à Jérusalem; il y sera donc emprisonné (cf. 21,33; 23,18; 25,14). Par ailleurs, l'action de l'Esprit est présentée de façon différente. Il se contente de dire à Paul que des liens et des tribulations l'attendent à Jérusalem, sans le forcer à y aller. Le personnage de Paul y gagne en noblesse: s'il va dans la ville sainte, bien qu'il sache les épreuves qui l'attendent là-bas, c'est en toute liberté.

b) Au v. 24, ajouté par Act II, Paul déclare qu'il n'a rien de plus cher que d'achever, d'une part sa "course" (ὥστε τελειῶσαι τὸν δρόμον μου), d'autre part le ministère de la parole qu'il a reçue du Seigneur. La parenté avec 2 Tim 4,5-7 est ici évidente, malgré l'inversion des thèmes. En 2 Tim 4,7, Paul, faisant allusion à sa mort prochaine, écrit à Timothée: «Car pour moi, je suis déjà offert en libation et le temps de mon départ est là. J'ai combattu le bon combat, j'ai achevé ma course (τὸν δρόμον τετέλεκα).» Act II avait déjà utilisé la formule à propos du Baptiste (13,25).

D'autre part, en 2 Tim 4,5, Paul exhorte son disciple en ces termes: «Supporte la souffrance, fais œuvre d'évangéliste, achève ton ministère (τὴν διακονίαν σου πληροφόρησον).» C'est ce que Paul réalisera lui-même puisque,

---

[1] La formule "repentir vers Dieu" est unique dans le NT; on aurait attendu plutôt "conversion vers Dieu".

malgré les épreuves qui l'attendent (v. 23), il n'a rien de plus cher que
"d'achever... le ministère (τελειῶσαι... τὴν διακονίαν) de la parole" qu'il a
reçue du Seigneur, à savoir: "attester aux Juifs et aux Grecs l'évangile de la grâce
de Dieu". Le ministère de Paul à Jérusalem sera dans la ligne de celui qu'il a
accompli jusqu'ici: "attester aux Juifs et aux Grecs", comme il l'a fait à Éphèse
(v. 20), et durant toutes ses courses apostoliques (cf. Rom 1,14.16; 1 Cor 1,24;
12,13; Gal 3,28; Col 3,11). Son ministère à Jérusalem sera donc bien un
"achèvement".

Les influences pauliniennes sur ce passage ne s'arrêtent pas là. Selon Act
II, Paul précise encore que son désir est d'achever "le ministère de la Parole"
qu'il a "reçue du Seigneur". La formulation littéraire est proche de celle de Col
4,17; Paul demande que l'on recommande à Archippe: «Veille au ministère que
tu as reçu dans le Seigneur, de le remplir.» Mais Paul écrivait aussi aux Galates
qu'il leur rappelle l'évangile qu'il leur a annoncé, et que cet évangile, il l'a reçu
par révélation de Jésus Christ (Gal 1,11-12)[1]. Or l'évangile n'est autre que la
Parole qu'il proclame. Enfin, cet évangile est celui "de la grâce de Dieu": c'est
l'annonce aux hommes que, maintenant, nous sommes sauvés par la grâce de
Dieu, et non en accomplissant la Loi mosaïque. Ce thème paulinien, Act II l'avait
déjà exprimé par la bouche de Pierre en Act 15,11 (cf. Eph 2,5).

3. Le testament spirituel de Paul (vv. 25-32)

a) Au v. 25, ajouté par Act II, Paul déclare aux Anciens d'Éphèse qu'ils ne
verront plus son visage. C'est encore une allusion à son destin tragique (cf. v. 24).
On notera ici encore une expression familière à Paul. Jadis, il avait le grand désir
de (re)voir le visage des fidèles de Thessalonique (1 Thess 2,17; 3,10); en
revanche, ceux de Colosses n'ont jamais vu son visage (Col 2,1). Mais par delà
les Anciens d'Éphèse, Paul s'adresse à tous ceux qu'il a évangélisés: «... vous tous
chez qui j'ai passé en proclamant le royaume de Jésus.» Le testament spirituel
qu'il va donner aux vv. 29-32 a donc une portée universelle.

b) Puisque Paul envisage sa mort, au moins comme possible, sinon
probable, il lègue aux Anciens d'Éphèse son testament spirituel (vv. 29-32,
ajoutés par Act II). S'il exhorte ceux-ci à veiller sur eux et sur le troupeau à eux
confié (v. 28), ce n'est plus en raison des épreuves qu'ils subiront de la part des
Juifs, comme le disait le Journal de voyage, mais à cause des faux docteurs qui
vont entrer dans le troupeau (v. 29), faux docteurs qui surgiront même de leur
groupe (v. 30). On retrouve ici les craintes que Paul exprimait à Timothée dans le
passage cité plus haut: «Car un temps viendra où les hommes ne supporteront plus

---

[1] En supprimant le mot "la Parole" après la mention du ministère de Paul, Act III rejoint la
formulation littéraire de Col 4,17, mais s'éloigne du thème de Gal 1,11-12.

la saine doctrine, mais au contraire, au gré de leurs passions et l'oreille les démangeant, ils se donneront des docteurs en quantité et détourneront l'oreille de la vérité pour se tourner vers les fables. Pour toi, sois prudent en tout...» (2 Tim 4,3-5). Mais on se reportera aussi à 1 Tim 1,3-7; 4,1-7: Paul a laissé Timothée à Éphèse afin qu'il veille à ce que nul ne propage de fausses doctrines qui tendraient à ruiner la foi.

Au v. 29, le thème des loups qui vont entrer dans le troupeau renvoie probablement à Mat 7,15.

c) Devant ce danger, il faut veiller (v. 31). Cette consigne se lit de nombreuses fois dans le NT. Étant donné le contexte antérieur (v. 30), le parallèle le plus proche pourrait être 1 Cor 16,13: «Veillez, restez fermes dans la foi...» Paul rappelle ensuite son action passée auprès des fidèles d'Éphèse: «... durant trois ans, nuit et jour, je n'ai pas cessé de reprendre avec larmes chacun de vous.» La donnée chronologique et le thème des larmes font retour aux vv. 18 (TO) et 19. Mais l'ensemble est de facture paulinienne, avec le thème des larmes à propos de ceux qui se laissent égarer (2 Cor 2,4), avec surtout le verbe "reprendre" (νουθετεῖν), ailleurs seulement chez Paul[1].

d) Finalement, Dieu seul peut parer aux dangers que prévoit Paul; et c'est pourquoi l'apôtre remet les fidèles d'Éphèse entre les mains de Dieu et à la parole de sa grâce (v. 32). Cette façon de parler est de Act II (14,23; 14,3), mais la suite revient au langage paulinien: Dieu seul peut "édifier et donner l'héritage de tous les sanctifiés". L'idée de l'édification de l'église, au sens métaphorique, ne se lit ailleurs qu'en 9,31 (Act II) et chez Paul[2]. Act II développera à nouveau, en 26,18, le thème de l'héritage des sanctifiés, en référence à Col 1,12[3].

4. Les adieux (vv. 36-38)

Act II reprend du Journal de voyage le v. 36, mais il y ajoute les vv. 37-38. Paul a dit clairement que les fidèles d'Éphèse ne le reverront plus (v. 38, qui renvoie au v. 25). Au moment où il les quitte, tous sont en proie à une émotion bien compréhensible que Act II se plaît à décrire (v. 37). Certes, le baiser fraternel était d'usage entre chrétiens[4], mais il est donné ici avec des transports inhabituels.

Finalement, tous les Anciens accompagnent Paul jusqu'au bateau, comme le feront un peu plus tard les frères de Tyr (21,5).

---

[1] Rom 15,14; 1 Cor 4,14; Col 1,28; 3,16; 1 Thess 5,12.14; 2 Thess 3,15.
[2] 1 Cor 8,1; 10,23; 14,4.17; 1 Thess 5,11.
[3] Voir un commentaire plus détaillé de ce thème en 26,18.
[4] Cf. Rom 16,16; 1 Cor 16,20; 2 Cor 13,12; 1 Thess 5,26; 1 Pi 5,14.

(Le discours dans Act III: ⇒ p. 370)

J) L'ESCALE DE TYR
(21,4-6)

Dans le Journal de voyage, le bateau dans lequel se trouvaient Paul et ses compagnons devait rester un certain temps à Tyr pour y décharger sa cargaison (v. 3). Paul partait alors immédiatement à pied pour Ptolémaïs, Césarée et Jérusalem (v. 7). Act II a ajouté les vv. 4-6 selon lesquels les voyageurs seraient restés sept jours à Tyr (cf. 20,6; 28,13-14), reçus par les disciples qui s'y trouvaient. Cette communauté de Tyr avait dû être fondée par les Hellénistes qui, selon Act II, avaient évangélisé la Phénicie (11,19).

1. Une prophétie déplacée de son contexte

Pourquoi Act II a-t-il éprouvé le besoin de compléter le Journal de voyage en y insérant un séjour de Paul à Tyr? Voici l'hypothèse que nous proposons. Au v. 4, les disciples qui ont accueilli Paul l'avertissent de ne pas monter à Jérusalem. Cet avertissement est donné sous l'influence de l'Esprit; il s'agit donc d'une prophétie. Mais elle ne suscite aucune réaction de la part des disciples lorsque l'apôtre les quitte, malgré leurs instances, pour monter à Jérusalem. Quelle différence avec la scène racontée aux vv. 12-14, à la suite d'une prophétie semblable donnée par Agabus (vv. 10-11)! Par ailleurs, au v. 9, nous apprendrons que Philippe, chez qui vont loger Paul et ses compagnons, avait quatre filles qui prophétisaient. Mais pourquoi donner ce renseignement puisque les dites filles ne prophétisent rien au sujet de Paul? Loisy a bien vu la difficulté et il écrit, à propos des vv. 12-14: «Toute cette finale pourrait s'interpréter indépendamment de l'intervention d'Agabus, par rapport à un avertissement donné par les filles de Philippe avec moins d'apparat que l'oracle du prophète "descendu de Judée".»[1] Voici alors la solution que nous proposons. Nous verrons plus loin que, effectivement, la prophétie d'Agabus (vv. 10-11) fut ajoutée par Act II. Comme le suggérait Loisy, dans le Journal de voyage la réaction des frères de Césarée (vv. 12.14) suivait une prophétie faite par les filles de Philippe (v. 9). Mais Act II aurait transféré les termes de cette prophétie au v. 4, les attribuant aux frères habitant Tyr. On s'expliquerait alors que, à Tyr, une telle prophétie ne suscite aucune réaction, ni de la part des disciples, ni de la part de Paul. Mais pourquoi Act II aurait-il fait prononcer la prophétie des filles de Philippe par les disciples de Tyr? Il a dû penser qu'il n'était pas normal que des femmes se mettent à prophétiser, interprétant strictement un ordre donné par Paul: «Vous pouvez tous prophétiser l'un après l'autre, afin que tous soient instruits et exhortés. Les esprits

---

[1] Loisy, p. 789.

des prophètes sont soumis aux prophètes, car Dieu n'est pas un Dieu de désordre, mais de paix. Comme dans toutes les assemblées des saints, que les femmes se taisent dans les assemblées; il ne leur est pas permis d'y prendre la parole...» (1 Cor 14,31-34).

2. Les adieux faits à Paul

Lorsque le moment est venu pour Paul et ses compagnons de reprendre le bateau (selon Act II), les disciples, y compris femmes et enfants, l'accompagnent (προπεμπόντων πάντων) jusqu'au rivage (mais Tyr était un port bien aménagé!) et, ayant fléchi les genoux, ils se mettent à prier. Le scénario est le même que celui qui a été décrit en 20,36-38: Paul se met à genoux et prie avec tous les Anciens d'Éphèse (v. 36), puis ceux-ci l'accompagnent (προέπεμπον) jusqu'au bateau (v. 38). Ce rapprochement avec la scène de 20,36-38 suggère la réflexion suivante: après l'invitation des disciples faite à Paul de ne pas monter à Jérusalem, la prière prend un sens particulier: placer Paul sous la protection de Dieu pour qu'il échappe aux Juifs de Judée qui refuseront de croire (cf. Rom 15,30).

(Pas de modification au niveau de Act III)

K) LA PROPHÉTIE D'AGABUS
(21,10-13)

Act II a ajouté au texte du Journal de voyage la prophétie d'Agabus (vv. 10-12). On notera en passant que la façon dont il est nommé ici, même dans le TO, est curieuse car une telle présentation donne l'impression de rencontrer ce prophète pour la première fois, alors que Act I, repris par Act II, l'avait déjà mis en scène en 11,27ss. Mais ce passage est maintenant si loin!

a) Pour exprimer le destin futur de Paul, Agabus utilise, à la manière des prophètes de l'AT (cf. 1 Rois 22,11ss; Jer 13,1ss; 27,2ss; Ez 4,1ss; 5,1ss), un geste symbolique facile à comprendre. Cette prophétie, avec le thème précis des liens qui évoquent l'emprisonnement de Paul, rappelle les avertissements que, selon Act II, l'apôtre disait avoir reçus de l'Esprit, en 20,23[1].

b) Cette prophétie d'Agabus est formulée de telle sorte qu'elle établisse un parallèle entre le destin qui attend Paul et celui de Jésus:

---

[1] Rappelons que, en 20,23, Act II remplace un texte parallèle du Journal de voyage en y ajoutant le thème précis des liens qui attendent Paul à Jérusalem.

Act 21,11b: ainsi <u>ils le lieront</u> à Jérusalem et <u>le livreront aux mains des</u> gentils
Mc 15,1:   <u>ayant lié</u> Jésus, ils l'emmenèrent et <u>le livrèrent</u> à Pilate
Mc 9,31:   le Fils de l'homme <u>est livré aux mains des</u> hommes
Mc 14,41:   <u>est livré</u> le Fils de l'homme <u>aux mains des</u> pécheurs

L'emprunt aux textes évangéliques est d'autant plus certain que, en fait, même dans la perspective de Act II, Paul ne sera pas "livré aux mains" des Romains. Ceux-ci, au contraire, interviendront pour l'arracher à la foule en furie qui veut le lyncher (21,31ss).

c) Mais une telle prophétie ne se comprend que dans la perspective de Act II, selon laquelle au terme de ce voyage Paul va effectivement se retrouver en prison, aux mains des Romains. Dans le Journal de voyage, il continuait sa route vers Rome, libre de tous liens.

d) Au niveau de Act II, la prophétie d'Agabus était suivie des réactions de l'assistance (21,12, repris du Journal de voyage), puis de Paul (21,13). Les disciples de Tyr n'avaient fait qu'avertir Paul de ne pas monter à Jérusalem (21,4); devant la sombre prophétie d'Agabus, les compagnons de Paul et les chrétiens de Césarée se font plus pressants (21,12). Mais c'est l'occasion pour l'apôtre d'affirmer sa volonté de braver chaînes et mort pour le nom de Jésus (21,13). Cette déclaration attribuée à Paul est une manière de le rapprocher des douze apôtres qui ont eu à subir des outrages "pour le nom" de Jésus (5,41). Paul va d'ailleurs bientôt endurer ce qui lui avait été annoncé lors de sa conversion sur le chemin de Damas (9,16): rien ne peut ébranler sa fidélité à la mission qu'il a reçue du Christ.

(Le récit de Act III: ⇒ p. 370)

L) DE CÉSARÉE À JÉRUSALEM
(21,16-17)

Le Journal de voyage ne mentionnait aucune étape de Césarée à Jérusalem. À juste titre, Act II a estimé cette performance impossible à réaliser, et il a ajouté une étape intermédiaire, dans un village qu'il ne nomme pas. Ainsi s'expliquent les additions du v. 16 et du début du v. 17, tels qu'ils se lisent dans le TO. Partis de Césarée, le groupe des voyageurs arrive "dans un certain village" (cf. Lc 10,38; 17,22) et vont loger "chez un certain Mnason, disciple ancien". Nous ne savons rien, par ailleurs, de ce disciple. Originaire de Chypre, il devait appartenir au groupe des Hellénistes, et l'on comprend que Paul descende chez lui.

V. PAUL À JÉRUSALEM
(21,18-23,35)

A) L'ENTREVUE AVEC JACQUES
(21,18-25)

Au moment où il laisse le récit du Journal de voyage (21,17) et avant de retrouver le texte de Act I (21,26b), Act II ajoute la description d'une entrevue entre Paul, Jacques et les Anciens de Jérusalem où il va être question du problème des observances de la Loi juive. Nous voici revenus dans les perspectives de l'assemblée de Jérusalem telle que l'avait conçue Act II (15,1ss).

1. La conversion des païens

À peine arrivés à Jérusalem, Paul et ses compagnons viennent trouver Jacques chez qui sont rassemblés les Anciens de la communauté hiérosolymitaine. Comme en 15,3-4, Paul commence par raconter tout ce que Dieu a fait parmi les païens, grâce à son ministère (21,19). Cette diffusion du christianisme en milieu païen est, on l'a vu, un des centres d'intérêt majeurs de Act II. On notera en passant ce terme de "ministère" (διακονία), de saveur paulinienne, surtout lorsqu'il s'agit comme ici de l'apostolat en milieu païen. Paul écrivait de même aux fidèles de Rome: «Je le dis à vous, les païens: tant que moi, je suis apôtre des païens, je glorifie mon ministère (τὴν διακονίαν μου δοξάζω)» (Rom 11,13; cf. 2 Cor 4,1; 5,18; 6,3; 2 Tim 4,11).

La réaction de l'assistance est favorable. Et puisque, au témoignage de Paul, c'est Dieu qui a agi par son intermédiaire, l'assemblée glorifie Dieu d'avoir ainsi favorisé la conversion des païens (v. 20a). Act II avait déjà noté la même réaction favorable des hiérosolymitains lorsqu'ils avaient appris de Pierre la conversion du centurion païen Corneille et de ses compagnons (11,1 TO; 11,18).

2. Le problème de la circoncision

a) Mais Jacques et les Anciens avertissent Paul d'un danger. Le bruit court qu'il enseigne aux Juifs de la diaspora, c'est-à-dire aux Juifs vivant en milieu païen, qu'il n'est plus nécessaire de faire circoncire leurs enfants lorsqu'ils sont devenus chrétiens; c'est les inciter à abandonner Moïse et toutes les coutumes reçues de lui. Mais à Jérusalem, les Juifs se sont convertis par milliers à la foi chrétienne, et ils sont restés de fervents adeptes de la Loi. Ils risquent donc de s'en prendre à Paul lorsqu'ils apprendront que celui-ci se trouve à Jérusalem (vv. 20-22). Les formules que Act II prête à Jacques au v. 21 reprennent celles de 15,1, mais la thématique est différente. En 15,1, les gens venus de Jérusalem à Antioche de Syrie insistaient pour que les païens qui embrassaient la foi chrétienne se soumettent aux exigences de la Loi mosaïque et se fassent circoncire. Ici, il ne s'agit plus des païens, mais des Juifs. Le problème est donc élargi. Ce que l'on reproche à Paul, c'est de nier l'utilité de la circoncision pour les Juifs qui se font chrétiens. Du moins, le bruit court-il que ce serait là ce que Paul enseigne. Il écrivait effectivement aux fidèles de Galatie: «Oui, c'est moi Paul qui vous le dis: si vous vous faites circoncire, le Christ ne vous servira de rien. Je l'atteste à nouveau à tout homme qui se fait circoncire: il est tenu d'observer la Loi tout entière. Vous avez rompu avec le Christ, vous qui cherchez à être justifiés par la Loi, vous êtes déchus de la grâce... Car dans le Christ Jésus, ni la circoncision, ni l'incirconcision n'ont de force, mais la foi qui agit par la charité» (Gal 5,2-6). Et il ajoutera un peu plus loin: «Car ce qui compte, ce n'est ni la circoncision ni l'incirconcision, c'est d'être une créature nouvelle» (6,15). C'était déjà, selon Act II, la doctrine que Pierre avait exposée lors de l'assemblée de Jérusalem (15,10-11), et dans la ligne de Gal 5,1ss dont il reprenait les termes. Notre auteur se fait donc le champion de la doctrine paulinienne du salut par la foi, sans passer par les œuvres de la Loi juive, sans passer par la circoncision, doctrine valable aussi bien pour les Juifs que pour les païens.

b) Mais rappelons-le, les judéo-chrétiens de Jérusalem n'avaient aucun fait précis à reprocher à Paul, qui avait même fait circoncire Timothée parce qu'il était de mère juive, et donc tenu pour juif (16,1-3); c'étaient simplement des bruits fâcheux qui couraient sur lui. Pour arranger les choses, Jacques lui propose d'accomplir une démarche qui doit le blanchir aux yeux de tous (vv. 23-24). À vrai dire, le sens de cette démarche n'est pas clair. Act II prend occasion du texte de Act I (v. 26) selon lequel Paul doit venir au Temple pour y accomplir les rites accompagnant l'achèvement de son vœu de naziréat. Jacques suggère donc à Paul, nous dit Act II, de se joindre à quatre personnes qui se trouvaient dans la même situation que lui. Il devra faire deux choses: d'une part, se purifier avec eux, d'autre part payer pour eux les frais qui accompagnaient le fait de se raser la tête. Ce n'est certainement pas ce second geste de Paul qui doit le blanchir aux yeux des judéo-chrétiens; il s'agissait d'une simple aumône qui ne pouvait engager en rien les idées de Paul. L'important est donc que Paul "se purifie" avec les quatre autres personnages qui vont célébrer la fin de leur vœu de naziréat. Au v. 26, Act I désigne ce vœu par le terme de "purification". Act II reprend ce terme ici et pour lui, la "purification" dont il s'agit au v. 24 doit désigner aussi la fin du vœu de naziréat, autrement la suggestion de Jacques n'aurait plus aucun sens. En définitive, ce que Jacques suggère à Paul, c'est d'accomplir les rites de l'achèvement de son vœu de naziréat en compagnie de quatre autres personnes.

Ainsi, la démarche de Paul au Temple ne risquera pas de passer inaperçue, et "tous sauront que tout ce que l'on rapporte sur toi n'est rien, mais que tu vas, toi aussi, en observant la Loi" (21,24b).

3. Le problème des païens convertis

Avec le v. 25, nous retrouvons le problème qui faisait le fond des débats à l'assemblée de Jérusalem: quelles observances faut-il imposer aux païens qui se font chrétiens? Jacques ne fait que rappeler le décret envoyé aux frères d'Antioche, de Syrie et de Cilicie d'après 15,28-29. Mais le texte habituellement reçu (TA) fait difficulté, car Jacques semble informer Paul des termes du décret, comme s'il ne l'avait pas porté lui-même aux frères d'Antioche. La rédaction faite par Act II (TO) est mieux en situation: «En ce qui concerne les païens qui ont embrassé la foi, ils (= les judéo-chrétiens) n'ont rien à te dire car nous avons ordonné...» Le "car" a ici un sens explicatif. On pourrait presque traduire: «... ils n'ont rien à te dire puisque nous avons décidé...» Jacques ne met pas Paul au courant des décisions de l'assemblée de Jérusalem; il justifie son affirmation "ils n'ont rien à te dire" en renvoyant au décret de cette assemblée.

(Pas de modification de Act III)

B) PAUL ARRÊTÉ DANS LE TEMPLE
(21,27-30)

Act II reprend le récit de Act I en y ajoutant deux détails dont il nous faut préciser la signification.

1. L'accomplissement d'une parole de Jésus

Au v. 27, Act I mentionnait que les Juifs d'Asie ameutaient le peuple contre Paul. Act II ajoute au récit l'expression "et ils mettent sur lui les mains". Pour comprendre le sens de cet ajout, reportons-nous au discours eschatologique du Christ, à la section qui concerne les persécutions à venir (Lc 21,12ss et Mc 13,9ss.) En Luc, cette section commence par ces mots: «Avant tous ces événements, ils jetteront les mains sur vous...» Le texte parallèle de Mc, plus complet, a cette séquence: «Ils vous livreront aux Sanhédrins et vous serez battus dans les synagogues; vous comparaîtrez devant les gouverneurs et les rois à cause de moi...» C'est ce que Paul va avoir à subir. Act II note ici que, pour arrêter Paul, on met les mains sur lui. Puis il ajoutera aux récits de Act I: une comparution de Paul devant le Sanhédrin (22,30ss), puis devant le gouverneur romain Félix (24,1ss), enfin devant le roi Agrippa (25,23ss). Dans cette suite d'événements,

Paul apparaît encore comme un véritable apôtre puisqu'il réalise en sa personne toutes les persécutions que le Christ avait prédites à ses apôtres.

2. La culpabilité des Juifs est atténuée

Dans le récit de Act I, les Juifs d'Asie s'en prennent à Paul à cause des doctrines qu'il aurait propagées durant ses voyages apostoliques: «Voici l'homme qui enseigne à tous et partout contre le peuple et la Loi et ce Lieu» (21,28a). Act II ajoute un autre grief, beaucoup plus précis: «Il a introduit des Grecs dans le Temple et profané ce saint Lieu» (v. 28b). Et Act II précise que ces Juifs d'Asie avaient vu auparavant Trophime l'Éphésien avec Paul et qu'ils avaient cru qu'il l'avait fait entrer dans le Temple. Le grief est ici tout à fait sérieux, et si Paul s'était rendu coupable de cet acte, il aurait effectivement mérité la mort. Les Juifs se sont certes trompés, mais ils étaient de bonne foi en ameutant la foule contre Paul. Ils n'ont donc pas agi par haine de Paul, mais pour venger la sainteté du Lieu qu'ils croyaient sincèrement avoir été profané par Paul.

(Le récit de Act III: ⇒ p. 371)

C) PAUL SAUVÉ PAR LE TRIBUN
(21,31-23,10)

Le récit de Act I ne comportait qu'un épisode très simple: Paul est sauvé de la foule en fureur par le tribun romain; celui-ci, accouru avec un détachement militaire (21,31a-32a), le fait mettre en sûreté dans la caserne (23,10bc). Act II complète le début du récit de Act I en insérant les vv. 31b.32b-34, destinés à préparer l'interrogatoire de Paul par le tribun, que notre auteur ajoute en 22,24b-29. C'est lui également qui imagine une comparution de Paul devant le Sanhédrin, en 22,30ss.

1. Paul est interrogé par le tribun

a) Pour préparer cette scène, qui sera décrite en 22,24b-29, Act II reprend le texte du récit de Act I dont il dédouble la finale: le tribun fait entrer Paul dans la caserne (21,34b, de Act II, doublet de 23,10c, de Act I). Donc, en voyant arriver le tribun et son détachement militaire, la foule cesse de frapper Paul (21,32b). Le danger que Paul ne soit mis à mort étant momentanément écarté, le tribun fait lier Paul de deux chaînes, comme l'avait été Pierre durant son emprisonnement par Hérode (12,6). Puis il demande qui il est et ce qu'il a fait pour susciter un tel désordre. Mais le tumulte de la foule qui vocifère est tel que le tribun ne peut poursuivre son enquête. Il ordonne donc que Paul soit conduit dans la caserne où il pourra l'interroger au calme.

b) Le tribun veut donc savoir pour quelle raison la foule s'était ameutée contre Paul. Il va recourir à un procédé brutal, mais que le droit romain permettait lorsqu'il s'agissait d'esclaves ou d'étrangers: il ordonne d'appliquer à Paul la question par le fouet (22,24b). Au moment où on le lie de courroies, Paul demande au centurion de service s'il est licite de faire fouetter un citoyen romain sans même l'avoir jugé. Ceci était formellement interdit par la *lex Porcia*. Le centurion avertit alors le tribun qui, après s'être assuré auprès de Paul qu'il en était bien ainsi, effrayé d'avoir failli faire fouetter un citoyen romain, ordonne de le délier (v. 29). Il ne s'agit pas d'enlever à Paul les chaînes qu'on lui avait mises lors de son arrestation (21,33), puisqu'il continuera à les porter (23,18; 24,27; 26,29), mais simplement les courroies dont on l'avait lié pour le fouetter (22,25). Act II veut dire par là que le tribun renonce à appliquer à Paul la question par le fouet.

Selon Act II, c'est à ce moment seulement que le tribun apprend que Paul était citoyen romain. Il transpose ici la donnée que Act I avait placée lors de l'arrestation de Paul: celui-ci se proclamait citoyen romain tandis que la foule s'apprêtait à le lyncher (21,31, reconstitué d'après 23,27).

2. Paul comparaît devant le Sanhédrin (22,30; 23,6-8.10a)

a) N'ayant pu mettre Paul à la question afin de savoir ce qui a provoqué le tumulte contre lui, le tribun le fait comparaître le lendemain devant le Sanhédrin. Nombre de commentateurs ont noté le caractère artificiel de cette scène. Le tribun, qui aurait dû diriger les débats, n'apparaît à aucun moment. Quant aux griefs qui ont motivé l'explosion de fureur populaire selon 21,28, griefs dont le tribun veut prendre connaissance en réunissant le Sanhédrin, il n'en est nullement question. En composant cette scène, Act II a deux intentions précises. D'une part, il veut montrer que Paul réalise en sa personne ce que le Christ annonçait à ses apôtres: «Ils vous livreront aux Sanhédrins... et vous comparaîtrez devant des gouverneurs et des rois» (Mc 13,9; cf. Act 24,1ss; 25,23ss). D'autre part et surtout il veut affirmer une fois de plus ce qui, à ses yeux, forme l'essentiel de la foi chrétienne: la certitude de la résurrection, celle du Christ d'abord, la nôtre ensuite (23,6). En décrivant cette comparution devant le Sanhédrin, Act II veut donc signifier le procès que le judaïsme fit au christianisme. C'est le christianisme qui est ici "jugé" par le judaïsme dans la personne de Paul. Encore une fois, nous sommes loin de la scène racontée en 21,28.

Mais Act II reste fidèle à lui-même. Ce n'est pas tout le judaïsme qui a rejeté le christianisme. Les Pharisiens croyaient eux aussi en la résurrection des morts. En se proclamant ici "Pharisien", comme il le fera en 26,5 (cf. Phil 3,5),

Paul affirme que sa foi profonde n'a pas changé. Si le christianisme est rejeté, c'est par une fraction seulement du judaïsme, à savoir par les Sadducéens qui, eux, ne croyaient pas en la résurrection (cf. 4,1-2; 23,8; Mc 12,18-27 et par.).

b) Un détail du récit de Act II demande des explications supplémentaires. Nous lisons au v. 8: «Les Sadducéens disent qu'il n'y a pas de résurrection ni ange ni esprit.» Nous savons par l'historien Flavius Josèphe[1] que les Sadducéens niaient toute idée de résurrection. Mais nous n'avons aucune attestation comme quoi ils auraient aussi nié "ange et esprit". Et pouvaient-ils nier l'existence des anges, alors que toute la Bible est remplie de leurs interventions auprès des hommes? Les mots "ange" et "esprit" doivent avoir un autre sens que celui qu'on leur donne d'ordinaire, un sens apparenté à celui de "résurrection". Deux textes lucaniens vont nous mettre sur la voie. En 12,15, lorsque Pierre, que l'on croyait mort, vient frapper à la porte de Marie, la mère de Jean-Marc, les disciples ne veulent pas croire que c'est lui et certains disent: «C'est son ange.» Cet "ange" est en quelque sorte le double immortel de Pierre. Par ailleurs, lorsque le Christ ressuscité apparaît aux apôtres, ceux-ci ne veulent pas croire qu'ils sont en présence d'un être de chair et d'os et Jésus leur dit: «Palpez-moi et voyez qu'un esprit n'a ni chair ni os comme vous voyez que j'en ai» (Lc 24,39). Par "esprit", il faut comprendre ce qui survit de l'homme après la mort, selon une conception plus ou moins platonicienne. Act 23,8 voudrait donc dire que les Sadducéens ne croient à aucune forme de survie, que ce soit par mode de résurrection ou sous forme d'ange ou d'esprit[2].

(Le récit de Act III: ⇒ p. 372)

D) LE SEIGNEUR APPARAÎT À PAUL
(23,11)

Sur le sens de cette vision, voir les explications que nous avons données à propos de 19,21, p. 314.

---

[1] *Guerre*, II,162-166; *Ant.*, XVIII,12-17.

[2] C'était l'interprétation de R. LESZYNSKY, *Die Sadduzäer*, Berlin, 1912, p. 91. Elle fut reprise par A. LOISY, p. 831, et plus récemment, avec hésitation, par J. LE MOYNE, *Les Sadducéens* (Études Bibliques), Paris, 1972, pp. 131-134. - Au terme de son article "Le couple de l'Ange et de l'Esprit: traditions juives et chrétiennes", paru dans RB 88 (1981) 42-61, G. STROUMSA conclut en appendice, à propos de Act 23,8: «Je suggère de voir ici le rejet d'un ange et d'un esprit particuliers, et, plus précisément, d'une conception pharisienne qui aurait accordé un rôle eschatologique au couple de l'Ange du Seigneur et de l'Esprit Saint» (p. 60).

E) COMPLOT DES JUIFS CONTRE PAUL
(23,12-22)

Dans le récit de Act I, le tribun expédiait Paul à Césarée (23,23ss) aussitôt après l'avoir arraché aux mains des Juifs, prêts à lui faire un mauvais parti (23,10bc). Cette décision d'éloigner Paul de Jérusalem s'expliquait fort bien, sous le coup des événements qui venaient de se passer. Mais Act II a ajouté un certain nombre d'épisodes au récit primitif: après l'arrestation de Paul, le tribun veut l'interroger en le soumettant à la question, puis, le lendemain (22,30), il le fait comparaître devant le Sanhédrin. Paul a enfin une vision, ce qui ne peut se produire que la nuit suivante (23,11). Deux jours plus tard, donc, il n'est plus question de la foule en furie et l'envoi de Paul à Césarée ne se justifie plus.

Act II a donc imaginé un nouvel épisode qui va motiver la décision du tribun: celui-ci est mis au courant d'un complot fomenté contre Paul, et c'est pour déjouer ce complot qu'il fait partir Paul de nuit et sous escorte pour Césarée. Act II n'innove ici qu'en partie. En 25,2-3, dans le récit de Act I, Paul est à Césarée. Les grands prêtres et les notables des Juifs demandent alors au gouverneur Festus de transférer Paul de Césarée à Jérusalem, ayant fait le projet de monter un guet-apens pour le tuer en route. C'est de ce récit que Act II s'inspire pour rédiger l'épisode décrit en 23,12-22. Mais tout se passe à Jérusalem. Il s'agit donc cette fois-ci de décider le tribun à transférer Paul de la caserne, où il se trouve en sécurité, jusqu'au bâtiment où doit se réunir le Sanhédrin (23,15).

Un certain nombre de Juifs ont fait le serment de ne plus rien manger ni boire jusqu'à ce qu'ils aient supprimé Paul (vv. 12.14.21). Selon l'évangile aux Hébreux, Jacques aurait fait un serment analogue: ne plus rien manger jusqu'à ce qu'il ait vu le Seigneur ressuscité des morts[1]. Act II ne nous dit rien de ce qui est arrivé par la suite à ces Juifs, leur complot ayant échoué! Le prétexte du transfert de Paul est une réunion du Sanhédrin en vue d'enquêter plus à fond sur le cas de Paul (vv. 15.20). Situation peu vraisemblable puisque, à l'origine, c'est le tribun qui avait réuni le Sanhédrin pour savoir ce qui s'était passé au Temple.

La suite du récit n'offre rien de remarquable. Un neveu de Paul eut vent du complot contre l'apôtre. Il vint dans la caserne pour le prévenir et Paul demanda à un centurion de le conduire au tribun afin de tout lui raconter. Tout se passa comme Paul l'avait prévu, et le tribun décida d'envoyer Paul à Césarée. On rejoint ici le récit de Act I.

(Le récit de Act III: ⇒ p. 375)

---

[1] D'après Jérôme, *De viris illustribus*, 2.

F) LA LETTRE DU TRIBUN AU GOUVERNEUR
(23,25b-30)

Cette lettre fut entièrement composée par Act II. Selon lui, le tribun veut mettre le gouverneur au courant des événements qui ont motivé l'arrestation de Paul et son envoi à Césarée. Au v. 27, Act II raconte cette arrestation en se référant au récit de Act I: Paul criait qu'il était citoyen romain au moment même où il allait être mis en pièces par la foule en furie (cf. 21,31, reconstitué). Le tribun est arrivé juste à temps pour l'arracher à la foule. Aux vv. 28-29, le tribun fait référence à la comparution de Paul devant le Sanhédrin. En composant ce texte, Act II prend occasion de faire proclamer l'innocence de Paul: du point de vue des Romains, il n'a rien fait qui mérite la mort (v. 29: μηδὲν ἄξιον θανάτου). Le parallèle avec le procès de Jésus est très net: après avoir été jugé par le Sanhédrin, Jésus comparaît devant Pilate qui estime lui aussi, avec Hérode, qu'il n'a rien fait qui méritât la mort (Lc 23,15: οὐδὲν ἄξιον θανάτου). Le tribun termine la lettre en annonçant l'arrivée prochaine de ceux qui accusent Paul, afin que le gouverneur puisse juger par lui-même de ce qu'il en est (v. 30). Ce verset prépare ainsi l'épisode suivant (24,1ss), ajouté par Act II.

(La lettre selon Act III: ⇒ p. 375)

VI. PAUL À CÉSARÉE
(24,1-26,32)

A) PAUL COMPARAÎT DEVANT FÉLIX
(24,1-23)

Cinq jours après son transfert à Césarée, Paul comparaît devant le gouverneur romain Félix en présence de ses accusateurs. L'ensemble de cet épisode est une composition de Act II, sauf les vv. 5b.14-16.20-21 et probablement aussi le v. 9 et le v. 22b qui sont des ajouts faits par Act III.

1. Le gouverneur romain Félix

Tiberius Claudius Felix[1] était un affranchi, frère d'un autre affranchi, Pallas, lequel fut le favori et le ministre des finances de Claude. Au témoignage de Tacite, il était certainement gouverneur de la Judée en 52, quand son collègue Ventidius Cumanus fut rappelé à Rome, puis envoyé en exil. Mais cet historien laisse entendre qu'il était déjà en place à cette date. En fait, peut-être dès 49, Cumanus aurait été gouverneur de la Galilée et de la Pérée, tandis que Félix représentait le pouvoir romain en Judée et en Samarie. En 52, Félix aurait simplement reçu la charge laissée vacante par le rappel de Cumanus, au moins sur la plus grande partie de la Galilée[2]. Félix fut lui-même rappelé par Néron qui le remplaça par Porcius Festus; à Rome, il devait répondre de sa conduite en Judée et ne fut sauvé que grâce à l'intervention de son frère. Ces événements auraient eu lieu entre l'accession de Néron à l'empire, en octobre 54, et la chute de Pallas en février 55.

2. Structure du récit

Tout ce récit est extrêmement bien construit. En voici la structure, abstraction faite des vv. 9, 14-16 et 20-21 qui apparaîssent tout de suite comme des ajouts:

Introduction: mise en place des personnages	1-2a
Le discours de Tertullus contre Paul:	
a) Exorde: *captatio benevolentiae*	2b-4
b) Accusation générale: il suscite partout des désordres	5
c) Accusation particulière: il a tenté de souiller le Temple	6
d) L'intervention du tribun: il pourra témoigner	7-8
L'apologie de Paul:	
a) Exorde: *captatio benevolentiae*	10
b) Réponse à l'accusation générale	11-12
c) Réponse à l'accusation particulière	17-19
Félix entendra les explications du tribun (cf. d)	22
Conclusion: Paul reste en prison, mais il sera bien traité	23

Soulignons seulement quelques traits particuliers. L'accusation de Tertullus contre Paul est double. Il l'accuse d'abord, d'une façon générale, de susciter des désordres, non seulement parmi le peuple juif, mais par toute la terre.

---

[1] Sur ce nom complet de Félix, voir l'étude de F. F. BRUCE, "The Full Name of the Procurator Felix", dans JSNT 1 (1978) 33-36. Il préfère suivre les renseignements donnés par Flavius Josèphe plutôt que ceux de Tacite.

[2] La vraisemblance de ces renseignements, donnés par Tacite, a été défendue par Ch. SAUMAGNE (Art. cit. p.257, note 1), pp. 1374-1378.

Il l'accuse ensuite, d'une façon plus particulière, d'avoir tenté de souiller le Temple. Cette double accusation correspond aux données du récit de 21,28, selon Act II: les Juifs d'Asie ameutent la foule contre Paul, et parce qu'il parle contre la Loi et contre le Temple, et parce qu'il a souillé le Temple en y introduisant, croit-on, un païen non circoncis.

Paul va d'abord répondre à la double accusation de Tertullus. D'une part, il n'a jamais suscité de désordres, ni dans le Temple, ni parmi la foule, ni dans les synagogues, ni en ville. On notera la reprise par Paul du terme de "désordres" employé par Tertullus (στάσεις, v. 5a; ἐπίστασιν, v. 12). D'autre part, il n'a jamais souillé le Temple. Tertullus s'était bien gardé de faire allusion à la soi-disant introduction par Paul d'un païen dans le Temple, dont il était facile de vérifier la fausseté. Paul répond de même en ne parlant que de son cas personnel: que pourrait-on lui reprocher puisqu'il s'était purifié avant de se rendre au Temple? Et puisque les Juifs d'Asie, qui sont à l'origine de toute l'affaire, ne sont pas là pour préciser leurs accusations, Paul se demande ironiquement si la venue à Césarée du grand prêtre ne serait pas le signe qu'il ne lui a pas pardonné d'avoir affirmé sa croyance en la résurrection, lors de la séance devant le sanhédrin (22,30ss). Le grand prêtre appartenait au parti des Sadducéens, et ne croyait donc pas en la résurrection des morts.

Le gouverneur romain termine la séance sans se compromettre. Tertullus en avait appelé au témoignage du tribun qui avait arrêté Paul (v. 8b); le gouverneur lui donne satisfaction en suspendant la sentence jusqu'à l'arrivée du tribun (v. 22). Mais s'il laisse Paul en prison, il lui donne un régime de faveur, permettant à tous ceux qui le voudraient de venir le visiter (v. 23).

3. Paul et Jésus

En 24,2a.5, le plaidoyer de Tertullus a une forme littéraire très proche de celle de Lc 23,2, comme il ressort du parallélisme suivant:

Lc 23,2	Act 24,2a.5
	κληθέντος δὲ αὐτοῦ
ἤρξαντο δὲ κατηγορεῖν αὐτοῦ	ἤρξατο κατηγορεῖν
λέγοντες·	ὁ Τέρτυλλος λέγων...
τοῦτον εὕραμεν	—εὕρομεν τὸν ἄνδρα τοῦτον λοιμὸν
διαστρέφοντα	καὶ κινοῦντα στάσεις
τὸ ἔθνος ἡμῶν...	οὐ μόνον τῷ ἔθνει ἡμῶν
	ἀλλὰ σχεδὸν πάσῃ τῇ οἰκουμένῃ...
καὶ λέγοντα ἑαυτὸν	
Χριστὸν βασιλέα εἶναι.	
	Celui-ci ayant été appelé,
Ils commencèrent à l'accuser	Tertullus commença à l'accuser

en disant:	en disant:
nous avons trouvé cet (individu)	- nous avons trouvé cet homme,
	une peste,
excitant à la révolte	et qui provoque des émeutes
notre nation...	non seulement à notre nation
	mais encore à presque tout
	le (monde) habité...
et se disant être Christ, roi...	

Le rapport littéraire entre les deux textes est évident, et Act 24,2a.5 dépend certainement de Lc 23,2. L'intention de cet emprunt littéraire est de montrer que le destin de Paul se situe dans la même ligne que le destin de Jésus: le disciple n'est pas au-dessus de son maître. Mais on remarquera que le texte des Actes ne reprend pas l'accusation selon laquelle Jésus se serait proclamé Christ et roi. Une telle omission serait inconcevable au niveau de Act I puisque, selon cet auteur, toute la prédication de Paul avait précisément pour but de dire aux Juifs que Jésus était le roi qui allait effectuer la restauration d'Israël (cf. 17,7, de Act I). Quelle occasion, pour Tertullus, d'accuser Paul auprès du gouverneur romain d'annoncer partout que Jésus allait revenir comme roi sur Israël! L'omission s'explique au contraire fort bien au niveau de Act II, puisqu'il a rejeté ce genre d'eschatologie. On notera également la perspective universaliste introduite dans le récit des Actes: Paul ne se contente pas de susciter des troubles dans la nation juive (cf. Lc 23,2), mais encore dans le monde entier. Cet universalisme se situe bien au niveau de Act II, mais pas à celui de Act I selon lequel la prédication de Paul se limitait au seul monde juif.

(Le récit de Act III: ⇒ p. 376)

B) DRUSILLA DÉSIRE ENTENDRE PAUL
(24,24-27)

Cet épisode, lié au précédent, fut entièrement rédigé par Act II.

1. Drusilla

Drusilla était la fille cadette du roi Hérode Agrippa I, et donc la nièce par alliance d'Hérodiade et la cousine de Salomé. Elle avait épousé Aziz, roi d'Émèse, mais l'abandonna pour se marier avec Félix. Dans cette affaire, selon l'historien Flavius Josèphe[1], un magicien originaire de Chypre, nommé Atomos, aurait servi d'intermédiaire entre Félix et Drusilla. Nous nous trouvons alors devant un certain nombre de coïncidences qu'il est difficile d'attribuer au hasard.

---

[1] *Ant*, XX, 142.

En 13,8ss, précisément à Chypre, un mage nommé Etoimas (cf. TO[2]), se trouvait dans l'entourage du proconsul romain Sergius Paulus. Comme il cherchait à empêcher celui-ci de se laisser convaincre par Paul, l'apôtre le rendit momentanément aveugle. Quelques auteurs ont pensé que cet Etoimas n'était autre que le Atomos dont parle Josèphe[1]; ce n'est pas impossible lorsque l'on connaît l'imprécision des historiens anciens concernant les noms propres. Or, en 24,27, Act II (TO) nous dit que Félix laissa Paul en prison à cause de Drusilla. Celle-ci n'aurait-elle pas agi poussée par Atomos/Etoimas qui aurait ainsi voulu se venger sur Paul de l'affront qu'il avait reçu jadis à Chypre? Dans cette hypothèse, on comprendrait mieux pourquoi Drusilla était désireuse de voir Paul. D'après Act II, c'était pour entendre la Parole. Mais son passé ne devait pas beaucoup la pousser à connaître la religion chrétienne! N'était-ce pas plutôt par simple curiosité, parce que Atomos/Etoimas lui avait raconté l'épisode de Chypre?

2. Drusilla et Hérodiade

Cet épisode contient un certain nombre de rapprochements avec l'histoire de la mort de Jean-Baptiste, racontée en Mc 6,17-29. Drusilla se trouvait dans une situation matrimoniale irrégulière, comme Hérodiade qui avait quitté son premier mari pour épouser son beau-frère Hérode Antipas. Félix se plaisait à s'entretenir avec Paul (Act 24,25-26), comme Hérode écoutait volontiers Jean (Mc 6,20). Félix "laissa (Paul) en prison à cause de Drusilla" (Act 24,27 TO) de même qu'Hérode "s'étant emparé de Jean, le lia et le mit en prison à cause d'Hérodiade, la femme de son frère" (Mat 14,3; cf. Mc 6,17).

3. Paul et Jésus

Le parallélisme entre le procès de Jésus et celui de Paul, constaté dans le récit précédent, se poursuit ici. La forme littéraire de Lc 23,6-9, racontant la confrontation entre Jésus et Hérode, semble avoir inspiré la rédaction de Act 24,24.26 (TO). De même que Hérode désirait voir Jésus parce qu'il avait entendu parler de lui (Lc 23,8), ainsi Drusilla désirait voir Paul et l'entendre (Act 24,24 TO). De même qu'Hérode espérait voir quelque prodige accompli par Jésus et l'interrogeait avec force paroles (Lc 23,8-9), ainsi Félix espérait recevoir de l'argent de Paul et s'entretenait souvent avec lui (Act 24,26).

Il existe aussi un parallèle entre Félix et Pilate: de même que Pilate, en proposant de relâcher un prisonnier, veut donner satisfaction à la foule (βουλόμενος τῷ ὄχλῳ τὸ ἱκανὸν ποιῆσαι; Mc 15,15), ainsi Félix, en accordant

---

[1] Cf. J. Rendel HARRIS, *Expositor*, 1902, 189ss. - Th. ZAHN, *Neue Kirchliche Zeitschrift*, 1904, 469.

à Drusilla de rencontrer Paul, veut lui donner satisfaction (θέλων τὸ ἱκανὸν ποιῆσαι αὐτῇ; Act 24,24 TO).

4. L'amour de l'argent

Act II semble avoir été très préoccupé par le problème de l'amour de l'argent. Ici, il montre la cupidité de Félix qui ne se presse pas de libérer Paul parce qu'il espérait en recevoir de l'argent (24,26), probablement pour prix de sa libération. On songe alors aux épisodes d'Ananie et Saphire (5,1ss), de Simon le mage (8,18ss), de la révolte des orfèvres d'Éphèse (19,23ss), composés par Act II et qui tous montrent le mal que peut faire l'amour de l'argent.

(Le récit de Act III: ⇒ p. 378)

C) PAUL DEVANT FESTUS
(25,1-12)

Act II a repris le récit de Act I sans lui apporter de modification substantielle. Il a seulement effectué un certain nombre d'ajouts pour la clarté du récit.

a) Au v. 1, la précision que Festus monta de Césarée à Jérusalem "ayant fait son entrée dans la province" fut ajoutée par Act II puisqu'elle est liée au verset précédent (24,27) dans lequel cet auteur nous a dit que Festus succédait à Félix comme gouverneur.

b) Au v. 3, selon Act I, les Juifs de Jérusalem ont comploté de supprimer Paul tandis qu'on le transférerait de Césarée à Jérusalem. Act II (TO) ajoute en finale: «eux qui avaient fait un vœu afin qu'ils puissent l'avoir entre leurs mains.» C'est une harmonisation sur 23,12 où Act II avait dit que certains Juifs s'étaient engagés par anathème à ne rien manger ni boire jusqu'à ce qu'ils aient tué Paul.

c) Le v. 8 est une addition de Act II. Il n'est qu'une explicitation, qui vient trop tôt, d'une déclaration que fera Paul au v. 10: «Je n'ai pas fait de tort aux Juifs, comme toi tu le sais fort bien.» Act II aurait voulu justifier la finale de ces paroles de Paul. Comment en effet Festus, qui vient d'entrer en fonction selon Act II, pourrait-il être au courant d'une affaire qui ne doit guère le tracasser? L'insertion du v. 8 apportait un palliatif au bizarre de cette situation. Indirectement aussi, il explicitait les données assez vagues du v. 7. S'inspirant du récit de la comparution de Jésus devant Pilate (Mc 15,3), Act I s'était contenté de dire ici que les Juifs portaient contre Paul "de nombreuses et graves accusations qu'ils ne pouvaient pas prouver". Quelles étaient ces accusations? Le v. 8 nous renseigne indirectement en indiquant quelle est la réponse de Paul à ses détracteurs. On devait accuser l'apôtre d'avoir parlé contre la Loi, contre le Temple et contre César. Les deux premières accusations seraient compréhensibles au niveau de Act I (cf. 6,13; 21,28), mais pas la troisième. Celle-ci en effet n'est pas compatible avec la christologie de Act I, centrée sur la restauration de la royauté pour Israël (1,6) au détriment du pouvoir romain. Act I ne pouvait pas faire dire explicitement à Paul qu'il n'avait jamais agi contre César (opposer 17,7).

d) Act II a ajouté enfin les vv. 10b-11a. Paul se déclare prêt à subir même la peine de mort, s'il est coupable aux yeux des Romains. Notons la phrase que lui prête Act II: «Si j'ai fait du tort (εἰ μὲν ἀδικῶ) ou que j'ai accompli quelque chose méritant la mort, je ne refuse pas de mourir (οὐ παραιτοῦμαι τὸ ἀποθανεῖν» (v. 11a). Il doit s'agir d'une formule assez couramment employée dans une telle situation. On en trouve une formulation semblable chez Flavius Josèphe[1]: «S'il est juste de mourir, je ne le refuse pas (θανεῖν μὲν εἰ δικαιόν ἐστιν οὐ παραιτοῦμαι).» De même Athénagoras écrit[2]: «Et si (εἰ μὲν) quelqu'un veut nous accuser d'une faute (ἀδικοῦντας) plus ou moins grave, nous ne refusons pas (οὐ παραιτούμεθα) d'être châtiés.»

(Sans modification par Act III)

D) PAUL DEVANT FESTUS ET AGRIPPA
(25,13-26,32)

Paul va maintenant comparaître devant Agrippa, en présence du gouverneur Festus (25,23-26,32). Tout cet ensemble fut rédigé par Act II, moins quelques additions faites par Act III. Il se divise facilement en quatre parties. Dans la première, Festus et le roi Agrippa se rencontrent, et le gouverneur romain explique à Agrippa les événements qui viennent de se passer à Jérusalem concernant Paul. Agrippa exprime alors le désir de voir Paul (25,13-22). Dans la deuxième partie, Paul est présenté à Agrippa (25,23-27). Dans la troisième, Paul prononce un long discours dans lequel il rappelle les circonstances de sa conversion et comment il reçut la mission de convertir les païens au christianisme (26,1-29). Finalement, Agrippa et Festus reconnaissent l'innocence de Paul (26,30-32). On a l'impression que tout cet ensemble est centré sur le discours que

[1] *Vita*, 141.
[2] *Supplic.* II,1.

Paul prononce et qui va permettre à Act II de nous exposer comment il voit le personnage de Paul et la mission qu'il a reçue du Christ.

DA) FESTUS ET AGRIPPA
(25,13-22)

1. Présentation des personnages

Hérode Agrippa II, fils d'Hérode Agrippa I (cf. 12,1), nacquit en 27 après JC et mourut en 95. Il était le frère de Bérénice, qui l'accompagne ici auprès de Festus, et de Drusilla, la femme de Félix dont on a parlé au chapitre précédent. Il fut nommé roi de Chalcis en 48, lorsque mourut son oncle, Hérode de Chalcis. D'abord mariée à son oncle Hérode de Chalcis, puis à Polemon de Cilicie, Bérénice abandonna ce dernier pour devenir la maîtresse de Titus. Au dire de Juvénal[1], ses relations avec son frère Agrippa donnèrent lieu, à Rome, à des rumeurs scandaleuses. Une inscription d'Athènes[2] lui donne le titre de reine.

Avec cette comparution de Paul devant Agrippa et Bérénice, Act II achève de montrer comment Paul eut le sort que Jésus avait prédit à ses apôtres: «Ils mettront la main sur vous» ((Lc 21,12; cf. Act 21,27), et «ils vous livreront dans les Sanhédrins, et vous serez battus dans les synagogues, et vous comparaîtrez devant des gouverneurs et des rois» (Mc 13,9). Paul comparut devant le Sanhédrin (22,30ss), puis devant les gouverneurs Félix (24,1ss) et Festus (25,6ss), enfin devant le roi Agrippa et la reine Bérénice (25,23ss). De même Jésus fut jugé par le Sanhédrin (Lc 22,66ss), puis il comparut devant Pilate, le gouverneur romain (Lc 23,1ss), enfin devant Hérode Antipas (Lc 23,6ss).

2. Un rappel des événements qui viennent de se passer

Le roi Agrippa et sa sœur Bérénice arrivent à Césarée pour saluer Festus (v. 13). Celui-ci en profite pour leur parler de Paul, le prisonnier que son prédécesseur lui a laissé (v. 14). Il leur donne alors un compte rendu des événements qui viennent de se dérouler à Jérusalem et à Césarée, et qui sont racontés en 25,1-12 dans un récit que nous avons attribué à Act I. L'exposé fait par Festus suit pas à pas le récit fait aux versets 1 à 12. Festus est monté de Césarée à Jérusalem (vv. 1b et 15a). Là, les autorités juives se présentent à lui pour demander le transfert de Paul qu'elles cherchent à tuer (vv. 2-3), ou sa condamnation (v. 15bc). Festus oppose un refus (vv. 4 et 16a) et demande aux Juifs de descendre à Césarée où le procès doit avoir lieu (v. 5; cf. v. 17). Mis en présence de Paul, les Juifs portent leurs accusations (vv. 7 et 18-19). Embarrassé

---

[1] *Sat.* vi, 156ss.
[2] Corpus Incriptiones Graecae, III,1 556.

par le style du débat, Festus pense bien faire en proposant à Paul de monter à Jérusalem pour y être jugé en sa présence (vv. 9 et 20). Mais Paul en appelle à César (vv. 10-11 et 21a), droit que Festus lui reconnaît en donnant son consentement (vv. 12 et 21b). Les deux schémas sont strictement parallèles.

La curiosité d'Agrippa a été excitée par ce que Festus vient de lui exposer et, finalement, il exprime à Festus le désir d'entendre Paul (v. 22).

DB) PAUL EST PRÉSENTÉ À AGRIPPA
(25,23-27)

a) Le lendemain donc, Festus réunit une assemblée nombreuse de notables autour d'Agrippa et de Bérénice (v. 23). C'est à l'intention de ces notables que Festus se croit obligé de résumer à nouveau la situation dans laquelle se trouve Paul (v. 24), ce qui lui donne l'occasion d'affirmer à nouveau sa conviction que Paul est innocent (v. 25). C'est la troisième fois que le lecteur apprend que Festus a refusé de livrer Paul aux Juifs sans jugement (25,4-5.16.24). Cette triple affirmation du refus de Festus n'est pas sans rappeler la triple déclaration d'innocence de Jésus dans la bouche de Pilate (Lc 23,4.14.22).

En fait, le rapprochement entre Paul et Jésus est beaucoup plus étroit. Au v. 24, Festus déclare que c'est "toute la foule" (ἅπαν τὸ πλῆθος) qui lui a demandé de lui livrer Paul sans lui donner l'occasion de se défendre, puis qui vociféra (ἐβόησαν) en demandant que Paul soit "enlevé" (αἴρεσθαι) de la vie (cf. TO). Ces détails n'apparaissent pas dans les récits antérieurs. Reportons-nous au récit lucanien de la comparution de Jésus devant Pilate. C'est "toute leur foule" (ἅπαν τὸ πλῆθος αὐτῶν) qui conduisit Jésus devant Pilate (23,1; cf. un écho dans le παμπληθεί du v. 18) et qui finalement vociféra (ἀνέκραγον) en disant : «Enlève (αἶρε) celui-ci» (Lc 23,18). Paul, comme Jésus, est donc victime de "toute la foule".

Ce parallélisme avec Jésus apparaît encore dans la déclaration d'innocence faite par Festus au v. 25: il comprenait fort bien que Paul "n'était en rien coupable de mort". Festus avait déjà reconnu son innocence la veille (25,18), et il la reconnaîtra plus loin, à la fin du discours de Paul (26,31). On pense tout de suite à la triple déclaration d'innocence faite par Pilate à propos de Jésus (Lc 23,4.14.22).

b) En composant cette introduction au discours de Paul, Act II veut aussi tenir compte d'un point d'histoire. Lorsqu'un gouverneur romain envoyait un prisonnier à Rome pour y comparaître devant l'empereur, il devait envoyer à ce dernier une lettre exposant les charges qui pesaient contre le dit prisonnier (v. 26; cf. 23,26-30). L'exposé que Paul va faire devrait permettre à Festus de rédiger cette lettre en connaissance de cause.

(Le récit de Act III: ⇒ p. 378)

DC) LE DISCOURS DE PAUL
(26,1-20)

Exception faite des gloses ajoutées par Act III (vv. 6-8, 10b-11a, 20b et 21-23), l'ensemble de ce discours fut composé par Act II qui a voulu rassembler ici, en une synthèse très dense, l'essentiel de ses idées sur la mission de Paul.

1. Paul persécuteur des chrétiens (vv. 4-5.9-10a.11b)

Après l'indispensable *captatio benevolentiae* adressée à Agrippa (vv. 2-3), Paul commence son apologie en rappelant son passé juif de Pharisien (v. 5), puis de persécuteur des chrétiens (vv. 9-10a.11b). Cette séquence, débarrassée des ajouts de Act III, est conforme à ce qu'écrivait Paul lui-même: «Pour ce qui est de la Loi, Pharisien; pour ce qui est du zèle, persécuteur de l'église» (Phil 3,5-6).

Dans l'exposé que fait Paul de ses activités de persécuteur, deux détails méritent que l'on s'y arrête. D'une part, il affirme qu'il a agi "contre le nom de Jésus" (v. 9); d'autre part, il note qu'il "persécutait" les saints "jusque dans les villes du dehors" (fin du v. 11). Ces détails auront leur écho dans la description de la vision de Paul, sur la route de Damas. Une voix s'adresse à Paul: «Saoul, Saoul, pourquoi me persécutes-tu?» Et lorsque Paul a demandé qui parlait ainsi, la voix lui répond: «Je suis Jésus que tu persécutes.» (vv. 14-15). Paul s'en prenait au nom de Jésus, il persécutait les saints, et c'est justement ce Jésus qui demande à Paul raison de sa haine. Par ailleurs, Paul persécutait les saints "jusque dans les villes du dehors". Il faut comprendre qu'il s'agit des villes païennes, dans lesquelles pouvaient se trouver une minorité de chrétiens. Dans les lettres de Paul, en effet, l'expression "ceux du dehors" désigne toujours les païens (1 Cor 5,12.13; Col 4,5; 1 Thess 4,12; cf. Mc 4,11). Paul, donc, va persécuter les chrétiens jusque chez les païens; or c'est aux païens qu'il va être envoyé pour porter le message de salut du Christ (26,17).

2. La première parole de Jésus à Paul (v. 14)

Act II a ajouté au récit parallèle de Act I tout le dialogue entre Jésus et Paul. Ce n'est donc plus Dieu qui parle à Paul, mais Jésus ressuscité. Nous reviendrons plus loin sur ce fait essentiel. Soulignons simplement ici un détail, assez piquant. Selon Paul, Jésus lui aurait dit en langue hébraïque: «Saoul, Saoul, pourquoi me persécutes-tu? Il t'est dur de regimber contre l'aiguillon» (v. 14). Cette dernière phrase est une expression proverbiale grecque bien connue, qui se lit surtout chez les poètes. Act II a certainement eu conscience de l'anomalie de son texte. A-t-il voulu insinuer que Paul devait abandonner sa langue maternelle pour se tourner vers les Grecs, c'est-à-dire vers les païens, thème qui va être développé aux versets 17-18?

3. La mission prophétique de Paul (vv. 14-17)

Le dialogue entre Jésus et Paul, ajouté par Act II, a une forme littéraire qui évoque plusieurs textes de l'AT concernant la vocation prophétique de Moïse d'abord, puis d'Ézéchiel, enfin de Jérémie.

a) La vision de Paul est décrite selon un schéma classique dans l'AT. Le parallèle le plus proche est probablement donné par Ex 3,4ss, d'après la Septante: «Le Seigneur l'appela du buisson en disant: "Moïse, Moïse." Mais lui, il dit: "Qu'y a-t-il? (τί ἐστιν;)"... Et il lui dit: "Je suis le Dieu de ton père..."» Puis plus loin (3,10): «Et maintenant, va, je t'envoie vers Pharaon» (cf. Act 26,17). Ce parallèle souligne une analogie dans les missions confiées à l'un et à l'autre. Selon Ex 3,8.12, Moïse est envoyé par Dieu pour délivrer les Hébreux de la captivité d'Égypte, ce qui leur permettra de servir Dieu (v. 12). Selon Act 26,18, Paul est envoyé par Dieu vers les païens afin de les arracher à la puissance de Satan pour qu'ils puissent se tourner vers Dieu. C'est pour souligner l'analogie de ces deux missions que, au v. 16, Act II fait dire au Christ s'adressant à Paul: «Pour cela que je te suis apparu... pour te choisir (προχειρίσασθαί σε) comme ministre et témoin...» Ce verbe reprend celui de Ex 4,13, lorsque Moïse dit à Dieu: «Je t'en prie, Seigneur, choisis (προχείρισαι) un autre plus capable, que tu enverras.» Nous reviendrons plus loin sur ce thème à propos du baptême.

Rappelons que, en 3,22, Act II avait ajouté au texte de Act I une citation de Deut 18,15.18 montrant que Jésus était le nouveau Moïse annoncé dans ce passage (cf. 7,37).

b) Act II, comme l'avait déjà fait Act I (cf. 9,3.6), mais de façon différente, oriente la pensée du lecteur vers la vision qui inaugure l'activité prophétique d'Ézéchiel. Jésus dit à Paul: «Lève-toi et tiens-toi sur tes pieds» (v. 16). De même, Dieu avait dit à Ézéchiel: «Lève-toi et sors dans la plaine...» (3,22); et auparavant: «Tiens-toi sur tes pieds» (2,1).

c) En Jer 1,5-8, le prophète décrit la façon dont il fut choisi par Dieu pour aller vers les nations païennes, et il le fait en référence aux récits de Ex 3-4 concernant la vocation de Moïse[1]. Au v. 5, Dieu lui dit: «Je t'ai établi prophète

---

[1] Sur les rapports entre ces textes de Jérémie et Deut 18,15.18, voir: P.E. BROUGHTON, "The Call of Jeremiah. The relation of Deut 18,9-22 to the Call of Jeremiah", dans Australian Biblical Review 6 (1958) 39-46. - W.L. HOLLADAY, "The Background of Jeremiah's Self-understanding: Moses, Samuel and Psalm 22", dans JBL 83 (1964) 153-164. Du même auteur:

vers les nations (païennes).» Au v. 7, devant les hésitations de Jérémie, Dieu insiste: «... tu iras à tous ceux vers lesquels je t'envoie.» Enfin, au v. 8, Dieu promet son assistance à Jérémie en lui disant: «Ne crains pas devant eux, car je suis avec toi pour te retirer (τοῦ ἐξαιρεῖσθαί σε)[1].» Act II s'inspire de ces textes pour composer son v. 17 dans lequel le Christ dit à Paul: «... te retirant (ἐξαιρούμενός σε) des ( ) gentils vers lesquels je t'envoie.»

d) Ainsi, par ces emprunts littéraires, Act II veut nous dire que la vision de Paul se situe dans la ligne des visions par lesquelles les prophètes ont été appelés par Dieu en vue d'une mission déterminée. Il faut alors noter le verbe que Act II met sur les lèvres de Paul au v. 25: «(ce sont des paroles de vérité et de bon sens que j'exprime (ἀποφθέγγομαι).» On ne le trouve ailleurs dans les Actes qu'en 2,4.14, dans le récit de la Pentecôte. En commentant ces textes, nous avons vu que ce verbe était repris de l'AT où il est employé surtout pour désigner les manifestations de l'esprit de prophétie. Act II veut insinuer que Paul, tout comme les autres apôtres, a reçu lui aussi l'esprit de prophétie.

4. Paul constitué apôtre du Christ (v. 16)

Pour être constitué apôtre, il faut avant tout pouvoir témoigner de la résurrection du Christ (Act 1,22). Mais comment témoigner si l'on n'a pas vu? Tous les apôtres avaient vu le Christ ressuscité lors des apparitions qui se sont succédées depuis la résurrection jusqu'à l'ascension. Or, selon Act II, sur la route de Damas, ce n'est pas Dieu qui parle à Paul, comme le laissait entendre Act I, mais Jésus ressuscité. C'est pour enlever toute équivoque que Act II a ajouté au récit parallèle de Act I le dialogue entre Jésus et Paul: «Je suis Jésus que tu persécutes» (v. 15)[2]. Ainsi, à l'égal des apôtres, Paul a vu le Christ ressuscité: «... il est apparu (ὤφθη) à Céphas, puis aux Douze... ensuite il est apparu à Jacques, puis à tous les apôtres. Et en dernier lieu, il m'est apparu à moi aussi, comme à l'avorton» (1 Cor 15,4-8). Jésus lui-même reconnaît que Paul est maintenant un apôtre au sens plein du terme lorsqu'il lui dit: «...pour cela je te suis apparu (ὤφθην): te choisir comme ministre et témoin des (choses) que tu [m']as vu et des (choses pour lesquelles) je t'apparaîtrai» (v. 16). Paul pourra témoigner de la résurrection du Christ puisqu'il a vu Jésus ressuscité et qu'il le verra encore (cf. 2 Cor 12,1ss).

Paul a été choisi par le Christ "comme ministre (ὑπηρέτην) et témoin". Lui-même se proclamera "ministre du Christ" (1 Cor 4,1). Ces deux titres nous

---

"Jeremiah and Moses: Further Observations", dans JBL 85 (1966) 17-27. - M.-É. BOISMARD, *Moïse ou Jésus. Essai de christologie johannique.* Leuven-Paris, Peeters, 1988, pp. 2-3.

[1] Cf. encore Jer 1,17.19 (Lxx); 15,20; 1 Chron 16,35.

[2] En commentant le récit de la conversion de Paul, au chap. 9, nous avons montré que ce dialogue ne se lisait pas au niveau de Act I.

rappellent ce qu'écrit Luc dans le prologue de son évangile. Il a composé son ouvrage "selon que nous ont transmis ceux qui furent (témoins) oculaires et ministres de la Parole" (Lc 1,2). En donnant ici à Paul ces deux titres qui rappellent ceux du prologue de son évangile, Act II (pour nous Luc) ne voudrait-il pas insinuer que Paul fut un de ceux qui lui ont transmis ce qui touche au ministère de la Parole?

5. Paul, apôtre des nations païennes (vv. 17-18)

a) Selon Act II, face au refus des Juifs, Paul avait déclaré ouvertement qu'il se tournait vers les païens (13,45-46: 18,6). C'est bien vers eux qu'il a été envoyé d'après le présent récit de vocation. Pour justifier sa décision de se tourner vers les nations païennes, Paul se référait à l'oracle de Is 49,6: «Voici (que), lumière, je t'ai établi parmi les gentils» (13,47). Cet oracle d'Isaïe se lisait déjà en 42,6, sous forme de doublet, où il se prolonge par les mots "pour ouvrir les yeux des aveugles". Un peu plus loin, Dieu annonce que, pour les païens, il changera "les ténèbres en lumière" (42,16). C'est par allusion à ces deux passages, dans un contexte de lumière, que Jésus dit à Paul qu'il l'envoie vers les gentils "pour ouvrir leurs yeux, pour les détourner des ténèbres vers la lumière"

Mais la portée de ces références à Is 42,6.16 va beaucoup plus loin qu'en 13,47. Là, c'était Paul qui parlait; ici, c'est le Christ ressuscité. Paul ne s'est donc pas arrogé la mission d'évangéliser les païens, il l'a reçue du Christ lui-même. Par ailleurs, en Is 42,1ss, Dieu s'adresse à son Serviteur. Or, lors de son baptême par Jean, une voix céleste s'adresse à Jésus en démarquant l'oracle de Is 42,1-2 (cf. Mat 3,17; Mc 1,11). Après avoir quitté la terre, une fois ressuscité, le Christ investit donc Paul de la mission que lui-même avait reçue de Dieu. C'est Paul maintenant qui est le "Serviteur de Dieu" annoncé par le prophète Isaïe. On comprend alors le souci de Act II de montrer comment la vie de Paul s'est déroulée à l'analogie de celle du Christ.

b) Dans ses lettres, Paul revient avec insistance sur sa conviction d'avoir été choisi comme apôtre des païens et que ce choix fut ratifié par les "colonnes" de l'église (Gal 2,8-9; Rom 11,13; 16,7; 1 Tim 2,7; 2 Tim 1,11). Mais relisons surtout Gal 1,11-17:

> 11 Je vous le fais savoir, frères, l'évangile que je vous ai annoncé, il n'est pas à mesure humaine, 12 car ce n'est pas d'un homme que je l'ai reçu, ou appris, mais par révélation de Jésus Christ. 13 Vous avez certes entendu parler de ma conduite jadis dans le judaïsme, de la persécution effrénée que je menais contre l'église de Dieu et des ravages que je lui causais, 14 et de mes progrès dans le judaïsme, où je surpassais bien des compatriotes de mon âge, en partisan acharné des traditions de mes pères. 15 Mais quand Celui qui dès le sein maternel m'a mis à part et appelé par sa grâce daigna 16 révéler en moi son Fils pour que je l'annonce parmi les païens, aussitôt, sans consulter la chair et le

sang, 17 sans monter à Jérusalem trouver les apôtres, je m'en allais en Arabie, puis je revins encore à Damas.

On peut dire, sans exagérer, que ce texte des Galates est à l'arrière-plan de tout le discours de Paul. L'apôtre y rappelle son passé de persécuteur (v. 13; cf. Act 26,9-11) et son zèle pour défendre les traditions héritées des pères (v. 14; cf. Act 26,4-5). Il y affirme que, sa vocation d'apôtre des païens, il l'a reçue directement de Dieu, au moment où Dieu a révélé son Fils en lui (v. 16), par révélation de Jésus Christ (v. 12; cf. Eph 3,3), ce qui peut s'entendre d'une révélation faite par Jésus Christ (cf. Act 26,17). Enfin, lorsque Paul dit que Dieu l'a mis à part "dès le sein maternel" et "appelé" par sa grâce, il cite Is 49,1: «Dès le sein maternel il a appelé mon nom...» (cf. Jer 1,5). Paul lui-même compare donc sa vocation à celle des anciens prophètes, ce qui justifie le vêtement littéraire prophétique employé par Act II aux vv. 14-17, comme nous l'avons signalé plus haut. En composant ce discours, Act II a donc "historicisé" tout ce que Paul révèle, en Gal 1,11-17, de sa vocation d'apôtre des païens.

c) Pour compléter le tableau, Act II a composé son v. 18 en démarquant étroitement le texte de Col 1,12-14, dans lequel Paul rend grâce à Dieu d'avoir fait participer les païens au destin eschatologique des Juifs:

Act 26,18	Col 1,12-14
	εὐχαριστοῦντες τῷ πατρὶ
	τῷ ἱκανώσαντι ὑμᾶς εἰς τὴν μερίδα
	<u>τοῦ κλήρου τῶν ἁγίων</u>
ἀνοῖξαι ὀφθάλμους αὐτῶν	
τοῦ ἀποστρέψαι	
ἀπὸ σκότους εἰς φῶς	ἐν τῷ φωτί.
	–ὃς ἐρρύσατο ἡμᾶς
καὶ τῆς ἐξουσίας τοῦ Σατανᾶ	ἐκ τῆς ἐξουσίας τοῦ σκότους
	καὶ μετέστησεν εἰς τὴν βασιλείαν
ἐπὶ τὸν θεὸν	τοῦ υἱοῦ τῆς ἀγάπης αὐτοῦ
τοῦ λαβεῖν αὐτοὺς	–ἐν ᾧ ἔχομεν
	τὴν ἀπολύτρωσιν
ἄφεσιν ἁμαρτιῶν	τὴν ἄφεσιν τῶν ἁμαρτιῶν
<u>καὶ κλῆρον ἐν τοῖς ἡγιασμένοις</u>	
πίστει τῇ εἰς ἐμέ	
	rendant grâces au Père
	qui vous a mis en mesure de partager
	<u>l'héritage des saints</u>
pour ouvrir leurs yeux	
pour (les) détourner	
des ténèbres vers la lumière	dans la lumière,
	- lui qui nous a arrachés

et du pouvoir de Satan	au pouvoir des ténèbres
	et nous a transférés dans le royaume
vers Dieu,	du Fils de son amour
pour qu'ils reçoivent	- en qui nous avons
	la rédemption,
	la rémission des péchés
rémission des péchés	
et héritage parmi les sanctifiés	
grâce à la foi en moi	

Le contact littéraire entre les deux textes est évident. Un certain nombre des divergences proviennent de ce que Act II a voulu, non seulement démarquer le texte de Paul, mais encore tenir compte de la liturgie baptismale. Avant de le montrer, notons que le texte des Actes se termine par la mention de la foi dans le Christ. On rejoint un thème paulinien important, celui du salut par la foi, que Act II a attribué aussi bien à Pierre (10,43; 15,11) qu'à Paul (14,9-10).

6. Une liturgie baptismale

Cyrille de Jérusalem a décrit de façon très détaillée comment se passait la cérémonie du baptême dans la première moitié du quatrième siècle[1]. Donnons-lui la parole:

> Vous êtes entrés d'abord dans le vestibule du baptême; debout, tournés vers l'occident, vous avez écouté, et vous avez reçu l'ordre d'étendre la main et, comme s'il était présent, vous avez renoncé à Satan. Or, il faut que vous sachiez que dans l'ancienne Histoire cela est contenu en figure. Quand, en effet, le Pharaon, ce tyran si dur et si inhumain, écrasait le peuple libre et noble des Hébreux, Dieu envoya Moïse pour les faire sortir de cette pénible servitude des Égyptiens...
> Cependant, tu reçois l'ordre de tendre la main et de dire comme à un assistant: «Je renonce à toi Satan[2].» Pourquoi vous vous tournez vers l'occident, je veux aussi vous le dire; c'est en effet nécessaire. L'occident est le lieu des ténèbres visibles; or, puisque celui dont nous parlons est ténèbres, et qu'il exerce sa puissance dans les ténèbres, c'est à cause de cela que symboliquement vous regardez vers l'occident et que vous renoncez à ce prince ténébreux et sombre...
> Quand donc tu renonces à Satan, foulant aux pieds tout pacte avec lui, tu brises les vieux traités avec l'enfer, à toi s'ouvre le paradis de Dieu, qu'il planta vers l'orient, et d'où à cause de sa désobéissance fut exilé notre premier père. En symbole de quoi, tu t'es tourné de l'occident vers l'orient, région de la lumière. Alors on t'a dit de dire: «Je crois au Père et au Fils et au Saint-Esprit et à un seul baptême de pénitence.»

[1] Cat I,2-4.9. La traduction que nous donnons est celle de Pierre PARIS, *Cyrille de Jérusalem. Catéchèses mystagogiques* (Sources Chrétiennes, n. 126), Paris, 1966.

[2] Sur l'origine et les développements de cette formule, voir M.-É. BOISMARD, "Je renonce à Satan, à ses pompes et à ses œuvres...", dans *Lumière et Vie*, 26 (1956) 105-110. - Article repris dans *Moïse ou Jésus. Essai de christologie johannique* (BETL lxxxiv), Leuven-Paris, 1988, pp. 217ss.

Après cela seulement, le catéchumène était conduit à la cuve baptismale pour s'y plonger trois fois en faisant profession de foi en la Trinité.

Un tel rituel est attesté également, vers la même époque, par Ambroise de Milan, qui note en particulier le fait de se tourner d'abord vers l'occident, pour renoncer à Satan, puis vers l'orient pour regarder le Christ en face[1].

Or, Act 26,18 décrit la "conversion" des païens en termes qui annoncent déjà ceux que l'on retrouvera dans la liturgie baptismale telle qu'elle est décrite par Cyrille de Jérusalem. Paul doit d'abord leur "ouvrir les yeux", ce qui correspond à l'enseignement des catéchumènes. Les païens pourront alors "se détourner des ténèbres vers la lumière et de la puissance de Satan vers Dieu". C'est exactement la description du rite baptismal, accompagné de son interprétation symbolique, telle que la donne Cyrille de Jérusalem. N'oublions pas aussi qu'aux vv. 14-17, Act II a décrit la vision de Paul en s'inspirant du récit de la vocation de Moïse, principe de la libération des Hébreux captifs en Égypte. Tout ceci n'est pas dû au hasard. On peut alors penser que, à l'époque où écrivait Act II, la cérémonie du baptême avait déjà les traits essentiels que l'on retrouvera plus tard dans les descriptions d'Ambroise de Milan et surtout de Cyrille de Jérusalem[2].

7. Fin du discours de Paul (vv. 19-20a.c)

Dans la finale de son discours, Paul déclare qu'il est resté fidèle à la vision qu'il avait eue. Aussitôt, il s'est mis à prêcher aux gens de Damas qu'ils devaient se repentir et se tourner vers Dieu en faisant des œuvres dignes du repentir. Nous restons dans la ligne de la pensée paulinienne. Nous avons vu plus haut que le v. 18 démarquait Col 1,12-14. Or, en Col 1,10, Paul invite les frères à avoir une conduite "digne du Seigneur", en "portant des fruits en toute œuvre bonne" (cf. Eph 2,8-10). Mais deux textes apparentés ont influencé d'une façon plus précise la rédaction de Act 26,20c. Le premier texte est la parole du Baptiste rapportée en Lc 3,7-8: «Qui vous a montré comment échapper à la colère prochaine? Faites donc des fruits dignes du repentir...» Le second texte est 1 Thess 1,9-10, dans lequel Paul rappelle aux fidèles, dont la plupart étaient venus du paganisme, comment ils ont répondu à sa prédication: «Vous vous êtes tournés vers Dieu en abandonnant les idoles», attendant le retour de Jésus "qui nous arrache à la colère qui vient". Ces deux textes ont une portée eschatologique, unis par le thème de la "colère" qui menace. Act II fait écho à ces deux textes lorsqu'il termine le

---

[1] Ambroise de Milan, *De Mysteriis*, 7.

[2] Nombre d'auteurs admettent que la *Prima Petri* dépendrait d'une liturgie baptismale analogue à celle que nous venons de décrire. Sur ce problème, voir M.-É. BOISMARD, "Une liturgie baptismale dans la Prima Petri", dans RB 63 (1956) 182-208; 64 (1957) 161-183.

discours de Paul par ces mots: «J'ai proclamé de se repentir et de <u>se tourner vers</u> <u>Dieu</u> vivant <u>ayant fait des œuvres dignes du repentir</u>» (v. 20c).

(Le discours selon Act III: ⟹ p. 379)

DD) CONCLUSION DE L'ÉPISODE
(26,24-32)

La conclusion de cet épisode n'offre pas de difficulté. Nous nous contenterons de faire deux remarques.

a) Une fois que Paul a achevé son discours, Festus lui dit: «Tu es fou, Paul! La grande (connaissance des) lettres t'a tourné la tête jusqu'à la folie» (v. 24). Cette parole du gouverneur se comprend beaucoup mieux si l'on fait abstraction des vv. 21-23, ajoutés par Act III. L'expression traduite par "La grande (connaissance des) lettres" (τὰ πολλά σε γράμματα) évoque la connaissance des Écritures. Or Festus ne fait certainement pas allusion aux vagues références à l'AT contenues dans le v. 23, concernant la mort et la résurrection du Christ, mais aux nombreux textes prophétiques auxquels Paul a fait allusion dans son discours, spécialement aux vv. 17-18, pour fonder la légitimité de son envoi par Dieu auprès des païens. Tous ces textes lui auraient tourné la tête au point qu'il se croit investi par Dieu d'une mission particulière. Festus le prend donc pour un illuminé. En revanche, le roi Agrippa se sent ébranlé par tout ce que Paul vient de dire.

b) Au v. 31, le gouverneur romain Festus et le roi Agrippa sont d'accord pour reconnaître l'innocence de Paul, comme l'avaient été le procurateur romain Pilate et le roi Hérode pour reconnaître celle de Jésus (Lc 23,14-15). Cette troisième déclaration d'innocence, venant après celles qui se lisaient en 25,18.25, achève le parallèle entre Paul et Jésus: à trois reprises aussi Pilate avait affirmé l'innocence de Jésus (cf. Lc 23,4.14-15.22). Paul a bien pris la succession de Jésus: c'est lui maintenant qui est le "serviteur de Dieu" chargé de porter la lumière du salut aux païens (Is 42,6.9; 49,6).

VII. LE VOYAGE DE CÉSARÉE À ROME
(27,1-28,15)

Pour décrire le voyage par mer de Césarée à Rome, Act II fusionne deux récits différents. Selon l'un, en provenance du Journal de voyage, Paul allait à

Rome de son plein gré, libre de ses mouvements, avec quelques compagnons. Il réalisait ainsi le projet dont il avait parlé en Rom 15,23-24. Selon l'autre, repris de Act I, il était prisonnier et confié à la garde d'un centurion romain. Ce voyage était la conséquence de l'appel qu'il avait fait pour être jugé devant le tribunal même de l'empereur (25,12). En fusionnant ces deux récits, Act II leur a donné une optique particulière et il y a ajouté quelques épisodes qui mettent en relief la personnalité de Paul.

1. Les péripéties du voyage

a) Selon le Journal de voyage, Paul et ses compagnons s'embarquaient à Sidon (27,1a.3a TO), puis faisaient voile directement vers la Crète (v. 7b) où ils débarquaient à Bons-Ports (v. 8). Selon le récit de Act I, le gouverneur Festus remettait Paul à un centurion (v. 1b), lequel faisait embarquer ses prisonniers sur un bateau partant pour l'Italie (v. 6). Le capitaine et l'armateur du bateau décidaient d'aller d'une traite jusqu'au port de Phénix, situé en Crète (vv. 11-12a TO). Dans les deux récits, le bateau devait passer largement au sud de l'île de Chypre. Pourquoi Act II a-t-il imaginé le long détour le long des côtes d'Asie Mineure, et donc au nord de Chypre, décrit aux vv. 4-7a? Un tel détour aurait été obligatoire pour un bateau partant d'un port du Levant pour l'Italie pendant le régime des vents Étésiens (juillet-août) qui soufflaient du nord-ouest, la direction précise vers laquelle on voulait aller. En longeant les côtes, on se servait des brises et des courants locaux pour avancer. C'est le même trajet qu'avait suivi l'Isis selon le Navigium de Lucien de Samosate: ce grand transport de grains alexandrin avait dérivé devant un vent d'ouest qui le porta des environs du cap Acamas, sur la côte occidentale de Chypre, jusqu'à Sidon et de là il passa par l'est et le nord de Chypre pour gagner la mer Égée. C'est pour justifier ce détour vers le nord que Act II note, au v. 4, que les vents étaient contraires.

Mais pourquoi Act II a-t-il imaginé ce détour qui ne se lisait, ni dans le Journal de voyage, ni dans le récit de Act I? En fait, il a voulu utiliser un itinéraire qu'il lisait au tout début du Journal de voyage et que Paul suivait en allant de Séleucie, le port d'Antioche, jusqu'à Troas en suivant les côtes d'Asie Mineure (27,2a.5.7a, puis 16,7a.8b TO). Il en a profité pour supposer un changement de bateau à Myre de Lycie (vv. 5-6), ce qui lui permettait d'intégrer à son récit l'embarquement dont parlait le récit de Act I au v. 6.

Par ailleurs, Act II veut tenir compte des deux ports de Crète mentionnés par ses sources comme première étape importante du voyage: Bons-Ports (Journal de voyage) et Phénix (Act I); il imagine donc un court trajet de l'un à l'autre port (vv. 11-12 TO), sans donner de raison à ce changement (lacune que comblera Act III, v. 12 TA), et c'est au cours de ce court trajet que le bateau aurait été assailli par la tempête.

b) Selon le Journal de voyage, la tempête amenait le bateau jusqu'à l'île de Gaulos, une des composantes de l'archipel de Malte (v. 16). Selon Act I, on atteignait finalement l'île de Malte elle-même (28,1). Ici encore, Act II veut garder intégralement les données de ses sources, et il fait de l'arrivée à Gaulos une simple escale intermédiaire, jouant sur la quasi identité des noms de deux îles différentes: Gaulos, jouxtant l'île de Malte, et Cauda (appelée aussi Clauda), située à une cinquantaine de kilomètres au sud de la Crète.

c) Aussi bien dans le Journal de voyage que dans le récit de Act I, l'arrivée à Gaulos ou à Malte se faisait sans trop de difficulté. Mais Act II a corsé le récit en imaginant une arrivée en catastrophe: le bateau se brise (v. 41b) et les passagers gagnent le rivage comme ils le peuvent, les uns à la nage, les autres agrippés à des planches (vv. 43-44 TO).

2. Le salut par la foi

a) En imaginant cette arrivée en catastrophe, l'intention de Act II n'est pas purement anecdotique. Il veut donner un enseignement qui rejoint une de ses idées fondamentales: le salut par la foi. Malgré la destruction du bateau, tous les passagers vont finalement "être sauvés" (fin du v. 44). Or, aux vv. 23-25, Act II ajoute au texte du Journal de voyage le récit fait par Paul d'une vision qu'il aurait eue. Un ange lui serait apparu pour lui assurer, de la part de Dieu, que tous les passagers auront la vie sauve (vv. 23-24). Et Paul d'ajouter: «Ayez courage, hommes, car je crois à mon Dieu: il en sera de cette façon qu'il m'a été dit» (v. 25). Les passagers seront finalement sauvés, en accord avec la promesse de Dieu. Il faut donc croire à Dieu lorsqu'il promet le salut.

b) Mais Act II veut nous faire approfondir encore ce mystère. Aux vv. 34-36, dans un passage ajouté par notre auteur, Paul invite ses compagnons d'infortune à prendre de la nourriture et il ajoute: «C'est pour votre salut» (v. 34). En fait, c'est une véritable eucharistie que Act II décrit aux vv. 35-36. La transposition du thème est alors évidente. Le salut consistant à échapper au naufrage est le symbole du salut fondamental qui est promis par Dieu à tous les hommes qui le servent fidèlement (cf. v. 23): échapper à la mort eschatologique grâce à la participation eucharistique, "ferment d'immortalité" comme l'écrivait Ignace d'Antioche.

c) Cette transposition eschatologique du thème nous est suggérée de façon précise par Act II lui-même. Après avoir affirmé que la nourriture qu'ils vont prendre doit contribuer à leur salut, Paul ajoute: «Car de la tête d'aucun de vous un cheveu ne se perdra» (v. 34). C'est la reprise d'une parole prononcée par Jésus dans son discours eschatologique: «Et d'aucun de vous un cheveu ne tombera de la tête» (Lc 21,18). Avant le retour du Christ, des calamités sans nombre vont s'abattre sur ses disciples (Lc 21,12-17) et Jérusalem elle-même sera foulée aux pieds (Lc 21,20-24). Mais il faut malgré tout avoir confiance en Dieu: «Celui qui aura tenu jusqu'à la fin sera sauvé» (Mc 13,13b). La mer était jadis le symbole de toutes les puissances mauvaises auxquelles les hommes se trouvaient confrontés. Voilà qu'elle s'est déchaînée contre Paul et ses compagnons. Les puissances du mal sont à l'œuvre. Mais il faut faire confiance à Dieu qui nous a promis le salut final.

d) Dans cette perspective, ne faut-il pas voir dans le bateau une image de l'église en butte aux puissances du mal? Un autre passage ajouté par Act II pourrait le faire penser. Aux vv. 30-32, il nous dit que les matelots voulurent quitter le navire en détresse en utilisant la barque de sauvetage. Mais Paul dit au centurion: «S'ils ne restent pas dans le bateau, nous ne pouvons pas être sauvés» (v. 31). Malgré les périls, même si le bateau est sur le point de se disloquer, il ne faut pas le quitter: le salut est à ce prix. De même les disciples de Jésus ne doivent pas quitter l'église, même si elle est sur le point de sombrer. À ce prix-là seulement ils seront sauvés de l'épreuve eschatologique. C'est dans cette perspective seulement que l'on peut expliquer le repas eucharistique décrit par Act II aux vv. 34-36. Comment notre auteur aurait-il pu imaginer une eucharistie célébrée par Paul au milieu de la tempête et en présence d'une assistance composée en grande majorité de païens? Mais il sait bien que ses lecteurs ont compris ses intentions. Le bateau symbolise l'église dans la tourmente; pour obtenir le salut eschatologique, les disciples de Jésus doivent prendre part au repas eucharistique.

3. Les miracles accomplis par Paul (28,3-9)

Une fois arrivés à Malte, Paul et ses compagnons sont bien reçus par les indigènes de l'île. Act II complète le récit de ses sources en ajoutant deux épisodes.

a) Selon le premier, Paul se fait piquer par une vipère; mais, tandis que les indigènes de l'île s'attendaient à le voir mourir, il n'en ressent aucun mal. Ils le prennent alors pour un dieu (28,3-6). Cet épisode rappelle celui de Lystre, où Barnabé et Paul sont pris pour des dieux (14,11ss). Mais les circonstances sont assez différentes. Le rapprochement le plus significatif est avec la parole de Jésus rapportée en Lc 10,19. Lorsque les soixante-douze disciples reviennent de mission, tout heureux de ce que les démons leur étaient soumis, Jésus leur dit: «Je voyais Satan tomber du ciel comme une étoile. Voici que je vous ai donné pouvoir de fouler aux pieds serpents et scorpions et toute la puissance de l'ennemi, et rien ne vous nuira.» Ici encore, la vipère qui pique Paul est le symbole des puissances du mal; mais ces puissances ne peuvent rien contre ceux que Jésus envoie prêcher la bonne nouvelle du Royaume.

b) Cet avènement du Royaume est encore symbolisé par la guérison du père de Poplius (28,7-8), et les guérisons qui suivent (v. 9). Les maladies n'étaient-elles pas attribuées à l'influence des puissances mauvaises qui dominaient le monde (Lc 13,16; Act 10,38)? Paul, véritable apôtre du Christ, a vaincu ces puissances mauvaises. Non seulement elles ne peuvent rien contre lui (vv. 3-6), mais il les a soumises par la puissance de Dieu qui agit en lui (vv. 7-9). En ce sens, les indigènes de l'île n'avaient pas tout à fait tort de le prendre pour un dieu (v. 6).

4. Paul et le centurion romain

À deux reprises, Act II souligne les bonnes dispositions du centurion romain à l'égard de Paul. Lors de l'escale de Sidon, il ajoute au récit de ses sources : «Le centurion, ayant usé de bienveillance avec Paul, ordonna à ses amis de prendre soin de lui» (27,3b). Par ailleurs, lors du naufrage à Malte, les soldats voulaient tuer tous les prisonniers pour les empêcher de s'enfuir, mais le centurion le leur interdit "surtout à cause de Paul, afin qu'il le sauve" (27,42-43). Il ressemble fort au centurion Corneille (10,22) que Dieu est sur le point d'amener à la foi chrétienne, ou au centurion de Capharnaüm dont Jésus avait guéri le serviteur (Lc 7,6). N'oublions pas aussi que, à la mort de Jésus, c'est un centurion qui reconnaît: «Vraiment, cet homme était juste» (Lc 23,47; cf. Mc 15,39; Mat 27,54). D'où vient cet intérêt de Act II pour les centurions romains, et son souci de les présenter sous un jour favorable? Il est difficile de répondre.

5. Aristarque

Signalons une dernière particularité du récit de Act II. En 27,2, il indique la présence d'Aristarque aux côtés de Paul. Selon Col 4,10, cet Aristarque aurait été compagnon de captivité de Paul. Mais ici, il n'est certainement pas captif avec lui.

(Le récit de Act III: ⇒ p. 381)

VIII. PAUL PRISONNIER À ROME
(28,17-31)

Dans le récit de sa source (Act I), Act II introduit deux grandes additions et une conclusion. Aux Juifs de Rome, ou plutôt à leurs notables, Paul explique la raison d'être de sa situation de prisonnier (vv. 17b-21). Quelques jours plus tard, à ce même auditoire qui le lui demande (vv. 22-23a), Paul enseigne Jésus à partir des Écritures (fin du v. 23). Si certains sont séduits, d'autres s'enferment dans un refus. C'est l'occasion pour Act II de revenir sur l'un de ses thèmes favoris: le refus des Juifs, prophétisé par Isaïe, provoque l'appel des païens au salut (vv. 24-29). Un sommaire sur l'activité de Paul durant sa captivité romaine sert de conclusion à la geste de Paul et au livre des Actes tout entier (vv. 30-31).

1. Paul et Jésus: le Serviteur de Dieu (vv. 17b-21)

a) Au v. 18, Act II rapproche la passion de Paul de celle de Jésus. Tous les deux sont considérés comme innocents par les autorités auxquelles ils ont été livrés; ces mêmes autorités, sans succès, essaient de les faire relâcher. Les contacts littéraires entre Act 28,18 et Lc 23,14bc.20, qui se lit dans le récit de la comparution de Jésus devant Pilate, sont évidents:

Lc 23	Act 28,18
14b καὶ ἰδοὺ ἐγὼ ἐνώπιον ὑμῶν ἀνακρίνας	οἵτινες ἀνακρίναντές με
20 θέλων ἀπολῦσαι τὸν Ἰησοῦν	ἐβούλοντο ἀπολῦσαι
14c οὐθὲν εὗρον ἐν τῷ ἀνθρώπῳ τούτῳ αἴτιον	διὰ τὸ μηδεμίαν αἰτίαν θανάτου ὑπάρχειν ἐν ἐμοί
ὧν κατηγορεῖτε κατ' αὐτοῦ	
14b et voici que moi, devant vous, ayant jugé,	eux qui m'ayant interrogé
20 ...voulant libérer Jésus...	voulaient me libérer
14c je n'ai rien trouvé en cet homme comme motif	du fait qu'aucun motif de mort ne se trouvait en moi
de ce dont vous l'accusez	

Ce parallèle nous invite à comparer aussi la fin du v. 17 du texte des Actes avec Mc 15,1, qui forme l'introduction du récit de la comparution de Jésus devant Pilate:

Mc 15,1	Act 28,17c
δήσαντες τὸν Ἰησοῦν ἀπήνεγκαν	δέσμιος ἐξ Ἱεροσολύμων
καὶ παρέδωκαν τῷ Πιλάτῳ	παρεδόθην εἰς τὰς χεῖρας
	τῶν Ῥωμαίων
<u>ayant lié</u> Jésus ils l'emmenèrent	<u>lié</u>, de Jérusalem
et <u>le livrèrent</u> à Pilate	<u>je fus livré</u> aux mains des Romains

L'emprunt au texte de Mc est d'autant plus certain que, dans le récit de son arrestation à Jérusalem, il n'est pas question que Paul soit livré aux Romains; bien au contraire, ce sont les Romains qui l'arrachent aux Juifs sur le point de le lyncher (21,28ss). Nous avons donc ici le dernier des nombreux textes par lesquels Act II a voulu établir un parallèle entre le destin de Paul et celui de Jésus.

b) Nous avons vu, à propos de 26,17-18, que Act II voyait en Paul un nouveau "Serviteur de Dieu", prenant la relève du Christ. Or ici, de même que le Serviteur de Dieu "n'a jamais fait d'iniquité" (Is 53,9), ainsi Paul affirme qu'il n'a "rien fait de contraire au peuple ou aux coutumes des pères" (v. 17). Tous deux sont innocents. Et cependant, tous deux ont été "livrés", l'un à la mort (Is 53,12) et l'autre aux mains des Romains (Act 28,17). Tout ceci pouvait être dit aussi du Christ. Le destin de Paul rejoint celui du Christ, lui-même décrit à l'analogie de celui du Serviteur de Dieu.

2. Rejet des Juifs et appel des païens

Le récit de Act I évoquait en quelques mots une prédication de Paul aux Juifs de Rome centrée sur la restauration du Royaume, prédication contestée par l'auditoire. Act II transforme et amplifie ce texte. C'est d'abord sur la demande des notables des Juifs que Paul est invité à parler de cette "secte" partout contestée (v. 22). Rendez-vous est pris et le jour venu, Paul tente de persuader son auditoire que Jésus est bien le Messie annoncé par la Loi et les prophètes (v. 23). C'est l'argument scripturaire classique, déjà employé par Act I (13,33; 17,2-3), puis développé par Act II (13,36.47; 17,11; 18,5.19; 19,8; cf. 18,28). Mais Act II l'utilise ici pour introduire le thème du rejet des Juifs et de l'appel des païens au salut. Ce rejet avait été prophétisé par Isaïe 6,9-10, dont le texte est cité ici en entier (28,26-27). Ce texte d'Isaïe est connu de la tradition évangélique (Mat 13,14-15; Mc 4,12; Lc 8,10; Jn 12,40). Mais Act II semble s'inspirer plutôt de Rom 11,7-11. Dans ce passage, Paul oppose l'endurcissement des Juifs à l'appel des païens au salut. Aux vv. 7-8, Paul écrivait: «Que conclure? Ce que recherchait Israël, il ne l'a pas obtenu; mais ceux qui ont été choisis l'ont obtenu. Les autres ont été endurcis, comme il est écrit: "Dieu leur a donné un esprit de torpeur, <u>des yeux pour ne pas voir et des oreilles pour ne pas entendre...</u>"» Ces derniers mots sont repris de Is 6,9. Or, aux vv. 11ss, Paul ajoute: «Je le demande donc: est-ce pour tomber à jamais qu'ils ont trébuché? Non certes; mais si leur chute a été le salut pour les gentils, c'est pour exciter leur jalousie...» De même, après avoir cité Is 6,9-10, Act II ajoute: «Qu'il vous soit donc connu que (c'est) aux gentils que fut envoyé ce salut de la part de Dieu» (v. 28).

Pour Act II, si l'annonce de Paul ne suscite pas la "jalousie" des Juifs, elle les invite au moins à une profonde réflexion au moment où ils se séparent de Paul (Act 28,29).

3. Paul enseigne à Rome

Les deux années que Paul passe à Rome comme prisonnier sont fructueuses. Il demeure dans son propre logement "proclamant le royaume de Dieu et enseignant ce qui concerne le Seigneur Jésus, avec assurance" (28,30-31). Act II ne nous dit pas si les auditeurs de Paul sont juifs ou païens; son intention est autre. Ce v. 31 reprend sous forme d'inclusion Act 1,2b.3b:

1,2b-3 (TO)	28,31b
καὶ ἐνετείλατο κηρύσσειν	κηρύσσων
τὸ εὐαγγέλιον...	τὴν βασιλείαν τοῦ θεοῦ
...καὶ διδάσκων τὰ περὶ	καὶ διδάσκων τὰ περὶ
τῆς βασιλείας τοῦ θεοῦ	τοῦ κυρίου Ἰησοῦ
	μετὰ παρρησίας
il leur prescrivit de proclamer	proclamant
l'évangile...	le royaume de Dieu
...enseignant ce qui concernait	et enseignant ce qui concerne
le royaume de Dieu	le Seigneur Jésus
	avec assurance

La boucle est bouclée. Une dernière fois, Act II met en parallèle l'activité apostolique de Paul et celle de Jésus. Si Jésus nous a quittés pour remonter vers son Père, Paul a repris le flambeau, son activité apostolique ne fait que prolonger celle de Jésus. C'est sur cette idée, exprimée de façon discrète, que Act II clôt la geste de Paul, et le livre des Actes.

(Le récit de Act III: ⟹ p. 382)

LES RÉCITS DE ACT III

I. LE PREMIER VOYAGE MISSIONNAIRE
(13,1-14,28)

A) L'ENVOI EN MISSION
(13,1-3)

Act III reprend le récit de Act II sans lui apporter de modification substantielle. Comme il le fait souvent, il va simplement s'efforcer de rendre le récit de sa source plus cohérent. Au v. 1, puisque ce n'est plus le groupe des cinq qui est envoyé, mais seulement Barnabé et Saul, Act III remplace l'expression "parmi lesquels" par ce qui pourrait correspondre à nos "deux points". Il n'y avait que cinq prophètes et didascales à Antioche, et c'est parmi ces cinq que Barnabé et Saul sont choisis pour être envoyés en mission.

Signalons tout de suite le détail suivant où l'on voit Act III corriger Act II. Celui-ci avait ajouté le v. 2, qui donne à l'Esprit l'initiative de l'envoi en mission de Barnabé et de Saul. En conséquence, au début du récit suivant (v. 4), Act III précise que les gens qui partent ont été envoyés, non plus par "les saints" (TO), c'est-à-dire par la communauté, mais par "l'Esprit saint" (TA).

B) PAUL ET BARNABÉ À CHYPRE
(13,4-12)

a) Au v. 6, Act III qualifie de "faux prophète" le mage Bar-Jésus (TA), dont il grécise le nom sémitique: Bar-Iesoua (TO). Il l'oppose ainsi aux vrais "prophètes" envoyés par l'Esprit (13,1-2). Act III accentue un thème qui était peut-être déjà présent au niveau de Act II. Au v. 10, en effet, Paul déclare au mage rebelle qu'il n'est qu'un "fils du diable". Au delà des personnes humaines, ce sont l'Esprit saint, qui fait parler les prophètes (cf. 1 Cor 14,37; Act 11,28; 21,11), et le diable, dont Bar-Jésus est la victime, qui s'affrontent.

b) Au v. 12, Act III fusionne les deux finales des récits de ses sources, Act I et Act II. Il obtient ainsi un texte un peu boiteux: le proconsul Paulus se fait chrétien, et parce qu'il a vu le pouvoir surnaturel de Paul, et parce qu'il a été "frappé par la doctrine du Seigneur". Le proconsul réagit comme les gens de Capharnaüm lorsque Jésus vient à eux pour la première fois: ils furent d'abord "frappés par sa doctrine", puis stupéfaits de le voir expulser un démon. Ils reconnaissent alors la puissance de sa parole (Lc 4,31-36). Le proconsul, un païen, réagit en bon juif tandis que le mage Bar-Jésus, un juif pourtant (13,6), refuse de croire. Act III accentue ainsi le caractère anti-juif de l'épisode.

C) PAUL ET BARNABÉ À ANTIOCHE DE PISIDIE
(13,13-50)

1. La culpabilité des Juifs

a) Aux vv. 27-29, Act III présente différemment les événements concernant la mort de Jésus. Il ajoute en particulier le v. 28a (TA), dans lequel il affirme que les Juifs ont livré Jésus à Pilate alors que, venant de le juger, ils n'avaient trouvé en lui aucun motif de condamnation. Leur culpabilité est donc aggravée: ils ont demandé la mort de Jésus alors qu'ils le savaient innocent!

b) Le discours de Paul se termine (v. 41) par une citation menaçante du prophète Habacuc qui détonne dans ce contexte parfaitement irénique. Elle est introduite par ces mots de Paul: «Prenez donc garde que ne survienne ce qui a été dit dans les prophètes» (v. 40). De même, selon Act III, Simon le mage, répondant aux menaces de Pierre, avait fait cette prière: «Priez Dieu, vous, afin que ne survienne sur moi rien de ce que vous avez dit» (8,24). De quelle menace s'agit-il dans ce texte d'Habacuc (1,5) cité au v. 41? Dieu va "accomplir une œuvre que vous ne croiriez pas si on vous la racontait". Cette œuvre, c'est l'invasion de tout le pays par les Chaldéens, dont la puissance de destruction est abondamment décrite (vv. 6-10). Act III ne penserait-il pas alors à l'invasion des armées romaines lors de la guerre juive de 70, et à la destruction de Jérusalem? Ce serait pour justifier ce châtiment terrible qu'il aurait accentué la culpabilité des Juifs en ajoutant le v. 28a, comme nous venons de le dire.

c) Cette tendance "dure" contre le peuple juif s'était manifestée peut-être déjà au v. 17, où Act III ajoute un pronom démonstratif (τούτου) à l'expression "le peuple d'Israël". Mais, selon J. Dupont (BJ), l'expression "ce peuple" aurait une connotation de mépris dans l'AT, surtout chez Isaïe[1].

---

[1] Is 3,7; 6,9-10; 8,6.11; 9,15; 28,11.14; 29,13-14.

2. La paraclèse prophétique

En 13,15, selon Act III, les chefs de la synagogue suggèrent à Paul et à Barnabé de donner à l'assemblée, non plus quelque parole de sagesse (TO), mais "une parole de paraclèse" (TA). Paul et Barnabé sont des didascales et des prophètes inspirés par l'Esprit (13,1-2); or la fonction principale du prophète est d'édifier, d'exhorter et de consoler (cf. 1 Cor 14,3), ce qui constitue en fait la paraclèse, laquelle s'appuie sur l'Écriture. C'est sans doute pour rappeler à son lecteur que Paul était un prophète que Act III aurait modifié le texte de ses sources.

Dans la perspective de cette paraclèse, Act III ajoute au début du v. 29: «Lorsqu'ils eurent accompli tout ce qui était écrit de lui.» Même dans sa mort, Jésus est bien le Messie annoncé par les Écritures (cf. Lc 22,37).

3. Autres modifications

a) Au v. 19, Act III précise que les nations expulsées de la terre de Canaan, lors de la conquête, étaient au nombre de sept. Il complète donc la citation implicite de Deut 7,1 qu'il lisait dans sa source, montrant ainsi son souci de la précision.

b) Au v. 20, Act III rapporte la période de quatre cent cinquante ans au contexte précédent, qui semblerait inclure seulement le séjour en Égypte, l'Exode dans le désert, puis la conquête de la terre de Canaan. Mais Act II (= TO) rapporte cette période au temps des Juges. Il est difficile de dire si Act II avait modifié le texte de Act I, que Act III aurait repris ici, ou si c'est Act III qui modifie le texte de Act I repris par Act II. Nous avions été confrontés à un problème analogue en 7,3-4.

c) Comme souvent ailleurs, Act III fusionne ici les récits de Act I et de Act II; dans la finale, il replace donc dans le récit de Act II le v. 43, qui forme doublet avec le v. 42. Mais ce doublet n'était pas trop voyant. Il n'en allait pas de même du doublet formé par les vv. 43c (TO) et 49; Act III a donc supprimé ce v. 43c qui ne se lit plus maintenant que dans le TO.

D) PAUL ET BARNABÉ À ICONIUM ET À LYSTRE
(13,51-14,19)

L'activité rédactionnelle de Act III se caractérise par deux opérations complémentaires. D'une part, il a supprimé tout ce qui, dans ses sources, évoquait la prédication de Paul et de Barnabé (vv. 7b.19 TO); mais en revanche, il a ajouté tout un discours de Paul aux païens au moment où ceux-ci, les prenant pour des dieux, voulaient leur offrir des sacrifices (vv. 15b-18a).

a) Au niveau de Act II, la réaction de Paul et de Barnabé, au moment où les païens veulent leur offrir des sacrifices, consistait seulement à protester par ces mots: «Hommes, que faites-vous? Nous, nous sommes des hommes soumis au même sort que vous.» C'est la réaction qu'avait eue Pierre lorsque le païen Corneille s'était prosterné devant lui comme pour l'adorer (10,26, TO). Le texte de Act II passait ensuite au v. 18b, tel qu'il se lit dans le TO: «Et ils les renvoyèrent d'eux.»

Le discours que tient Paul aux vv. 15b-17 est étrange. Il ne contient absolument rien de chrétien. On a dit souvent qu'il correspondait à la prédication de Paul aux païens, telle qu'elle est exprimée en 1 Thess 1,9-10. C'est vrai en ce qui concerne le thème de la conversion: il faut se détourner des idoles pour se tourner vers le vrai Dieu. Mais Paul ajoute le thème christologique: il faut aussi attendre des cieux le Fils de Dieu, ressuscité des morts, et qui doit nous arracher à la colère du jugement. Rien de tel dans le discours de Paul à Lystre! N'importe quel Juif aurait pu le tenir devant des païens. On s'étonne alors que ce discours soit présenté par Paul comme l'annonce d'une "bonne nouvelle" (v. 15). Ce verbe "évangéliser", repris de Is 61,1, signifie toujours l'annonce de la bonne nouvelle du salut apporté par Jésus (voir spécialement Act 5,42; 8,35; 11,20; 8,4; 15,35; 13,32). Il implique la délivrance des hommes des puissances du mal, grâce à l'action salvifique du Christ, dans la perspective de sa mort et de sa résurrection. Ici, la "bonne nouvelle" est vidée de sa signification essentielle; le thème ne peut avoir été introduit par Act II.

b) On comprend alors pourquoi Act III a amputé le texte de Act II, qui se lit dans le TO au v. 19. Les Juifs venus d'Antioche et d'Iconium critiquent en ces termes la prédication de Paul et de Barnabé: «Ils ne disent rien de vrai, ils ne font que mentir.» Ces critiques ne sont valables, de la part des Juifs, que dans la mesure où les deux apôtres annoncent la "bonne nouvelle" du christianisme; mais Act III ne pouvait pas les garder dès lors que, selon lui, Paul ne fait que demander aux païens de se tourner vers le vrai Dieu.

On notera que, en amputant le v. 19 d'une partie de son contenu, Act III a rendu son récit fort peu vraisemblable. On ne voit plus du tout pourquoi les païens de Lystre, sur le point de sacrifier à Barnabé et à Paul qu'ils prennent pour des dieux, enthousiasmés encore par le miracle qu'ils viennent de voir, se mettent soudain à les lapider à l'instigation des Juifs venus d'Antioche et d'Iconium. Le récit est vraiment trop succinct!

c) Ces remaniements effectués par Act III sont probablement commandés par une intention polémique contre les Juifs. D'après Deut 13,7-12 (cf. 17,2ss), il faut lapider ceux qui s'écartent du Dieu unique pour s'attacher aux idoles. Mais dans le récit de Act III, la prédication de Paul aux païens est réduite aux seuls vv. 15b-17 et consiste donc avant tout à les détacher des idoles pour les amener au culte du seul vrai Dieu. Et voilà que les Juifs veulent le lapider! La situation ne manque pas d'humour, mais d'un humour noir. La malice des Juifs est mise en évidence: ils agissent en contradiction avec leur propre Loi. S'ils font lapider Paul, ils n'ont même pas l'excuse de vouloir sauvegarder la pureté de leur religion.

II. L'ASSEMBLÉE DE JÉRUSALEM
(15,1-34)

Act III a repris ici le récit de Act II en y ajoutant, sous forme de doublets, les passages parallèles du récit du Document P (cf. Act I) qui se lisaient à la suite de l'épisode de la conversion des païens de Césarée: les vv. 5 et 7a d'une part, les vv. 30a et 32-33 d'autre part. Mais il a apporté un certain nombre de modifications au récit de ses sources.

a) Au v. 2, selon Act II (TO), c'étaient les gens venus de Jérusalem qui ordonnaient à Barnabé, à Paul et à quelques autres de monter à Jérusalem pour y comparaître devant les apôtres et les Anciens. Selon Act III, ce sont les frères d'Antioche qui décident que Barnabé, Paul et quelques-uns d'entre eux vont aller à Jérusalem soumettre le problème aux apôtres et aux Anciens. Ce changement a probablement pour but de tenir compte davantage du texte de Gal 2,1-2, selon lequel Paul et Barnabé, accompagnés de Tite, vont à Jérusalem sans y avoir été forcés par les chrétiens de cette ville.

b) Au même v. 2, il est difficile de voir pourquoi Act III a supprimé la parenthèse remontant à Act II "Car Paul disait que (les païens convertis) devaient demeurer tels qu'ils avaient cru, en insistant". Cette suppression est probablement liée aux remaniements du v. 12 faits par Act III. D'une part, il supprime le détail (TO) selon lequel les Anciens furent d'accord avec les paroles que Pierre vient de prononcer aux vv. 7-11. D'autre part, il ajoute le rappel par Barnabé et Paul des "signes et prodiges" que Dieu a accomplis grâce à eux parmi les païens. Ces remaniements du v. 12 ont pour but de donner à Paul et à Barnabé une importance qu'ils n'avaient pas dans le récit de Act II. Selon ce récit, en effet, toute la discussion se passe comme si les deux apôtres étaient absents du débat: ils n'interviennent à aucun moment et la conviction des Anciens ne semble motivée que par le discours que Pierre vient de prononcer. Selon le récit de Act III au contraire, la proposition que va faire Jacques (vv. 13ss) semble influencée, non seulement par le discours de Pierre, mais aussi par les explications données par Barnabé et par Paul: Dieu a approuvé leur conduite en leur donnant d'accomplir des signes et des prodiges parmi les païens. On comprend alors pourquoi Act III aurait aussi supprimé ce qui est dit de Paul au v. 2, et qui semble n'être qu'une opinion personnelle de l'apôtre. Selon le v. 12 au contraire, c'est l'approbation par Dieu de l'action de Paul qui est soulignée.

c) Act III insère ici les vv. 3-4, repris du Document P mais que Act I et Act II avaient abandonnés. Il veut faire le lien entre le récit de l'assemblée de Jérusalem de Act II (15,1-2) et certains éléments de l'épisode de la conversion des païens de Césarée (15,5.7a), repris du Document P (cf. Act I). De plus, pour qu'interviennent à nouveau, à Jérusalem, les Pharisiens devenus chrétiens, il fallait mentionner explicitement la conversion des païens, ce que fait Paul au v. 4.
Mais Act III harmonise ce passage du Document P sur son nouveau contexte. Paul et Barnabé sont reçus, non seulement par l'église (Document P), mais aussi par les apôtres et les Anciens, vers lesquels ils ont été envoyés (15,2c).

d) Aux vv. 15-18, Act III insère une citation d'Amos 9,11-12, prophète qu'il avait déjà cité en 7,42-43. Celui-ci annonçait la conversion des païens, conversion qui devait être précédée de la restauration du royaume de David. Act III comprend que cette restauration a eu lieu en Jésus et avec le don de l'Esprit fait le jour de la Pentecôte. Les temps messianiques sont donc déjà inaugurés. D'après la prophétie d'Amos, il est donc normal que les païens soient partie prenante dans cette restauration messianique. La prédication de Pierre, qui n'exige rien d'autre que leur foi (15,9), trouve sa confirmation dans les Écritures qui annonçaient "depuis des siècles ces choses" (15,18). C'est sur cette base que Jacques peut admettre que les païens ne sont pas obligés de passer par les observances juives fondamentales. On notera comment le passage d'Amos cité au v. 17b fait écho au v. 12 ajouté par Act III: il s'agit de la conversion des païens favorisée par l'action de Dieu.

e) À propos de l'envoi de Jude et de Silas (15,22ss), c'est encore pour faire le lien entre le récit de Act II (envoi d'une lettre) et du Document P (message oral) que Act III ajoute les vv. 25-27. Le v. 25a ne fait que dédoubler le v. 28a de Act II, sans la mention du saint Esprit pour garder un crescendo. L'envoi de Silas et de Jude n'est fait que par les apôtres et les Anciens; mais la décision du décret de l'assemblée de Jérusalem est l'œuvre de l'Esprit saint.
Le v. 26 est l'occasion de signifier aux lecteurs de la lettre que l'église de Jérusalem reconnaît la qualité de l'apostolat de Paul et de Barnabé: «Ils ont exposé leur vie pour le nom de notre Seigneur Jésus Christ.» Comme le note J.

Dupont[1], c'est une allusion, non pas tant aux souffrances subies par ces apôtres à cause du nom de Jésus (cf. 5,41) qu'à la consécration de leur vie toute entière à la cause de Jésus Christ. Paul le rappellera aux Anciens d'Éphèse (20,18-21.24).

Curieusement, ici (v. 25) comme au v. 12, Act III mentionne Barnabé avant Paul, comme le faisait Act I (Barnabé et Saul), tandis que Act II parle toujours de "Paul et Barnabé".

III. LE DEUXIÈME VOYAGE MISSIONNAIRE
(15,35-18,22)

A) PAUL À DERBÉ ET À LYSTRE
(15,41-16,5)

1. Transposition d'un thème

Au début du deuxième voyage missionnaire, en reprenant le récit de Act I, Act II avait ajouté le détail suivant: «Ils (Paul et Silas) traversèrent la Syrie et la Cilicie, affermissant les églises et transmettant les commandements des Anciens» (15,41). Cet auteur montrait ainsi que les deux apôtres avaient eu pour but, entre autres, de faire connaître le décret que l'assemblée de Jérusalem avait porté concernant le minimum d'observances qu'il fallait imposer aux païens qui se convertissaient au christianisme, décret adressé "aux frères d'Antioche et de Syrie et de Cilicie" (15,23). En fait, selon le récit même de Act II, ce problème touchait surtout les païens que Paul avait convertis durant son premier voyage missionnaire (13,14-14,21; cf. 15,2-3.12), donc en particulier ceux de Derbé et de Lystre (14,6-22). Act III a donc jugé plus logique de transférer après la mention des villes de Derbé et de Lystre (16,1), en 16,4, l'indication que Paul et Silas "transmettaient à observer les décrets arrêtés par les apôtres et les Anciens qui (sont) à Jérusalem". On notera que l'allusion aux événements racontés en 15,22ss est formulée de façon plus claire qu'en 15,41 (Act II) et que Act III ajoute aux Anciens la mention des apôtres, en conformité avec ce qui est dit en 15,22.

En 16,4, dans le récit de Act III, le renseignement concernant la transmission par Paul et Silas du décret de Jérusalem (TA) a remplacé la notice selon laquelle les deux apôtres "proclamaient avec beaucoup d'assurance le Seigneur Jésus Christ" (TO seulement), notice que Act II avait reprise de Act I. Au niveau de Act I, il s'agissait d'une première évangélisation des villes situées entre Antioche (15,40) et la Phrygie (16,6). Act III a jugé inopportun de reprendre

---

[1] BJ, p. 142, note f.

cette notice, puisque, selon Act II, les villes de Derbé et de Lystre (16,1) avaient été évangélisées par Paul et Barnabé dès le premier voyage missionnaire (14,6-22, de Act II).

2. L'addition du v. 2

Au v. 2, Act III a ajouté la précision que Timothée "était estimé des frères de Lystre et d'Iconium". Act III avait déjà noté que Corneille, un païen sympathisant du judaïsme était estimé de toute la nation des Juifs (10,22b, ajouté par Act III) et il précisera plus loin qu'Ananie était lui aussi estimé des Juifs habitant Damas (22,12). Ce sont les trois seuls passages où une telle description est donnée.

B) DE PHILIPPES À BÉRÉE
(16,12b-17,15)

Dans les sections suivantes, Act III a repris le texte de ses sources sans y apporter de modifications importantes. Quelques point seulement sont à noter.

a) Dans le récit de l'exorcisme d'une pythonisse, à Philippes (16,16-40), Act III ajoute les vv. 23b-24 qui décrivent les précautions prises par le geôlier pour assurer la garde de Paul et de Silas, mis en prison sur l'ordre des stratèges de la ville. Bien qu'en termes différents, Act III avait eu le même souci dans le récit de la délivrance de Pierre (12,4b.6c). Act III veut rapprocher les deux apôtres et accentuer le caractère miraculeux de leur délivrance. De même, à propos de l'emprisonnement de tous les apôtres au chapitre 5, Act III ajoute le v. 23 pour faire comprendre que leur délivrance ne peut être que miraculeuse.

b) Toujours dans le récit de l'exorcisme de la pythonisse, Act III suit le texte de Act II jusqu'au v. 35. À ce moment, il se trouve devant deux motifs différents donnés à la peur des stratèges, motifs qui vont les inciter à faire libérer Paul et Silas: selon le Journal de voyage, cette peur avait pour cause le fait d'avoir fait battre de verges des citoyens romains (vv. 35-39 TA); selon Act II, la peur était motivée par le tremblement de terre (v. 35a TO), introduit dans le récit primitif par Act II (vv. 26ss), qui oblige les stratèges à reconnaître que Paul et Silas étaient des hommes justes (v. 39b TO). À partir du v. 35 donc, Act III ne reprend pas les particularités du texte de Act II mais revient au récit du Journal de voyage qu'il va conserver jusqu'à la conclusion de l'épisode, au v. 40.

Ajoutons une précision: au v. 39 (TA), Act III ajoute le détail des stratèges "faisant sortir" Paul et Silas afin de montrer qu'ils avaient obéi aux exigences de Paul: «Mais, étant eux-mêmes venus, qu'ils nous fassent sortir» (fin du v. 37).

c) Dans l'épisode de Paul et Silas à Thessalonique (17,1b-9), Act III néglige encore les quelques détails introduits par Act II dans le récit, cette fois, de Act I. En 17,1b, s'il garde le verbe "ils vinrent", de Act I, c'est peut-être parce qu'il sait que le texte de Act I renvoie implicitement à Lc 4,16, comme nous l'avons dit en donnant le sens du récit de Act I. - Au v. 4, en revanche, il abandonne le thème abstrait des auditeurs qui se laissent gagner par "l'enseignement" des deux apôtres, bien dans la manière de Act I (cf. 13,12 TA), pour dire de façon plus personnelle qu'ils "furent gagnés à Paul et à Silas". Ce verbe ne se lit nulle part ailleurs dans les Actes, mais il implique un attachement aux personnes de Paul et de Silas. Ce n'est plus tellement la force de persuasion de la doctrine qui convainc les gens, que la façon dont elle est présentée par Paul et par Silas.

d) En 17,12, Act III néglige encore le détail introduit par Act II "mais quelques-uns ne crurent pas" (cf. 28,24, aussi de Act II), mais il le remplace par des détails sur les gens qui se convertissent, repris de 17,4. C'est un cas d'harmonisation comme il y en a tant au niveau de Act III.

e) Au v. 15, Act II avait ajouté au texte de Act I que Paul avait évité de passer par la Thessalie car il en avait été empêché (par l'Esprit). Act III ne reprend pas ce détail qu'il juge inutile puisque Paul, allant par bateau de Bérée à Athènes (17,14a), n'avait pas à passer par la Thessalie.

C) ATHÈNES ET CORINTHE
(17,16-18,17)

1. Paul à Athènes (17,16-34)

Nous avons vu que, dans ce récit, tout ce qui touche la prédication de Paul aux païens était de Act II. Act III s'est contenté d'y apporter deux retouches de quelque importance.

a) À la fin du v. 18, il ajoute la notice explicative "car il annonçait Jésus et la résurrection". Il veut sans doute justifier la réflexion d'une partie de l'assistance déclarant: «(C'est) de divinités étrangères (qu')il paraît être annonciateur.» Cette addition est maladroite puisqu'elle détruit l'effet de la réaction finale de ceux qui ont écouté Paul (vv. 31-32). On peut donc penser que Act III est guidé par une intention plus profonde. Cette remarque rappelle celle qui commande l'attitude hostile des Sadducéens à l'égard de Pierre et Jean: ils sont furieux de ce que ceux-ci annoncent "en Jésus la résurrection, celle d'entre les morts" (4,2). Ici, Paul annonce "Jésus et la résurrection"; ce sont les deux seuls passages des Actes où sont ainsi associés le nom de Jésus et le substantif "résurrection". Act III a ainsi voulu rapprocher les figures de Pierre et de Paul. Plus précisément, il a voulu souligner comment l'annonce de la résurrection, après s'être heurtée à l'hostilité des prêtres et des Sadducéens (4,2), ne rencontrait maintenant qu'indifférence ou ironie de la part des philosophes grecs (17,18c.32).

b) Act III a encore ajouté le v. 21 (avec le v. 20b pour faire la liaison), dans lequel il note: «Les Athéniens et les étrangers de passage n'avaient d'autre loisir que de dire ou d'écouter du nouveau.» Hormis Denys l'Aréopagite, aucun autre membre de cette docte assemblée n'adhérera aux paroles de Paul (v. 34). Act III veut donner dès maintenant la raison profonde de l'échec de Paul à Athènes. L'apôtre n'est pas en cause; mais un "passe-temps" n'est pas le bon conditionnement pour permettre une adhésion sincère.

2. Paul à Corinthe (18,1-17)

a) Selon Act II, Paul serait demeuré chez Aquila en raison de leur commune origine juive; tous deux sont de la même tribu (18,3 TO). Act III donne un autre motif à cette cohabitation: comme Aquila, Paul était spécialisé dans la fabrication des tentes; il pouvait donc travailler avec celui qui l'hébergeait (18,3 TA). En 20,34, Act III insistera de nouveau sur le fait que Paul a travaillé de ses mains pour ne pas être à charge aux frères. À plusieurs reprises dans ses lettres Paul donne comme preuve de son désintéressement le travail qu'il a fait pour n'être à la charge de personne (1 Cor 4,12; 9,6; 1 Thess 2,9; 2 Thess 3,8), mais nulle part il ne précise à quel genre de travail il s'adonnait. Si Act III nous donne ces détails au début du séjour de Paul à Corinthe, c'est sans doute parce que ce séjour va se prolonger durant un an et demi (18,11), beaucoup plus longtemps que lors de ses étapes précédentes, et que c'est aux Corinthiens surtout que Paul rappelle la peine qu'il a prise pour n'être pas à leur charge (1 Cor 9,6ss).

b) Aux vv. 4a.5b-6, Act III reprend la rédaction de Act I de préférence à celle de Act II parce qu'elle est plus dure à l'égard des Juifs. On reconnaît là ses tendances rigoristes, spécialement en ce qui concerne les Juifs.

D) FIN DU VOYAGE DE PAUL
(18,18-22)

a) Act III a mis dès le v. 19 (TA) la précision que Paul laissa à Éphèse Aquila et sa femme Priscille (cf. v. 21c TO, de Act II). Il a probablement pensé qu'il était plus logique de donner ce renseignement aussitôt après avoir mention-né ces deux personnages (v. 18).

b) Au v. 21, il omet du texte de Act I, repris par Act II, la parole de Paul: «Il me faut absolument passer à Jérusalem la fête qui vient.» Puisque, selon les remaniements de Act II, le voyage de Paul va se terminer à Antioche, et non plus à Jérusalem comme le disait Act I, cette parole de l'apôtre n'avait plus de signification; Act II n'avait pas fait attention à ce détail.

IV. LE TROISIÈME VOYAGE MISSIONNAIRE
(18,23-21,17)

A) ÉPHÈSE AVANT L'ARRIVÉE DE PAUL
(18,23-19,7)

1. Apollos à Éphèse (18,23-28)

En reprenant le récit de Act II décrivant l'activité d'Apollos à Éphèse, Act III en modifie profondément le v. 27. D'après Act II, ce seraient des Corinthiens, résidant à Éphèse, qui auraient prié Apollos de venir exercer son apostolat dans leur patrie. Mais Act III, lui, ne mentionne pas la présence de frères de Corinthe à Éphèse, et selon lui c'est Apollos qui aurait eu, de son propre chef, l'idée d'aller porter l'évangile à Corinthe. On notera de plus que sa rédaction est plus unifiée que celle de Act II puisque l'Achaïe seule est mentionnée.

2. Les Johannites d'Éphèse (19,1-7)

a) En 19,1a (TO), Act II avait écrit que, encore à Antioche (cf. 18,22), Paul voulait aller à Jérusalem mais que l'Esprit lui dit de retourner en Asie. Act III a estimé que ce passage se conciliait difficilement avec 18,21b, texte dans lequel Paul avait dit explicitement aux gens d'Éphèse qu'il comptait revenir chez eux, Dieu le voulant. Il a donc supprimé ce v. 1a (TO) afin d'obtenir une séquence plus cohérente.

Act III ajoute la précision que Paul vient à Éphèse lorsqu'Apollos était à Corinthe (18,27), et donc avait déjà quitté cette ville. Il n'y eut pas d'entrevue entre les deux hommes.

b) Selon le texte de Act II (v. 2a), on a l'impression que tous les disciples qui se trouvaient à Éphèse ne connaissaient que le baptême de Jean, comme

Apollos avant sa rencontre avec Aquila (18,25). Act III a jugé cela peu vraisemblable, et il a réduit leur nombre à "quelques-uns" (fin du v. 1). Au v. 7, il précisera même qu'ils étaient au nombre de douze, mettant ainsi un lien entre cet épisode au cours duquel ces douze "Johannites" reçoivent l'Esprit, et le récit de la Pentecôte (2,1ss) où les douze apôtres avaient reçu aussi l'Esprit.

B) PAUL À ÉPHÈSE
(19,8-40)

Dans cette section reprise de Act II, Act III introduit d'importantes additions. Il ajoute d'abord les vv. 11-12, qui décrivent l'activité thaumaturgique de Paul; il complète ensuite l'épisode des exorcistes juifs, repris de Act II (addition des vv. 14-17a), pour lui donner une orientation toute différente; il note enfin l'abandon des pratiques magiques par les nouveaux convertis (vv. 18-19).

1. L'activité thaumaturgique de Paul (vv. 11-12)

Les vv. 11-12, ajoutés par Act III, contiennent un court sommaire montrant l'activité thaumaturgique de Paul: il suffisait d'appliquer sur les malades des linges ayant touché le corps de Paul et aussitôt les maladies les quittaient et les démons qui les habitaient étaient exorcisés. À juste raison, nombre de commentateurs rapprochent ce passage du court sommaire décrivant l'activité thaumaturgique de Pierre, en 5,15-16: son ombre suffisait à guérir les malades. En ajoutant le sommaire de 19,11-12, Act III veut établir un parallélisme entre Paul et Pierre: Paul est en quelque sorte l'égal de Pierre.

Disons tout de suite que ce parallélisme entre les deux apôtres pourrait se poursuivre au v. 17a: tous apprennent la mésaventure des exorcistes juifs, malmenés par les démons qu'ils voulaient chasser, et une peur tombe sur eux. De même, une peur était tombée sur tous ceux qui avaient appris le sort tragique d'Ananie et de Saphire au moment où Pierre avait dévoilé leur mensonge (5,5.11).

2. Les exorcistes juifs malmenés (vv. 14-17a)

Au niveau de Act II, l'épisode des exorcistes juifs ne comportait que les vv. 13 et 17b et devait se comprendre dans un sens qui leur était favorable, comme en Mc 9,38-40. En ajoutant les vv. 14-17a, Act III veut au contraire les tourner en dérision: ils sont malmenés par les démons qu'ils voulaient chasser! Leur tentative est présentée comme un essai de "singer" l'activité thaumaturgique de Paul, qui lui chassait les démons avec succès (vv. 11-12). Mais pour Act III, seuls ceux qui se sont déclarés ouvertement pour Jésus peuvent chasser les démons en son nom. On peut reconnaître, dans la transformation du sens de l'épisode primitif, une nouvelle manifestation de l'anti-judaïsme de Act III et de sa tendance à "durcir" les événements.

La description de la correction infligée par les démons aux exorcistes juifs (v. 16) s'inspire peut-être de Am 2,13-16, texte dans lequel Dieu annonce le châtiment des Israélites coupables de refuser le message prophétique: ils seront broyés, le puissant ne sera plus maître de sa force, le plus courageux s'enfuira tout nu.

3. L'abandon des pratiques magiques (vv. 18-19)

Effrayés par la mésaventure des exorcises juifs, beaucoup de ceux qui ont cru abandonnent les pratiques magiques et viennent brûler leurs livres de magie[1]. Il y en avait tant que leur valeur atteignit cinquante mille pièces d'argent, somme considérable puisqu'une pièce d'argent correspondait au salaire journalier d'un ouvrier. Le poison de la magie devait être fort répandu à Éphèse, et les chrétiens eurent probablement du mal à le rejeter. Act III pensait peut-être à ses contemporains lorsqu'il ajouta cet épisode aux récits hérités de sa source.

C) LE RETOUR VERS JÉRUSALEM
(20,1-21,17)

Dans cette longue section, que Act II rédigea en utilisant la section médiane du Journal de voyage, Act III s'est contenté de compléter certains des épisodes que lui offrait sa source principale.

1. Résurrection d'Eutyche (20,6b-13a)

Dans le récit de la résurrection d'Eutyche, Act II avait précisé au v. 7 que la communauté chrétienne s'était rassemblée le premier jour de la semaine pour "rompre le pain", c'est-à-dire pour célébrer l'eucharistie. Mais l'accident survenu à Eutyche semble avoir fait oublier à Act II de décrire cet acte liturgique. Par souci de cohérence, Act III y remédie en ajoutant le v. 11: après avoir constaté qu'Eutyche n'était pas mort, Paul remonte, "rompt le pain", parle encore jusqu'au jour, puis s'en va. À lire le récit tel que le donne Act III, on a d'ailleurs l'impression que, pour notre auteur, Paul n'aurait pas rappelé le jeune homme à la vie; il se serait contenté de constater que sa chute n'avait pas été mortelle. Au v. 12, en effet, ce sont les frères, et non Paul, qui ramènent l'enfant vivant, après le départ de Paul.

---

[1] Sur l'importance de la magie à cette époque, voir les développements que nous avons donnés en commentant le séjour de Barnabé et de Saul à Chypre, pp. 231ss.

2. Le discours de Paul à Milet (20,17-38)

Au discours primitif que Paul adressait aux Anciens d'Éphèse selon le Journal de voyage, Act II avait donné une portée plus moralisante (cf. pp. 318ss). Act III développe le discours dans le même sens en ajoutant un couplet sur le désintéressement de Paul qui a travaillé de ses mains pour subvenir à ses besoins (vv. 33-34). Nous avons vu déjà que Act III l'avait noté à propos du séjour de Paul à Corinthe (18,3, voir le commentaire). Mais ici, il développe le thème à deux points de vue. Tout d'abord, il précise que Paul a travaillé de ses mains pour subvenir, non seulement à ses besoins, mais encore à ceux de ses compagnons de voyage (v. 34). Par ailleurs, Paul élargit les perspectives en ajoutant que, en gagnant de l'argent par son travail, le chrétien pourra venir en aide aux faibles, c'est-à-dire aux pauvres. Il cite alors une parole de Jésus que la tradition évangélique ne nous a pas conservée: «Il y a plus de bonheur à donner qu'à recevoir» (v. 35b). Le TO donne cette parole sous forme de béatitude, selon une formulation mieux en accord avec la façon de parler de Jésus: «Heureux celui qui donne plus que celui qui reçoit.» Il est difficile de dire dans quel sens s'est exercée l'activité des scribes.

3. La prophétie d'Agabus (21,11-14)

En rapportant la prophétie d'Agabus concernant le destin qui attend Paul à Jérusalem (v. 11), Act II s'était contenté de citer les paroles du prophète. Act III les fait précéder de ces mots: «Ainsi parle l'Esprit saint...» Il veut expliciter, ce qui était déjà l'idée de Act II (cf. 21,4), que toute prophétie est inspirée par l'Esprit saint (cf. 1 Cor 14,37). Il avait eu une réaction analogue à propos du même Agabus en 11,28 (TA, opposé au TO).

Puisqu'il est question ici de prophétie, on notera que, en 21,9, Act III a précisé que les quatre filles de Philippe, qui prophétisaient, étaient vierges. A-t-il estimé que le don de prophétie était incompatible avec l'état de mariage, au moins pour les femmes?

V. PAUL À JÉRUSALEM
(21,18-23,35)

C'est peut-être dans cette partie de Actes que l'activité littéraire de Act III s'est exercée le plus abondamment. C'est à lui en effet que nous devons l'addition du long discours dans lequel Paul raconte sa conversion (21,35-22,24a). Mais reprenons dans l'ordre les retouches qu'il a apportées au texte de ses sources.

A) PAUL ARRÊTÉ DANS LE TEMPLE
(21,27-30)

Dans le récit de l'arrestation de Paul dans le Temple, par les Juifs, qui remonte à Act I, Act III a ajouté deux détails qui ont une signification plus profonde qu'il ne paraît.

1. Le peuple se rassemble

Le premier détail fut ajouté par Act III au v. 30. Selon Act I, Paul aurait été arrêté par la foule qui se trouvait dans le Temple au moment où les Juifs d'Éphèse appellent à l'aide (vv. 27-28a.30b). Act III renchérit en ajoutant le v. 30a: outre la foule mentionnée au v. 27, il fait accourir "le peuple" (λαός) sur le lien de l'arrestation. Ce détail a son importance, car, pour Act III, c'est "le peuple" qui va suivre Paul emmené par les Romains en criant de le mettre à mort (v. 36), c'est au "peuple" que Paul va adresser le discours dans lequel il raconte sa conversion (v. 40), c'est le "peuple" en définitive qui va se mettre en fureur lorsque Paul parlera de la mission qu'il a reçue de porter l'évangile aux nations païennes (22,22-23). Nous reviendrons sur ce thème développé par Act III à propos de ce dernier texte.

2. Les portes du Temple sont fermées

Le second détail ajouté par Act III se lit, dans le seul TA, à la fin de ce v. 30; Paul vient d'être traîné hors du Temple, et, ajoute Act III: «aussitôt les portes furent fermées.» Dans le contexte immédiat, cette fermeture des portes a pour but d'empêcher toute nouvelle profanation du Lieu saint (cf. 21,28c-29). Mais Act III ne voit-il pas plus loin? En 2 Rois 16,17, nous lisons que le roi Achaz fit démonter une partie du mobilier du Temple, peut-être seulement pour en récupérer le bronze. En reprenant ce texte l'auteur du deuxième livre des Chroniques ajoute le détail que le roi Achaz "fit fermer les portes de la Maison du Seigneur" (2 Chron 28,24-25). Pour lui d'ailleurs, Achaz a l'intention d'empêcher le culte du vrai Dieu pour favoriser celui des idoles. On peut penser que, en ajoutant lui aussi le détail des portes du Temple fermées, Act III a dans l'esprit le texte du livre des Chroniques. Parce que le "peuple" de Dieu va refuser l'extension du plan de salut aux païens (22,22-23), le Temple lui est fermé, il s'est coupé de Dieu.

B) LE DISCOURS DE PAUL
(21,35-22,24a)

Protégé par les soldats romains contre la violence du "peuple" qui réclame sa mort et parvenu aux degrés qui conduisent à la caserne, Paul demande au tribun l'autorisation de lui parler. S'engage ensuite un dialogue qui est l'occasion pour l'apôtre de décliner son identité juive (21,35-39). Il obtient alors la permission de s'adresser à ce "peuple" qui veut le mettre à mort (21,40). En ajoutant ces détails, Act III forme l'introduction nécessaire au discours que Paul va prononcer et dans lequel il va raconter sa conversion et sa vocation d'apôtre des gentils, des païens (22,1-23). Act I avait raconté la conversion de Paul en 9,3ss. Act II avait mis sur les lèvres de Paul un discours dans lequel celui-ci racontait sa conversion (26,1ss). Act III fait ici une synthèse entre le récit de Act I et le discours que Act II fait prononcer à Paul. Dans le commentaire qui va suivre, nous ne retiendrons que ce qui fait l'originalité de ce nouveau discours de l'apôtre.

1. Paul n'est pas un sédicieux

Dans le dialogue entre Paul et le tribun, qui sert d'introduction au discours, ce dernier déclare qu'il pensait avoir arrêté cet Égyptien qui avait soulevé un groupe de sicaires, quelque temps auparavant, et s'était enfui au désert afin d'échapper aux poursuites romaines (21,38)[1]. Cette méprise du tribun offre à Paul l'occasion d'affirmer son identité juive: il est Juif, né à Tarse de Cilicie, ce qui explique qu'il puisse s'exprimer aussi bien en grec (v. 37) qu'en hébreu (v. 40). Non, Paul n'est pas un sédicieux: c'est un Juif qui va s'adresser à des Juifs.

2. Paul agit en Juif

L'originalité de cette apologie de Paul devant le peuple juif par rapport à celle qu'il fera devant le roi Agrippa (selon Act II) en 26,1ss est son orientation juive. Act III veut prouver aux Juifs que la vocation de Paul se situe au cœur de son judaïsme et qu'elle en est donc le prolongement normal puisque c'est ce contexte et pas un autre que Dieu a choisi "pour lui faire connaître sa volonté" (22,14) et lui révéler sa mission. Pour ce faire, Act III va insister sur trois points qui font l'originalité de ce discours. Il décrit d'abord le cadre orthodoxe dans lequel Paul a reçu sa formation juive. Lui, Juif de Tarse de Cilicie, a cependant été élevé à Jérusalem, dans le centre religieux par excellence du judaïsme, aux pieds d'un maître incontesté: Gamaliel. Il a été formé dans la plus stricte observance de la Loi des pères à l'égard de laquelle il fut plein de zèle (22,3). -

---

[1] Ce fait est confirmé par l'historien Flavius Josèphe: *Ant. Jud.*, XX,167-172; *Guerre*, II,161-163.

Par ailleurs, la description d'Ananie, ce témoin qui va garantir la vocation de Paul en la précisant, n'est plus celle d'un disciple de Jésus (cf. 9,10), mais celle que l'on pourrait donner de n'importe quel Juif: «pieux selon la Loi, estimé de tous les Juifs de Damas» (22,12). - Enfin, ce n'est plus en allant à Damas (9,3ss; 26,12ss) que Paul reçoit sa vocation spécifique d'apôtre des païens, mais à Jérusalem, et plus précisément dans le Temple (22,17-21), comme jadis le prophète Isaïe (Is 6,9) qui, lui aussi, avait d'abord été purifié de ses péchés (Is 6,6; cf. Act 22,16).

La continuité entre l'enracinement juif de Paul et sa vocation chrétienne est une évidence.

3. Le refus du "peuple"

Paul termine son discours en déclarant qu'il a reçu du Christ cet ordre: «Va, car moi, vers les gentils, au loin, je t'envoie» (22,21). Et, ajoute Act III: «Ils l'écoutaient jusqu'à cette parole et ils élevèrent la voix en disant: "Ôte de la terre un tel (homme) car il ne convient pas qu'il vive"» (v. 22). Les Juifs refusent donc que le salut soit étendu au monde païen, dans son ensemble. On comprend maintenant pourquoi Act III a insisté sur le fait que c'est au "peuple", rassemblé au moment de l'arrestation de Paul, que celui-ci s'adresse (21,30.36.40). Les Juifs se tenaient pour le "peuple" par excellence, le peuple élu par Dieu, et ils refusent de perdre ce privilège, ils refusent que le salut soit étendu "à tous les hommes" (22,15). Dieu avait pourtant annoncé depuis longtemps que telle serait sa volonté, qu'il appellerait un jour son Serviteur pour faire de lui la "lumière des nations (païennes)" et pour que son salut "atteigne aux extrémités de la terre" (Is 49,6). Mais le "peuple" de Dieu refuse de perdre ce qu'il considérait comme son privilège exclusif. Il refuse de comprendre le plan de Dieu, son cœur est appesanti, il n'entend pas la voix de Dieu, il ne voit pas les chemins de Dieu (Is 6,10), il ne croit pas au témoignage de Paul, l'ancien persécuteur des chrétiens (Act 22,18-20). Pour lui, le Temple est maintenant fermé (21,30 TA). Son refus lui a valu d'être maintenant coupé de Dieu.

C) L'INTERROGATOIRE DE PAUL
(22,25-29)

En 22,24b-29, nous reprenons le récit de Act II après la longue digression introduite par Act III. Voulant connaître le vrai sur le motif qui a incité les Juifs à vouloir lyncher Paul, le tribun ordonne d'appliquer à celui-ci la question par le fouet. Mais Paul échappe au supplice en arguant de son titre de citoyen romain. La finale de ce récit fait difficulté. Au v. 29 (TO), selon Act II, le tribun ordonne de délier Paul. Puisque, comme nous l'avons vu, Paul restera lié tant qu'il sera prisonnier, il faut comprendre que le tribun fait enlever les courroies avec lesquelles il avait été attaché en vue de son supplice (v. 25). Act III modifie ce texte, mais semble introduire une contradiction. Au v. 29 (TA), nous apprenons que le tribun est effrayé parce qu'il a fait attacher Paul, un citoyen romain. Mais il ne le fera détacher qu'au v. 30, le lendemain! Pour éviter la contradiction, il faut admettre que, au v. 29, les liens auxquels Act III fait allusion sont ceux qu'on avait mis à Paul en vue de son supplice. Act III ne dit pas qu'on les lui a enlevés, mais cela va de soi puisque le supplice est arrêté. Il n'empêche que Paul gardait ses liens de prisonnier; mais Act III suppose qu'on doit les lui enlever pour le faire comparaître devant le Sanhédrin; c'est ce qui est dit au v. 30.

D) PAUL DEVANT LE SANHÉDRIN
(22,30-23,11)

Au niveau de Act II, le récit de Paul comparaissant devant le Sanhédrin se limitait à une confrontation théologique entre Pharisiens et Sadducéens, provoquée par Paul (22,30; 23,6-8.10-11). Act III y a ajouté une scène entre Paul et le grand prêtre (23,1-5) et une déclaration d'innocence de Paul (v. 9).

1. Paul et le grand prêtre

Devant le Sanhédrin, Paul affirme sa bonne conscience devant Dieu (v. 1). Le grand prêtre ordonne alors de frapper Paul sur la bouche (v. 2). Celui-ci lui réplique vertement (v. 3), ce qui provoque le scandale des assistants (v. 4) et une excuse de Paul (v. 5). Le sens de cette scène n'est pas très évident. Il semble que Act III ait voulu établir un parallèle entre l'interrogatoire de Jésus par Anne (Jn 18,19-24) et cette comparution de Paul devant le Sanhédrin. Pour avoir soi-disant mal répondu au grand prêtre, Jésus est frappé par un des gardes (Jn 18,21-22). Mais, contrairement à celle de Paul, la réponse de Jésus au grand prêtre ne contient rien d'injurieux. Si Act III a voulu un rapprochement entre les deux scènes, il l'a fait discrètement, en évoquant deux situations en partie parallèles.

Act III veut peut-être aussi souligner la volonté de Paul de rester fidèle à ses racines juives, comme il l'a fait, nous l'avons vu, dans le discours de 22,1ss. Pour réparer son écart de langage, Paul invoque Ex 22,27: «Tu ne parleras pas mal du chef de ton peuple.» Paul a été élevé dans le respect des autorités juives.

2. Une première déclaration d'innocence

Au v. 9b, Act III fait prononcer par quelques scribes du parti des Pharisiens une déclaration d'innocence de Paul. Celles-ci vont se multiplier dans la suite du récit (cf. 25,25; 26,31) et nous verrons qu'elles veulent établir un parallèle entre

Paul et Jésus (cf. Lc 23,4.14-15.22). Ici, cette déclaration d'innocence est faite par des Juifs. Act III indique par là que l'hostilité contre Paul n'était pas le fait de tous les Juifs, mais seulement d'une partie d'entre eux.

En insérant cette déclaration d'innocence, Act III a repris le thème de l'ange et de l'esprit exprimé par Act II à la fin du v. 8, mais en donnant à ces termes un sens différent. Au v. 8, il s'agissait de deux façons d'exprimer la survie de l'homme. Ici, les mots sont pris dans le sens courant qu'ils avaient dans l'AT. C'est une allusion implicite à la vision que Paul aurait eue, d'après 22,17-21, dans le Temple de Jérusalem. Les scribes qui interviennent ici seraient donc prêts à reconnaître le caractère surnaturel de la mission que Paul disait avoir reçue: aller porter le salut au monde païen. Nous avons vu que ce thème se lisait déjà, entre autres textes, dans l'oracle de Is 49,6.

E) LE COMPLOT CONTRE PAUL
(23,12-35)

Dans le récit du complot des Juifs contre Paul, qu'il tient de Act II (23,12ss), Act III a précisé que le nombre des conjurés s'élevait à plus de quarante (vv. 13.21b). Il doit donc imaginer, pour conduire Paul de Jérusalem à Césarée, une véritable expédition militaire organisée par le tribun et comprenant "deux cents soldats... soixante-dix cavaliers et deux cents lanciers" (v. 23 TA). L'intention de Act III n'est pas d'ordre historique; il veut avant tout opposer à la détermination homicide des Juifs la bienveillance du pouvoir romain à l'égard de Paul.

Ces remaniements semblent en avoir commandé d'autres dans la suite du récit. Avec un tel déploiement de force, la crainte du tribun d'être accusé de collusion avec les Juifs n'a plus de raison d'être. Act III supprime donc du récit le v. 25a (TO), de Act II. Le transfert de Paul à Césarée est motivé par la connaissance que le tribun a eu du complot (v. 30a TA).

Dans ce récit, on trouve encore le souci de Act III de rendre plus logique le récit de sa source. Il juge peu vraisemblable une nouvelle réunion du Sanhédrin (v. 15 TO) et il la réduit à une simple demande formulée par les grands prêtres et les Anciens. - Dans la lettre que le tribun écrit au procurateur romain, Act II avait gardé un écho du récit de Act I selon lequel c'était au moment où Paul allait être lynché par la foule que le tribun avait appris que Paul était romain (23,27). Mais puisque, en 21,31, Act II a supprimé ce détail, Act III le supprime aussi de la lettre du tribun. Il le remplace par une allusion au texte de 22,26. La lettre du tribun devient ainsi conforme au récit de Act II.

VI. PAUL À CÉSARÉE
(24,1-26,32)

A) PAUL COMPARAÎT DEVANT FÉLIX
(24,1-27)

1. Un récit plus cohérent

Comme souvent ailleurs, Act III s'est efforcé de rendre le récit de sa source plus logique. Signalons ici deux cas qui mettent en lumière cette préoccupation.

a) Dans le récit de Act II, Paul parle de ses accusateurs en disant: «Ou bien, que ceux-ci eux-mêmes disent quel délit ils ont trouvé en moi tandis que je me tenais devant le Sanhédrin» (v. 20). Mais à quelles personnes renvoie le "ceux-ci" dont parle Paul? Act II n'a fait descendre à Césarée que le grand prêtre et l'avocat Tertullus. Le premier avait pris part à la réunion du Sanhédrin (22,30), mais certainement pas le second. Pour pallier cette difficulté, Act III a ajouté au v. 1 la mention de "quelques Anciens" aux côtés du grand prêtre. Le "ceux-ci" du v. 20 renvoie alors au grand prêtre et à ces Anciens qui, eux, avaient pris part à la réunion du Sanhédrin.

b) Selon Act II, Félix conclut la joute oratoire entre Tertullus et Paul en disant: «Lorsque le tribun sera descendu, j'examinerai ce qui vous concerne» (v. 22). Il répond ainsi à la suggestion qu'avait faite Tertullus aux vv. 6-8 (TO): nous autres, Juifs, nous voulions supprimer Paul qui avait souillé le Temple, mais le tribun Lysias l'a arraché de nos mains; en interrogeant celui-ci, tu pourras de rendre compte du bien fondé de nos griefs. Mais dans la suite du récit de Act II, rien n'indique que le tribun soit descendu à Césarée pour donner des explications à Félix. Pour remédier en partie à cette anomalie, Act III supprime les vv. 6b-7 qui mentionnent l'intervention du tribun lors de l'arrestation de Paul. De la sorte, le relatif "duquel", au début du v. 8, a comme antécédent non plus le tribun, mais Paul. Tertullus suggère à Félix d'interroger Paul lui-même et non le tribun. Dans la perspective de Act III, les dires de Tertullus seront confirmés, non par le tribun (qui ne viendra jamais à Césarée), mais par les quelques Juifs descendus avec le grand prêtre et Tertullus (vv. 1 TA et 9).

2. Judaïsme et christianisme

L'addition la plus importante faite par Act III dans le récit de la comparution de Paul devant Félix, récit qui ne remonte qu'à Act II, est constituée par les vv. 14-16. Le sens de cette addition est clair: montrer que le christianisme se situe dans le prolongement du judaïsme. La perspective est donc analogue à celle du discours de Paul au chapitre 22.

a) Ce thème est préparé dès l'addition, au v. 5, du titre donné à Paul par l'avocat Tertullus; il est "le chef de file de la secte des Nazôréens". L'apôtre n'est pas un chrétien quelconque; il en est le "chef de file" (πρωτοστάτης), celui qui marche en tête. Tout ce que Paul va dire de lui-même aux vv. 14-16 pourrait donc être dit des autres chrétiens.

b) Or, dès le v. 14, Paul affirme on ne peut plus clairement que lui, chrétien, n'a rien abandonné des croyances du judaïsme: «Selon la Voie qu'ils disent (être) une secte, ainsi je sers le Dieu des pères, croyant à ce qui (est) selon la Loi et à ce qui est écrit dans les prophètes.» La Loi et les prophètes, c'était sur ce double mode de révélation que se fondait la foi du judaïsme (Mat 5,17; 7,12; 11,13; 22,40; Rom 3,21), et c'est pourquoi on en lisait des passages à chaque réunion synagogale, le jour du sabbat (Act 13,15). Or la foi de Paul reste conforme à tout ce qui est écrit dans la Loi et dans les prophètes. Il peut donc affirmer qu'il sert le Dieu des pères, ces ancêtres du judaïsme, en toute sincérité. On notera en passant que Paul (et donc Act III) rejette le terme de "secte" que Tertullus avait donné au christianisme au v. 5. Ce sont les Juifs qui accusent les chrétiens de former une "secte" particulière à l'intérieur du judaïsme; mais Paul a conscience de représenter le vrai judaïsme.

c) Au v. 15, Paul aborde le fond du problème. Il croit en la résurrection des justes et des injustes. Mais est-ce une nouveauté dans la ligne de la foi juive? Non: les Juifs aussi partagent cet espoir que Dieu un jour ressuscitera tous les hommes. Il faudrait nuancer cette affirmation que Act III prête ici à Paul. On sait en effet que la croyance en la résurrection, attestée dans la Bible seulement à partir du deuxième siècle avant le Christ (Dan 12,1-3; 2 Macc 7,9.14.23; cf. peut-être déjà Is 26,19), était rejetée par la caste sacerdotale et les Sadducéens comme une nouveauté (cf. Act 23,8). Mais vers la fin du premier siècle de notre ère, à l'époque où écrivait Act III, la caste sacerdotale avait perdu toute influence du fait de la destruction du Temple, et c'était le parti des Pharisiens qui dominait la vie religieuse du judaïsme. La croyance en la résurrection devait donc être assez couramment admise dans les milieux juifs, au moins ceux que connaissait Act III. C'est pourquoi Act III, ici, généralise. Tertullus parle, non plus seulement au nom du grand prêtre, le seul qui soit descendu à Césarée selon Act II, mais aussi au nom de "quelques Anciens" (v. 1 TA) et, en ajoutant le v. 9, notre auteur note que "les Juifs aussi se joignirent (à l'attaque) déclarant qu'il (en) était ainsi". Act III s'étonne donc que des Juifs qui n'appartiennent pas au parti des Sadducéens puissent accuser le christianisme d'innover lorsqu'il affirme la foi en la résurrection. Act III reviendra plus loin sur ce problème, dans le récit de la comparution de Paul devant le roi Agrippa (26,7b-8), ce qui nous donnera l'occasion d'apporter des précisions nouvelles[1].

d) Au v. 16, Paul se dit "irréprochable devant Dieu et devant les hommes". C'est en termes analogues qu'il se présentait devant le Sanhédrin, dans une addition faite par Act III (23,1). On reconnaît là un des thèmes de la morale de Paul (2 Tim 1,3; 2 Cor 1,12; 4,2), qu'il enseigne à ses disciples (1 Cor 10,32-33; Phil 1,10).

3. Juifs et Romains en face du christianisme

a) Dans le récit de Act II, déjà, le procurateur romain Félix montrait une attitude assez favorable à Paul: il refuse de se laisser influencer par les accusations de Tertullus, parlant au nom du grand prêtre, et s'il laisse Paul en prison, il recommande à ses gardiens de le bien traiter (24,23). Mais Act III renchérit sur les bonnes dispositions de Félix à l'égard du christianisme. Au v. 22, il ajoute en note que le procurateur romain "connaissait très exactement ce qui concernait la Voie", entendez le christianisme. Au v. 24, Act II avait écrit que, si Félix avait fait venir Paul pour s'entretenir avec lui, c'était sur la demande de Drusilla, sa femme, qui était juive. Act III écourte le texte de Act II de telle sorte que, dans sa nouvelle rédaction, c'est Félix lui-même qui a le désir d'entendre Paul. Tout ceci pour souligner que le procurateur romain, très au courant du christianisme, savait bien l'inanité des accusations que les Juifs portaient contre l'apôtre.

b) En revanche, nous avons vu déjà comment Act III avait généralisé l'hostilité des Juifs contre Paul en ajoutant au récit de sa source le v. 9: les Juifs sont d'accord avec les accusations que Tertullus porte contre l'apôtre. C'est dans cette perspective qu'il va modifier la rédaction de Act II au v. 27. Si Félix laisse Paul en prison au moment où il quitte sa charge, ce n'est plus à cause de sa femme Drusilla (TO), mais "pour faire une faveur aux Juifs" (TA; cf. 25,9, de Act I).

B) PAUL DEVANT AGRIPPA
(25,23-27)

Act III a repris sans modification appréciable le récit de la comparution de Paul devant Festus, rédigé par Act I (25,1-12), comme celui de l'entrevue entre

---

[1] La croyance en une résurrection, non seulement des justes, mais aussi des injustes, des impies, n'est attestée dans le NT qu'en Jn 5,28-29, et aussi indirectement en Mat 25,46. Elle semble ne s'être imposée que tardivement dans le christianisme.

Festus et Agrippa, de Act II (25,13-22). En revanche, dans le récit de la présentation par Festus de Paul à Agrippa, Act III a effectué d'importants remaniements aux vv. 24-25. Quelles furent les intentions de notre auteur?

1. Le bon droit de Paul

Selon Act II, si Festus refuse de livrer Paul aux Juifs, c'est d'abord parce qu'il aurait agi contre les ordres de l'empereur romain (v. 24b TO). C'est ensuite parce que, ayant entendu l'une et l'autre partie, il a jugé que les accusations portées contre Paul étaient sans fondement (v. 25a TO). Act III supprime tous ces détails et la position de Festus en devient plus radicale: sans arguer du droit romain, sans jugement explicite, il a tout de suite compris que Paul était innocent de ce dont on l'accusait. Il était donc prêt à le relâcher. Dans le récit de Act III, mieux que dans celui de Act II, on comprend que, aux yeux de l'autorité romaine, l'innocence de Paul est une vérité d'évidence.

2. Un souci de précision

Au v. 25, Act II notait seulement le fait que Paul en avait appelé à César. Act III a jugé qu'il serait plus clair de préciser que Festus avait fait droit à cette requête en ajoutant, à la fin du v. 25, "j'ai décidé de l'envoyer". Il a donc explicité ce qui n'était qu'implicite dans le récit de Act II.

C) LE DISCOURS DE PAUL
(26,1-32)

Act III a quelque peu complété le discours dans lequel Paul évoque devant le roi Agrippa sa conversion et sa vocation. Voyons le sens de ces additions.

1. Le problème de la résurrection

En analysant les additions faites par Act III au récit de la comparution de Paul devant Félix (24,1ss), nous avons vu que cet auteur avait insisté sur le thème de la résurrection, pierre de touche du christianisme, mais située dans la ligne même de la foi juive. Il va revenir ici sur ce problème grâce à deux ajouts de quelque amplitude.

a) Selon Act II, Paul avait insisté sur son passé de Pharisien, la plus stricte secte juive (v. 5), qui l'avait amené à persécuter les chrétiens (vv. 9ss)[1]. Dans cette séquence, Act III a ajouté les vv. 6-8. D'une façon générale, il parle d'abord

---

[1] Cette séquence primitive avait été reprise par Act III en 22,3-4.

de la "promesse" faite aux pères, pour laquelle il est mis en jugement. C'est seulement au v. 8 que le lecteur comprend que cette promesse n'est autre que celle de la résurrection. Dans ce texte, Act III souligne que cette croyance en la résurrection formait le centre de l'espérance des douze tribus d'Israël. L'espérance chrétienne n'est donc en rien nouvelle; elle formait le patrimoine le plus précieux du judaïsme. C'est déjà, sous une autre forme, ce que Act III avait fait dire à Paul en 24,14-16.

Il est intéressant de noter l'évolution du thème de la "promesse" dans les divers niveaux rédactionnels des Actes. Pour Act I, reprenant un thème de l'AT exprimé dans le Document Johannite qu'il utilise, la "promesse" était celle que Dieu avait faite à Abraham de lui donner, à lui et à sa descendance, la terre de Canaan (7,5.17; 13,23.32). Pour Act II, qui rejette cette mystique de la "terre promise", la "promesse" est celle du don de l'Esprit dans lequel se concrétise l'avènement du royaume nouveau, spirituel (Lc 24,49; Act 1,4; 2,33.39). Pour Act III enfin, la "promesse" est celle de la résurrection (26,6). Notre auteur a conscience de cette transposition puisque, en 26,6, il reprend littéralement la formule utilisée par Act I en 13,32 "la promesse faite à nos pères". Comme Act II, il rejette donc la mystique de la "terre promise", mais il oublie que la promesse de résurrection n'est venue que tardivement dans la Bible.

b) Act III reprend le même thème en ajoutant les vv. 21-23, mais ici le thème de la résurrection est traité en fonction du Christ. Une nouvelle fois, Paul affirme qu'il n'a jamais rien enseigné qui fût contraire à ce que les prophètes et Moïse avaient annoncé, même lorsqu'il proclamait la mort et la résurrection du Christ.

2. L'évangélisation du monde païen

a) Dans le récit de Act II, Paul affirmait que, lors de sa conversion sur la route de Damas, le Christ lui avait donné mission de convertir le monde païen (vv. 17-18), ce qu'il s'est empressé de faire (vv. 19-20). Act III ajoute alors les vv. 21-23, addition qui commence par ces mots: «À cause de cela les Juifs, m'ayant pris, étant dans le Temple, essayaient de me tuer.» Act III transpose dans la scène de l'arrestation de Paul (21,27ss) ce qu'il a dit en 22,21-23: les Juifs s'en prennent à Paul parce qu'il prône l'annonce du salut à tout le monde païen. Ils ne veulent pas renoncer à leur privilège d'être "le peuple élu".

b) Mais pour Act III, Paul ne fut pas exclusivement l'apôtre des nations païennes. Il évangélisa les Juifs aussi bien que les païens. Act III le souligne en complétant le v. 20. Dans le récit de Act II, Paul affirmait à Agrippa qu'il avait été fidèle à sa mission en proclamant le repentir "à ceux de Damas", c'est-à-dire aux païens qui s'y trouvaient. Act III ajoute: «...d'abord et à Jérusalem et dans toute la Judée.» Il ne peut s'agir ici que de Juifs. Act III avait d'ailleurs préparé ce thème dès le v. 17, en précisant que Paul n'avait pas été retiré par le Christ seulement "des gentils", comme le disait Act II, mais aussi "du peuple". Paul a annoncé au "peuple" élu que le salut devait s'étendre à tous les hommes; mais le "peuple" a refusé ce message universaliste, et c'est pourquoi il a mis Paul en accusation (v. 21).

3. Tendances harmonisantes de Act III

Déjà au niveau de Act II, pour introduire l'expérience qui allait marquer sa vie sur la route de Damas, Paul évoquait son passé de persécuteur (vv. 9-10a.11b). Act III complète cette fresque en ajoutant les vv. 10b-11a: Paul avait reçu pleins pouvoirs de la part des grands prêtres, il sévissait dans les synagogues et il forçait les chrétiens à blasphémer. Tous ces thèmes se lisaient déjà, en termes parfois identiques, dans l'évocation que, selon Act III, Paul faisait de son passé lorsqu'il racontait sa vocation devant le peuple qui voulait le lyncher (22,5.19-20). Notre auteur a donc voulu harmoniser les deux discours de Paul, celui qu'avait écrit Act II et celui qu'il avait écrit lui-même. Un cas semblable d'harmonisation se lisait déjà en 9,1-2.

VII. DE CÉSARÉE À ROME
(27,1-28,16)

Dans le récit de voyage par mer au cours duquel Paul, prisonnier, est conduit de Césarée à Rome (27,1-28,16), Act III reprend le texte de Act II, lequel avait fusionné les récits du Journal de voyage et de Act I. Mais il lui arrive de temps en temps, pour les détails, de revenir aux textes qui ont servi de source à Act II. Ce travail rédactionnel, qui ne change pas le sens général du récit, sera précisé dans les analyses littéraires. Relevons ici quelques tendances plus marquées.

1. Act III rend plus clair le récit de Act II

En 27,1 (TO), Act II avait choisi de suivre le texte de Act I, rédigé en style "ils", mieux adapté au contexte antérieur. Mais il obtenait un récit commençant en style "ils" et se poursuivant en style "nous" (vv. 2ss). Act III a préféré retrouver l'homogénéité du récit en adoptant le texte du Journal de voyage dès le v. 1 (TA). - Au v. 2, pour justifier le changement de bateau imaginé par Act II dans le port de Myre (v. 6), Act III a changé la rédaction du texte de sa source afin de préciser que le bateau sur lequel s'embarquent les voyageurs devait "naviguer vers les côtes d'Asie" (TA) au lieu de faire route vers la Crète. - Au v. 7a (TA), il explique le passage au large de Cnide en disant que le vent n'était pas favorable, ce qui rendait l'escale impossible. - Il ajoute les vv. 7b-8a (TA) pour mieux justifier la longueur du voyage qui sera mentionnée au v. 9. - Au v. 8b (TA), il précise que la ville proche de Bons-Ports s'appelait Lasaia. - Au v. 12 (TA), il justifie le changement de ports en disant que le premier était impropre à l'hivernage tandis que le second était mieux orienté, et donc protégé des vents d'hiver. - En 28,6-7, il amplifie le récit de Act II afin de le rendre plus compréhensible.

2. Act III rend le récit plus pittoresque

Act III ajoute des détails au récit de Act II afin de le rendre plus pittoresque, plus vivant. Au v. 16b (TA) du chapitre 27, les matelots ont peine à se rendre maîtres de la chaloupe. - Au v. 17a, ils ceinturent le bateau afin de le rendre plus solide. - Au v. 27b, Act III note que le bateau était emporté dans l'Adriatique. - Il ajoute le v. 28 pour décrire les différents sondages effectués par les matelots qui pressentent l'approche d'une terre. - Au v. 40 (TA), il décrit les manœuvres de l'équipage destinées à rendre l'échouage du bateau moins périlleux. - Au v. 44, il dédouble les moyens de sauvetage utilisés par les voyageurs en détresse, et dit explicitement que tous arrivèrent à gagner la terre sains et saufs.

Act II n'avait pas jugé bon de décrire les étapes du voyage de Malte à Rome (28,11.14b). Act III remédie à cette lacune en ajoutant les vv. 12-14a: escales à Syracuse, puis à Rhegium, enfin à Pouzzoles. Mais le lecteur pourra se demander comment Paul, prisonnier, avait pu s'arrêter trois jours à Syracuse et surtout sept jours à Pouzzoles, le port de Rome.

VIII. PAUL À ROME
(28,17-31)

Act III reprend sans grande modification le récit du séjour de Paul à Rome (28,17-31).

a) Il faut noter d'abord l'addition par Act III du v. 20, dans lequel Paul dit aux notables juifs qu'il est enchaîné "en raison de l'espérance d'Israël". Cette phrase un peu mystérieuse ne peut se comprendre qu'en fonction de ce que Paul disait au roi Agrippa, dans un passage ajouté par Act III: «Et maintenant, (c'est) sur l'espérance de la promesse faite à nos pères (que) je me tiens (là) en jugement» (26,6). Or, cette espérance était celle de la résurrection (26,8). Ici aussi, il s'agit de la résurrection. La caste sacerdotale (qui niait la résurrection), toute puissante à Jérusalem, est loin de Rome. Paul peut donc espérer une audience plus favorable en parlant de résurrection.

b) Par souci de cohérence, puisque le départ des notables juifs a déjà été mentionné au début du v. 25, il omet le v. 29 de Act II, doublet à ses yeux superflu. Enfin au v. 30, il ne fait qu'expliciter le récit trop concis de Act II: c'est dans le logis où il se trouve en résidence surveillée que Paul aurait accompli son ministère romain en accueillant "tous ceux qui entraient chez lui".

INDEX

I. RÉFÉRENCES BIBLIQUES

13,11.16	138	23,8	57	10,36	39
13,16	352	23,10	259	11,11	71
13,17	57	23,13-24	54	11,44	71
13,34-35	60	23,14ss	46.348	12,6	32
14,14	42	23,14.20	353	12,20	58
16,13	211	23,15	332	12,31-32	139
17,3-4	179	23,18	340	12,36	312
17,15	126	23,34	134.154.175	12,40	354
17,20-21	133.140	23,46	55	13,29	32
19,29	30	23,47	40.128.352	14,2	36
17,35	31	23,49	143	14,2-3	72
19,37	57	23,50	268	15,18ss	169
19,38	30.87	23,55-56	143	15,20	112
19,47s	54	24,1	317	15,20-21	44
20,1ss	41	24,9-10.22	143	17,15	35
20,17-19	43	24,19	98	18,19-24	374
20,19	54	24,25ss	290	19,25-27	143
20,26	54	24,29	290	19,34	71
20,27ss	27.42s.114	24,32	183	20,16-18	71
21,12	112.339	24,36ss	40	3,2	37
21,12ss	351	24,39	330		
21,12-19	55.327	24,45-46	244	**Rom**	
21,15	43.47			1,1	265
21,18	351	**Jn**		1,5	174
21,23-28	120	1,30	307	1,11	218
21,37-38	168	3,1-2	46	1,23	127
22,3-6	138	3,2	37	3,3	313
22,8	142	3,22	307	3,21	377
22,30	144	3,22.26	308	3,24-26	308
22,37	359	3,30	307	6,3	310
22,41-42	224	4,1.2	307	6,4ss	309
22,42	225	4,19-24	175	8,26	100
22,54	112	5,14	36	10,12-13	194
22,55-62	112	5,28-29	42.378	10,16	174
22,62	179	6,68s	39	11,7-11	354
22,63	112	7,15	43	11,13	325.344
22,66ss	112.339	7,39	310	12,11	318
23,1	340	7,41-42	91	12,12-13	151
23,1ss	339	7,53s	168.169	14,14ss	128
23,2	87.245.259.334s	9,2	36	15,13	271.292
23,4.14.22	340.348.375	9,30-33	37.46	15,19	184
23,6ss	46.336.339				

II. AUTEURS CITÉS

TABLE DES MATIÈRES
DU TOME II

Deuxième partie

LA GESTE DE PAUL 215

ACHEVÉ D'IMPRIMER
LE 24 NOVEMBRE 1989
PAR   L'IMPRIMERIE
DE LA MANUTENTION
A MAYENNE
N°379-89